여사제 잇파트

일러두기 ◆   이 책에는 맞춤법, 어법에 맞지 않는 표기가 종종 등장합니다.
원작의 의도와 뉘앙스를 최대한 살리기 위함이니 양해 바랍니다.
색글씨로 표시된 내용들도 원서를 그대로 따랐습니다.

Жрица Итфат
By Вадим Зеланд

Original copyright © ОАО Издательская группа «Весь», 2018
Cover and interior designer — Ирина Новикова
Photographer — Мария Тайкова
Make-up artist — Галина Желенкова
Korean Translation Copyright © Inner World Publishing, 2019
This Korean edition was arranged through Mediana Literary Agency, Russia.
All rights reserved.

세상에서 가장 괴이하고
매혹적인 자기계발 픽션

바딤 젤란드
지음
◆
정승혜
옮김

정신세계사

여사제 잇파트

바딤 젤란드, 2018

바딤 젤란드 짓고, 정승혜 옮긴 것을 정신세계사 김우종이 2019년 5월 20일 처음 펴내다.
배민경이 다듬고, 변영옥이 꾸미고, 한서지업사에서 종이를, 영신사에서 인쇄와 제본을,
하지혜가 책의 관리를 맡다. 정신세계사의 등록일자는 1978년 4월 25일(제1-100호),
주소는 03965 서울시 마포구 성산로7길 6 2층, 전화는 02-733-3134, 팩스는 02-733-3144,
홈페이지는 www.mindbook.co.kr, 인터넷 카페는 cafe.naver.com/mindbooky 이다.

2022년 4월 19일 펴낸 책(초판 제3쇄)

ISBN   978-89-357-0430-9 04320
          978-89-357-0309-8 (세트)

이 도서의 국립중앙도서관 출판시도서목록(CIP)은 서지정보유통지원시스템 홈페이지(http://
seoji.nl.go.kr)와 국가자료공동목록시스템(http://www.nl.go.kr/kolisnet)에서 이용하실 수
있습니다.(CIP제어번호: CIP2019017451)

◆ 차 례 ◆

◆ 멈춰버린 시간

약 1억 년도 더 된, 까마득하게 먼 옛날의 일이다. 정확한 날짜는 알 수도 없고 아무 의미도 없다. 감히 상상조차 할 수 없을 정도로 먼 옛날에 일어난 일이라면 그 일이 일어난 날짜 따위는 중요하지 않으니 말이다.

우리는 하늘의 별들을 올려다볼 때 그 별이 뿜어내는 빛이 수백만 년을 날아서 우리에게 왔다는 사실에 대해서는 굳이 생각하지 않는다. 별들은 그저 지금 이 순간 바로 여기에 존재하니까. 과거도 마찬가지다. 그 일이 아득한 수천 년의 심연 속으로 사라져버린 사건이라 할지라도 그렇다. 그 사건들은 마치 추억이나 이야기의 수면 위로 이제 막 떠오른 것처럼, 지금 이 순간 바로 여기에 존재하는 것 같지 않은가.

그러나 사실, 그 사건들이 지금 이곳에 존재하는 것은 아니다. 수천 년의 심연의 끝은 어디에 있는 걸까? 땅과 바다는 지구 깊은 곳을 향해 파고든다. 반면에 하늘은 머리 위 높은 곳을 향해 뻗어간다. 그렇다면 시간은 어떤 방향으로 흘러가는 걸까? 그리고 도대체 그것은 어디에서 시작된 것일까?

공간과 관련된 것들은 전부 분명하다. 모든 것이 우리의 앞쪽에서 몰려오고, 우리의 뒤쪽으로 사라진다. 시간에 관해서도, 깊이 생각하지만 않는다면 사실은 모든 것이 단순하다. 과거는 이미 지나갔고 미래는 다가올 것이다. 그렇지만 어제 일어난 일은 어디로 사라진 것이며, 내일 일어날 일은 어디에서 오는 것일까?

단순한 것부터 시작해보면 덜 혼란스러울지도 모른다. 시간이란 과연 무엇인지, 어떻게 생기는 것인지, 아무것도 쉬운 것은 없으며 분명하게 알 수 있는 것도 없다는 사실 말이다. 어제는 어디로 사라졌으며 내일은 어디에서 오는지 알 수 없다면, 어쩌면 어제와 내일은 아예 존재하지 않으며, 오늘과 바로 지금만 실제로 존재하는 것이 아닐까?

어제는 이미 존재하지 않는 것이 되었고, 내일은 아직 존재하지 않는다. 이 말은 시간은 어디에서도 어디로도 움직이지 않는 '아무것도 아닌 것'이라는 뜻이 아닐까? 시간은 무의미한 것이었을까? 혹은, 그런데도 어떤 물리적 현상이기는 하다는 말일까?

자, 미래는 시간과 분리할 수 없는 개념이면서 동시에 헛된 개념이다. 과거는 그래도 제법 현실적이다. 수많은 유적이 과거의 존재를 증명하고 있기 때문이다. 하지만 그 때문만은 아니다. 깨진 그릇들과 고적들은 그저 낡아버린 현재에 불과하다. 그런 과거의 표면 위로 일련의 사건들이 일어나지 않는가. 그러면 그 사건들은 애당초 어디에 보관되는 것일까?

믿을 수 없다고 해도 어쩔 수 없지만, 사실 과거는 두 눈으로 볼 수 있다. 별이 떠 있는 밤하늘이 그 사실을 명백하게 보여주는 증거다. 별들은 자기 자신을 태우며 빛을 내다 소멸한다. 그것이 얼마나 오래전에 생겨났든 우리는 지금 그 모습을 보고 있다. 마찬가지로 별들도 수백만 년 전에 지구에서 일어났던 일들을 볼 수 있다. 그렇다면 과거는 그저 광선 안에 유지되는 것일 뿐일까?

이 모든 수수께끼는 철학자들에게 맡기도록 하자. 세상에는 설명하고 이해하기보다는 그저 이야깃거리로 삼을 수밖에 없는 것들이 있다. 그런데 그런 일 중의 하나가 실제로 일어나버렸다. 시간이 멈추고 세계가 멈춰버린 것이다.

그 전까지는 모든 것이 평범하게 흘러가고 있었다. 여러 왕조가 생겨나고 멸망했으며, 새로운 문명이 나타나는가 하면 다른 문명이 그 자리를 대신했다. 잊혀진 신들의 동상은 균열과 모래로 뒤덮여 낡고 지저분해졌다. 언젠가 존재했었던 모든 것들은 사라졌으며, 그 자리를 계속 유지한 것은 그 어떤 것도 없었다.

하지만 시간이 멈추고 우주가 허공에 떠 있는 상태로 멈춰버린 이런 일이 어쩌면 처음 일어난 게 아닐 수도 있다. 누가 알겠는가? 만약 시간이 움직이기 시작한 이유가 있다면 멈출 수 있는 이유도 분명 존재할 수 있는 것 아닌가. 이렇게 멈춘 시간은 잠시 멈춰 있다가 다시 움직임을 시작할 수도 있고, 영원히 멈춰 있을 수도 있다. 움직임이 없다면 시간도 없기 때문이다.

자, 바로 이렇게 아무 일도 일어나지 않고 있었던 무(無)의 무한한 찰나, 어떤 장소에서 한 사건이 일어났다.

◆◆◆

여사제 잇파트는 끝이 보이지 않는 사막을 혼잣말하며 느릿느릿 걸어가고 있었다. 어느 나라 사람인지, 어느 시대의 사람인지도 알 수 없는 특이한 모습이었다. 심지어 그녀가 몇 살인지도 가늠할 수 없었다. 한 20대는 되었을까. 아니다, 한 40대는 되었을 수도 있다. 그녀는 얼핏 보기에는 완전한 검은색으로 보일 정도의 짙은 푸른색 드레스를 입고 있었다. 드레스는 발목까지 오는 길이였으며 목둘레에는 다이아몬드가 촘촘하게 박혀 있었다. 왼손에는 드레스만큼이나 어두운 푸른빛의 크리스털 반지를 끼고 있었다. 얼굴은 온통 섬뜩한 핏빛 의식용 분장이, 두 광대뼈에는 하얀 반점들이 찍혀 있었다. 그녀의 눈은 푸른색이었고, 머리는 까만 단발이었다. 무슨 말이 더 필요할까? 이 모든 기괴한 차림에도 불구하고 그녀는 아름다웠다.

멈춰버린 현실 속에서 어떻게 그녀만 움직일 수 있었는지는 그녀 자신에게도 수수께끼로 남아 있었다. 사실 잇파트는 그녀가 어디에 있는지, 어쩌다 이곳에 왔는지조차 모르고 있었다.

"아, 신들이시여, 세상의 통치자들이시여! 저를 고향으로 보내주세요!" 그녀가 울부짖었다. 아니, 짜증스러운 말투로 화를 내고 있었다는 말이 더 가까웠을 것이다.

"나의 종들, 나의 신하들은 어디에 있단 말이지? 당장 모습을 나타내지 않으면 모두 목을 치도록 하겠다!"

글쎄, 하지만 그 말은 진심이 아니었을 것이다. 사실 잇파트는 잔인함이나 가혹함과는 거리가 먼 사제였다.

"알겠다. 다들 고약한 장난을 치고 있는 것이라면 아주 무시무시한 벌을 내리겠다!" 잇파트는 이미 지칠 대로 지쳐 있었지만, 변덕스러운 공주님처럼 굴 정도의 기력은 남아 있었던 것 같다. 이런 상황에서조차 말이다! 과연 간이 큰 사제였다. 다른 사람이 이런 상황에 처해 있었다면 벌써 정신이 이상해지거나 기절하고도 남았을 것이다.

더군다나 주변의 환경은 너무나 비현실적이고 무시무시했다. 저 멀리 보이는 지평선까지 눈길이 닿는 곳마다 온통 모래 언덕이 쌓여 있었고, 한 줌의 바람도 일지 않았다. 덥지도, 춥지도 않은 이상한 곳이었다. 태양도 떠 있지 않은 하늘은 노랗게 빛났고, 반대로 모래는 하늘색이었다.

"자-자. 가만 보자-가만 보자. 과연 이것이 악몽처럼 끔찍한 현실인가, 아니면 끔찍하게 생생한 악몽일까?" 잇파트는 똑같은 단어를 두어 번 반복하며 말하는 습관이 있었다.

"어떻게 나에게 이런 일이 일어날 수 있다는 말이지? 모두가 두려워하는 악몽과 끔찍한 현실을 만들어내는 것은 그 누구도 아닌 바로 나란 말이다! 마지막으로 경고하겠다! 지금 당장 나를 사원으로 돌려놓지 않으면 매우 노할 것이다! 그게 얼마나 무서운지 알지 않느냐!" 잇파트는 절망하여 풀썩 무릎을 꿇었다. "아, 눈물이 나올 것 같아."

그녀는 문득, 그녀가 어디에서 왔으며 누구인지 분명하게 기억이 나지 않는다는 사실을 알았다. 그녀가 한 나라를 다스리는 최고사제였으며, 그녀에게도 사원과 시종들과 스승이 있었다는 희미한 기억이 조각난 파편들이 되어 머릿속을 헤집을 뿐이었다. 그 이상은 도무지 알 수 없었다. 그녀는 심지어 자신의 이름조차 기억하지 못했다.

"오, 신들이시여, 부디 제가 누군지 알려주소서!"

사제가 말을 끝내자, 갑자기 허공에서 속삭이는 목소리가 들려왔다. 그 속삭임은 마치 바람이 부는 것처럼 한쪽에서 다른 쪽으로 옮겨 다니며 들려왔다.

"잇파트-잇파트! 여사제 잇파트! 사제여-사제여!"

"이상하군. 내 이름처럼 들리면서도 낯설디낯설어." 그녀가 중얼거렸다. 그러면서 그녀는 목소리가 어디에서 나는지 찾기 위해 주변을 두리번거렸다. "거기 누구냐?"

"나는 직전이다, 직전이다!" 속삭임이 다시 메아리쳤다.

"무엇의 직전이란 말이지?"

"시간, 시간의 직전이다!"

"어디에 있는 것이냐? 모습을 보여라!"

하지만 속삭임은 나타났을 때와 마찬가지로 갑작스럽게 고요해져 다시는 그 소리가 들리지 않았다.

"음…" 잇파트가 한숨을 쉬었다. 어차피 그녀는 대답을 기대하지도 않았다. "내가 끔찍한 꿈을 꾸고 있는 것 같군. 지금 당장 꿈에서 깨지 않으면 미쳐버릴 수도 있겠어. 더는 못 참겠네."

그때였다. 스승이 그녀에게 가르쳐준 내용이 갑작스럽게 머릿속에 떠올랐다. 꿈에서 생시로 돌아오기 위해서는 나 자신이 누군지, 정말 나는 누구인지 자각해야 한다는 가르침이었다.

"나는… 이건 내가 아니야." 그녀가 큰 소리로 선언하듯 말했다. "나는 나다!"

하지만 그녀의 주문은 아무 도움도 되지 않았다. 그녀가 그렇게 선언해도, 아무 일도 일어나지 않은 것이다.

"도대체 나는 누구지?"

만약 그녀가 끝내 자기 자신을 분명하게 기억해내지 못한다면 무슨 일이 일어날까? 바람처럼 들려오던 속삭임이 말한, 온전하게 그녀 자신의 것이라고는 느껴지지 않던 이름조차도 기억하지 못한다면? 그리고 여기서 '온전하게'라는 말은 또 무슨 뜻일까?

"자, 이제 어떻게 할 거야, 잇파트?" 그녀가 자신에게 물었다. "그래, 내 이름은 잇파트다. 내 이름은 잇파트다. 하지만 그렇다고 해서 무엇이 달라진단 말인가? 더 이상 어딘가로 가봤자 아무것도 달라지지 않을 텐데. 사방은 모래고, 지평선 끝까지 모래 외엔 아무것도 없으니! 잠깐-잠깐. 그때 스승님께서 또 무엇을 가르쳐주셨지?"

또 다른 기억이 그녀에게 희망의 섬광을 일으켰다. 꿈속에서 정신을 차려야만 꿈에서 보고 느끼는 것을 통제할 수 있다는 사실이 떠올랐다. 그렇게 하기 위해서는 주변에 있는 것을 주의 깊게 보고, 모든 것이 정상적으로 일어나고 있는지, 뭔가가 이상하지는 않은지, 만약 그렇다면 그것이 왜 이상한지 고민해야 한다. 현실을 살펴보는 것이다.

"맞아. 내 주변에 있는 것들도, 나 자신도 뭔가 이상하다! 온통 이상한 것들뿐이야! 여기에 모래 말고는 무엇이 있단 말인가! 그리고 왜 모래가 하늘색이란 말인가!" 그녀는 바닥에 앉아 모래를 한 줌 움켜쥐고는, 그것을 다른 한 손으로 흘려보내 손 틈 사이로 빠져나가게 했다.

"이 모래는… 모래가 아니야. 이 모래는 모래가 아니야!" 그녀는 스승님이 일러줬던 것처럼, 평범한 것에서 평범하지 않은 본질을 찾아내려 애쓰며 말했다. "모래의 색 말고 다른 특이한 점이 뭘까? 여느 평범한 모래처럼 모래알이 여러 개 모여 있고 내 손 틈 사이를 이렇게 빠져나가는걸."

바로 그 순간 잇파트 앞에 놓인 모래가 공중으로 떠오르더니, 거대한 회오리를 만들어내며 하늘로 솟구쳤다. 무시무시한 기세였다. 그녀는 비명을 지르며 회오리로부터 달아나려고 했지만, 전부 소용없었다. 그녀가 어느 쪽으로 가든 모래바람이 그녀의 앞을 가로막았기 때문이다. 더군다나 잇파트는 아주 불편한 구두를 신고 있었기 때문에 빠르게 달아날 수도 없었다. 그녀는 결국 발을 헛디뎌 넘어지고 말았다.

그녀는 걷잡을 수 없는 불안감으로 꼼짝도 할 수 없었지만, 모래바람에 아무 피해도 입지 않았다는 사실에 마음을 다잡고 조금은 진정할 수 있었다.

"알겠다-알겠다. 내가 너무 겁에 질려 앞으로 더 나아갈 수 없었던 거구나. 그렇다면 이미 잘된 거지. 더 잘된 일이야. 하지만 이미 지쳤어. 두려움과 나는 별개의 것이 되어야 해. 이제 두려움과 함께하고 싶지 않아. 구두 속에 두려움을 넣어두고, 여기에 둔 채 떠나야겠어. 어차피 이곳에서 구두는 아무 쓸모 없을 테니. 저리 가, 나에게서 멀리 떠나가버려!" 그리고 그녀는 모래바람을 향해 구두를 힘껏 던졌다.

"됐어. 두려움은 여기에 남겼으니 이제 난 떠날 거야."

구두는 모래바람 속에서 회오리치다가 사라졌다. 바람은 점차 거세지더니 어느덧 무시무시한 소리를 내고 있었다. '느낌이 좋지 않군' 하고 잇파트는 생각했다. 좀더 제대로 된 수를 쓰지 않으면 험한 꼴을 보게 될 것만 같았다.

"자, 잇파트-잇파트. 사제여-사제여. 이 빌어먹을 현실을 똑바로 바라보고, 무슨 일이 일어나는지 파악하지 않으면 너는 끝장날 거야. 이건 단순한 모래도, 단순한 회오리바람도 아니야. 그럼 뭐지? 생각해봐! 얼른-얼른, 서둘러!"

그때 그녀의 위로 그림자가 드리워졌다.

"모래시계!" 그녀가 소리쳤다. "이건 모래시계야! 이제 네가 보이는구나, 이 악마 같은 현실아!"

바로 그때 소용돌이치던 바람이 멈췄다. 무시무시한 소리는 사라지고 유리종 소리가 들려왔다. 거대한 회오리가 되어 휘몰아치던 모래바람은 금세 잠잠해지더니 땅 위에 내려앉았다. 모래는 원래의 노란빛을 되찾았고, 하늘은 푸른색으로 밝게 빛났다. 딱 한 가지, 태양만이 보이지 않을 뿐이었다.

◆ 인조의 여인

　같은 날 같은 시, 다른 시대의 다른 장소에서…

　시대가 다른데 '같은 날 같은 시'라는 말이 어떻게 가능한 일인지 궁금하겠지만, 그건 나중에 설명하도록 하겠다. 본래 시공 안에서의 움직임이란 항상 일직선상에서 이루어지는 것이 아니니 말이다. 다시 말해서 눈으로 보고 확인할 수 있는 범위 안에서만 일어나는 것이 아니라는 뜻이다. 우리가 이해할 수 있는 범위를 넘어서는 문제라고 할지라도, 그것이 불가능한 일이라고 말할 수는 절대로 없다.

　우리가 여사제 잇파트와 함께했던 바로 그 시공에서 새로운 연극의 무대로 이동하기 위해서는 멀고도 험난한 여정을 떠나야 한다.

　당신이 하늘을 날고 있다고 상상해보라. 잇파트의 모습이 점점 작아져 점을 찍어놓은 듯한 크기로 변했고, 지구는 평평한 땅이 아니라 지구본의 모습에 더 가까워졌다. 당신은 점점 더 높이 올라갔고, 하늘의 쪽빛은 우주의 암흑으로 물들어버렸다.

　이제 당신은 아무것도 없는 어두컴컴한 공간을 날아가고 있다. 하지만 별들이 주변을 밝히고 있어서 당신이 있는 곳은 어둡지 않다. 그리고 먼 곳에서 하늘색의 작은 공처럼 반짝이는 지구가 아직 시야에 들어온다. 하지만 이내 지구도 점으로 변해버리고, 이제는 회전운동을 하고 있다는 것조차 눈에 띄지 않을 정도로 멀리 떨어져 있다. 눈 깜짝할 사이에 그런 상태로 허공에 떠 있게 되었다. 암흑 속에서 별들에 둘러싸인 채, 별들 외엔 아무것도 없는 그 허공 속에.

그때 별 하나가 갑자기 거대한 터널로 변하더니, 빛을 내며 당신을 빨아들이기 시작한다. 당신은 끝이 보이지 않는 긴 터널을 따라 어마어마하게 빠른 속도로 이동한다.

마침내 속도가 점차 줄어들면서 당신은 터널 밖으로 빠져나온다. 하지만 여전히 당신은 별이 가득한 암흑 속에 떠 있을 뿐이다. 그중 별 하나가 점점 커지기 시작했고, 당신은 자신의 몸이 허공에 가만히 떠 있는 것이 아니라 조금씩 움직이고 있음을 깨닫는다.

별은 공으로 변하더니 당신의 눈앞에서 점차 커지다가 푸른 행성으로 변한다. 다른 시대의 또 다른 지구이다. 대기권으로 들어서자 주변의 암흑은 다시 푸른빛으로 변한다. 당신은 구름 속에 파묻혔다가 잠시 후 회색 안개 속을 헤엄치고 있다. 그러다 다시 어둠이 주변을 에워싼다. 해가 진 것이다.

아래에는 도시의 불빛이 보인다. 당신은 불빛을 향해 아래로 내려가려고 한다. 차들이 움직이는 도로를 따라 날아가다가, 사람들이 산책하는 광장 위를 날아가다가, 강 위를, 다리 위를, 불이 켜진 건물들과 집들 위를 날아가다가 마침내 어떤 창문 안으로 들어간다.

이제 편하게 말할 수 있겠다. 같은 날 같은 시, 그러나 다른 시대의 다른 장소에서, 정확히 말하자면 한 극장에서 뮤지컬 '운명의 광대'를 촬영하고 있었다.

왜 하필 광대이며, 운명이라는 것은 또 무슨 뜻일까? 운명을 다한 광대라서 그를 위한 애도의 노래를 부른다는 말일까? 아니면 이미 돌이킬 수 없을 만큼 나락으로 떨어져 비운의 광대가 되었다는 말일까? 어차피 제대로 된 뜻은 촬영 팀조차도 이해하지 못하는 듯했다. 그들은 아직도 소위 말하는 '창조적 탐색' 과정에 있었다.

관객석에는 어둠이 짙게 깔려 있었고 의자 위에는 온갖 짐과 웃옷이 아무렇게나 널브러져 있었다. 몇 명은 객석 의자에 앉아 있었고, 누군가는 꾸벅꾸벅 졸고 있었으며, 누군가는 빛이 밝혀진 무대에 집중하고 있었다. 무대 위에는 사람들이 촬영 준비를 위해 이리저리 분주하게 움직이고 있었다. 무대는 세팅이 이리저리 바뀔 수 있는 반 원통형으로, 바닥과 벽에 이미지를 쏘아 여러 가지 배경을 연출할 수 있도록 각종 조명 효과가 갖춰져 있었다.

그 무대의 한가운데에 감독이 서 있었다. 그는 아주 신경질적인 남자였는데, 마침 그 순간에도 무시무시하게 성을 내고 있었다.

"도대체 어떻게 된 게 아무짝에도 쓸모없어. 너희 모조리 다 쓸모없어! 이게 뮤지컬이야, 장례식이야? 멍청이들, 다 꺼져버려! 다들 꺼져버리고 다른 사람이 되어서 돌아오란 말이야!"

이 말이 도대체 무슨 뜻인지, 그리고 구체적으로 어떤 사람이 되어 오라는 건지 감독은 말하지 않았다. 하지만 각양각색의 두꺼운 털옷을 입은 촬영 팀은 그런 그에게 아무것도 묻지 않고 허둥지둥 짐을 챙긴 채 사방으로 흩어졌다.

"그래, 내 디바는 어디에 있지? 내게 유일하게 영감을 주는 그 디바 말이야. 얼른 그녀를 데려와! 막스, 아직 멀었대?" 그가 오퍼레이터에게 물었다. "얼른 연락해봐."

막스라는 청년은 무대 뒤로 뛰어갔다가 이내 돌아왔다. 말더듬이인 막스는 무슨 말을 하든 그 말을 입 밖으로 꺼내는 데 항상 한참이 걸리곤 했다.

"빅터 감독님, 저희가… 저, 저희…"

"저희 뭐? 저희가 누군데? 그게 그렇게 어려운 말이야? 간단하게 말해!"

"마틸다가 또 변덕을 부려서요." 그가 마침내 말을 꺼냈다.

"그냥 얼른 오라고 해!" 빅터(그것이 감독의 이름이었다)가 무시무시한 목소리로 고함을 질렀다.

"빅터-어!" 무대 뒤에서 한 여자의 목소리가 들렸다. "나예요, 나 왔어요!"

목소리를 따라 한 젊은 여자가 모습을 나타냈다. 한눈에 평범하지 않음을 알 수 있는 특별한 여자였다. 그녀는 어두운 녹색의 점프수트를 입고 높은 플랫폼 구두를 신고 있었다. 잔뜩 헝클어진 머리카락은 밝은 푸른색이었다. 쉽게 말해서 그녀는 '푸른 금발'이었다.

"이리 와, 틸리. 나의 랄랴♦, 나의 인형!" 빅터가 두 팔을 크게 벌리며 그녀에게 다가갔다. "자, 어디 한 바퀴 돌아봐. 아름답기도 하지!" 그러고는 갑자기 목소리의 톤을 확 바꿔서 말했다. "도대체 왜 이제야 온 거야! 아직 분장도 안 하고! 당장 분장실로 가, 당장!"

"싫어요. 오래, 너무 오-오래 걸리잖아요!" 마틸다는 습관처럼 말 끝을 길게 끌며 말했다. "아직 리허설밖에 안 됐는데 말이에요!"

"리허설을 할지 촬영을 할지는 내가 정해. 당장 내 눈앞에서 썩

♦ 흔히 여자아이들이 가지고 노는 아기 인형의 이름을 러시아에서는 '랄랴'라고 한다. 역주.

꺼져!"

"초콜릿 먹고 싶어요! 체리가 든 초콜릿을 사올 거라고 약속했잖아요."

"무슨 허…" 막스가 대화에 끼어들려고 애썼다. "허…"

"뭐, 내가 얼마나 아름다운지 말하려고 하는 거야, 뭐야? 얼른 말해!"

"무슨 헛소립니까, 체리가 든 초콜릿이라니!" 막스가 말을 드디어 말을 마쳤다.

"하지만 먹고 싶다고요-오!"

"마틸다, 자기도 규칙 잘 알잖아. 더블을 추는 배우들에게만 간식이 돌아간다고." 빅터가 말했다. "더블을 추면 받을 수 있지. 이제 그만, 얼른 가! 아냐, 잠깐 서봐. 인사하는 장면만 다시 한번 해봐."

마틸다는 감독에게서 한 발짝 물러나더니, 한쪽 무릎을 꿇으며 인사했다.

"어휴, 상스러워!" 빅터가 소리쳤다. "다시 해봐. 내가 가르쳐줬던 것처럼 말이야, 가슴에 손을 얹고… 그냥 가슴에 얹는 게 아니라 진짜 가슴에 얹으란 말이야! 정성과 진심을 다해서! 경쾌해야지 익살스러워서는 안 된다고! 이 아가씨를 어쩌면 좋아! 됐어, 얼른 꺼져, 머저리 같으니. 주먹이 우는군!"

디바는 구두를 신은 발을 돌려 막 달려가려던 참이었다.

"아냐, 멈춰! 틸리, 랄라. 이리 와봐!"

마틸다는 다시 몸을 돌려 꼼짝 않고 서서 감독의 지시를 기다렸다.

"자기는 때로 아주 날카로운 진실을 말하곤 하지. 내가 진지하게 물을게. 더블을 추는 게 낫다고 생각해? 아니면 스트릿? 하우스?"

"트위스트가 필요해요. 필요한 건 트위스트죠." 마틸다가 대답했다.

"뭐-뭐-뭐? 왜?"

"그거야 당연히 감독님의 고고$^{go-go}$와 알앤비^{RnB} 따위는 완전히 낡아빠졌으니까요."

"뭐-뭐-뭐? 왜 낡았다는 거지? 그건 최신 댄스라고!"

"왜냐하면 전부 다 지겨우니까요! 전부 다 지겹다고요, 그게 이유예요!"

"그래, 아주 명확하게 설명하는군. 그런데 왜 트위스트를 춰야 하지? 그건 너무 복고풍이잖아."

"확실하게 잊혀진 옛날 것이야말로 사람들은 신선하다고 느끼곤 하죠. 그런 것들로부터 새로운 유행이 만들어지기도 하고요."

"그것도 아… 아, 아… 아이디어인데요." 막스가 말했다.

"그러게, 한번 시도해봐야겠어." 빅터가 말했다. "알겠어, 얼른 분장실로 가. 좀 빠릿빠릿해지란 말이야!"

"난 지금도 빠릿빠릿한걸요!" 마틸다는 깡총깡총 뛰면서 무대 뒤로 사라졌다.

빅터가 스타일리스트를 불러 그녀의 귀에 뭔가를 속삭였고, 스타일리스트는 다시 물러갔다.

"자, 온갖 패배자들과 덜떨어진 놈들이 한 자리에 모두 모여 자기 자신의 상태를 봤으니 이제는 얼른 다들 천재가 되어야 한다. 자자! 벌써 빛나는 모습들이 보이는군! 막스, 그리고 나머지 멍청이들! 어떤 음악과 효과를 써야 할지 결정해야지! 시간, 시간! 시간이 없어! 마틸다가 준비되면 나에게 알리도록 해."

무대 위는 다시 촬영 준비를 위해 동분서주하는 사람들로 가득해졌다. 빅터가 '없다'고 말한 시간이 조금 흐른 뒤 그가 마침내 말했다.

"자, 전부 레디! 막스, 마틸다는 어디에 있지? 아, 여기에 있군. 우리 명랑하고 날쌔고, 예쁜 꽃처럼 활짝 핀 마틸다."

눈에 띈 그녀의 모습은 감탄스러움 그 자체였다. 푸른 머리카락 아래의 얼굴에는 짙은 파란색 분장이 그려져 있었고, 그녀의 두 눈은 한 눈에도 그녀가 디바라는 사실을 알 수 있을 정도로 화려하게 꾸며져 있었다.

"어디, 한번 이리 와봐, 나의 랄라! 한 바퀴 돌아봐."

빅터는 스타일리스트를 손짓으로 불렀다. 조금 전까지 구식 드레스를 옮기고 있었던 그녀는 어디에선가 거대한 분홍색 리본을 들고 왔다.

"자-자, 마무리 장식을 해볼까!"

마틸다는 멀리서 겨우 리본을 알아보고는 펄쩍 뛰며 손사래를 쳤다.

"아니에요, 싫어요. 제정신이에요?"

"이해를 전혀 못하는군! 이 리본을 봐! 아름다운 분홍색에 크기도 아주 크지!" 빅터가 자신의 아이디어를 감상하며 말했다. "자기 구두 색깔과도 아주 잘 어울리지 않아? 완벽하지!"

"저런 촌스러운 리본은 죽어도 안 맬 거예요."

"하지만 트위스트를 출 거잖아. 저 리본을 매고 돌면 딱이라고!"

"끔찍해요! 내가 무슨 감독님의 인형이라도 되나요?"

"물론이지! 자긴 나의 살아 있는 장난감이야!"

"잠깐 서보세요." 마틸다의 불평에는 아랑곳하지 않은 채 스타일 리스트가 리본을 적당한 자리에 맸다.

마틸다의 주변으로 몰려든 나머지 촬영 팀은 그녀를 진정시켰다.

"괜찮아요, 마틸다. 정말 잘 어울리는걸요!"

"파격적인 스타일이네요."

"멋져 보여요!"

"근사하네요!"

그들은 마침내 마틸다를 설득시키는 데 성공했다.

"틸리치카♦, 랄라, 정말 아름다워!" 빅터가 그녀를 계속 설득했다.

"정말, 아주 정말요?"

"그럼, 그럼! 그리고 자기는 머리도 좋잖아!"

"뭐-어예요, 나한테 또 뭔가 부탁하시려고요?"

"아주 쪼끄만 문제가 하나 있어. 바닥과 벽에 어떤 효과를 쓸지 아무리 해도 결정을 못할 것 같아. 뭘 해도 어딘가 부족해. 무슨 괜찮은 아이디어 있어?"

디바는 종종 예상외의 가벼운 말과 행동으로 주변 사람들을 깜짝 놀라게 했지만, 실제로 그녀는 특별한 감각이 있었고 많은 것들을 남들과는 다른 방식으로 보곤 했다. 그것이 어쩌면 그녀에게는 안타까운 일이었을 수도 있지만 말이다.

"특수효과는 필요 없어요. 그저 바닥만 거울로 바꾸면 되겠는데요. 벽도 마찬가지로 거울로 하고요. 댄스 팀 모두가 거울에 비

♦ 마틸다의 애칭인 '틸리'를 더 사랑스럽게 부르는 이름. 역주.

치고요…"

"자기의 리본도 비추어지도록 말이지!"

"그만 해요. 리본 얘긴 하고 싶지 않아요. 어쨌든, 사방이 거울이라면 뭔가 흥미로운 장면이 연출되지 않겠어요?"

"알았어, 한번 해보지."

"막스, 지금까지 설치해둔 것을 치우고, 벽 전체에 거울을 설치하는 게 좋겠어."

"저… 저-전체에요?"

"응, 벽뿐만 아니라 바닥도. 다들 집중, 제자리로!" 빅터가 촬영팀을 향해 말했다. "다들 준비됐나? 저글러, 곡예사, 레디! 음악, 레디! 카메라, 레디!"

조금 전까지 뒤죽박죽이던 촬영 팀이 한순간에 모이고, 마치 리허설을 천 번이라도 거친 것처럼 조화롭고 일사불란하게 움직이기 시작했다. 물론 무대 정중앙에 있었던 마틸다도 리본을 맨 채 아름다운 턴을 보였다.

랄-라, 랄랄랄랄라, 랄랄랄랄-라, 랄랄라.

너는 단 한 번도

우리의 빛나는 도시에 온 적이 없지.

저녁의 강물 위로

노을이 질 때까지 꿈꾼 적 없지.

친구들과 함께

넓은 길을 거닐어본 적 없지.

그 말은 즉, 너는 단 한 번도
최고의 도시를 본 적이 없다는 의미.
뚜-뚜두-뚜두-뚜!
노래는 흐르고, 심장은 노래 부르네.
이 노래는 모스크바, 너에 대한 노래… ♦

모든 거울이 한꺼번에 눈부시게 빛나고, 카메라의 포커스가 맞춰
진 마틸다의 머리 위로 눈부신 조명의 빛이 부서져내렸다. 그녀는
음악의 리듬에 맞춰 회전하고 있었다. 그때 사방에서 초록색의 안
개가 천천히 흘러나오더니 그녀를 에워싸기 시작했다. 마틸다는 어
리둥절해져 움직임을 멈췄다. 안개는 빠르게 흩어졌지만, 노란 하
늘 아래로 푸른 모래가 펼쳐진 신기루가 그녀의 시야를 가득 채웠
다. 마틸다는 느릿느릿 다가와 그녀를 통과하고 지나가는 그 신기루
속에 홀로 서 있었다. 아직도 먼 곳 어디에선가 음악 소리가 들렸다.
신기루는 잠시 뒤 어디론가 사라졌고, 마틸다의 주변에는 정체 모를
회색의 사람 같은 형체들이 나타나기 시작했다. 그것들은 꿈틀꿈틀
움직이고 있었는데, 그 모습은 마치 춤을 추고 있는 것 같았다. 조금
전까지 서 있던 무대에서 본 것 같은 춤이었다. 그 형체들은 헐렁한
회색 로브를 입고 있었는데, 얼굴의 윤곽이 뭔가 분명하지 않은 이상
한 모습이었다. 무대의 음악은 점점 잠잠해지더니 어느새 유리종 소
리로 바뀌어 있었다. 회색의 형체들은 그 자리에 멈춰서 혼란스러운

♦ 〈지구상 최고의 도시〉, A. 바라자냔 작곡, L. 데르베네프 작사.

듯 마틸다를 바라보았다. 마틸다도 두려움에 휩싸여 그들을 봤다.

◆◆◆

멍한 상태에서 드디어 정신을 차린 회색의 형체들은 겁에 질린 마틸다에게 우르르 몰려가며 외쳤다.

"인조의 여인이여! 인조의 여인이여!"

"먹읍시다! 먹읍시다!"

마틸다는 공포에 질려 꼼짝도 할 수 없었다. 형체들이 채 그녀에게 들러붙기도 전에 그녀는 정신을 잃고 그 자리에 쓰러지고 말았다.

◆ 글램록

마틸다가 정신을 차려보니 그녀는 기둥에 단단히 묶여 있었다. 더 정확히 말하자면, 단순히 묶여 있었다기보다 두 발이 땅에 닿지도 않을 정도로 가죽 벨트로 꽉 조여져 있었다는 말이 더 맞을 것이다. 기둥 주변에는 후드가 달린 낡은 회색 로브를 입은 형체들이 줄지어 서성이며 어떤 주문 같은 것을 외우고 있었다.

"마나-베다, 마나-사나, 마나-우나, 마나-마나.

마나-오마, 아타-마나, 마나-오하, 마나-다나."

그들은 이따금 걸음을 멈추고 원의 중심을 향해 몸을 돌려 외치곤 했다.

"인조의 여인이여! 먹읍시다!" 그러고는 다시 기분 나쁜 군무를 시작했다.

"마나-오가, 마하-마나, 마나-오샤, 마나-샤나."

그들이 있는 곳은 돌밖에 없는 황량한 곳이었다. 기둥 근처에는 큰 모닥불이 피워져 있었고, 그보다 좀더 멀리 떨어진 곳에 원시적인 형태의 건물들이 세워져 있는 것이 시야에 들어왔다. 하늘은 우중충한 회색빛이었고, 역시나 해가 떠 있지 않았다. 전체적인 그림을 보자면, 마치 흑백 영화를 보는 것처럼 아무런 색채도 없는 모습이었다. 이런 배경 속에서 혼자만 다른 세계에서 온 이방인이라는 사실을 온몸으로 보여주는 듯한 마틸다가 그림처럼 기둥에 묶여 있었다. 그녀의 머리카락이 밝은 파란색이었고, 얼굴도 파란색이었으며, 짙은 녹색의 점프수트에 분홍색 플랫폼 구두를 신고, 그와 똑같은 색의 리본을 허리에 매고 있었다는 사실을 기억하시길.

불쌍한 마틸다는 그저 큰 충격에 빠져 있을 뿐이었다. 도대체 이곳이 어디인지, 자기 자신에게 무슨 일이 일어난 것인지 그녀는 상상조차 할 수 없었다. 조금 전 우리가 봤었던 여사제 잇파트에게 일어난 일도 지금과 같은 끔찍한 상황에 비하면 덜 고통스러울 것이다. 하물며 모든 사람의 사랑만 받으며 편안하고 안락하게만 지내온 마틸다는 어떻겠는가? 평소였다면 그녀는 분명히 특유의 질질 끄는 말투로 "전부 완전, 아주 완전히 엉망이 되어버렸어-어!"라고 불평했을 것이다. 하지만 지금은 그렇게 투덜거릴 때가 아니었다. 다만 한 가지 예감이 그녀의 머릿속을 맴돌았는데, 참 이상한 예감이었다. '내 리본이 구겨질 것 같아.' 마치 그녀를 오랫동안 기다려오기라도 한 것처럼 느껴지는 이런 끔찍한 일을 겪고 있는 마당에, 완전히, 아주 완전히 엉뚱한 생각이었다.

한편 원을 그리며 중얼거리던 회색의 형체들은 그들이 잡은 포로를 데리고 어떻게 할지 논쟁을 벌이기 시작했다. 한 무리가 외쳤다. "그녀으 끄입시다!" 그러자 다른 한 무리가 외쳤다.

"아니, 사릅시다!"

그들의 대화를 듣고 있자니, 왜인지 그들은 'ㄹ' 발음을 하지 못하거나 그 발음을 하는 것을 피하려는 것 같았다. 발음을 하려고 애쓰는 것이 아니라 대충 넘기는 듯한 느낌이 들었기 때문이다. 하지만 그렇다고 해서 그들이 하는 말이 우스꽝스럽게 들리기는커녕, 오히려 소름이 돋는 듯했다.

그들은 한자리에 모여 오랫동안 논쟁을 벌였고, 결국 두 무리로 나뉘어 서로 고함치기 시작했다.

"끄입시다!"

"사웁시다!"

말싸움은 점점 정신없는 싸움으로 번졌다.

회색 암석들은(그들은 전부 똑같이 생겼고, 성별도, 심지어 살아 있는지도 알 수 없는 회색 인형 같았다) 죽기 살기로 싸우고 있었다. 무기는 없었지만, 손에 잡히는 돌이란 돌은 전부 사용했다. 머지않아 그들은 먼지 속에 한데 뒤엉켜 구르며 싸우고 있었고, 어찌나 격하게 싸우는지 그들의 로브가 조각조각 찢어질 정도였다. 후드가 벗겨진 그들의 머리에는 머리카락 한 올 없었다.

마틸다는 두려움에 떨며 이 거친 몸싸움을 지켜보다가, 행여 그들이 서로를 죽인다고 해도 그녀가 살아남을 가능성은 전혀 없다는 사실을 깨달았다. 그녀는 기둥에 묶여 손도 발도 꼼짝할 수 없는 상태였기 때문이다. 소리를 지르고 싶었지만 그럴 수도 없었다. 이미 겁에 너무나 질린 나머지 묵직한 덩어리가 목구멍을 꽉 틀어막고 있는 듯했고, 주변엔 도와줄 사람도 없었다. 그리고 이 모든 것은 꿈이 아니었다.

무시무시한 광란이 얼마나 계속되었을까, 갑자기 어딘가에서 아주 낮고 강렬한 파이프 소리가 들려왔다. 엉망진창이 된 회색의 돌덩이 인간들은 그제야 정신을 차린 듯 미적미적 일어나 비틀거리며 기둥 주변을 한 겹의 원으로 에워쌌다. 흙과 먼지로 뒤덮인 그들은 다시 한군데로 모여 주문인지 기도인지 모를 중얼거림을 시작했다.

잠시 뒤 그들은 마치 한 팀처럼 자리에 멈춰 서서, 원의 중심을 향해 몸을 돌려 미리 약속이라도 한 것처럼 동시에 외쳤다.

"그녀를 끄입시다!"

그러더니 분주하게 이곳저곳으로 뛰어다니기 시작했다. 한 무리는 장작을 가져와 불이 피워져 있던 장작불 속으로 던졌고, 다른 무리는 어디서 구했는지 모를 거대한 솥을 질질 끌고 왔다. 또 다른 무리는 마틸다에게 뛰어올라, 그녀를 향해 혀를 날름거리고 웅얼거리며 머리를 흔들었다. 그들은 계속해서 웅얼거리며 주문을 외우고는 소리쳤다.

"인조의 여인이여!"

나머지 돌덩이 인간들이 일제히 합창했다.

"그녀으 사믑시다! 사믑시다!"

그다음 그들은 계속해서 웅얼거리고, 소름 끼치는 미소를 지으며 혀를 내민 채 벨트를 끌러 제물을 모닥불로 끌고 왔다.

이 모습은 너무나 비현실적이었다. 당연히 현실에서 이런 일이 가능하다고는 볼 수 없기 때문이다. 분홍 리본을 맨 인형 같은 여인… 그리고 그녀에게 일어난 모든 끔찍한 만행들… 그럴 순 없다. 전부 너무도 비현실적이다. 그렇지만 그런 일이 실제로 일어나버렸다.

두려움에 넋을 놓고 있던 마틸다에게 갑자기 바로 그때 이성이 돌아왔다. 마치 시한부를 선고받은 사람이 더 이상 잃을 것도, 피할 곳도 없다는 생각이 들었을 때 일어나는 일과 같다. 마틸다는 온 힘을 다해 소리쳤다.

"저리 꺼져, 이 멍청이들아! 나의 리본에서 당장 손 떼!"

미처 자각도 못한 상태에서 입 밖으로 터져나온 외침이었다. 하고많은 말 중에 그녀는 왜 하필 리본을 만지지 말라는 말을 했을까? 그리고 왜 그런 별로 중요하지도 않은 사실이 불쾌하게 느껴졌을까? 황당하고 알 수가 없었다. 그녀가 느낄 수 있었던 유일한 감정은, 제발 자신을 좀 내버려두라는 간절함뿐이었다. 그리고 그녀는 그런 간절함 이외에도 등 뒤에서 이상한 느낌이 함께 드는 것을 알아차렸다. 그녀의 등에 리본이 있었기 때문에 그런 느낌이 느껴진 건지, 혹은 다른 어떤 이유가 있는 것인지는 알 수 없었다. 하지만 마틸다는 그 느낌이, 명확하게 설명할 수는 없지만 이 지저분한 돌덩이 인간들에게 영향을 미칠 힘을 준다는 사실을 분명하게 알 수 있었다.

그들은 마틸다의 외침을 듣고, 넋이 나간 채 그녀를 바라보며 자리에 못 박힌 듯 서 있었다. 마틸다는 그들의 손을 뿌리치고는 누군가를 밀쳐내기까지 했다. 하지만 지금 그 자리에서 도망치는 것은 도저히 불가능하다는 사실을 그녀는 직감으로 알 수 있었다. 우선 그녀는 그 자리에 가만히 멈춰 섰다. '뭐든 상관없어. 도망치지만 말자.' 그녀는 속으로 생각했다. 뭐든 할 준비가 되어 있었고, 그때 등 뒤에서 다시 기이한 느낌이 들었다.

"이런 징그러운 것들, 나한테서 떨어져!"

그러자 돌덩이 인간들은 다시 놀라워하며 한 걸음 물러나더니 감탄을 쏟아내기 시작했다.

"그거 바음한 것인가?"

"가능한가?"

"마나^{mana}인가?"

"자 된 건가?"

"바음이 가능하다!"

돌덩이 인간들은 한데 모여, 기죽지 않은 모습을 보이려고 애쓰고 있는 디바를 바라보며 뭔가를 수군거리기 시작했다. 그다음 그들은 마틸다를 둥글게 에워쌌다. 그러나 그들은 경계심에 마틸다에게서 멀찌감치 떨어져 있었다. 무리에서 한 명이 앞으로 나와 물었다.

"너는 누구냐?"

마틸다는 더 이상 직접적으로 그들을 위협할 필요는 없겠다고 느꼈기 때문에, 목소리의 톤을 바꿔 침착하게 대답했다.

"나는 우아한 디바이지-이! 그러는 너희는 누구니, 추한 것들아?"

그리고 그녀는 갑자기 말을 끊었다. 그녀가 지금 어디에 있는지가, 그리고 조금 전까지 그녀를 산 채로 삶아버리려고 했던 이 '추한 것'들을 화나게 할 필요는 없다는 사실이 생각났기 때문이다. 지금 그녀가 어디에 있는지는 아주 큰 문제였다. 하지만 이 돌덩이 인간들은 그 문제에는 조금도 관심이 없었는지 방금까지 하던 말을 다시 되풀이하기 시작했다.

"인조의 여인이여!"

"그녀는 바음이 가능하다!"

"너희는 왜 나를 '인조의 여인'이라고 부르는 거지?" 마틸다가 물었다.

돌덩이 인간들은 서로를 마주 봤다. 아마도 질문을 듣고 혼란스러워진 듯했다.

"모웁니다."

"그렇군. 너희는 누구니?"

"그앰옥입니다!" 돌덩이 인간들이 앞다투어 외쳤다. "헛소이으 이습니다! 바음하면 안 됩니다! 아부우! 아부우!"

"알겠다." 마틸다가 말했다. "너희는 글램록이고, 헛소리를 읽는다, 이 말이지?"

"자한다! 자한다!" 그들이 한목소리로 말했다. "그녀는 바음이 가능하다! 그녀는 가능하다!"

그들은 정체를 알 수 없는 외부인이 'ㄹ' 발음을 자유롭게 할 수 있고, 그 발음을 한다고 해도 아무런 끔찍한 일이 일어나지 않는다는 사실에 아주 큰 감동을 한 것처럼 보였다. 돌덩이 인간들은 다시 한 무리로 모였고, 그중 하나가 앞으로 나와 물었다.

"당신은 마나인가요?"

"나는 마틸다이다. 이해하겠느냐?" 마틸다가 물었다.

"마나-티다! 마나-티다!" 글램록들이 외쳤다. 마틸다의 대답은 마치 그들을 극도의 흥분 상태로 몰고 가는 듯했다.

"너희는 왜 발음을 하지 않느냐?" 마틸다가 물었다.

"안 됩니다! 안 됩니다! 그것은 아부우!" 그들이 한꺼번에 외쳤다. "크애쉬가 생깁니다!"

"하지만 나는 발음을 하는데도 크래시* 따위는 생기지 않았다는 것을 보지 않았느냐?"

"당신은 마나이니까요! 마나-티다이니까요!"

"그렇지! 하지만 너희는 나를 삶아 먹으려고 했다. 만약 그렇게 했다면 어떤 일이 생겼을지 알겠느냐?" 마틸다는 그녀가 새로 맡게 된 역할 속에서 점차 살아나기 시작했다. "엄청난 크래시가 생겼을 것이다!"

지저분한 글램록들은 이 말을 듣고 울부짖기 시작했다. 경외심으로 가득 찬 울부짖음이 틀림없었다.

"헛소리를 읽도록 가르친 것은 누구지? 왜 읽어야 하는 것이냐?"

"그애모으크가 가으쳤습니다! 마나-그애모으크! 저기! 저기!" 회색 인간들은 어떤 돌무더기가 있는 방향을 손가락으로 가리키며 호들갑을 떨기 시작했다.

"헛소이으 이거야 전부 자 됩니다! 바음으 하면 안 됩니다. 싸워도 안 됩니다. 서오 먹으면 안 됩니다. 아부우! 헛소이으 이거야 됩니다!"

"그러면 나는 먹어도 된다는 말이냐?"

"같은 편 먹으면 안 됩니다! 당신은 같은 편 아닙니다!"

"아니다, 나도 너희와 같은 편이다!" 마틸다가 재빨리 반대했다. 이런 상황에서는 누구라도 그럴 수밖에 없었을 것이다. "나는 너희의 마나이다!"

글램록들이 그녀의 말에 대답을 하기 위해 입을 열자, 먼 곳에서 좀 전에 들렸던 것과 똑같은 파이프 소리가 들려왔다. 돌덩이 인간

♦ crash: 컴퓨터가 갑자기 꺼지거나 오작동하는 현상. 이 책에서는 메타현실 속에서 믿을 수 없는 큰일이 생겼을 때 "크래시가 생겼다"고 표현한다. 역주.

들이 그 소리를 듣고 펄쩍 뛰며 소리를 질러대기 시작한 것을 보니, 아마도 그것은 뭔가의 신호인 듯 했다.

"성스어운 흐에뷴! 성스어운 흐에뷴으오 가야 합니다!"

"홀레뷴이라니 그건 또 뭐지?" 마틸다가 물었다.

"그곳에 그애모으크가 있습니다! 마나-그애모으크가 있습니다! 같이 가면 됩니다!"

마틸다는 아주 강렬한 불안감에 휩싸였다. '그애모으크'가 그들의 스승이라면, 누가 마나이고 누가 아닌지에 대해 글램록들도 어떤 의견을 가지고 있을 것이기 때문이다. 그리고 만약 그것이 사실이라면, '인조의 여인'을 삶아서 맛있게 먹어버리는 절차가 다시 시작되리라는 것은 누가 봐도 뻔한 일이었다.

하지만 마틸다에게는 순순히 그들을 따라가는 것 말고는 선택의 여지가 없었다. 그녀는 글램록들이 어디로 그녀를 데려가고 있는지 상상조차 할 수 없었다. 그러니 그들을 얌전히 따라가는 것 외엔 별수 있겠는가. 자, 이제 그들의 행렬이 돌무더기를 향해 이동하기 시작했다.

◆ 해골바가지

글램록들은 아무 말 없이 걷고 있었다. 그들은 마틸다의 주위를 두껍게 둘러싸고 걸었는데, 그러면서도 그녀로부터 일정한 거리를 유지하고 있었다. 참 요상한 장면이었다. 납과 같은 회색의 얼굴을 가진 돌덩이 인간들의 한가운데에 분홍색 리본을 맨 푸른 금발의 여인이라니. 마네킹들과 그들에게 둘러싸인 인형의 기괴한 행렬이었다.

사실, 마틸다를 바비 인형이라고 부르기에는 어딘가 어색한 점이 있었다. 당신의 주변에도 예쁘고 아름다운 사람이 있는 반면에 매력이 있는 사람도 있지 않은가. 외면의 아름다움과 내면의 아름다움이 가지는 차이와 같다. 마틸다는 "그녀에게는 뭔가 특별한 것이 있어"라고 말하게 만드는 그런 사람 중 하나였다.

하지만 지금 중요한 사실은, 전체적인 그림에서 그녀가 굉장히 이질적으로 느껴졌다는 점이었다. 단순히 '흑백 영화'의 배경 속에 그녀만 화려하게 돋보였을 뿐 아니라, 오직 그녀에게서만 생명이라는 것이 느껴졌기 때문이다. 회색 마네킹들을 포함한 나머지 모든 것들은 '죽어 있다'라기보다는 '생명이 없어 보인다'라는 표현이 더 맞는 것 같았다. 저승이 있다면 아마 그런 모습이지 않을까 싶다. 저승은 이승과 차별되는 어떤 것이 아니라, '저쪽'에 있는 세계이기 때문에 다른 것이다. 다만 여기에서, '무엇을 경계로 하여 저쪽에 있단 말인가'라는 질문이 생긴다.

이 질문은 아직 미제로 남겨두는 것이 좋겠다. 마틸다를 불안하게 만드는 것은 지금 일어나고 있는 상황의 물리적 법칙 따위가 아니었기 때문이다. 그녀의 머릿속을 가득 채운 것은 앞으로 어떻게 해야 할지에 대한 고민이었다. 이유를 알 수 없는 어떤 운명적인 우연으로 인해 그녀는 이 낯선 세계로 와버렸다. 그리고 이곳에서 빠져나가는 방법을 알 수 없었다. 어디에 의지해야 할지도 모른다. 이 불길한 동반자들에게서 무엇을 기대할 수 있을까? 생각만 해도 끔찍할 뿐이었다.

글램룩들의 얼굴에는 마틸다의 생명을 좌우할지도 모르는 중요한 문제를 밝혀내야 한다는 무거운 결심이 드리워져 있었다. 그들은 마틸다에게 손끝 하나 대지 않고 그저 의심스럽게 그녀를 곁눈질할 뿐이었다. 마틸다의 앞에서 걷고 있던 글램룩들 중 하나가 버릇을 이기지 못했는지 뒤로 돌아 혀를 날름거리며 "인조의 여인이여!" 하고 외쳤다. 하지만 곧바로 다른 글램룩에 의해 뒤통수를 가격당했다. 마틸다는 그녀가 '마나'가 맞는지, 아니면 먹을 수 있는 여인인지 밝혀지는 마지막 순간까지 끝내 손을 댈 수 없는 사람이었다.

그러나 상황은 더 악화되었다. 마틸다가 급하게 화장실에 가고 싶어진 것이다. '큰 것이 아니라서 다행이군' 하고 그녀는 생각했다. 하지만 문제가 있다. 어떻게 볼일을 볼 것인가? 그리고 이 글램룩들이 과연 남자일까, 여자일까? 겉으로 보기에는 그들의 성별을 전혀 알 수 없었다. 그때 끔찍한 생각이 떠올랐다. 글램록들이 그녀를 먹을 수 있을 뿐 아니라, 그녀를 마음껏 욕보일 수도 있는 것 아닌가. 어떻게인지는 알 수 없지만 말이다.

플랫폼 구두를 신은 그녀의 발은 잰걸음으로 움직이느라 계속해서 돌부리에 채었다. 불쌍한 마틸다는 지금 당장이라도 자신의 세계로 돌아갈 수만 있다면 모든 것을 바칠 수 있을 것만 같았다. 그녀는 '앞으로는 변덕을 부리지 않을 거야' 하고 생각했다. '모든 사람이 하는 말을 앞으로는 잘 들을 거야. 이 환상적인 리본도 절대로 벗지 않겠어. 뭐든지 할 테니 제발 집으로 돌아갔으면!'

그녀가 리본에 대해 생각하자마자 등 뒤에서 좀 전에 느꼈던 이상한 감각이 또다시 느껴졌다. 마치 그녀에게 힘을 주는 것 같은 느낌이었고, 지금 일어나고 있는 상황을 통제할 능력이 바로 마틸다 자신의 손안에 있다는 느낌이었다. 마치 가능한 일과 불가능한 일은 마틸다 그녀 자신이 선택하는 것이라는 듯 말이다.

그녀는 자신을 둘러싸고 있는 모든 것들과 그녀에게 일어나고 있는 일들이 그녀 자신과는 아무 관련도 없는 별개의 것이라는 사실을 알아차렸다. 여기에 그녀가 있고, 그녀를 둘러싼 현실이 있었다. 그녀는 그녀 자신이었고, 현실은 현실이었다. 마틸다는 마치 책에서나 일어날 법한 일들이 자신에게 일어났다는 사실을 머리가 아닌 그녀 본질의 전체로 문득 알 수 있었다. 그리고 그녀는 그 책에 연결된 주제에 복종하며 책장들을 따라 이리저리 흘러가야만 했다.

아니, 아마도 영화 같았다는 말이 더 옳은 것 같다. 만약 이 현실에 연결된다면, 그리고 사건에 복종하고, 타협하고 그것을 받아들인다면, 자신에게 주어진 역할을 연기하는 것 외에는 아무런 선택의 여지가 없게 된다. 하지만 복종하지 않는다면? 만약 당신과 영화가 서로 개별적으로 존재할 수 있는 존재라면?

'이게 정말로 내 현실이 맞을까?' 마틸다는 생각했다. '아니야, 이건 내 현실이 아니야. 뭔가가 이상해. 이런 일은 꿈속에서나 일어날 수 있단 말이야. 젠장. 그래, 물론 꿈이 아니라는 것은 알겠지만, 따지고 보면 꿈과 다를 게 뭐가 있어? 전부 다 잘될 거야. 무슨 일이 생기든, 어떻게인지는 모르겠지만 전부 다 잘될 거야. 다른 방법은 없어. 여기에서 다른 방법이란 게 있을 수가 없지. 모든 것이 전부 잘될 거라고 나는 결정했고, 그게 끝이야.'

마틸다가 머릿속으로 생각하기를 마치자마자 주변에서 이상한 일이 일어났다. 마틸다 자신도 놀랄 정도로, 하늘에서 땅까지 이어지는 비스듬한 검은 띠가 나타났다가 재빠르게 사라지는 것이었다. 마치 불가사의한 힘이 현실의 책장을 넘겨버린 것 같았다. 회색 마네킹들은 마치 아무 일도 없었다는 듯, 주변에 일어난 일에는 조금의 관심도 기울이지 않고 걸음을 재촉하기만 할 뿐이었다. 마틸다의 마음은 금세 훨씬 가벼워졌다. 정말로 모든 일이 잘될 것이라는 확신이 왜인지 더 강해진 것이다.

그들은 어느새 여러 건물이 있는 곳을 향해 다다르고 있었다. 사실 그곳은 도시도, 마을도 아닌 조금 이상하게 생긴 곳이었다. 사방에는 온통 정체를 알 수 없는 매끄러운 회색의 네모반듯한 집들이 있었다. 그리고 집들 사이사이에도 마찬가지로 텅 비어 있는 네모난 홈이 패여 있었다. 또 사방에 계단이 있었는데, 어떤 계단은 집의 지붕을, 어떤 계단은 홈을 향해 있었으며 다른 어떤 계단은 무의미하게도 허공을 향하고 있었다. 이 모든 네모난 집들과 홈들은 수많은 계단과 엉키며 굉장히 어색한 장면을 만들어냈다.

그들은 이 계단 저 계단을 따라 걸으며 구불구불하게 이동하다가 마침내 이곳에서 유일하게 탁 트여 있을 것으로 보이는 광장으로 나왔다. 광장의 한가운데에 지금까지 봤던 건물들 못지않게 이상한 건축물이 덩그러니 자리 잡고 있었다. 그것은 검은색의 돌무덤이었는데, 타원형의 공간을 둘러싼 기둥들이 위로 올라갈수록 부드러운 곡선을 이루며 쿠폴♦의 뼈대를 이루고 있었다.

아마도, 바로 이것이 글램록들이 외쳐대던 '성스어운 흐에뷴'인 듯했다. 성스럽기보다는 흉물스러웠다는 말이 딱 들어맞는 것 같은 모양이 오히려 외계 행성에서 온 우주선처럼 보이긴 했지만 말이다. 글램록들이 이런 건축물이나 도시를 직접 지었을 리는 만무했다.

그때, 글램록들과 마틸다 행렬이 이 돌무덤에 도착했다. 그러자 그 돌무덤에서 공간을 가득 채우는 낮은 톤의 묵직한 파이프 소리가 또다시 울려 퍼졌다. 글램록들은 호들갑을 떨며 안으로 들어갔다. 마틸다는 호기심과 두려움이 뒤섞인 묘한 감정을 느끼며 그들의 뒤를 따랐다.

돌무덤의 내부는 외부에서 본 모습과 크게 다르지 않았다. 벽을 이루고 있는 기둥들은 안에서 봤을 때도 뾰족하고 높은 천장을 이루

♦ 몸통은 둥글고 꼭대기가 뾰족한 양파 모양의 지붕. 역주.

고 있었다. 그리고 바닥 쪽에 있는 틈새 어딘가에서 나오는 녹색 불빛이 내부 공간을 밝히고 있었다. 검은색의 바닥은 거울처럼 매끈했다. 한가운데에 덩그러니 놓여 있는, 바닥과 똑같이 매끈한 재질로 만들어진 직사각형의 제단인지 받침대인지 모를 물건을 제외하면 돌무덤 안에는 아무것도 없었다. 받침대 위에는 웬 해골바가지 하나가 푹 처박혀 있었는데, 그것은 글램록과 똑같은 회색이었으며 역시나 머리카락 한 올 없었다.

해골은 아무 소리도 내지 않고, 얼굴을 잔뜩 찡그린 채 꿈틀거리고 있었다. 글램록들은 마틸다를 받침대 옆에 세워두고 그 주변을 원으로 둥글게 에워쌌다. 그러고는 무릎을 꿇고 두 팔을 하늘로 높이 쳐든 채 외쳤다.

"그애모으크! 마나-그애모으크!"

해골은 계속 찡그리며 아주 낮은 목소리로 말했다.

"헛소리를 읽어야 한다. 발음을 해서는 안 된다. 나는 마나이다. 나는 가능하다. 그러나 너희는 해서는 안 된다.

마나-베다, 마나-사나, 마나-우나, 마나-마나.

마나-오마, 아타-마나, 마나-오하, 마나-다나."

글램록들은 해골이 말하는 주문을 순순히 따라 했다.

"마나-오가, 마하-마나, 마나-샤나." 글래모르크(아마도 이것이 해골의 이름이었을 것이다)가 계속했다. "헛소리를 읽으면 너희는 모두 잘 될 것이다. 내가 하지 말라고 하는 것을 해서는 안 된다! 크래시가 생길 것이니 말이다!"

돌덩이 인간들은 손으로 얼굴을 감싸고 신음하기 시작했다.

"아부우! 아부우!"

"누가 마나인가?" 해골이 물었다. "너희는 누구를 사지*해야 하는가?"

"그애모으크! 마나-그애모으크!" 글램록들이 해골에게 대답한 뒤, 그들의 얼굴을 바닥에 갖다 대고 코를 바닥에 무자비하게 문대기 시작했다.

"나를 찬양하라!" 글래모르크가 날카롭게 외쳤다. 그러면서 그는 무시무시하게 얼굴을 찡그리고는 단조롭게 중얼거렸다. "오-아-우-홈, 오-아-우-홈."

"오-아-우-홈! 오-아-우-홈!" 글램록들이 그 중얼거림을 따라 했다.

그로부터 잠시 동안 그들은 쉬지 않고 해골이 중얼거리는 것을 따라 했다. 그러나 잠시 뒤 하나둘씩 중얼거림을 멈추더니 마틸다를 빤히 쳐다보기 시작했다. 마틸다는 그들에게서 멀찌감치 떨어져 어찌할 줄을 모르고 서 있었다. 아마도 글램록 무리는 그녀가 뭔가를 하기를 기다리고 있던 것 같다. 얼른 무슨 수를 쓰지 않으면 안 되었다. 그녀가 조금 전 위기를 벗어나기 위해 했던 것처럼 기발한 짓일수록 좋을 것이다. 글래모르크의 영향력이 너무 센 나머지 마틸다의 권위가 바닥으로 떨어진 지 오래였기 때문이다.

그러나 그녀는 화장실이 너무 급했다. 마틸다는 이 해골은 도대체 뭔지, 그것이 살아 있기는 한지, 만약 그렇다면 그것이 도대체 왜

♦ sazhe: 작가가 지어낸 가상의 단어로, 존경과 존중을 표하는 것을 뜻한다. 원래 발음은 '사제'에 가깝지만 혼동을 피하기 위해 '사지'로 음차하여 옮겼다. 역주.

돌로 만든 받침대에 처박혀 있는 것인지 도저히 알 수가 없었다. 그 와중에도 해골은 계속해서 얼굴을 잔뜩 찡그리고 중얼거리고 있었다. 바로 그때 마틸다는 뭔가 이상한 것을 느꼈다. 해골이 뭔가 기계같이 움직이고 있다는 사실을 눈치챈 것이다. 그것은 똑같은 행동을 일정한 기간을 두고 반복하고 있었다.

자, 이제 잃을 것은 아무것도 없었다. 지금이 아니면 절대로 할 수 없다. 지금 당장 주도권을 잡지 않는다면 그녀의 목숨은 끝날 것이다. 마틸다는 오래 고민하지 않고 받침대 위로 기어올라 점프수트의 지퍼를 내리고 중얼거림을 계속하던 해골바가지 위로 곧장 볼일을 보기 시작했다.

글램록들은 그런 마틸다를 보고 자리에 굳어버렸다. 표정을 잃어버린 듯했던 그들의 얼굴에는 형언할 수 없는 공포심이 드러났다. 그들은 아무 말도 하지 못한 채 넋을 놓고 눈앞에 펼쳐지는 그 모든 광경을 지켜봤다. 신성모독을 마친 마틸다는 자리에서 일어나 덤덤하게 지퍼를 올렸다. 그러자 해골바가지가 갑자기 번쩍이며 고통스럽게 얼굴을 일그러뜨렸다. 점차 사그라들던 울음소리를 뒤로한 채 그것은 결국 고장 나버렸다.

이제야 마틸다는 이 모든 상황을 이해할 수 있었다. 그녀는 받침대 위에 올라서서 돌덩이 인간들을 엄숙한 눈빛으로 바라봤다. 그들의 글래모르크는 끝났다. 침묵을 유지하던 디바는 마네킹들에게 이미 우리에게 익숙해진 '신성한' 질문을 던졌다.

"누가 너희의 마나인가?"

"마나-티다! 마나-티다!" 글램록들이 외쳤다. "당신이 새 마나입니다!"

그들은 그 자리에서 바닥에 무릎을 꿇고 얼굴을 바닥에 문대기 시작했다. 마틸다는 받침대에서 내려와 그들에게 명령했다.

"멈추거라! 자리에서 일어나거라! 지금 당장 일어나라고 하지 않았느냐!"

글램록들은 자리에서 일어나, 경외심에 찬 듯 일정한 거리를 유지하며 마틸다를 빙 둘러쌌다. 완전히 이성을 되찾은 마틸다가 그들에게 물었다.

"자, 이제 무엇을 해야 하느냐?"

"헛소이으 이습니다! 헛소이으 이습니다!" 돌덩이 인간들이 입을 모아 외쳤다. 고장 난 해골 따위는 이미 그들의 안중에 없는 것 같았다. 그들은 존경심이 가득 찬 눈빛으로 그들의 새로운 마나에게 주목하고 있었고, 그녀의 명령이라면 뭐든 할 준비가 되어 있었다.

마틸다는 잠시 생각에 빠졌다. 그녀는 도망칠 곳 하나 없어 보였던 위기를 이제 막 모면했고, 죽을 뻔한 운명에서 갓 벗어난 상태였다. 그런 경험은 평생 한 번도 겪어본 적이 없었다. 그리고 자신이 그렇게 대처할 수 있을 것이라고도 전혀 상상하지 못했다. 하지만 그녀가 겪은 상황은 너무나 빠르게 흘러가 그녀가 미처 놀랄 틈도, 그리고 지금 같은 경우엔 미처 기뻐할 틈도 없을 정도였다.

그 해골바가지는 도대체 뭐였을까? 그리고 이 돌무덤은 무엇일까? 이 도시는 뭐고? 이 모든 것들은 누구에 의해, 무엇을 위해 세워졌으며, 마틸다를 가둔 이 세계는 도대체 어떤 세계일까? 해결되지 않은 질문들이 여전히 산더미처럼 쌓여 있었다. 이 도시와 돌무덤을 만든 건축가가 누구인지는 모르겠지만, 글램록들만은 확실히 아니었을 것이다. 상황을 보아하니 해골바가지는 전기로 움직이는 기계였고, 지금 마틸다를 둘러싸고 있는 이 원시 종족들을 통제하기 위한 수단에 불과했다. 해골바가지는 이미 고장 나버렸지만, 그것을 움직이게 했던 전기는 아직도 정상적으로 흐르고 있었다. 돌무덤을 계속 밝히는 초록색 조명이 그 사실을 말해주고 있었다.

하지만 중요한 것은 마틸다가 이제 무엇을 해야 하는가이다. 이 원시 종족들은 지성이 몹시 떨어지는 종족이었다. 다시 말해 제사를 지내게 하든, 무슨 수를 쓰든 그들의 이성을 손아귀에 쥐고 있어야 한다. 그렇지 않으면 그들은 두 번 다시 복종하려 들지 않을 수도 있다는 말이다. 영리한 마틸다(그녀는 확실히 영리했다)는 침착하게 생각한 뒤, 우선은 그들과 더 가까워져야겠다고 생각했다.

◆ 옌카

"전부 집중하거라. 너희에게 발음을 가르쳐주려 하는데 어떻게 생각하느냐?" 마틸다가 물었다.

"안 됩니다!" 글램록들이 답했다. "크애시가 생기 것입니다!"

"크래시 따윈 없을 것이라고 내가 말하지 않았느냐. 나는 너희의 새로운 마나이다. 내가 허락하겠다. 알겠느냐?"

"안 됩니다! 아부우!"

"아니다, 된다! 한번 말해보아라. 우리는 글램록이다."

글램록들은 마틸다의 명령을 듣고 당황하더니, 한참이나 그들끼리 눈길을 주고받으며 수군거리기만 할 뿐이었다. 마침내 그들 중 하나가 앞으로 나와 입을 뗐다.

"우이는 글래모옥이다."

"우이는 글래모옥이다!" 나머지가 따라 했다. 여전히 그들의 'ㄹ' 발음은 엉망이었고, 다들 뭔가를 말하기 위해 애쓰기만 할 뿐이었다. 하지만 그들은 계속 실패했다.

"나를 따라 해보아라! 크로커다일!"

"크오오커다이! 크오오커다이!"

"체부라시카!"◆

"체부아아시카! 체부아아시카!"

"바라바시카!"

"바아바시카!♦♦ 바아바시카!" 글램록들은 열심히 노력했다.

"자-자! 너희도 할 수 있다! 그럼 한 번 더 따라 해보아라. 레닌그라드 로큰롤!"

글램록들은 이 말을 듣자 더욱 활기를 띤 채 열심히 따라 하기 시작했다. 그들이 이 말의 의미를 이해한 것 같지는 않았지만, 마음에 와닿은 것만은 확실해 보였다. 그러자 바로 그때 기적이 일어났다. 그들이 발음에 성공한 것이다!

"레닌그라드! 레닌그라드!" 그들이 흥분을 감추지 못하고 소리쳤다. "레닌그라드 로큰롤!"

"거봐라!" 마틸다가 기뻐하며 말했다.

"아주 잘했다! 나를 따라 해보아라.

작은 빗방울이 오늘 아침부터 내리기를,

하지만 너와 나의 춤은 어제와 똑같이 이어지기ㄹ-를.

모스크바에서 레닌그ㄹ-라드까지, 그리고 다시 모스크바까지

도로와 담장과 다ㄹ-리가 춤을 추기를."♦♦♦

글램록들은 확실히 가능성이 돋보이는 제자들이었다. 그들은 모르는 단어들도 특별한 어려움 없이 곧잘 따라 했다. 하지만 단어를 모른다는 것쯤은 그들에게 중요하지 않았다. 그저 이제는 발음을 할 수 있다는 점, 그럼에도 아무런 크래시도 일어나지 않는다는 점이

♦　러시아에서 인기 있는 그림책의 주인공으로, 쥐를 닮은 가상의 동물이다. 역주.

♦♦　러시아의 민담에 등장하는 집귀신. 역주.

♦♦♦ 러시아의 록그룹 '브라보'의 〈레닌그라드 로큰롤〉.

기쁠 뿐이었다.

"아바아! 아바아!" 그들이 기뻐하며 외쳤다. "우리는 글램록이다! 우리는 헛소리를 읽는다! 그리고 우리는 발음을 한다!"

돌덩이 인간들은 그들 앞에 펼쳐진 새로운 가능성으로 굉장히 흥분한 상태가 되었고, 마틸다는 그들을 진정시키지 않으면 금방이라도 통제 불능이 될 것 같다는 생각에 서둘러 그들을 제지했다.

"그만, 그만! 내 말을 들어보아라!" 그녀는 겨우 그들을 잠잠하게 만들었다. "그런데 너희는 왜 헛소리를 읽느냐?"

글램록은 그제야 조금 진정할 수 있었다. 그들 중 하나가 답했다.

"우리는 헛소리를 읽어야 합니다." 그 말을 마친 그는 다시 흥분하며 외쳤다. "아바아! 발음을 할 수 있다!"

아마도 "아바아"라는 외침은 그들이 기쁨을 표현하는 방법인 듯했다. 하지만 마틸다는 그 흥분을 가라앉혀야 했다.

"그래, 너희가 헛소리를 읽는다는 것은 알겠다. 하지만 그것이 무슨 의미가 있다는 말이냐?"

글램록은 당황하는 기색을 보였다.

"의미가 무엇입니까?" 그가 물었다. 그리고 대답을 기다리지도 않고 덧붙였다. "의미는 피요 없습니다. 그저 자해야 합니다."

마틸다는 글램록들이 어리석은 습관을 버리도록 가르칠 수는 없으며, 그럴 가치조차 없다는 사실을 깨달았다. 그녀는 잠시 생각한 뒤 그들을 향해 말했다.

"알겠다. 너희에게는 의미가 필요 없다, 이 뜻이구나. 그러면 너희에게 새로운 마법의 헛소리를 알려주겠다. 꾸준히 계속해서 그 헛소리를 읽는다면, 전부 자 될 뿐 아니라 자-알 될 것이다. 그것은 더 큰 것이다. 더 좋은 것이다."

마틸다의 말을 듣고 글램록들에게 흥미가 생긴 듯했다. 그녀는 잠시 생각하더니, 노래 가사를 소리 내어 말하기 시작했다. 노래 멜로디가 그들을 다시 혼란스럽게 만들 수 있을 것 같았기 때문에, 노래를 부르지는 않았다.

"들어보아라.

마마-미아, 히얼 아 고 어겐,

마-마, 하 켄 아 레지스트 유.

마마-미아, 다즈 잇 쇼 어겐,

마-마, 저스트 하 마치 아 미스드 유.

예스 아브 빈 브로큰하레,

블류 신 더 데이 위 파레.

와이-와이, 디드 아 에버 렛 유 고."◆

글램록들은 홀린 듯 가사를 들었다. 마틸다가 노래 가사를 읊어주기를 마치자, 잠시 정적이 흘렀다. 그 정적을 찢고 글램록들이 환희에 찬 목소리로 외쳤다.

"마나-미아! 마나-미아! 새로운 헛소리를 배웠다! 자-알 됐다! 더 큰 것이다! 더 좋은 것이다! 아바아! 아바아!"

"그래, 아바^{Abba}이다." 마틸다가 말했다. "이제 좀 진정하거라! 너희에게 다시 한번 들려줄 테니, 잘 듣고 외우도록 하여라!"

◆ 스웨덴 그룹 '아바'의 〈맘마미아Mamma Mia〉.

"마나-미아! 외우겠습니다!" 글램록들이 대답했다. 그들은 어마어마한 불협화음으로 차근차근 가사를 배우기 시작했다. 오직 '마마'라는 단어만 그들에게 익숙한 말인 '마나'로 바꿔서 말할 뿐이었다. 의외로 그들은 새로운 것을 가르쳐줘도 그것을 외우는 데 큰 어려움을 느끼지는 않는 것 같았다. 그래서인지 그들은 단어와 문장을 들었을 때 쉽게 이해하고 따라 했다.

"아주 잘하는구나!" 마틸다가 놀라며 말했다. "자, 이곳은 너무 더우니 밖으로 좀 나가는 게 좋겠다! 가자!"

글램록들은 마틸다를 따라 밖으로 우르르 몰려갔다. 하지만 바깥에서도 그들을 진정시킬 수는 없었다. 그들은 기쁨에 겨워, 한 줄로 선 채 새로 배운 헛소리를 중얼거리며 그 자리에서 서성거렸다.

"마나-미아, 히얼 아 고 어겐…"

이제 그들은 확실하게 발음을 할 수 있었다. 하지만 경쾌한 〈맘마미아〉 노래가 그들의 입을 거치기만 하면 암울한 주문으로 변하는 것은 어쩔 수 없었다. 마치 군인들이 이미 질릴 대로 질려버린 군가를 기계적으로 부르는 것을 듣는 느낌이었다.

"마-나, 저스트 하 마치 아 미스트 유…"

마틸다는 그들이 중얼거리며 서성이는 것을 보고 생각했다. '아니야, 이건 또 다른 열광에 불과해. 이렇게 해서는 아무것도 달라지는 게 없을 거야. 더 적극적으로 행동할 수 있는 뭔가를 그들에게 만들어줘야겠어.'

"자, 다들 이리 모이거라!" 마틸다가 명령했다. "편하게 서보아라. 지금부터 새로운 헛소리를 알려주겠다. 단순한 헛소리가 아니라 노

래를 부르며 춤을 추는 것이다. 더 큰 것이다! 더 좋은 것이다! 전부
자-알 될 것이다! 앞사람을 붙잡고 내가 말하는 것과 춤추는 것을
그대로 따라 해보아라."

　글램록들은 조금 당황하는 눈치였지만 순순히 따라 했다. 마틸다
는 일렬로 늘어서 있는 글램록들의 맨 앞으로 가서, 제일 앞에 서 있
는 글램록에게 "내 리본에 손대기만 해!"라고 위협한 뒤 그의 두 손
을 자신의 허리에 올려놓았다. 그리고 한때 유행했던 춤을 추며 노
래를 부르기 시작했다.

　"한밤중 텅 빈 거리를
　우리의 만남 뒤 슬퍼진 나는 다시 걸었다네.
　믿기든, 믿기지 않든 왜인지 모르지만
　다리가 저절로 춤을 추기 시작했다네.

　또다시 이 길은 나를 내 사랑스러운 연인에게로
　또다시 그녀의 문 앞으로 인도했다네.
　나는 그녀의 창문을 두드리고, 그녀를 기다렸네.
　내 연인이여, 귀 기울여요. 얼른 나와줘요.

　하나-둘, 구두를 신어요.
　잠꾸러기 아가씨, 부끄럽지 않나요.
　멋지고 사랑스럽고 재미있는 엔카가
　우리에게 함께 춤추자고 하네."◆

글램록들은 처음에는 아주 어색하고 서툴렀다. 그러나 차츰 자연스럽고 경쾌하게 마틸다를 따라 춤추고 노래하기 시작했다. 알고 보니 그들은 노래의 멜로디까지도 제법 잘 따라 했다. 그들에게 춤과 노래는 생전 처음으로 겪어보는 특이한 경험이었다. 하지만 그들은 마틸다가 가르쳐준 것들을 굉장히 즐기고 있었으며, 그것이 한눈에 보일 정도였다.

만약 사람들이 앞뒤로 폴짝거리고 경쾌하게 다리를 움직이며 엔카를 추는 것을 봤다면, 글램록들이 노래를 부르고 춤을 추는 것이 얼마나 놀라운 광경일지 상상할 수 있을 것이다. 마틸다는 이 전통 있고 근사한 춤이 현대의 우아한 가수들에 의해 얼마나 평범해지고 말았는지 알고 있었다. 하지만 그녀는 자신의 오랜 동료들처럼 야속한 사람은 아니었다. 마틸다는 진짜 모습을 소중히 여길 줄 알았기 때문에, 먼 옛날 사람들이 춰왔던 방식 그대로 노래를 부르고 민속춤을 췄다. 그녀가 트위스트만큼이나 좋아했던 그 방식대로 말이다.

글램록들은 멜로디와 가사를 금세 소화해냈고, 새로 배운 것이 마음에 드는지 폴짝거리고 로브에서 발을 뻗으며 노래를 불렀다. 그들은 태어나서 단 한 번도 맛보지 못했던 기쁨을 처음으로 만끽하고 있었다. 아마도 단 한 번도 느껴보지 못했던 느낌이었을 것이다.

"하나-둘, 구두를 신어요,
잠꾸러기 아가씨, 부끄럽지 않나요.

◆ 민요 〈엔카〉, 작자 미상.

멋지고 사랑스럽고 재미있는 엔카가

우리에게 함께 춤추자고 하네."

글램록들은 실컷 춤을 추고 나서 마틸다의 주변을 빙 둘러싸고 황홀감에 가득 차 그들의 습관대로 그녀를 찬양하기 시작했다.

"마나-티다-엔카! 마나-티다-엔카! 우리에게 함께 춤추자고 하네!"

그들은 한참 동안 그렇게 외쳐댔다. 그러나 마틸다는 손을 저었다.

"됐다, 그만하거라! 나는 피곤하니 이제 좀 쉬어야겠다."

글램록들은 충분히 이해한다는 듯 마틸다의 손을 잡고, 건물들이 있는 곳을 향해 그녀를 호위했다. 그러는 와중에도 그들은 계속해서 외쳐댔다.

"마나-티다! 마나-티다-엔카! 우리의 마나!"

그들은 가장 가까이에 있는 집으로 그녀를 데려가 평상으로 보이는 물건에 조심스레 그녀를 앉힌 뒤, 공손하게 뒷걸음쳐 물러났다. 평상 위에는 건초가 깔려 있었고, 그 위에 테이블과 의자가 있었다. 그뿐만 아니라 화장실로 보이는 이상한 것이 있었다. 그 외의 공간은 모두 텅 비어 있는 것을 보자니 마치 금욕주의자나 지닐 법한 공간처럼 보였다. 모든 벽마다 동그란 창문이 높게 달려 있었으며, 문도 하나 있었다. 이곳에서 본 모든 건물과 마찬가지로 이 건물도 정체를 알 수 없는 매끄러운 자재로 만들어져 있었다. 글램록들이 보여주는 원시적인 모습을 생각하면, 현대적인 건축물들은 이곳과 전혀 어울리지 않는다고 느껴질 정도였다. 딱 한 가지, 이 황량한 사막에서 어떻게 구했는지 모를 건초만 제외한다면 말이다.

마틸다는 안도의 한숨을 내쉬었다. 드디어 조용하게 혼자만의 시간을 즐길 수 있게 된 것이다. 하지만 그것도 잠시뿐이었다. 갑자기 문이 벌컥 열리고, 건물 안으로 글램록 하나가 쟁반을 들고 들이닥쳤다(물론 노크는 하지 않았다. 글램록이 노크 따위를 알 리가 없었다). 그 모습을 보고 나서야 마틸다는 자신이 얼마나 배고픈지 새삼스레 깨달았다. 글램록은 쟁반을 테이블 위에 올려놓았다. 쟁반 위에는 그릇과 찻잔과 숟가락이 놓여 있었다.

"이것이 무엇이냐?" 마틸다가 물었다.

"음식!" 그가 단답형으로 대답했다.

찻잔에는 물이 있었고, 그릇에는 강낭콩 같은 것이 담겨 있었다. 냄새도 썩 괜찮았다. 마틸다는 조심스레 한 숟갈을 떠 맛을 보았다. 뜻밖에도 음식은 꽤 맛있었다.

"어디에서 가져왔느냐?" 마틸다가 물었다.

"홀레뷴이 줍니다. 음식은 많습니다!"

'못된 것들,' 마틸다는 속으로 생각했다. '이렇게 더럽게 맛있는 음식도 있으면서 도대체 왜 나를 먹으려고 했던 거야?' 하지만 그녀는 그 생각을 소리 내어 말하지는 않았다. 어차피 글램록은 말이 많지 않은 편이었고, 마틸다도 지금 이 상황이 말싸움으로 번지기를 조금도 원치 않았기 때문이다. 글램록은 뒷걸음쳐 물러나 문을 닫고 나갔다. 이제 정말, 오늘 하루의 모든 일정이 끝났다.

마틸다는 재빨리 식사를 마치고 평상 위로 올라 건초에 몸을 파묻었다. 잠자리는 끔찍하게도 불편했지만, 지금은 그런 것을 따질 상황이 아니었다. 불쌍한 마틸다는 그녀가 하루 동안 겪었던 여러

가지 사건들과 그녀가 느낀 감정들로 지쳐버린 나머지 잠이 오지도, 눈물이 흐르지도 않았다. 그렇다. 전부 성공적으로 끝났다. 우아한 디바는 글램록들의 여신이 되었다. 하지만 그다음에는? 그다음에는 그녀가 무엇을 할 수 있단 말인가? 그녀가 도대체 왜 이 모든 시련을 겪어야 한다는 말인가?

마틸다는 결국 깊은 슬픔에 빠졌다. 그녀는 정말 집으로 돌아갈 수 없단 말인가? 지금까지 그녀가 소유했던 모든 것을 앞으로 다시는 가질 수 없다는 말인가? 그녀가 하찮게 여겨왔던, 조금도 소중하게 생각하지 않았던 과거의 모든 것들을 이제는 영영 잃어버린 것일까? 이제 아무도 그녀를 깨끗하고 폭신한 잠자리에 눕혀주며, 이마에 사랑스러운 굿나잇 키스를 해주고 "틸리치카, 랄라"라고 부드럽게 속삭여주지도 않는다. 그녀는 문득 엄마의 모습이 떠올랐다. 지금 엄마는 어떻게 하고 있을까? 아마도 걱정하고 있겠지? 다른 사람들은 마틸다가 어디로 사라졌는지 찾고 있을까?

마틸다는 이런 슬픈 생각을 하다가 스르르 힘이 빠져 결국 잠이 들고 말았다.

◆ 마네킹들의 도시

여사제 잇파트는 넋이 나간 듯 주변을 두리번거렸다. 지금 이 순간 그 무엇도 그녀를 지금보다 더 놀라게 할 수는 없을 것이다. 그녀에게 일어나는 모든 일이 상식의 범위를 벗어나는 것 투성이였기 때문이다. 무시무시하던 현실은, 모래시계처럼 보이는 알 수 없는 뭔가가 어지럽게 회전하며 모래가 아래로 우수수 떨어진 이후로 평온을 되찾았다. 하늘은 하늘색으로, 모래는 노란색으로 돌아왔지만, 태양은 끝내 나타나지 않았다. '도대체 이 빛은 어디에서 오는 걸까?' 하고 잇파트는 생각했다.

"나의 구두가 멀리-멀리 날아가버렸군." 그녀는 계속 혼잣말을 하고 있었다. "알겠다-알겠다. 두려움에 대한 값이라고 생각하는 것이 좋겠구나. 하지만 이 상태가 계속된다면, 내겐 값을 치를 만한 것이 아무것도 남아 있지 않게 되겠는걸."

실제로 잇파트가 가진 것이라고는 오직 목둘레에 다이아몬드가 박힌 어두운 푸른색의 벨벳 드레스와 왼손에 끼워진 크리스털 반지 뿐이었다.

"나에게서 그 무엇도 기대하지 말아라, 이 멍청한 현실아! 네가 제정신이 아니라고 해서 나까지 그렇게 되어야 한다는 법은 없지. 더 이상 나를 놀라게 하지는 못할 것이다. 어서 내 구두나 내놔! 들고 있느냐?"

한편, 뒤집힌 모래시계 너머에는 조금 전까지는 볼 수 없었던, 새로운 뭔가가 눈에 띄었다. 저 멀리서 한 도시의 윤곽이 어렴풋이 눈에 들어오기 시작한 것이다.

"자, 잇파트, 사제여-사제여. 드디어 갈 곳이 생겼군. 가자! 얼른 가야겠어! 이 말도 안 되는 상황을 끝낼 시간이 왔군. 제발 나에게만 보이는 신기루가 아니어야 할 텐데."

그녀는 드레스에서 모래를 털어내고 눈에 띤 목표물을 향해 발걸음을 옮겼다. 언뜻 보기에는 유리처럼 반짝였지만 실제로는 보드라웠던 모래는 잇파트의 맨발이 닿을 때마다 '뽀득뽀득' 하는 소리를 내고 있었다. 잇파트는 모래 위를 걷는 것이 아니라, 마치 솜 위를 걷는 것 같다는 기분이 들었다. 하지만 그보다 더 그녀를 당혹스럽게 한 것은 따로 있었다. 그녀가 걸음을 옮길 때마다 그녀 자신이 움직이는 것이 아니라, 목표물이 그녀를 향해 다가오고 있다는 느낌이 든 것이다. 그것도 아주 비정상적인 속도로 그녀에게 가까워지고 있었다.

"이번엔 또 뭐지?" 잇파트는 분노했다. "나를 놀라게 하려는 것이냐, 아니면 또 겁주려는 것이냐?" 그녀가 현실을 향해 말했다. "이런 일은 있을 수 없다! 있을 수 없는 일에 대해서는 겁낼 가치도 없지. 두렵지 않다, 두렵지 않아! 전혀-전혀! 알겠느냐?"

그런 잇파트의 외침을 비웃기라도 하듯, 현실은 계속해서 빠르게 변화했다. 몇 분이 지나자 하늘은 회색이 되었고, 모래바람은 돌뿐인 황무지로 변했으며, 도시의 실루엣은 그녀의 눈앞에서 더욱 커졌다. 그러나 잇파트는 돌들의 감촉이 느껴지지 않았다. 그녀는 분명 맨발이었는데, 참 이상하게도 발이 전혀 아프지 않았다. 하지만 또 다시 놀라기엔 그녀는 너무 지쳐 있었다.

잇파트는 도시로 들어섰다. 네모난 건물들과 바닥의 홈들과 눈길이 닿는 곳곳마다 저들끼리 어지럽게 얽혀 있는 계단이 가득한 공간도 그렇게 부를 수 있다면 말이다. 온통 쥐 죽은 듯한 정적이 흐르고, 보이지 않는 거대한 물시계가 시간의 흐름을 측정하고 있는 듯 멀리서 물방울 떨어지는 소리가 끊이지 않고 우렁차게 들렸다.

"조-용한 악몽이구나. 아주 조-용한 악몽이야." 잇파트가 온갖 건물과 구조물의 미로 안에 갇힌 채 말했다. "가면 갈수록 어려워. 악몽이 끝날 기미를 보이지 않는군."

"이봐, 거기 누구 없느냐?" 그녀가 외쳤다. 그러자 우렁찬 메아리가 그녀의 목소리를 허공을 향해 몇 번이고 흩뿌렸다. "냐-냐-냐".

"쳇." 잇파트는 실망해서 다시 중얼거렸다. "아니, 이것이 조용한 악몽이라면, 그 속에 있는 나도 조용히 행동해야겠지."

그녀는 한 건물의 문을 조심스레 열어 안을 살폈다. 그곳엔 아무도 없었고, 오직 테이블과 의자와 평상뿐이었다. 그 외엔 아무것도 없었다. 그녀는 그 외에도 여러 건물을 둘러봤지만, 잇파트가 들여다본 건물에는 전부 똑같은 장면만 펼쳐질 뿐이었다. 그녀는 건물들을 하나하나 자세히 살펴봤지만, 그 어디에서도 귀신 꽁무니 하나 찾을 수 없었다.

그러자 그녀는 주변을 자세히 둘러보기 위해 용기를 내어 높은 계단 위로 올라섰다. 계단은 그 어느 곳으로도 이어지지 않았고, 몇 번 방향을 튼 뒤 허공에서 끊겨 있었다. 어느 정도까지만 올라가도 머리가 아찔해졌기 때문에, 잇파트는 계단의 꼭대기까지 올라가지는 않았다. 그녀는 계단의 중간 정도까지만 올라서서 주변을 둘러보았다. 멀지 않은 곳에 전부 똑같이 생긴 지붕들 사이로 검은 건축물이 우뚝 솟아 있는 것이 눈에 띄었다.

잇파트는 계단에서 내려와, 이 변덕스러운 미로 속에서 건축물이 있는 방향으로 나아가려고 애썼다. 그녀는 건물에서 건물로, 계단에서 계단으로 옮겨가며 발을 헛디디지 않으려고 조심스럽게 살피며 걸음을 옮겼다. 그렇게 나아가던 잇파트는 하마터면 사람을 닮은 웬 회색 형상에 부딪힐 뻔했다.

뜻밖의 등장에 잇파트는 깜짝 놀라 뒤로 물러섰다. 심장이 거세게 뛰기 시작했다. 형상은 발걸음을 막 옮기려는 듯한 모습으로 굳은 채 미동도 없이 서 있었다. 사람도, 동상도 아닌 이 마네킹을, 얼굴을 가릴 정도의 큼직한 모자가 달린 헐렁한 로브가 감싸고 있었다. 잇파트는 겨우 정신을 차리고 마네킹의 주변을 한 바퀴 빙 돈 뒤 모자 아래의 얼굴을 살폈다.

유리알 같은 두 눈이 어둠 속에서 초점 없이 빛나고 있었다. 그 마네킹의 눈 속에 생명의 징후가 보였다고 잇파트는 생각했지만, 눈을 제외한 나머지 얼굴은 핏기없는 회색빛이었으며 무표정으로 굳어 있을 뿐이었다. 잇파트는 작은 목소리로 그것을 불렀다.

"이봐!"

마네킹은 꼼짝도 하지 않았다. 잇파트는 조심스럽게 로브를 만져봤다. 로브는 거친 옷감으로 만들어져 있었다. 손가락으로 팔을 만져보니, 피부의 감촉은 마치 납과 같았다. 그리고 볼을 만져보니…

바로 그때 뭔가 믿을 수 없는 일이 일어났다. 잇파트의 손가락이 마치 허공을 가르듯 마네킹의 피부를 통과한 것이다. 마치 물질이 아닌 것을 만지고 있는 것처럼 말이다.

잇파트는 머릿속에 문득 떠오른 생각을 확인해보기 위해서 마네킹의 몸에 다시 손을 갖다 댔다. 그러자 잇파트의 손이 다시 그것의 몸을 관통하여 지나가는 것이 아닌가. 잇파트는 너무 당황해서 뒤로 물러섰다. 그리고 그때, 자신이 기체로 이루어진 덩어리처럼 계단 뒤로 스르르 움직이고 있다는 사실을 알아차렸다.

잇파트는 공포에 질린 채 벽과 계단들에 부딪히지 않기 위해 이리저리 몸을 움직였지만, 그녀는 유령처럼 그것들을 통과했다. 그녀를 둘러싼 모든 사물이 비물질적인지, 아니면 그녀 자신이 비물질이 된 것인지 잇파트는 도무지 이해할 수 없었다. 현실은 고약한 환상의 그물로 계속해서 잇파트를 옭아매고 있었고, 잇파트는 현실과의 게임에서 이미 패배해버린 것 같았다.

잇파트는 마음을 조금 추스른 뒤, 자신의 것인지 현실의 것인지 모를 새로운 특성을 살펴보기 시작했다.

"놀랍고도 아주 놀라워! 내가 죽었구나! 아니지, 내가 미쳤구나! 죽은 것과 미친 것 중 어떤 것이 나을까? 아니지, 어떤 것이 더 나쁠까?"

그녀는 벽을 더듬었다. 벽은 단단하고 매끈해 보였지만, 손에 힘을 주고 조금 밀어보니 마치 벽이 존재하지 않는 듯 손을 통과시키는 것이 아닌가!

"현실아, 너와 나 중 누가 투명한 것이냐?"

하지만 잇파트는 확실한 대답을 얻을 수 없었다. 환상을 보고 있는 것 같았다. 아니, 어쩌면 이 모든 것은 환상이 아닐지도 모른다.

잇파트는 회색 마네킹이 여전히 자리를 지키고 있었던 광장에 돌로 만든 샘이 있다는 사실을 알아차렸다. 그 안의 물은 흘러내리면서도 흘러내리지 않고 있었는데, 마치 영화의 스틸컷처럼 물줄기가 흐르다 말고 허공에서 가만히 멈춰 있었다. 잇파트는 샘으로 다가가 물에 손을 담가보았다. 틀림없이 물의 감촉이있다. 하지만 손으로 물을 뜰 수는 없었다. 잇파트는 물을 마시려고 했지만, 이렇게는 절대로 불가능하다는 사실을 금방 알아차렸다.

가만 보니, 물줄기는 아무 움직임도 없이 멈춰 있는 것이 아니라 눈에 보일 듯 말듯 천천히 흐르고 있었다. 잇파트에게 문득 한가지 생각이 떠올랐다. 그녀는 마네킹에게 달려가 다시 그것을 유심히 살펴보기 시작했다. 마네킹은 반걸음쯤 발을 앞으로 내딛는, 아까와는 조금 다른 자세로 서 있었다.

"그래," 잇파트가 중얼거리며 이리저리 서성거렸다. "이곳의 시간에서 뭔가 불길한 일이 일어나고 있는 것 같군."

보이지 않는 물시계는 마치 그녀의 생각을 확인시켜주기라도 하듯, 아주 드물지만 우렁찬 물방울 소리로 쥐 죽은 듯한 정적을 이따금 깨뜨리고 있었다.

"조용하디조용한 악몽이구나!" 잇파트가 다시 반복했다. "내가 결국 미쳐버리기라도 했다는 말인가? 아니면 이것이 끝이 아니라, 앞으로 더 미칠 수도 있을까?"

그러는 사이에 그녀는 자신이 어느 방향으로 이동하려고 했는지 잊어버렸고, 주변을 둘러보기 위해 계단을 다시 올라가야 했다. 멀지 않은 곳에 까만 건축물이 눈에 띄었지만, 미로를 통해 그곳까지 가기는 쉽지 않아 보였다. 잇파트는 방향을 잃지 않으려고 애쓰며 구불구불한 골목을 돌고 돌았다. 그 과정에서 그녀는 또 하나의 마네킹을 만났다. 그리고 마네킹은 다시, 또다시 나왔다. 마네킹들은 취하고 있는 포즈만 다를 뿐, 생김새는 전부 똑같이 생겼다. 어떤 마네킹은 반걸음 정도를 옮기고 있는 모습이었고, 어떤 마네킹은 앉아 있었으며, 어떤 것은 몸을 잔뜩 웅크린 채 멈춰 있었다.

"제발, 여기에서 도대체 무슨 일이 일어나고 있는지 설명해줄 사람은 아무도 없는 건가?" 잇파트가 답답함으로 분노하며 말했다. "단 한 사람이라도!"

그때 그녀는 문득, 이 황량한 모래사막 위에서도 '말동무'라고 부를 만한 것이 있다는 사실을 깨달았다.

"이봐, 직전! 여기에 있느냐?"

그녀가 말을 꺼내자, 침묵 속에서 홀연히 속삭임이 들려왔다. 속삭임은 바람처럼 한쪽에서 다른 쪽으로 움직였다.

"나는 어디에나 있으며 모든 곳에 있다, 어디에나 있으며 모든 곳에 있다…"

"오, 정말로 여기에 있었구나." 잇파트는 마침내 살아 있는 것을 만났다는 사실에 기뻐하며 말했다. "네가 어디에 있고 누구인지 묻는 것이 아니다. 내가 있는 이곳이 어디이며, 이것들은 전부 무엇인지 알려줄 수 있느냐?"

"메타현실이다." 속삭임이 움직이기를 멈추고 말했다. 하지만 그 소리는 모든 곳에 동시에 존재하는 것처럼 사방에서 들려왔다.

"메타현실이 무엇이냐?"

"현실의 복제품이지."

"오 세상에, 더 자세하게 알려주지 못하겠느냐? 복제품이라니?"

"모든 것의 시작이고, 모든 생명의 근원이며, 모든 것의 출발이지."

"이 도시는 뭐지?"

"있을 수 있었던 것을 본떠 만든 모델이다."

"그렇다면 이곳에 멈춰버린 사람들은?"

"사람이 아니라 마네킹이다. 사람들을 본떠 만든 모형이지."

"왜 이곳에서는 모든 것이 느리게 흘러가는 것이냐? 나는 여기에서 뭘 하고 있는 거고? 어떻게 내가 사물을 통과할 수 있었던 것이냐?"

"질문이 너무 많다. 이만 사라지겠다."

"잠깐-잠깐! 내가 어떻게 하면 돌아갈 수 있는지만 말해주거라."

"곧 알게 될 것이다, 알게 될 것이다, 알게 될 것이다…" 속삭임은 점점 멀어지다가 결국 사라졌다.

아마도 '직전'은 잇파트와 오래 대화할 마음은 없었던 것 같다. 잇파트는 멀어지는 속삭임을 붙잡기 위해 여러 번 직전의 이름을 크게 불렀으나, 아무 소용 없었다. 아무리 불러도 공허한 메아리만 돌아올 뿐이었다. 직전과의 대화로 인해 잇파트에게는 대답보다 훨씬 더 많은 질문만 남아버리고 말았다. 결국, 앞으로 나아가는 것 외엔 잇파트에겐 뾰족한 수가 없었다.

그로부터 오랫동안 그녀는 구불구불한 미로에서 헤매다가, 이따

금 '마네킹'들과 마주쳤다. 그러다 마침내 출구를 찾아 밖으로 나가
보니, 그곳엔 자그마한 광장이 자리 잡고 있었다. 그곳에서 잇파트
의 등 뒤로 으스스 소름이 돋게 만드는 광경이 펼쳐졌다. 광장 한가
운데에 잇파트 자신이 입고 있는 것과 똑같은 어두운 푸른색의 드레
스를 입은 사람의 형상이 허공에 걸려 있었다. 온통 회색빛이었던
배경 속에서 오직 잇파트와 그 형상만 색깔을 가지고 있었다.

형상은 부자연스러운 포즈로 공중에 떠 있었다. 신발도 안 신은
맨발 중 하나는 뒤로, 하나는 옆을 향해 뻗어 있었고, 두 팔은 위로,
머리는 뒤로 젖혀 있었으며 검은 머리카락은 부채꼴로 솟아 있었다.
잇파트는 숨을 죽인 채 형상에 가까이 다가가, 주변을 한 바퀴 돌며
유심히 관찰하고는 얼굴을 들여다봤다. 온몸에 소름이 돋았다. 그
형상은 다름 아닌 그녀 자신이었기 때문이다.

잇파트는 날카롭게 비명을 지르며 뒤로 물러섰다. 메아리 소리는
더욱 시끄럽게 그녀의 비명을 여러 번 따라 했다. 그녀는 살면서 단
한 번도 지금과 같은 비명을 질러본 적도, 죽을 것 같은 공포를 느껴
본 적도 없었던 것 같다. 자기 자신의 마네킹과 마주치는 것이 그녀
가 이곳에서 본 것 중 가장 무서운 일이라고 단언할 수는 없지만 말
이다. 하지만 적어도 잇파트에게는 그녀가 본 것이 완전히 악마 같
다고 여겨졌다.

하지만 도망갈 수도 없었다. 도망치기 위해 갖은 애를 썼지만, 마
치 온몸이 마비된 듯 다리조차 제대로 움직일 수 없었고 그 자리에
꼼짝없이 서 있어야 했다. 잠시 후 알 수 없는 힘이 그녀를 옭아매어
높이 띄웠고, 그녀는 나선형으로 빙글빙글 돌다가 허공에 떠 있는

형상으로 빨려 들어가버렸다.

형상과 하나가 된 잇파트의 몸은 땅으로 떨어졌다. 잇파트는 잠시 동안 미동도 없이 누워 있었다. 마침내 정신을 차린 그녀는 잠시 고개를 흔들고 나서 자기 자신을 자세히 살펴봤다. 모든 것이 제자리에 있었다. 그리고 그녀는 형상과 하나가 되어 있었다. 머리 위 어딘가에서 그녀의 구두가 '쿵' 소리를 내며 떨어졌다.

"어머, 내 구두!" 약해진 목소리로 잇파트가 신음하듯 말했다.

하지만 그녀는 도저히 이성을 되찾을 수 없었다. 잇파트는 무릎을 꿇고 기어가, 자리에 앉아 구두를 신고 일어섰다. 평소와 다르게 온몸이 돌덩이같이 무거웠다. 그녀의 몸이 다시 물질의 형태를 되찾은 것 같았다.

잇파트는 집으로 다가가 손을 벽에 통과시키려고 해보았다. 역시 불가능했다. 벽은 단단했고, 손은 벽을 뚫고 지나가지 않았다. 그 사실을 확인한 잇파트는 안도의 한숨을 쉬었다. 적어도 한 문제는 해결된 셈이었으니 말이다. '다행이네, 적어도 나는 다시 나로 돌아왔어.' 잇파트는 생각했다. 그리고 그녀는 한결 가벼워진 발걸음을 옮겨 검은 건축물로 향했다. 이제 건물 몇 개만 건너면 다다를 수 있는 거리였다. 잇파트의 구두가 돌이 많은 땅에 부딪히며 자신 있고 경쾌하게 또각거렸다.

마침내 그녀는 거대한 검은 돌무덤이 중앙에 우뚝 솟아 있는 광장으로 들어섰다.

"오호, 이게 다 뭐지?" 잇파트가 놀라며 말했다. "위대한 창조자의 사원도 이것보다는 작을 것 같은데."

그녀는 돌무덤을 향해 다가갔다. 아주 이상한 장면이 눈앞에서 펼쳐졌다. 돌무덤의 근처에 푸른 머리카락과 새파란 얼굴을 가지고 허리에는 분홍 리본을 맨 여인이 앉아 있는 것이 아닌가.

여인은 좀 전에 잇파트가 봤던 회색 동상들처럼 미동도 없이 앉아 있었다. 그러나 그 동상들과는 두드러지는 큰 차이가 있었다. 모양과 색깔뿐 아니라, 그녀에게는 생명력이 느껴졌기 때문이다. 잇파트는 여인의 주변을 몇 번이고 돌아보며 여러 방향에서 유심히 살펴봤다. 살아 있는 것 같기도 하고 아닌 것 같기도 한 모습이었다. 저렇게 꼼짝도 안 하고 가만히 앉아 있을 수 있다니. 마네킹인 것 같기도 하고, 아니면 인형을 따라 한 어떤 물건인 것 같기도 했다. 여인의 외모는 굉장히 이국적이었다.

잇파트는 옆으로 살짝 물러났다가 갑작스럽게 그녀를 향해 몸을 홱 돌렸다. 여인이 눈을 깜빡인 것 같았다. 아니면 그저 착각이었을까? 잇파트는 다시 여인에게 다가가 그녀의 얼굴을 유심히 살펴보기 시작했다. 여인은 여전히 조금도 움직이지 않고 있었다. 잇파트는 그 자리를 떠나려는 척했고, 광장에서 돌무덤을 향해 몸을 돌렸다.

여인의 시야에서 벗어난 잇파트는 구두를 벗어 손에 들고는 돌무덤 주변을 돌아 재빨리 달렸다. 그녀가 기둥 뒤에 숨어 조심스레 살펴보니, 여인이 자리에서 일어나 주변을 두리번거리고 있는 것이 아닌가. 잇파트는 살금살금 여인의 뒤로 다가가 큰소리로 외쳤다.

"이봐!"

마틸다(여러분이 예상했던 대로 그녀가 맞았다)는 깜짝 놀라 펄쩍 뛰어오르며 비명을 질렀다.

그들은 잠시 동안 아무 말 없이 서로를 바라보기만 했다. 마침내 잇파트가 먼저 말을 꺼냈다.

"너, 여기에서 무슨 마임이라도 하고 있었던 거야?"

"아무것도 아니야. 난 그저 당신이 무서웠던 것뿐이라고."

"왜 나를 무서워한 거지?"

"왜 당신은 그렇게 빨간색인데?"

"그러는 넌 왜 그렇게 파란색이지?"

다시 침묵이 이어졌다.

"넌 도대체 누구야?" 잇파트가 물었다.

"나는 디바야." 마틸다가 답했다.

"믿을 수 없는 기적이자 놀라운 경이로움이군." 잇파트가 삐딱한 말투로 쏘아붙였다.

"그러는 너는 누구니?" 디바가 물었다.

"나는 사제야. 너는 이름이 뭐지?"

"마틸다. 틸리라고 불러도 좋아."

"아, 감동적이기도 하지. 틸리-봄, 틸리-봄, 고양이의 집에 불이 났구나."♦

"뭐가 그렇게 삐딱해?" 마틸다가 불쾌한 감정을 드러내며 말했다. "살아 있는 영혼을 여기에서 처음으로 만났는데, 그 영혼이 나를 조롱하기나 하다니. 내가 여기에서 얼마나 많은 일을 겪었는지 알기나 해?"

♦ 러시아 동시 〈틸리-봄, 틸리-봄, 고양이의 집에 불이 났구나〉의 한 구절. 역주.

"미안." 잇파트가 답했다. "나도 내가 무슨 말을 하는지 모르겠어. 노이로제라도 걸린 것 같아. 나는 잇파트야. 그리고 나도 마찬가지로 여기서 여러 일을 겪었단다."

그들은 똑같은 감정을 느끼고 있었는지 서로를 바라봤다. 그리고 아무 말도 하지 않은 채 서로를 껴안고 눈물을 떨구었다.

◆ 만남

"어머, 화장이 번지겠어!" 마틸다가 문득 말을 꺼냈다.

그들은 곧바로 울음을 멈추고, 눈을 깜빡이며 손으로 눈가를 조심스럽게 문지르기 시작했다. 그리고 서로가 똑같은 행동을 하고 있는 것을 보고는 웃음을 터뜨렸다. 여자들은 그럴 때가 꽤 많다. 아무 이유 없이, 가만히 잘 있다가 예상치 못하게 갑자기 눈물이나 웃음을 터뜨릴 때 말이다. 여기 이 디바와 사제같이 특별한 여인들도 아무것도 예상할 수 없었다. 그들 자신조차도 한 치 앞을 예상할 수 없었기 때문이다.

"나 좀 봐줄래?" 잇파트가 말했다. "다 번졌지?"

"아니야, 전혀." 마틸다가 대답했다. "나는?"

"너도 아니야. 이상하네."

그들은 서로의 얼굴을 더듬었다. 그다음엔 자기 자신의 얼굴을 만졌다. 또다시 쌍둥이처럼 똑같은 행동을 동시에 하고 있었다. 외모는 전혀 다르게 생겼는데도 말이다.

"화장이 전혀 번지지 않아." 마틸다가 놀라며 말했다.

"이곳에서는 놀라운 일들이 일어나는 것 같아." 잇파트가 말했다.

"맞아, 놀랍다는 표현만으로는 부족할 일들이지. 그런데 너는 왜 그렇게 무서운 분장을 하고 있는 거니?"

"제사 때문에. 너는?"

"연극 때문에."

"뭐라고-뭐라고?"

"음, 설명하기엔 너무 길어. 있지, 처음 너를 봤을 때 죽음이 나를 따라온 줄 알았어."

"아하하! 나는 너 같은 사람은 생전 본 적이 없어!"

"알아, 나도 나 같은 사람을 생전 본 적이 없는걸."

그들은 다시 웃음을 터뜨렸고, 마치 즐거운 파티에서 잠시 만난 두 사람처럼, 그리고 아무 일도 일어나지 않았으며 메이크업과 스타일에 관해 이야기하며 담소를 나누는 것 외에는 할 일도, 걱정거리도 없는 사람처럼 서로를 바라보고 만지기 시작했다. 그들이 겪었던 일들을 생각해보면 그들의 행동은 전혀 이상할 것 없을지도 모른다. 그리고 더는 혼자가 아니라는 사실에 디바와 사제는 둘 다 기쁘기만 한 것이었을 수도 있다.

"이거 봐, 내 리본 구겨지지 않았어?" 마틸다가 마치 옷 가게에서 새 옷을 입어보고 보여주듯이 뒤로 돌며 물었다.

"전혀 아니야, 괜찮은걸. 리본이 근사한데."

"그렇지! 처음에는 너무 마음에 안 들어서 절대로 매고 싶지 않았어. 그런데 인제 보니 어떤 점에서는 도움이 좀 되는 것 같아."

"어떤 점에서?"

"말로는 정확하게 표현을 못하겠어. 나중에 설명해줄게."

"내 드레스는 왜인지 모르겠지만 전혀 더러워지지 않았어."

"그러게, 신기하네." 마틸다가 말했다.

"여기에서는 아무것도 구겨지거나 더러워지지 않는 것 같아." 잇파트가 말했다.

"화장도 번지지 않고. 우리 어디 가서 이 분장을 좀 지우지 않을래?"

"그건 안 될 것 같아. 이곳의 물은 마실 수도 없는걸."

"아, 그건 모든 게 멈춰버린 다음부터 그렇게 된 것 같아."

"어떻게 된 다음부터? 그 전에는 어땠는데?"

"휴, 나도 아무것도 모르겠고, 아무것도 이해할 수가 없어. 내가 지금 어디에 있고 어떻게 여기에 오게 됐는지도 모르겠는걸. 혹시 너는 알고 있니?"

"나도 마찬가지야."

바로 그때, 두 친구가 이럴 때가 아니라는 사실을 상기시켜주기라도 하듯 현실에 이상한 일이 일어나기 시작했다. 그동안 일정한 간격으로 고요함을 깨뜨리고 있던 보이지 않는 물시계 소리가 빨라진 것이다. 물방울이 떨어지는 소리는 점차 빨라지다가 결국엔 '쩌억' 하고 유리가 부서지는 소리가 났다. 그 바람에 사제와 디바는 깜짝 놀라 그 자리에서 펄쩍 뛰었다. 그 뒤 물시계는 잠잠해졌고, 하늘은 반으로 갈라졌다.

반쪽의 허공에는 신기루가 아른거리는 것이 보였고, 다른 반쪽에는 자오선과 지평선이 번쩍이며 밝게 빛나고 있었다.

"여기에서 뛰어야 해!" 마틸다가 외쳤다.

"'뛴다'라는 게 무슨 말이지?" 잇파트가 물었다.

"뛰어야 해! 뛰어야 한다고!"

"어디로? 사방이 사막뿐인걸."

"뭔가가 변했어. 무슨 일이 일어나고 있는 게 틀림없어. 지금 하늘이 어떤지 보여? 눈썹이 휘날리게 뛰어야 한다고!"

"눈썹이 뭐?"

"파티, 너 달에서 왔니? 아까부터 내 말을 전부 이해하지 못하는 것 같아… 오 이런, 그리고 보니 단 한 번도 물어본 적이 없었구나. 너 도대체 어디에서 왔니?"

"나는… 음, 내가 온 곳에서 왔지. 하지만 달이 아닌 건 확실해. 그런데 방금 나를 뭐라고 불렀어?"

"파티. 그래도 돼?"

"이상하다. 아무도 나를 그런 이름으로 불러본 적이 없는 것 같은데… 이상하게 너무 익숙하게 느껴져."

"알겠어, 그건 나중에 얘기해. 지금은 그런 말을 할 때가 아니라고! 얼른 뛰자!"

"아니야, 잠깐, 틸리, 이리 와봐!" 잇파트가 마틸다를 뒤쫓으며 외쳤다.

마틸다는 그 자리에 우뚝 멈춰 서서, 놀란 얼굴로 뻣뻣하게 굳은 채 플랫폼 구두를 신은 발을 돌렸다. 잇파트가 한 말은 그녀가 귀에 못이 박히도록 듣곤 했던, "아니야, 잠깐, 틸리치카! 랄라! 이리 와봐!"라고 외치는 목소리를 상기시켰기 때문이다.

"왜 그래?" 마틸다가 물었다. 말꼬리를 길게 끄는 그녀의 말버릇은 이미 사라져버린 지 오래였다. 이곳의 현실은 우아-한 행동거지와는 전혀 어울리지 않는 녀석이었기 때문이다.

"왜 도망쳐야 한다고 생각한 거야?" 잇파트가 물었다. "지금 우리가 도망쳐버린다면 더 나쁜 일이 생길 수도 있어."

"내가 이미 겪은 일보다 더 나쁜 일은 없어. 나는 하마터면 잡아먹힐 뻔했다고."

"나는 죽을 뻔했어. 아니, 이미 죽었었어. 그리고 이 세상에서 사라질 뻔했지. 하지만 지금은 우리 둘 다 살아 있잖아!"

"그러니까, 무슨 일이 일어나고 있는지 너도 봤잖아! 여기에서 무슨 일이 일어난다면 좋을 것 하나 없어!"

"알았어, 그러면 뛰자. 왼쪽? 아니면 오른쪽? 저쪽엔 뭔가가 움직이고 있고, 저쪽엔 무슨 선이 그려져 있어."

"좋은 질문이네. 그러면 아무것도 움직이지 않는 곳으로 가자."

디바와 사제는 자오선이 천공을 가르는 쪽을 향해 달리기 시작했다. 하늘을 나침반 삼아 달렸더니 미로 속에서도 방향을 찾기가 훨씬 쉬웠다. 도망치는 길에서 그들은 잠시 틈을 내 짧은 대화를 나눴다.

"파티, 있잖아. 왜 너 자신을 사제라고 소개했니?"

"왜냐하면, 정말 사제니까."

"그러니까 정말, 진짜 사제라는 거야?"

"무슨 말이야?"

"우리나라에는 사제라는 직업을 가진 사람이 없어. 그렇다면 우리가 어떻게 같은 언어로 말할 수 있지? 어머, 이렇게 멍청한 질문을 하다니! 글램록들도 나와 같은 언어로 말했어!"

"글램록?"

"응, 나를 먹으려고 했던 녀석들이야. 하지만 이제는 나를 여신으로 섬기고 있어. 그다음에는 왜인지 모르겠지만 갑자기 전부 멈춰버렸고. 여기 한 녀석이 있어, 봐봐!"

길을 가던 중 그들은 회색 마네킹 하나를 발견했다.

"이 마네킹들? 네가 이 마네킹들의 여신이 되었다고? 어떻게?"

"설명은 나중에 할게. 일단은 좀 걷자. 이 구두로는 달리기가 힘들어."

"내 구두도 마찬가지야. 다만 이해하기가 좀 힘드네. 그 마네킹들이 너의 언어로 말했다고?"

"그렇다니까."

"너의 언어라는 게 뭐지? 지금 우리도 같은 언어로 말하고 있잖아."

"아니야, 나는 모국어로 말하고 있는걸."

"나도 모국어야."

그들은 놀란 표정으로 서로를 바라봤다.

"알면서도 모르겠네." 마틸다가 말했다.

"나도 마찬가지야. 알면서도 모르겠어." 잇파트가 말했다. "아마도 옷이 구겨지거나 더러워지지 않는다든지, 메이크업이 지워지지 않는 것과 같은 수많은 기적 중의 하나인 것 같아."

"이곳은 정말 기적의 연속인 것 같아. 다만 단순히 기적적인 기적이 아니라, 괴물 같은 기적이지!" 마틸다가 강조했다.

대화를 나누는 동안 그들은 어느새 도시의 외곽에 다다랐다. 황량했던 풍경은 완전히 다른 모습으로 바뀌어 있었다. 땅과 하늘을 바라보니, 이번엔 형광으로 빛나는 초록색 선들이 저 멀리까지 뻗어 있었다. 그 선들은 곡선을 그리며 터널과 같은 모양을 그리고 있었고, 터널의 끝에는 검은 점이 보였다.

"파티, 나 무서워." 마틸다가 말했다.

"저쪽에는 가지 않는 것이 좋겠어." 잇파트가 대답했다.

"하지만 이 세계의 출구가 저기에 있을 수도 있어."

"하지만 그 세계가 이곳보다 더 무시무시할 수도 있어."

"그래도 어떻게든 이곳에서 나가야 하지 않겠니!"

"그렇다면 한번 가보자."

"그럼 저기엔 뭐가 있는지 슬쩍 보기만 하고, 안 좋은 예감이 들면 얼른 다시 돌아오는 거야."

"알겠어-알겠어. 얼른-얼른!"

디바와 사제는 서로의 손을 잡고 미지의 세계를 향해 나아갔다. 그들이 앞으로 걸어갈수록 땅과 하늘의 간격은 점점 좁아졌고, 터널은 더욱 어두워졌다. 오직 녹색의 선들만 어스름 속에서 홀연히 빛나고 있을 뿐이었다. 그리 오래 걸을 필요는 없었다. 그들이 가장 좁고 어두운 지점에 다다르자 깔때기 모양의 터널이 다시 넓어지기 시작했고 그 너머에는 광활한 공간이 펼쳐졌다. 눈앞의 광경은 우리의 주인공들을 다시 경악하게 만들었다.

그곳에는 땅과 하늘의 자리가 서로 뒤바뀌어 있던 것이다. 잇파트와 마틸다의 발아래에는 끝이 어디인지 알 수 없는 하늘이 펼쳐져 있었고, 머리 위로는 글램록들이 살던 도시와 똑같이 생긴 곳이 걸려 있었다. 다만 그 도시 역시 거꾸로 뒤집혀 있었다는 사실이 유일한 차이였다. 하지만 그것이 전부가 아니었다.

"잇파트, 너 어디에 있어?" 마틸다가 소리쳤다.

"마틸다! 네가 안 보여! 내 모습밖에 보이지 않아!"

"나도 나밖에 보이지 않아! 잇파트, 어디에 있는 거야?"

"너는 어디야?"

사실 그들은 나란히 선 채 제자리에서 맴돌고 주변을 두리번거리며 외치고 있었다. 그러다 서로를 향해 몸을 돌렸고, 거울을 들여다보듯 서로를 바라보며 팔과 머리와 다리를 이리저리 움직였다.

"파티, 나 무서워!" 마틸다가 다시 외쳤다. "내 모습이 보이는데, 거울은 아닌 것 같아!"

"틸리, 이거 설마 너니?" 잇파트가 자기 자신이 비친 모습을 보는 것인지 쌍둥이를 보는 것인지 혼란스러워하며 외쳤다.

"이게 너야? 네가 내 말에 대답하는 거야?"

"틸리, 너 설마 나와 같은 모습이 된 거니?"

"아니야, 아니야, 그건 불가능해! 내가 너라고?"

그들은 자기 자신을 찬찬히 뜯어보다가 동시에 경악했다. 잇파트는 마틸다의 몸에, 마틸다는 잇파트의 몸에 들어간 것이었다.

"네 말이 맞았어!" 마틸다가 말했다. "이곳에서는 완전히, 아주 완전히, 아주-아주 나쁜 일이 일어나고 있어-어!"

"얼른 다시 원래 있었던 곳으로 돌아가자! 터널이 닫히기 전에!" 잇파트가 외쳤다. 그리고 그들은 다시 서로의 손을 잡고, 그들이 왔던 방향을 향해 몸을 던졌다.

◆ 속마음

현실의 '내면'에서 '앞면'으로 뛰쳐나온 디바와 사제는 모든 것이 제자리로 돌아와 있다는 사실을 금세 확인할 수 있었다. 그들은 별다른 방법이 없다고 생각하며 다시 광장 쪽으로 향했다.

"우리를 놀리고 있었던 게 틀림없어!" 마틸다가 하소연하듯이 말했다. "저쪽은 완전히 사면초가였다고."

"뭐라고?" 잇파트가 물었다. "나는 아직도 네가 하는 말을 완전히 이해하지 못하겠어."

"상황이 정말 나쁘다는 뜻이야."

"신들이 격노하신 거야. 아니면 우리를 시험에 들게 하셨거나."

"왜, 아예 그 신들의 분노를 잠재우기 위해 우리가 제물이라도 바쳐야 한다고 하지 그러니!"

"아니, 그건 원시적인 부족들이 하는 거지. 우리는 신들의 수준에 도달하고, 마치 신들처럼 현실을 통제하기 위해, 그들의 완벽함을 닮기 위해 노력할 뿐이야."

"파티, 그러면 얼른 우리가 집으로 돌아갈 수 있도록 현실을 통제해봐!"

"난 아직 못하겠어. 내 기억이 고장 나기라도 한 것 같아. 과거에 대한 기억이 안개 속에 있는 것처럼 느껴져."

"나는 현실이 끝없는 악몽처럼 느껴져."

그들은 몹시 지친 상태로 그들이 처음 만났던, 돌무덤이 한가운데에 우뚝 솟은 광장으로 돌아왔다.

"그러면 모든 것이 흔들리는 반대편으로 운명을 시험하러 가볼까?" 잇파트가 제안했다.

"무슨 소리야, 난 이제 지쳤어! 쉬면서 뭘 좀 먹고 싶다고." 마틸다가 말했다.

"이곳에서도 뭔가를 먹을 수 있는 곳이 있을까?"

"배고프지, 파티? 나도 어떻게인지는 모르겠지만, 예전에 글램록들이 이곳에 있는 '홀레뷴'이라는 것이 먹을 것을 준다고 말한 적이 있어."

"홀레뷴?"

"이 돌무덤을 그렇게 부르더라고. 한번 가서 보자."

그들은 안으로 들어가 자세히 살펴봤다.

"어머, 해골이 사라졌어!" 마틸다가 놀라며 말했다.

"해골이라니?"

"여기 이 제단 위에 글래모르크라는 해골이 하나 있었어. 글램록들이 신처럼 떠받들었는데, 지금은 그게 없어졌어!"

실제로 제단은 어디론가 사라지고, 그 자리에는 높이가 3미터, 지름이 50센티미터 정도 되어 보이는 거대한 원기둥 통이 놓여 있었다. 그것은 색유리로 보이는 재질로 만들어져 있었다. 디바와 여사제는 원기둥의 주변을 서성이며 그것을 손으로 만져봤다. 매끈하고, 조그만 흠집 하나 없이 완벽했다.

"이것 봐, 아무것도 반사되지 않아." 잇파트가 말했다.

"그리고 반대편에 아무것도 보이지 않아." 마틸다가 말했다.

"도대체 이게 여기에 왜 있는 걸까?"

"이 안에 뭔가 힌트가 될 만한 것이 있을지도 몰라."

그들은 돌무덤 안을 샅샅이 뒤져봤지만, 딱히 특별하다고 생각되는 것은 찾을 수 없었다. 다만 절반 정도 튀어나온 기둥들이 벽을 이루며 올라가 천장 높은 곳에서 곡선을 그리며 돔을 이루고 있을 뿐이었다. 그리고 아래에 있는 틈새 중 어딘가에서 초록색 불빛이 새어 나오고 있었다. 건물 안의 시설을 통제하기 위한 리모컨이나 조종 기구가 전혀 보이지 않았는데도 말이다.

"그래, 여기에 먹을 것이 있을지도 모른다고 했지?" 잇파트가 물었다.

"글쎄, 나한테는 분명 여기에서 가져왔다고 말했어." 마틸다가 대답했다.

그들은 다시 원기둥을 향해 다가갔다.

"분명히 이 녀석이 무슨 기능이 있을 거야." 마틸다가 말했다. "이제 이걸로 뭘 어떻게 하면 되는지 알아내기만 하면 돼. 분명히 어딘가에 버튼 같은 게 있을 거야."

"버튼이 뭐지?" 잇파트가 물었다.

"누르면 어떤 일이 생기는 물건이지. 예를 들어, 먹을 것이 나온다든가."

"그런 게 가능해?"

"응, 내가 살던 세계에서는 돈을 넣고 버튼을 누르기만 하면 먹을 것이나 물이 나오는 기계가 있었어."

"틸리, 네가 무슨 말을 하는 건지 잘 모르겠지만, 확실한 건 여기에는 그런 버튼 같은 것은 없어 보인다는 사실이야."

"그러게, 없네. 그럼 어떻게 하지?"

"내가 알기로는, 뭔가를 받아야 한다고 해서 항상 어떤 행동을 해야 하는 것은 아니야."

"무슨 말이니?"

"예를 들어, 비가 와야 한다거나 해가 떠야 하는 상황에서 네가 할 수 있는 일은 아무것도 없는 것처럼 말이야. 비가 오거나 해가 뜨게 할 방법도 없지. 하지만 매우 강하게 바란다면, 비도 내리고 싶어지거나, 해도 뜨고 싶어질 수 있어."

"와, 세상에!" 마틸다가 감탄하며 잇파트를 바라보았다. "나는 살면서 단 한 번도 그런 말을 들어본 적이 없어! 하지만 너의 말 속에는 뭔가 특별한 것이 있어… 잠깐! 벌써 뭔가 효과가 있었던 것 같아!"

마틸다는 등 뒤에 있는 리본을 바로잡고 작게 몇 마디를 중얼거렸다.

"뭐해?" 잇파트가 물었다.

"아니야, 아무것도 달라지는 게 없잖아. 에이!"

바로 그때 유리통 안에 뭔가가 '윙-' 하는 소리를 내면서 원기둥 일부가 밀려 나왔고, 그 위에는 작은 상자가 놓여 있었다.

"설마, 믿을 수 없어!" 마틸다가 놀라워하며 말했다.

마틸다가 상자를 열어보니 그 속에는 초콜릿이 있었다. 그녀는 하나를 꺼내 맛을 봤다. 그러고는 마치 미친 사람처럼 폴짝폴짝 뛰며 높은 목소리로 감탄을 연발하는 것이었다. 그런 다음 그녀는 상자를 집어 잇파트에게 달려가 외쳤다.

"파티-이-이! 체리가 든 초콜릿이야! 한번 먹어봐!"

"뭐라고?" 잇파트는 초콜릿 하나를 집어 입안에 넣었다. 그녀의 얼굴에 미소가 번졌다. "어떻게 했어? 도대체 뭘 한 거니?"

"네가 말한 것처럼, 나는 아무것도 안 했어! 나는 그저 바라기만 했지! 전부 내 리본이 해낸 거야! 내 리본이 해낸 거라고!"

"잠깐-잠깐, 네 리본이 어쨌다는 거지? 제발 진정 좀 해봐!"

"나는 등 뒤에서 뭔가 이상한 감각을 느낄 때가 있어." 마틸다는 등 뒤를 열심히 가리키며 설명하기 시작했다. "두어 번 정도 있었던 것 같아. 리본에 집중하면서 뭔가를 강하게 바라기만 하면 이상한 감각이 느껴지면서 내가 상상한 그 일이 일어난 게 말이야!"

"정확히 어떤 감각을 느낀 거니?"

"날개뼈 근처에 뭔가가 있는 것처럼 나른한 느낌이었어. 뭐랄까 마치…"

"잠깐! 무슨 느낌인지 알겠어!" 잇파트는 이미 굉장히 흥분한 상태였지만, 이내 불안해지기 시작했다. "아니지… 내가 알고 있다는 사실은 분명히 알겠어! 하지만 너무 희미해서 자세한 내용을 도저히 설명해줄 수가 없어…"

"그러면 기억나는 것만이라도 전부 말해줘!" 마틸다는 조금도 참을 수 없었다.

"'현실은 마치 무의식적으로 떠오르는 숨겨진 생각처럼 몸의 앞쪽이 아닌 등 뒤쪽에서 무심코 떠오르는 생각에 의해 통제된다.' 뭔가를 아주 격렬하고 간절하게 원한다면 너의 바람이 정말로 일어날 것이라는 속마음이 되도록 해야 한다.' 뭐 이런 거였어."

"정확하게 이해가 가지 않는걸." 마틸다가 말했다. "하지만 등 뒤에 있는 게 원래 뭐라는 거야?"

"아주 희미하게는 기억이 나는데." 잇파트가 말했다. "마치 기억을 잃어버린 것만 같아. 과거에 일어났던 모든 일이 그저 꿈속에서 일어난 일인 것 같다는 느낌이야. 그것도 조금씩 일부만 기억나."

"파티, 반드시 기억해내야만 해! 어쩌면 거기에 우리의 목숨이 달려 있을 수도 있어! 알겠니?"

"노력할게. 하지만 네가 어떻게 해냈는지 알려주는 편이 더 빠를 것 같아. 네가 한 방법이 효과가 있었잖아!"

"나는 내 리본에 집중하고 등 뒤에서 느껴지는 그 감각에 집중한 다음 초콜릿 한 상자를 상상했을 뿐이야."

"그게 다야?"

"그게 다야. 너는 등 뒤에서 뭔가가 느껴지지 않니?"

잇파트는 천장을 바라보며 잠시 생각에 잠겼다가 마침내 입을 열었다.

"느껴지지 않아. 하지만 한때는 나도 그걸 사용할 수 있었던 것 같아. 그런데 지금은 왜인지 그게 안 돼."

"알겠어, 하지만 네가 반드시 기억해낼 거고, 그 방법을 다시 성공시킬 수 있다는 걸 믿어. 중요한 사실은 이 녀석이 제대로 작동을 하고 있다는 거지. 내가 다시 한번 시도해볼게. 뭐 먹고 싶어?"

"뭔가 마시고 싶어."

마틸다가 다시 리본을 어루만지며 마술을 부리듯 뭔가를 중얼거리자 다시 기적이 일어났다. 원기둥에서 '윙-' 하는 소리가 나며 조각이 밀려 나왔고, 그 위에는 물 두 잔이 놓여 있었다.

"완전히 사제 같은데!" 잇파트가 말했다.

그들은 기쁨으로 반짝이는 눈으로 서로를 바라보며 컵을 들어 목을 축였다.

"훌륭해! 물이 이렇게 맛있는지 몰랐어!" 마틸다가 말했다. 그들은 컵을 내려놓았다.

"이 테이블은 어떻게 치우지?" 마틸다가 원기둥에서 밀려 나온 조각의 가장자리를 만지작거리며 말하자, 조각이 컵을 실은 채 다시 원래대로 들어갔다. 그것은 마치 원래부터 존재하지 않았던 것처럼 감쪽같이 원기둥 속으로 들어갔다. 마틸다는 같은 방법으로 다른 조각도 원기둥 속으로 밀어 넣었다.

"더 이상 놀라울 것도 없군." 잇파트가 말했다.

"이곳의 모든 것은 뭔가 다른 행성의 기술로 만들어진 것 같아. 쩌는데!"

"틸리, 또 알 수 없는 말을 하고 있잖아."

"랄-랄-라! 뭐 어때! 이제 좀 먹자. 제일 좋아하는 음식이 뭐야?"

"플라미디."

"그건 내가 모르는 음식이야. 그게 뭔데?"

"음, 구운 생선 요리야."

"나도 생선 좋아해. 네가 말하는 그 요리를 상상해낼 수 있다는 보장은 없지만, 그래도 한번 시도해볼게."

마틸다는 잠시 정신을 집중했다. 그러자 원기둥에서 갖가지 음식이 놓인 조각이 연달아 밀려 나오기 시작했다.

"와, 이건 정말 기적이야! 이 모든 걸 네가 생각해낸 거야?" 이제 더 이상 놀라울 것도 없다는 말이 무색하게도 잇파트가 또다시 감탄하며 말했다.

"이건 뷔페라고 하는 거야!"

"뭐라고?"

"별로 중요한 건 아니야. 아, 잊고 있었네."

그녀가 말을 마치자 각종 식기가 놓인 또 하나의 조각이 나왔다. 그리고 그 뒤를 이어 갑자기 바닥에서 테이블과 의자 두 개가 잇파트와 마틸다의 다리를 아슬아슬하게 스치며 솟아났다.

"어머, 이건 내가 상상한 게 아니야!" 마틸다가 외쳤다.

"이번에는 내가 한 것 같아." 잇파트가 말했다. "이제 테이블과 의자만 있으면 되겠다는 생각이 갑자기 떠올랐거든."

"세상에! 속마음? 거봐, 너도 할 수 있잖아."

"그저 우연히 성공했을 뿐인걸."

"이 돌무덤의 바닥도 원기둥과 똑같은 기능이 있나 봐."

"앞으로는 머릿속으로 뭔가 생각을 할 때조차 좀더 조심해야겠어."

"등 뒤에 뭐가 있는지♦, 어떻게 그것을 사용해야 하는지 절대로 잊지 말아야 해."

"알았어-알았어. 내 생각엔 이 사원에서만 모든 게 쉽게 이루어지

♦ 이 장의 제목인 '속마음'은 의역을 한 표현이고, 실제 원어를 직역하면 '뒷마음'으로 등 뒤의 뭔가를 가리키는 내용과 의미가 일치한다. 역주.

는 것 같아. 현실에서는 쉬운 것이 하나도 없거든."

"그러니까 너의 기억을 잘 되새겨봐, 파티. 이제 먹자!"

그들은 맛있게 음식을 먹으며 이 세계에서 각자가 겪은 무시무시한 사건들에 관해 이야기하기 시작했다. 마틸다가 어떻게 글램록들을 길들일 수 있었는지 잇파트에게 알려주자, 잇파트는 의자에서 벌떡 일어나 참을 수 없다는 듯 폭소를 터뜨리고 제자리에서 빙글빙글 돌기 시작했다. 그리고 그 곁을 마틸다가 함께했다. 만난 지 얼마 되지도 않은 두 친구는 이제 아무 걱정 없이 서로에게 여러 가지 이야기들을 털어놓을 수 있었고, 그 시간은 그들이 이 이상하고 무시무시한 세계로 온 이후 가장 행복한 시간이었다. 지금은, 그리고 아직은, 그들이 겪은 일이 전부 나쁘다고는 할 수 없었다. 적어도 그들은 혼자가 아니라 서로 함께 있었으니 말이다. 하지만 앞으로 그들이 어떤 일들을 겪어야 하는지는 오직 이 세계만이 알고 있었다.

◆ 현실을 보는 자들

"아, 이제 좀 배가 부르네." 마틸다가 말했다. "좋아. 뭔가 더 먹고 싶은 거 있어, 파티?"

"아니, 정말 맛있었어." 잇파트가 대답했다. "이런 음식은 태어나서 처음 먹어봐. 네가 없었으면 도대체 어떻게 했을까?"

"나도 이곳에 네가 없었다면 완전히 미쳐버렸을 거야. 실제로 난 미치기 직전까지 다다랐었거든."

"이제 이 그릇들을 좀 치울까? 테이블과 의자는 남겨두는 것이 좋겠어."

"그러자." 마틸다가 원기둥 조각의 가장자리를 다시 어루만졌고, 조각은 그 위에 물건들을 올려놓은 채 제자리로 들어갔다. "정말 좋은 기계네. 이제 걱정하지 않아도 되겠어."

그들은 어디에, 어떻게 왔는지도 모를 시공의 틈새가 아닌, 일상적인 카페에 앉아 있는 두 친구처럼 잠시 동안 편하게 대화를 나눴다.

"파티, 너는 어느 나라에서 왔니?" 마틸다가 물었다.

"신들의 나라에서." 잇파트가 대답했다.

"그러면 너희 나라에서는 신들과 뭘 하니?"

"신들을 찬양하지."

"신들은 뭘 하고?"

"통치해."

"그렇구나."

"그러는 넌 어느 나라에서 왔니?" 잇파트가 물었다.

"나? 오, 바보들의 나라에서 왔지." 마틸다가 대답했다.

"그러면 너희 나라에서는 바보들과 뭘 하니?"

"우리? 우리는 '바보들'이라는 단어와 '우리'라는 단어 사이에 특별한 경계가 없어."

"그러면 너희 나라 사람들 모두가 바보라는 말이야?"

"물론!"

"우리는 신들에 조금이라도 더 가까워지기 위해 노력하기도 해."

"우리는 정반대야. 한 무리의 바보들이 '썩 꺼져, 이 바보들아!'라고 말하면 다른 무리의 바보들이 '아니, 당신들이나 썩 꺼져!'라고 말하며 서로에게서 멀어지려고 하지."

"정말이야?" 잇파트가 물었다.

"물론 아니지, 농담이야." 마틸다가 답했다. "내가 어느 나라에서 왔냐면… 어떻게 너한테 설명해줄 수 있을까. 음, 그러니까, 버섯들의 나라에서 왔어."

"그러면 너희 나라에서는 버섯들로 뭘 하니?"

"버섯을 따지. 그다음 삶고, 튀기고, 말리고, 간을 하고. 그리고 그걸 먹어."

"또 뭘 하는데?"

"또 춤도 추고, 노래도 불러. 우린 그렇게 살아."

"이상한 곳이네."

"그냥, 말해줄 것이 너무 많을 때는 뭐부터 말해야 할지 모르기도 하잖아."

그들은 고향에 대한 생각에 잠겨 잠시 아무 말도 할 수 없었다.

"파티, 집이 그리워?" 마틸다가 물었다.

"응," 잇파트가 슬픈 표정으로 대답했다. "너는?"

"나도. 우리가 돌아갈 수 있다고 생각하니?"

"난 그렇게 생각해. 틀림없이 이곳에서 빠져나갈 방법이 있을 거야."

"있잖아, 가장 불안한 게 뭔지 알아?" 마틸다가 말을 꺼냈다. "네가 만약 너희 나라로 돌아가고, 내가 나의 나라로 돌아가면, 우리는 더 이상 함께할 수 없다는 사실이야."

"맞아, 우리가 각자의 고향으로 돌아가거나, 이곳에서 함께 있거나 둘 중 하나겠지." 잇파트가 말했다.

"하지만 너와 함께할 수 없는 현실은 상상조차 할 수 없어."

"나도 마찬가지야."

"우리 세계에 함께 가지 않을래? 그곳도 썩 나쁘지 않아."

"모르겠어. 너는 우리 세계에 함께 가고 싶니?"

"나도 잘 모르겠어. 내가 확실히 아는 것은, 네가 없는 삶은 너무 끔찍할 것 같다는 사실뿐이야."

"그렇다면 어느 쪽이 더 나은지 결정해야겠네. 함께 있을 것인지, 집으로 각자 돌아갈 것인지 말이야." 잇파트가 결론을 내렸다.

"나는 그런 딜레마는 싫어!" 마틸다가 슬프게 외쳤다. "왜 전부 가지지 못하고, 항상 둘 중 하나만을 선택해야 하는 거야?"

"틸리-틸리. 아직은 뭔가를 선택할 수 있는 단계가 아니야."

"그래도, 뭔가를 하도록 강요받는 상황은 정말 끔찍해!"

"뭘 어떻게 강요받는다는 거야?"

"사람들은 꼭 강요하고, 강제하고, 억지로 하게 만들잖아! 마치 크림 수프를 먹으라고 강요하는 것처럼 말이야! 어렸을 때 나는 크림 수프가 정말 싫은데 항상 억지로 먹어야 했어. 정말 죽도록 싫었다고! 내가 그걸 왜 먹어야 해? 누군가를 사랑하고, 서로 필요로 하고, 함께 있고 싶은데 왜 꼭 이별해야 하지? 이별해야 하는 이유라는 것은 절대로 있을 수 없다고! 이 땅에 있는 우리에게 어떤 비극이 일어나고 있는지 아니? 사람들은 그토록 사랑하고, 서로가 없이는 죽어도 못 살겠다고 하면서 서로와 함께 있기 위해 어마어마한 고통을 감수해. 하지만 상황은 그들에게 이별할 수밖에 없도록 만들지. 그런 엄청난 비극이 자꾸만 일어난다고! 나는 그런 일이 일어날 때마다 스스로 말해. 이게 무슨 빌어먹을 상황이냐고, 당신들이 이별하고 싶지 않다면, 까짓것 그냥 전부 무시하고 함께 있으라고! 왜냐하면, 이 모든 것이 전부 크림 수프니까! 그 누구도 크림 수프를 먹도록 강요받을 수는 없으니까!"

"틸리, 틸리! 진정해. 그렇게 화낼 것 없어." 잇파트는 손을 들어 혼란스러워하는 마틸다의 머리를 쓰다듬고, 그녀의 리본을 바로잡아주었다. 바로 그때 돌무덤의 한쪽 벽을 가득 채우는 거대한 영상이 홀로그램처럼 비쳤다.

허공에 희미한 영상이 재생되기 시작했다. 영상 속에는 놀이터가 보였고, 그곳에서 아이들이 뛰어놀고 있었다. 선생님이 아이들을 부르자, 그들은 한 무리로 모여 유치원으로 다 같이 이동했고, 사물함에서 옷을 갈아입은 다음 식당에 모여 점심식사가 차려진 작은 테이블 앞에 모여 앉았다.

한 테이블에 분홍색 리본을 머리에 단 소녀가 숟가락으로 접시 안을 휘적거리고 있었다.

"또 크림 수프! 이 얇은 막 생긴 거 역겨워요! 먹기 싫어요-오!"

"착한 아이는 심술부리지 말고 얌전히 수프를 먹어야 해요." 선생님이 그녀에게 말했다.

"심술부리는 게 아니라, 그냥 먹기 싫어요!"

"크림 수프를 먹으면 키가 크고 예뻐질 거예요. 그런데 크림 수프를 안 먹으면…"

"나는 지금도 키 크고 예뻐요, 이거 봐요!"

"전부 다 먹지 않으면 사탕 안 줄 거야."

"나는 사탕 안 먹어도 되느-은-데-에!"

"저거 봐, 다른 애들은 다 먹잖아. 너만 특별하다는 거야 뭐야?"

"네, 전 특별해요!"

"그거 다 먹어! 안 그러면 벽 앞에 세워둘 거야!"

소녀는 숟가락으로 접시 안을 휘적거리기를 멈추고 몸을 돌려 선생님을 똑바로 응시했다. 마치 잠에서 깨어난 것처럼, 모든 것이 달라져 있다는 사실이 그녀에게서 분명하게 드러났다. 마틸다는 어린 아이의 목소리로, 그러나 어른의 침착한 어조로 말했다.

"선생님은 저를 조종할 수 없어요. 저에게 이래라저래라 할 권리를 가지고 있지도 않고요. 먹기 싫다면, 먹지 않아도 되는 거예요."

선생은 할 말을 잃은 듯했다. 그녀는 딱 벌어진 입으로 30초간 아무 대답도 하지 않았다. 그러다 마침내 정신을 차린 듯 말했다.

"착한 아이는 그런 말을 하면 못써! 너 어디에서 그런 못된 말을 배운 거니? 누가 그런 걸 가르쳤어? 너희 엄마와 얘기 좀 해야겠다!" 선생님은 매우 당황한 것인지, 충격에 빠진 것인지 모를 상태로 허둥지둥 식당을 빠져나갔다.

"저는 원장님과 얘기를 좀 해야겠어요!" 그녀가 닫힌 문 뒤에서 외쳤다.

영상은 허공에서 서서히 사라졌다. 잇파트와 마틸다는 홀린 듯 그것을 지켜봤다. 마틸다가 먼저 말을 꺼냈다.

"파티, 저 아이가 바로 나였어! 저건 나의 기억이야!"

"그럴 거라고 생각했어." 잇파트가 대답했다.

"멋진데! 마치 영화 같아, 아니, 과거에서 보낸 영상 같아!"

"영화는 뭐고 영상은 또 뭐야?"

"우리가 좀 전에 본 것처럼 그림이 움직이는 거야. 예전에 있었던 일이나, 일어날 수 있었던 일들에 대한 그림 말이야."

"예전에 있었던 일이나, 일어날 수 있었던 일들에 대한 거라고?" 잇파트가 마틸다의 말을 반복했다.

"그래. 예를 들어 영상은 미리 기록해둔 거야. 그러니까 실제로 있었던 일을 카메라로 녹화한 거지. 반면에 영화는 상상해낸 거야. 일어날 수 있었던 일을 사람들이 상상해낸 다음 연기해서 촬영한 거. 그다음 녹화된 것을 보여주고 보는 거지. 그건 왜?"

"내가 예전에 배웠던 것이 생각났어."

"파티, 정확히 어떤 걸 기억해낸 거니? 얼른 전부 털어놓아봐. 여기에서 중요하지 않은 것은 아무것도 없다고!"

"내가 배웠던 것은, 과거에 있었던 일과, 현재에 일어나는 일, 일어날 수 있었던 일들은 전부 같다는 사실이야."

"무슨 뜻이야?"

"전부 똑같다는 말이지."

"파티, 이번엔 네가 뭔가 너무 어렵게 설명하고 있어. 하나도 모르겠다고!"

"너의 언어로 말하자면, 과거에 있었던 일과 현재에 일어나는 일, 일어날 수 있는 일은 전부 영화야. 전부 과거에 미리 촬영되었던 것들이거든. 오래전에 촬영되고, 나중에 일어나거나 일어날 가능성을 가지고 있는 거지. 이해하니?"

"어떻게 그런 일들이 과거에 기록되었다는 거니? 누가 그걸 기록했는데?" 마틸다가 놀라며 말했다.

"그건 모르겠어. 완전히 기억이 나질 않아. 그저 이 모든 것들, 그러니까 과거에 일어났던 일, 현재에 일어나는 일, 일어날 수 있었던 일은 전부 동시에 존재한다는 사실만 알아."

"어떻게 동시에 존재한다는 거야? 도대체 무슨 말을 하는 거니?"

"모델이 있고, 그 모델의 원래 모습인 현실이 존재한다고 상상해봐. 이미 일어난 일과 일어날 수 있는 일은 과거와 미래의 모델이야. 지금 일어나는 일은 현실이고. 모든 모델과 그것의 원래 모습은 동시에 존재할 수 있어."

"헬라! 한 번도 생각해본 적 없는 문제인데!" 마틸다가 말했다.

"하지만 그래도 모르겠어."

"내가 너에게, 보이지 않는 말동무에 대해 말해줬던 거 기억나? 시간의 직전?"

"응. 그게 왜?"

"직전이 말하길, 메타현실인 이 세계는 현실의 복제품이라고 했어. 그리고 네가 본 그 회색의 형체들은 사람이 아니라 마네킹이고. 다시 말해 사람을 본떠 만든 모형이지."

"모형이든 모형이 아니든, 그 녀석들은 나를 잡아먹으려고 했다고!"

"틸리, 나도 이곳에서 실제로 나의 마네킹을 봤어. 그리고 마네킹으로 들어가자마자 육체를 얻은 거야!"

"그만, 머리가 아플 지경이야." 마틸다가 말했다. "그래서 여기에서 어떤 결론이 나오는지 그걸 찾아보는 게 좋을 것 같아. 우리가 그 모형인지 뭔지를 어떻게 사용할 수 있다는 말이니?"

"틸리, 계속 반복해서 미안하지만, 나는 지금 아무것도 기억이 나지 않아."

"아, 잇파트, 사제여-사제여. 너는 정말 수수께끼로 가득 차 있고 내 머릿속은 이해할 수 없는 것들로 가득 차 있구나! 그러면 이제 어떻게 하지?"

"마틸다, 너는 현실을 볼 수 있니?" 잇파트가 물었다.

"무슨 말이야?"

"과거의 너라고 말했던 그 작은 여자아이는 어린데도 불구하고 사물의 본질과 사건의 본질을 꿰뚫고 있는 듯이 말하고 행동했어.

나의 세계에서 현실을 보는 자들은 의식이 명료해졌다고 여겨져."

"그런 사람이 되면 뭐가 좋은데?"

"현실을 보는 자들은 여러 가지 사건으로부터 자유로워질 수 있어."

"어떻게?"

"상황이 그들을 통제하기를 그만두는 거지."

"그러면 평범한 사람들은?"

"평범한 사람들은 현실을 볼 수 없어. 그들은 그저 현실 속에서 살기만 할 뿐이야."

"수족관 속의 물고기들처럼?"

"맞아, 물고기들처럼. 그저 살아지는 대로 사는 것뿐이야. 그게 다지."

"헬랄라! 이제야 뭔가 조금은 이해할 수 있을 것 같아!" 마틸다가 기뻐하며 말했다. "정확히 말하면, 아직 이해하지는 못했지만 어떤 것을 이해한다는 기분이 들어."

"그래, '이해한다는 기분', 그게 바로 지금 내가 느끼고 있는 거야."

"하지만 느낌만으로는 턱없이 부족해. 완전히 이해해야 해. 우리가 완전히 이해해야 너도 기억을 되돌릴 수 있을 거야!"

"그러니 나를 좀 도와줘. 있지, 이곳에서 뭐가 보였고, 현실이 어떻게 보였니?"

"아하, 한번은 이런 일이 있었어! 내가 '제물로 바쳐지기' 직전이었을 때, '절대로 이런 일은 일어날 수 없으며 이건 나의 현실이 아니다'라고 분명하게 인식했던 기억이 나."

"그다음엔?"

"내가 그 현실에서 분리된 상태로 존재한다는 느낌을 받았어. 내가 어떤 책이나 영화의 한가운데에 덩그러니 서 있는 것처럼."

"그리고?"

"그다음엔 모든 것이 전부 잘될 것이라고 굳게 결심했지. 어떻게 잘될 것인지는 모르지만, 어쨌든 잘될 거고 전부 제자리로 돌아갈 거라고. 그런 생각을 하고 있을 때 하늘에서 땅까지 비스듬한 검은 선이 잠깐 나타났다가 사라지는 것이 보였어. 마치 책의 한 페이지가 넘어가는 것처럼 말이야. 그리고 다음 페이지에서는 실제로 모든 것이 잘 마무리되어 있었어."

"있잖아," 잇파트가 말했다. "이 돌무덤이 우리를 현실의 다른 페이지로 보내줄 수 있을지 한번 시험해보지 않을래? 너의 기억이 과거의 장면들을 불러냈다면, 현실에 대해 깊이 생각할 땐 어떤 일이 일어날까?"

"또 다른 장면이 나타날 수 있다니, 걱정돼." 마틸다가 말했다. "하지만 시도해볼 가치는 있지."

"등 뒤에서 느껴졌던 그 감각을 사용해봐. 그리고 그 장면뿐 아니라, 그 속에 있는 우리를 상상해봐. 마치 우리가 너의 영화 속에 있는 것처럼."

"그러면 각자 다른 곳으로 이동하지 않기 위해 같이 껴안고 있자. 너를 잃고 싶지 않아."

디바와 사제는 서로 끌어안고 잠시 동안 말없이 서 있었다. 얼마 뒤 마틸다가 무슨 말을 중얼거렸고, 그들이 꿈에서도 상상하지 못했을 법한 사건이 일어났다. 그들의 형상이 가로로 길게 늘어나는

가 싶더니, 세로로 늘어난 것이다. 결국, 평면 그림이 된 그들은 여러 개의 조각으로 나뉘어 허공에 흩뿌려졌다. 각각의 조각에는 껴안은 둘의 실루엣이 평면 그림이 되어 멈춰 있었다. 그러는 내내 어디에선가 기계가 돌아가는 듯한 '윙-' 소리가 났고, 모든 절차가 끝나자 쥐 죽은 듯한 고요함만이 공간을 가득 채웠다.

◆ 최초의 명령

"파티!" 마틸다의 목소리가 정적을 뚫고 들려왔다.

정확히 말하면 그 소리는 그녀의 목소리가 아니었다. 그저 그녀의 목소리와 비슷하게 디지털화된 기계음에 가까웠다. 서로를 꼭 껴안은 두 친구의 모습이 비춰진 평면 그림들도 그 자리에서 진동했고, 그들의 목소리를 닮은 기계음의 메아리가 울려 퍼졌다. 하지만 그 메아리는 일반적으로 산에서 들을 수 있는 그것처럼 길게 늘어지는 소리가 아니었다. 오히려 짤막하게 끊기며 들려오는 신호음에 더 가까웠다.

"티, -티, -티, -티."

"마틸다!" 잇파트의 목소리도 어디에선가 들려왔다. 마찬가지로 짧고 반복적인 메아리가 울려 퍼졌다.

"르다, -르다, -르다, -르다."

"파티, 우리가 공중에 떠 있는 것 같아!" 마틸다가 또다시 외쳤다.

"같아, -같아, -같아, -같아."

"아-하-하-하!" 잇파트가 뜬금없이 웃음을 터뜨렸다

"아하하, -아하하, -아하하, -아하하" 웃음소리 뒤로 메아리가 다시 울려 퍼졌다.

허공에 떠 있는 그림에서 갑작스럽게 목소리가 흘러나오는 모습이 어찌나 기괴한지, 그 모습을 본 사람이라면 잇파트의 웃음소리가 실제로 그 그림에서 나오고 있다고는 전혀 믿을 수 없었을 것이다. '이 사제가 결국 미쳐버렸구나' 하는 생각이 저절로 들 정도였다.

"파티, 너 때문에 무섭잖아!" 마틸다가 외쳤다.

　　　　　"잖아, -잖아, -잖아, -잖아."

"이제 우릴 떼어봐!"

　　　　　"릴 떼어봐, -릴 떼어봐, 릴 떼어봐, 릴 떼어봐." 잇파트는 이번에도 도저히 의미를 알 수 없는 말을 했다.

"재미있다!"

　　　　　"미있다, -미있다, -미있다, -미있다." 잇파트가 멈추지 않고 계속했다. "리본에 대해 떠올려봐!"

　　　　　"려봐, -려봐, -려봐, -려봐."

메아리가 사라질 무렵, 평면 그림이 갑자기 잔뜩 찌그러지더니 디바와 사제가 원래의 모습으로 돌아와 바닥으로 떨어졌다.

"완전 끔찍했어! 끔찍했어 완전!" 마틸다가 자리에서 일어나며 큰 소리로 말했다.

"미있네, -미있네, -미있네, -미있네." 잇파트가 고장 난 기계 인형처럼 바들바들 떨더니, 갑자기 움직임을 멈추며 말을 멈췄다.

마틸다는 넋이 나간 듯 잇파트를 멍하니 바라보기만 했다. 그러나 잇파트는 갑자기 다시 살아나기라도 하듯, 겁에 질린 디바를 쳐다보더니 웃음을 터뜨렸다.

"파티, 나 좀 그만 놀려!" 마틸다가 소리쳤다. "이제 농담할 여유도 생겼다, 이거지! 하마터면 죽을 뻔했다고!"

"울랄라!" 잇파트는 마치 모든 것이 제자리에 그대로 있는지 확인이라도 하듯, 머리를 흔들며 눈을 깜빡거리고 제자리에서 깡충거리며 뛰었다.

"알았어, 알았어, 틸리!" 그녀는 금방이라도 폭발할 것만 같은 마틸다를 어루만지며 말했다. "중요한 것은 우리가 다시 원래 모습으로 돌아왔고, 함께 있다는 사실 아니겠어?"

"어떻게 그렇게 기뻐하기만 할 수 있어?" 마틸다가 분노했다. "제대로 된 건 아무것도 없고, 어딘가에 처박혀 꼼짝도 못할 뻔했는데. 만약 영영 그곳에서 빠져나오지 못했다면 어쩔 뻔했어? 정말 하나도 두렵지 않았던 거야?"

"반대로, 너무나 두려워지면 그때는 차라리 기뻐하는 게 더 나을 때도 있어."

"너는 정말 놀라움 그 자체야, 파티. 내가 몰랐던 자질이 점점 나타나고 있구나."

"나조차도 내가 어떤 자질을 가졌는지 모르는걸." 잇파트가 말했다. "나는 나 자신을 잊었어. 그리고 이제 기억해내려고 노력하는 중이야."

"어떻게 자신을 잊을 수 있단 말이야?"

"내 안에 뭔가가 특별한 게 있는 느낌이야. 잘은 모르겠지만, 느낄 수 있어."

"잘은 모르겠지만 느낄 수 있는 뭔가가 있다! 멋진 느낌이네. 나도 그런 일이 생기면 좋겠다. 하지만 나는 나에 대해 모든 걸 알고 있는걸."

"틀렸어. 그건 너 자신도 모를 거야. 자기 자신에 대해 모든 걸 알고 있는 사람은 아무도 없어."

"헬라! 파티, 너는 가끔 정신이 번쩍 들게 하는 말을 하더라."

"내가 무슨 말을 했다고 그러니?"

"지금도 그랬잖아. 네가 한 말을 듣고 나니, 나조차도 나에 대해 잘 모른다는 생각을 하게 됐어."

"나도 스스로 전혀 상상도 못했던 일이야. 그런 일이 있는데도 놀라지 않고 웃음을 터뜨리다니. 처음엔 전부 충동적이었지만 시간이 조금 지나면서는 의도를 가지고 일부러 그렇게 행동한 거야." 잇파트가 말했다.

"처음에 충동적인데 어떻게 나중에 의도를 가지고 행동할 수 있는 거지?" 마틸다가 물었다.

"너의 자아 깊은 곳에서 최초로 생겨나 사고 지점을 스쳐 지나가는 충동에 완전하게 집중할 때 가능한 거야."

"사고 지점을 스쳐 지나간다고?"

"그 어떤 말도, 설명도 필요 없는 조용한 명령이 떠오른다는 말이지. 그리고 그게 뭔지, 왜 해야 하는지는 너 자신조차도 곧바로 이해할 수 없어. 그저 따를 수밖에. 하지만 시간이 지나서야 그 명령이 옳았다는 걸 알 수 있지."

"흥미롭네. 나도 그런 일이 종종 있었던 것 같아." 마틸다가 말했다.

"너도 최초의 명령을 따르니?" 잇파트가 물었다.

"응, 그럴 때도 있고, 아닐 때도 있어."

"나는 먼저 복종하고, 나중에서야 그 복종이 마비 상태에서 벗어날 수 있는 방법이었단 사실을 깨달았어. 그리고 우리가 갇혀버린 곳에서 지금 이곳으로 돌아올 수 있도록 너의 리본을 사용하라고 일깨워준 거야. 그곳이 어디인지는 아직도 모르겠지만 말이야."

"그렇다면 네가 연극을 했다는 말이야?" 마틸다가 놀라워하며 말했다.

"맞아, 맞아." 잇파트가 말했다. "그런데 연극이 뭐지?"

"영화와 같지만, 미리 녹화해두지 않고 그 자리에서 연기하는 거지."

"왜-왜 미리 촬영해두지 않는 거니?"

"삶처럼, 진짜처럼 보이게 하려고."

"그러면 영화는 진짜처럼 보이지 않아?"

"음, 영화는 연극의 복제품 같은 거야."

"그러면 연극은 삶의 복제품인 건가?"

"응, 어느 정도는 맞아. 파티, 또 뭔가 기억이 되살아나는 것 같니?"

"이상하네. 전부 하나로 연결되는 것만 같아. 삶, 연극, 영화." 잇파트가 말했다. "나는 그 모든 게 반대라고 가르침을 받았던 것 같은데. 먼저 의미가 만들어지고, 그 의미에 따라 무대가 만들어지고, 그 무대가 실체화된다고. 전부 네가 말한 것과 반대야!"

"어떤 의미? 누가 그걸 만들어내지?" 마틸다가 물었다.

"내가 예전에 너에게 말해줬던 거 기억나니? '과거에 있었고, 현재에 있으며, 일어날 수 있었던 모든 일은 영화다'. 먼저 녹화되었다가 나중에 재생되는 거지."

"아! 모델인가 뭔가에 대한 거."

"영화는 모델이며 삶, 즉 현실은 모델의 진짜 모습이야. 그러니까, 지금 우리는 영화 속에 있어."

"현실의 모델 속에 있다는 말이야?"

"응, 또는 메타현실 속에 있다고도 할 수 있어. 직전이 그렇게 말했거든."

"그러면 현실, 즉 삶으로 빠져나와야 한다는 말이네."

"맞아."

"하지만 어떻게?"

"아직은 잘 모르겠어." 잇파트가 말했다. "이 모든 사슬의 반대 방향으로 거슬러가는 방법이 있다는 직감이 느껴지기는 해. 영화, 연극, 삶의 순서로 말이야."

"너무 추상적이야." 마틸다가 말했다. "뭐가 되었든, 구체적인 수를 써야 해."

"하지만 틸리, 너도 알다시피 현실의 페이지를 넘어간다는 제안도 효과가 없었잖아."

"응, 의도를 가지고 한 번 노력하는 것만으로는 이 돌무덤 안에서도 실패할 수밖에 없나 봐. 다른 방법을 써야 해. 뭔가 다른 것이 필요해."

"그러면 너의 최초의 명령은 너에게 어떻게 하라고 말하고 있니?"

"우리가 아직 한 번도 실험해보지 못한 방법이 하나 있어."

그들은 서로 눈빛을 교환했다.

"내가 생각하는 그거니?" 잇파트가 물었다.

♦ 거울

"또 한 쪽이 남아 있어." 마틸다가 말했다.

"모든 것이 흔들리는 그쪽?" 잇파트가 물었다.

"응, 시도해볼 만해. 시도해봐야지."

"두렵지 않니?"

"어차피 이곳에서 일어나는 모든 일이 무시무시한 일들뿐인걸."

그때, 그들이 말한 것을 확인이라도 해주듯, 돌무덤이 흔들리면서 어디에선가 굉음이 들려왔다.

"또 무슨 일이 일어나나 봐!" 마틸다가 외쳤다.

"틸리, 잊지 마, 생각을 할 때조차 조심해야 해." 잇파트가 말했다.

"도대체 어떻게 생각을 조심스럽게 하라는 거야? 아무것도 생각하지 않거나, 아무것도 말하지 않을 수가 없는데!"

"오직 생각과 조건만이 있을 뿐이야. 네가 생각해낸 조건들은 반드시 현실에 영향을 준다고."

"조건이라니, 그게 무슨 말이야?"

"현실이 어떤 상태여야 한다고 결정하는 것을 조건이라고 하는 거야."

"결정? 내가 무슨 결정을 했다고 그러니-이?" 마틸다가 말을 채 끝내기도 전에 바닥이 빙글빙글 돌기 시작했다.

바닥이 벽을 중심으로 도는 것인지, 아니면 벽이 바닥을 중심으로 도는 것인지 도무지 알 수 없는 일이 일어나기 시작했다. 디바와 사제는 본능적으로 출구를 향해 힘껏 내달렸다. 하지만 출구로 사용되던 틈은 검은 벽으로 막혀 있었다. 그리고 그들이 움직이는 매분 매초마다 마치 건물 안에 거대한 시계가 있는 것처럼 정체 모를 시계 초침 소리가 울려 퍼졌다. 째깍-째깍-째깍-째깍, 째깍-째깍-째깍-째깍.

바닥과 벽이 정신없이 회전하고 시계 초침 소리가 끊임없이 울려 퍼지는 가운데, 벽의 뼈대를 이루고 있던 기둥들까지도 마치 시계의 바늘처럼 회전하기 시작했다. 오직 돌무덤의 한가운데에 세워져 있던 거대한 유리통만이 움직이지 않고 그 자리를 지키고 있을 뿐이었다. 그러나 마틸다와 잇파트에게는 그 유리통에 매달리는 것조차 버거웠다. 그들은 어쩔 줄 모르고 서로를 붙잡고 있을 수밖에 없었다. 그러다가 한순간에 모든 것이 정지하고 쥐 죽은 듯한 정적이 흐르기 시작했다.

먼저 말을 꺼낸 쪽은 잇파트였다.

"전부 열두 번 울렸어." 그녀가 말했다.

"그 와중에도 시계가 몇 번 울렸는지 셀 수 있었단 말이야?" 마틸다가 놀라며 말했다. "나는 하마터면 바지까지 적실 뻔했단 말이야!"

"아하하, 틸리!" 잇파트가 웃음을 터뜨렸다. "그런 일은 아무 도움도 되지 않았을 거라고!"

"참 우스운 일도 많다! 어떻게 그렇게 태평할 수 있어?"

"알겠어-알겠어. 출구가 다시 열렸는지 한번 가보자."

그들은 출구를 향해 이동했다. 막혀 있던 출구는 실제로 열려 있었다. 두 친구는 밖으로 나서자마자 동시에 갑작스럽게 비명을 질렀다. 돌무덤 밖의 풍경이 뭔가 달라졌던 것이다. 모든 것이 여전히 제자리에 있었지만, 그들의 움직임과 시간이 어딘지 맞지 않았다. 마틸다와 잇파트는 마치 슬로 모션 속의 사람들처럼 움직였고, 오직 그들의 목소리만 원래의 속도를 유지하고 있었다.

"파티, 무슨 일이 일어나고 있는 거야?" 마틸다가 외쳤다.

"나도 모르겠어, 마치 물속에 있는 것 같아." 잇파트가 대답했다.

"맙소사, 도대체 언제쯤에야 모든 게 정상으로 돌아오는 거야!"

"틸리-틸리! 슬퍼하지 마. 그때 뭐라고 했지, 여기에서 튀어야 한다고? 여기에서 튀어야 해!"

"맞아-맞아! 얼른-얼른! 나도 너와 똑같은 말을 하려고 했어."

"그러면 빨리-빨리 뛰자!"

그들이 실제로는 잠수부처럼 움직이고 있었기 때문에 이 말이 그다지 어울리지는 않았지만, 어쨌든 그들은 안간힘을 다해 뜀박질 치기 시작했다. 하늘은 여전히 두 개의 반구로 나뉘어 있었다. 디바와 사제가 어느 쪽으로 가든, 한쪽에는 자오선이 밝게 빛나고 있었고, 다른 한쪽에는 허공에 신기루가 흔들거리고 있었다. 얼마나 큰 위험이 도사리고 있었는지 그들은 알 수 없었다. 하지만 어떤 일이 생기든 그들은 무슨 수를 쓰지 않으면 안 되었다.

도시를 벗어나기까지는 꽤 오랜 시간이 걸렸다. 그들이 마침내 도시를 벗어났을 때, 그들의 앞에는 놀라운 장면이 펼쳐졌다. 예전에는 사막이었던 곳이 이제는 파도가 철썩이는 바다로 바뀌어 있었다. 파도가 넘실거리고, 해변에는 해초와 야자나무가 바람에 흔들리고 있었으며, 파도가 몰려와 바위를 때리는 소리가 들려왔다. 하지만 다시 생각해보니 그 자리에 식물이 있다는 것은 정말 이상한 사실이었다. 어느 한 점을 기준으로 풍경이 갑자기 달라진 것이었다.

"헬랄라! 파티! 정말 멋지다, 바다라니!" 마틸다가 기뻐하며 외쳤다.

"잠깐 멈춰봐. 신기루일지도 몰라." 잇파트가 제안했다. "움직이는 모습을 잘 봐봐."

실제로 그들의 눈 앞에 펼쳐진 풍경은 뜨거운 공기 속에 피어오르는 아지랑이처럼 흔들리고 있었다. 하지만 마틸다는 도저히 참을 수 없는 지경이었다.

"나 저쪽으로 갈래! 지금 당장! 지금 당자-앙!"

그들은 조금이라도 더 빨리 바다에 다가가기 위해 평소보다 두 배로 애썼지만, 팔다리가 너무 느리게 움직였기 때문에 목표 지점에 도달하기까지는 긴 시간이 걸렸다. 마치 알 수 없는 힘이 그들을 붙잡고 앞으로 나아가지 못하도록 막고 있는 것처럼, 움직이는 것이 힘겨웠다.

결국, 그들은 자리에 멈춰 우두커니 서 있었다. 자리에서 뜀박질하기는커녕, 손가락 하나 까딱하지 못하는 상태로 말이다. 잠시 뒤, 어디에선가 활시위를 팽팽하게 당겼다가 놓는 소리가 들리고 바람을 가르는 소리가 점점 커지더니, 힘겹게 노력하던 두 친구는 고무줄에 튕겨지듯 뒤로 내동댕이쳐졌다. 둘은 완전히 망연자실해져 모래 위에 주저앉았다. 그들을 부르고 있던, 야자나무가 우뚝 서 있는 바다는 결코 닿을 수 없는 먼 곳에 있는 것처럼 느껴졌다.

"완전히 우리를 놀리고 있어!" 마틸다가 격분하며 말했다.

"맞아, 현실은 간혹 사디스트적인 모습을 보이곤 하지." 잇파트가
말했다.

"이제 어쩌지?"

"저쪽으로 갈 방법을 찾아야지."

"만약 절대로 우리를 보내주지 않는다면? 그리고 도대체 왜 그런
걸까?"

"내 기억으로는," 잇파트가 말했다. "뭔가 불쾌한 일이 일어났을
땐 현실을 보고 그 속의 나를 봐야 한다고 스승님께서 말씀하신 적이
있는 것 같아. 틸리, 너는 무엇이 보이고 그 모습이 어떻게 보이니?"

"나는 바다가 보이고 바다로 가고 싶어! 저거 말고 보이는 것이
또 있겠어?"

"바로 그거야! 너는 그걸 너무 간절히 원하고 있어."

"너무 간절히 원하고 있다고? 너무 간절히? 그러면 너는 원하지
않는단 말이야?"

"원하지, 하지만 필요 이상으로 간절한 바람은 현실을 왜곡시킬
뿐이야. 그러면 현실은 너의 뜻과 반대되는 방향으로 흘러가려고
만 하지."

"우와, 내가 학교에서 배운 내용이야. '작용은 반작용을 낳는다'. 그
러면 원하기를 그만두라는 말이니? 하지만 어떻게 그럴 수 있겠니?"

"네가 현실을 어떤 방법으로 왜곡하고 있는지 분명하게 이해하고
파악하는 것만으로도 충분히 가능해. 현실을 볼 뿐 아니라 그 속의

너를 봐야 하지. 하지만 너는 지금 너 자신을 보지 못하고 있잖아."

"그래서 내가 현실을 어떻게 왜곡하고 있는데? 나는 살면서 많은 것들을 원하면서 살아왔지만, 그게 지금처럼 나를 이렇게 고삐에 매어둔 적은 단 한 번도 없었어."

"우리가 메타현실 속에 있다는 사실을 잊지 마. 이곳에서는 모든 것이 과장되어 있어."

"알겠어, 그러면 나 자신에게 확실하게 말해둬야겠어. '나는 원하지 않는다, 나는 원하지 않는다.' 그런데 이렇게 한다고 해서 바라는 것이 정말로 사라질까?"

"바람을 포기할 수 없다면 꾸며내야지. 현실을 속여야 해."

"꾸며낸다고? 그건 할 수 있지." 마틸다는 잠시 생각에 잠겼다. "그러면 이렇게 하기로 하자. 뒷걸음질 쳐서 저쪽을 향해 가는 거야."

"아하하! 틸리-틸리! 그거 너무 터무니없어서 오히려 효과가 있겠는데? 너 정말 똑똑하구나!"

"맞아, 터무니없지만 시도해볼 가치는 있지."

그들은 자리에서 일어나, 장난스럽게 웃으며 바다를 등진 채 뒷걸음질 쳐 뒤로 걸어가기 시작했다. 그러자 믿을 수 없는 일이 일어났다. 정말로 현실이 그들에 대한 반작용을 멈춘 것이다. 그리고 어느샌가 그들은 원래의 속도로 움직이고 있었다.

"파티!" 마틸다가 큰 소리로 외쳤다. "효과가 있어! 얼른 가자!"

"그래! 얼른-얼른!"

"그런데 어떻게 효과가 있었던 걸까? 이걸로 현실을 속일 수 있었단 말이야? 나는 바라기를 멈추지도 않았는걸!"

"바람은 현실에 제동을 걸 뿐 아니라 그런 마음을 가진 당사자가 올바르지 않은 행동을 하게 만들기도 해. 만약 네가 바라지 않는 것처럼 행동하기 시작한다면 현실은 너를 방해하는 것을 그만둘 거야."

"헬랄라, 헬랄라, 이제 이해가 돼!"

"틸리, 조용히 해! 현실을 놀라게 하면 안 돼."

"누가 누구를 계속 놀라게 하는데!"

"가자-가자, 똑바로 쳐다보지 말고."

디바와 사제는 계속해서 뒷걸음질 쳐 바다를 향해 걸어가다 어떤 경계에 등을 부딪혔다. 그들은 깜짝 놀라 몸을 돌려 보이지 않는 벽을 더듬기 시작했다. 분명 그들은 모래사막 속에 있었는데, 그 벽을 경계로 갑작스럽게 식물이 자라나고 있었다. 바다가 손만 뻗으면 금방이라도 만져질 것처럼 가까이 있었지만, 벽을 통과하여 그곳으로 가는 것은 불가능했다. 그러다 그들은 벽이 마치 거울처럼 모든 것을 반사하고 있다는 점을 알아차렸다. 다만 그 벽은 마틸다와 잇파트가 자리하고 있는 곳의 모든 사물을 마치 유령처럼 흐릿하게 반사하고 있을 뿐이었다. 바다가 보이는 풍경도 흔들리는 가느다란 연기 속에 불분명하게 보였다. 하지만 파도 소리만큼은 아주 또렷했고 실제로 바다가 바로 앞에 있는 것처럼 들려왔다.

"파티, 도대체 우리가 무슨 벌을 받고 있는 거니! 현실이라는 녀석이 또 우리를 붙잡고 놓아주질 않아!"

"뭔지 알겠어." 잇파트가 말했다. "이건 세계의 거울이야. 현실은 지금 이 거울에 있고, 지금 우리가 서 있는 이곳은 현실을 본떠 만든 모형인 메타현실이 있는 거지."

"우리가 현실의 반대편으로 건너왔단 말이야?"

"그래, 진작 눈치챘어야 하는 건데."

"그런데 무슨 거울이 이렇지?"

"이제 기억나. 이 거울은 현실의 두 가지 측면, 그러니까 진짜 현실과 가상 현실을 구분하는 경계선의 역할을 하고 있어."

"가상이라니 무슨 말이야?"

"이곳에는 영화가 재생되고, 저곳에는 삶이 재생된다는 말 기억나니? 이곳에는 과거에 있었던 일이나 일어날 수 있었던 일들이 일어나고, 저쪽에는 현재 일어나는 일들이 재생돼. 이곳은 형상이고 저쪽은 그림자야. 먼저 촬영이 되고, 그다음 재생이 되는 거지. 지금 우리는 영화 속에 있어. 형상이 있는 쪽에 말이야. 거울은 그걸 반대로 보여줄 뿐이고. 이해하겠니?"

"그러면 우리도 가상이라는 말이야?"

"아니, 우리가 이 속에 비친 모습이 가상이라는 말이야. 우리가 저쪽에서 어떤 모습으로 비치고 있는지 보이니? 우리는 그저 원래의 형상이 있어야 할 자리에 존재하게 된 거야. 그러니까, 물질세계에서 형상의 공간으로 넘어온 셈이지."

"이곳에 있는 것들도 전부 물질적이잖아!" 마틸다가 이해할 수 없다는 듯이 말했다. "글램록들도 완전히 살아 있는 물질의 사람인 나를 잡아먹으려고 했다고. 하나 걸리는 것이 있다면 왜인지 모르겠지만 나를 '인조의 여인'이라고 불렀다는 거야…"

"하지만 우리가 꿈을 꿀 때도 모든 것이 물질로 느껴진다는 거 모르니?"

"글쎄, 그건 꿈이지! 그저 그렇게 보이는 것뿐이잖아."

"아니야, 그렇지 않아. 생각해봐. 꿈을 꿀 때 네 머릿속에 떠오르는 모든 변덕스러운 생각과 마음이 과연 네가 생각해낸 것들일까? 네가 꿈을 꾸고 있을 때, 네가 존재하는 그 모든 세계가 전부 너의 머릿속에서 나온 것이라고?"

"음, 아마 아니겠지. 모르겠어. 한 번도 생각해본 적 없어."

"그래, 너는 이 세계에 지금 존재하고 있어. 정확히 말하면 너의 주의가 바로 이 메타현실 속을 떠다니고 있는 거야. 형상의 공간과 꿈의 공간은 똑같은 것이라고."

"하지만 우리가 지금 잠들어 있는 것은 아니잖아?" 마틸다가 물었다. "우리 잠들어 있는 거야?"

"유감이지만 이건 꿈이 아니야." 잇파트가 대답했다. "우리의 주의뿐 아니라 육체도 전부 이곳에 있는 거야. 그러고 보니 너는 이곳에 왔을 때 처음부터 육체를 가지고 있었니?"

"응, 난 바로 느낄 수 있었지. 그 녀석들이 나를 무지막지하게 꽁꽁 묶어 온몸이 저릴 정도였으니까."

"나는 달랐어. 처음에는 벽을 통과했었고, 시간이 좀 지나고 나서야 나 자신의 마네킹을 찾았다고 말했던 거, 기억나니?"

"우리도 지금 이 벽을 통과할 수 있으면 좋을 텐데! 지금 이 상태로는 저쪽으로 건너가지도 못하고 우리 몸에서 나오지도 못하잖아."

"그래, 그러니 그 방법을 시도해보든, 다른 새로운 방법을 찾든 무슨 수를 써봐야지."

"아, 파티. 나는 내 주변에서 일어나는 모든 일들 때문에 정신을
못 차리겠어. 이제 우린 어쩌지?"

◆ 세계에 드리워진 그림자

잇파트와 마틸다가 거울과 한참 씨름하고 있을 무렵, 다른 장소에서는 다른 영화가 재생되고 있었다.

◆◆◆

아디야 그린은 이웃집의 개가 요란스럽게 짖는 바람에 잠에서 깨고 말았다. 그는 생각했다. '이상하군. 분명 이웃집은 어제 불타버렸고 개는 물고기들의 밥이 됐는데… 내가 잘못 본 건가? 아니면 그저 꿈이었을까? 잠시 나의 천재적인 지성이 트일 수 있게 바람 좀 쐬야겠다.'

아디야는 한참 동안 슬리퍼를 찾아 헤매다 슬리퍼에게 약삭빠른 머저리라고 마구 욕을 퍼부으며, 찾아내는 즉시 쓰레기통에 처박아버리겠다고 구시렁거렸다. 슬리퍼는 겁에 질려 더욱 꼭꼭 숨었다. 아디야는 슬리퍼 이외의 신발을 가지고 있지 않았기 때문에 하는 수 없이 맨발로 나가기로 했다.

오솔길은 습관처럼 숲을 가로질러 바다를 향하고 있었다. 나무들은 집을 피해 도로 위로 위태롭게 가지를 드리우고 있었다. 아디야와 엮여봤자 좋을 것이 하나도 없다는 것을 나무들도 잘 알고 있었기 때문이다. 아디야의 기분은 언제나 그랬듯 어둡고 음울했다.

아디야는 오솔길에서 방향을 돌려, 지식의 그루터기가 있는 숲의 가장자리로 나왔다. 아디야는 삶의 지혜를 얻기 위해 이곳을 종종 찾아오곤 했다. 이곳을 제외하면 그가 삶의 지혜를 얻을 만한 곳은 그 어디에도 없었다. 하지만 지금 여기 한곳만으로도 그에겐 충분했다.

지식의 그루터기는 숲 공터의 한가운데에 있었다. 그루터기에는 큰 구멍이 뚫려 있었고 그 속에는 다람쥐가 살고 있었다. 아디야는 코를 그루터기의 구멍에 쑥 밀어 넣었다. 다람쥐는 아디야의 코를 길게 당겼다가 야무지게 튕겼다. 코가 얼얼해진 아디야는 확신에 차 말했다. "그래, 삶은 정말 고약한 녀석이야. 무슨 일을 하든 그 사실을 알 수 있지."

그는 오솔길로 돌아와 길을 따라 해변으로 걸어갔다. 그러면서 그는 말했다. "좋아, 내가 모두에게 보여주겠어. 나와 함께 노래하고 춤을 추자고." 그가 무슨 말을 하려고 했는지는 알 수 없었다. 하지만 확실히 그의 의도는 자비로움과는 거리가 멀었다.

그가 걸어간 곳에는 해변과 바다와 갈매기들이 있었다. 아디야를 본 갈매기들은 절대로 그를 이곳에 들여보낼 수 없다는 듯 마구 울기 시작했다. 평소였다면 아디야는 돌을 들어 올렸겠지만, 이내 생각을 고쳐먹었다. "아-아-니-지. 신성 모독을 금지해서는 안 되지…. 그게 뭐더라, 신… 신… 아, 모르겠다. '신성 모독과의 조화', 바로 이것이 내가 고수해야 할 원칙이다."

꽤 깊은 생각을 했다는 사실에 만족한 그는 해변을 따라 조금 걷기로 했다. 바다는 아디야를 슬슬 약 올려 그를 화나게 하려고 했다.

하지만 그는 반응하지 않았다. "신성 모독과의 조화, 헤-헤… 젠장!" 아디야가 물속에 잠긴 거대한 나무뿌리에 부딪혔다.

"여기에 기가 막힌 신성 모독자가 있었군." 아디야가 몽둥이를 집어 들고는 걸음을 재촉했다.

그때, 노란 잠수함이 멀리서 그를 향해 호들갑 떨며 달려왔다.

"어머, 아디야 그린!" 그와 마주친 것이 뜻밖이라는 듯이 그녀가 큰 소리로 말했다.

"내가 조금 초록색이긴 하지. 일반적으로. 그러는 너는 왜 그렇게 노랗고 애매하게 생겼지?" 그가 조금도 놀라는 기색 없이 대답했다.

"그 얘기 못 들었어? 우리 세계 위로 뚜껑이 덮였어!"

"무슨 뚜껑? 누가 뚜껑을 덮는데? 왜? 너 제정신이 아니구나?"

"위를 올려다봐, 멍청아!"

아디야가 고개를 들어 보니, 청명하던 하늘에 정말로 웬 칙칙하고 무거워 보이는 뚜껑이 덮여 있는 것이 아닌가.

"오렌지 암소가 저 뚜껑을 가장 먼저 발견했어." 잠수함이 두서없이 재잘거렸다. "이제 더 이상 날아다닐 수 없을 거래! 나는 정말이지 너무 걱정돼서 온몸이 가려워졌어! 이제 우리는 어떻게 되는 거야? 이 모든 게 뭘 의미하는 걸까?"

"이제 너희의 오렌지빛 축제는 끝났고, 푸르딩딩한 괴물이 나타날 때가 됐다는 뜻이지. 헤-헤."

"하지만 이제 어떻게 되는 거야? 우리 어쩌면 좋지?"

아디야가 몽둥이로 뒤통수를 벅벅 긁으며 말했다.

"나는 알아. 이 모든 건 전부 매머드들 때문이고 그놈들이 모든 일에 책임을 져야 한다는 거야. 전부 그들 때문에 생긴 일이고 그들이 점점 뻔뻔해졌기 때문이지. 고약한 놈들."

잠수함은 조금 전보다 더 호들갑 떨며 걱정하기 시작했고, 급기야 이리저리 뛰어다니기 시작했다.

"어머, 그게 누구야? 나쁜 녀석들이야? 무서운 녀석들이야? 우리를 잡아먹을까?"

"응, 우리를 잡아먹거나 우리가 잡아먹거나 둘 중 하나겠지. 마침 사냥을 가려던 참이야. 먼저 매머드를 함정에 빠뜨린 다음 그들을 제압해야 해. 그래서 너의 도움이 좀 필요해."

"어머, 싫어! 나는 못해. 무섭단 말이야!"

"뚜껑 밑에 계속 갇혀 있어도 좋단 말이지?"

"아니, 아니, 싫어!"

"그럼 가자. 그리고 내 주변에서 방방 뛰며 호들갑 떠는 것 좀 그만해."

"알았어, 세계를 구하러 가는 거야!"

그들은 바닷가에서 방향을 틀어 울창한 숲 깊은 곳으로 들어갔다. 잠수함은 찰거머리처럼 아디야에게 들러붙어 계속되는 질문으로 그를 성가시게 했다.

"매머드라는 녀석은 어떤 녀석이야? 사나워? 무서워?"

"응, 아주 간교하고 교활한 놈이지."

"우리가 잡을 거야?"

"그래."

"매머드 사냥은 어렵고 위험해?"

"그래."

"하지만 우리는 세계를 구할 거야! 그런데 우리 지금 어디로 가는 거야?"

"제발 1분만이라도 입 좀 다물고 있을래?"

그렇게 그들은 앞으로, 앞으로 계속 걸어나갔고 마침내 목적지에 다다랐다. 커다랗게 우거진 나무 아래에 누군가 깊게 파놓은 구덩이가 있었다.

"이게 뭐야?" 잠수함이 물었다.

"덫이지. 매머드가 달려가다가 이 덫에 빠지면 우리가 그놈을 잡을 거야."

"우와, 멋지다!"

"이 덫을 나뭇가지와 나뭇잎으로 숨겨야 해."

그들은 빠르게 구덩이를 덮은 다음, 몸을 숨기고 매머드를 기다리기 시작했다. 기다림은 계속되었지만 아무도 근처를 지나가지도, 구덩이에 빠지지도 않았다.

"여기에 얼마나 있어야 하는 거야?" 잠수함이 물었다.

"응, 어떻게든 매머드를 잡아야 해." 아디야가 대답했다.

"어떻게 매머드를 유인할 수 있는데?"

"큰 소리를 내서 녀석을 자극하면 이곳으로 유인할 수 있지."

"멍청이야, 그걸 왜 이제야 말하는 거야. 그러면 나무를 타고 올라가 소음을 만들자."

"좋아, 그렇게 하자."

그들은 나무 위로 기어 올라가, 온 숲을 향해 큰 소리로 노래를 부르기 시작했다.

짙은 먹구름이 흐르는 국경선
침묵에 둘러싸인 차가운 땅
아무르 강의 높은 기슭을 지키는
조국의 부대.◆

그들은 계속해서 노래를 불렀고, 노래 한 곡이 끝나자 다른 노래를 불렀다.

I want your love and

I want your revenge.

You and me could write a bad romance.

O-o-o-o-o!

I want your love and

I want your revenge.

You and me could write a bad romance.◆◆

그들은 또 다른 여러 노래를 연이어 불렀지만 결국 아무도 나타나지 않았다.

"있잖아, 우리 중 누군가 하나가 너무 바보 같지 않니? 아니면 우

◆ 〈세 전차병〉, 보리스 라스킨 작사.
◆◆ '레이디 가가'의 〈Bad Romance〉.

리 둘 다?" 잠수함이 말했다.

"자극이 부족해. 하지만 괜찮아, 금방 해결할 수 있어."

아디야는 잠수함의 닻을 움켜잡고 나뭇가지에 걸더니, 잠수함을 아래로 내려보냈다. 잠수함은 구덩이 위에 대롱대롱 매달려버렸다.

"뭘 하는 거야! 교활하고 약아빠진 아디야 같으니! 지금 당장 나를 풀어주지 못해!"

"자, 이렇게 하면 금방 녀석들이 걸려들 거야." 아디야가 아주 만족스럽게 말했다. 그러고는 나무에서 내려와 작은 수풀 속에 몸을 숨겼다.

"살려주세요! 도와주세요!" 잠수함이 닻이 연결된 사슬에 대롱거리며 외쳤다. "아디야, 이 몹쓸 놈, 혼쭐을 내주겠어!"

그때 나뭇가지가 바스락거리는 소리가 들리며 구덩이 위로 검은 그림자가 드리워졌다. 그러고는… 누군가가 구덩이 속에 빠져 있었다.

◆ 여왕 브룬힐다

여왕 브룬힐다는 그녀의 작은 채소밭에서 당근을 따 치맛자락에 담고 있었다. 그러면서 그녀는 노래를 흥얼거리고 있었다.

나는 여왕이라네, 아-랄-라,
나는 여왕이라네, 아-랄-라!
나의 당근들아,
나의 신하들아!
얼른 나에게 오너라
나의 당근들아, 아-랄-라!

그때 털북숭이 야수는 잎과 줄기들 사이에 몸을 숨기고 앉아 여왕을 지켜보고 있었다. 그가 '털북숭이 야수'라고 불렸던 이유는 실제로 털북숭이기도 했지만, 예전에 여왕의 채소밭에서 당근 하나를 훔쳤을 때 여왕이 그의 뒤를 쫓으며 "이 도둑놈◆ 야수 같으니!"라고 고함을 쳤기 때문이기도 했다.

사실 야수는 당근이 필요하지도 않았다. 그는 그저 여왕을 사랑

◆ '털북숭이'의 원어인 лохматый는 '범죄자'라는 뜻을 가지기도 한다. 역주.

하고 있었기 때문에 그녀의 관심을 받기 위해 온갖 방법을 동원하고 있을 뿐이었다. 하지만 그녀의 관심을 받기란 쉽지 않았다. 게다가 브룬힐다는 아주 괄괄한 여자였다. 소문에 의하면 그녀와 결투를 벌여 이기는 사람이 단번에 그녀의 마음을 얻을 수 있다는 말도 있었다. 하지만 감히 그 일에 도전할 엄두를 내는 사람은 아무도 없었다. 그녀는 어딜 가든 항상 칼을 지니고 다녔기 때문이다.

그래서 야수도 다른 여느 사내들과 마찬가지로 브룬힐다를 두려워했다. 그는 어떻게 대할지 몰라 그녀를 약 올려보기도 하고, 짓궂게 불러보기도 하고, 살그머니 다가가 치맛자락을 당겨보기도 하고, 심지어는 협박을 하기도 했지만 전부 소용없었다. 브룬힐다는 그에게 한 가지를 확실하게 말했다.

"털북숭이 야수야, 너는 나와 대결을 해야 한다."

"만약 제가 이기면," 야수가 물었다. "저를 사랑해 주시겠습니까?"

"아니." 여왕이 대답했다.

"그것 보십시오! 그렇다면 제가 왜 여왕님과 싸우겠습니까?"

야수는 언젠가 브룬힐다가 화를 이기지 못한 나머지 그를 쫓아와 흠씬 두들겨 패주고는 갑자기 사랑에 빠지기를 기대하고 있었다. 옛 말에 "때리는 것도 사랑이 있어야 가능하다"라고도 하지 않는가?

그래서 야수는 여왕이 몸을 구부려 땅에서 당근을 캐내 부드럽고 적당한 자리에 모아두는 적당한 틈을 엿보고 있었다.

"어휴, 저놈의 털북숭이 야수!" 여왕은 그녀가 손에 들고 있던 당근 신하들로부터 분노한 손길로 흙을 털어내고 도둑을 따라갔다. 그는 숲이 있는 곳으로 이미 힘껏 달아나며 외쳤다.

"브룬힐다, 내가 너를 꼭 나의 동굴로 데려가고 말겠어!"

하지만 술래잡기는 그다지 오래가지 못했다. 털북숭이 야수는 운이 나빴다. '우지직!' 하는 소리와 함께 웬 구덩이 속으로 빠져버린 것이다. 아디야 그린과 노란 잠수함이 설치해놓은 바로 그 구덩이가 틀림없었다.

하지만 그곳에서 모든 것이 시작되었다. 아디야가 몽둥이를 들고 구덩이로 뛰어든 것이다.

"아, 드디어 걸렸구나, 이 사악하고 해롭기 짝이 없는 매머드 녀석! 네놈을 꼼짝 못하게 만들어주겠다!"

잠수함은 나무에 매달려 재잘거리고 있었다.

"잡았다! 잡았다! 훌륭해! 아디야, 이 푸르딩딩한 전염병 같은 친구야, 지금 당장 나를 풀어줘! 나 없이 어떻게 세상을 구하겠다는 거야?"

숲속 동네에서 온갖 짐승들과 새들이 시끌벅적한 소리를 듣고 모여들었다. 모든 동물이 흥미를 느끼며 구덩이 속을 들여다보았다. 구덩이 안에는 슬픈 눈을 가진, 털이 북실북실한 생명체가 앉아 있었다. 그는 갑작스럽게 일어난 일에 매우 놀랐는지 아무 말도 하지 못하고 있었다.

아디야는 모두에게 조용히 하라는 손짓을 보였다.

"신사 숙녀 여러분, 모두 집중해주십시오! 자, 아주 의미 있는 시간이 다가왔습니다! 뚜껑이 우리의 세상을 덮어버렸지만, 그것으로 끝이 아닙니다. 우리는 슬퍼하지도, 포기하지도 않을 것입니다. 동료여! 전우여! 지금 우리는 뚜껑으로 우리를 억압하고 가장 소중

한 것을 빼앗으려 하는 이 체제 속에서 절대로 빼앗을 수 없는, 자유
로워질 수 있는 권리와 인정받는 개개인이 될 수 있는 권리를 쟁취
하기 위한 투쟁에서 싸워 이기기 위해 단결해야 합니다. 그 가장 소
중한 것이란, 바로 선택할 수 있는 자유입니다! 그것의 본질은 직접
결정할 수 있는 데 있습니다. 즉, 하나의 개체로서 인정받는 모든 남
자 또는 여자가 과연 뚜껑 아래에서 살고자 하는지, 전 인류적인 실
수와 졸렬한 욕심의 수프 속에서 자기 자신이 구워지거나 삶아져도
되는지를 말입니다. 아니면 어둡고 칙칙하고 거대한 무지몽매함의
덩어리와 암흑 위를, 쓰레기장 위를 자유롭게 날아다니는 갈매기처
럼 높이 비상할 것인지를 말이지요. 하늘로 날아올라 높은 창공에서
우주 전체의 본질을 전망하고, 공허함과 덧없음과 이른바 모든 존재
를 인정하는 동시에 정상의 위에는 더 높은 것이 있으며, 바닥의 아
래에는 더 낮은 것이 있다는 사실을 분명하게 이해함으로써 계몽과
통찰의 가장 높은 수준에 도달하는 것인데, 이와 같은 입장이 아니
라면, 또는 달리 표현하자면 이와 반대로, 사물의 불변의 원칙 때문
에 정상 위에는 더 높은 것이 존재할 수 없고 바닥의 아래에는 더 낮
은 것이 존재할 수 없다는…"

바로 그때 하늘에서 아니, 정확히 말하자면 '지금은 뚜껑으로 막
혀 있지만, 원래는 하늘이 있었던 자리에서' 땅 위로 오렌지 암소가
'철푸덕!' 하고 떨어졌다.

"오, 이제는 더 이상 날아다니지도 못하겠어. 아디야, 그러니까…"

"나 지금 말하고 있잖아." 그가 계속했다. "그래서 문제가 뭐냐 하
면… 방해하지 마! 까먹었잖아! 얼른 떨어지라고! 여기서 대롱거리

고 있으니 정상적으로 사고를 할 수가 없잖아!" 아디야가 나무 위로 기어오르더니 잠수함을 내렸다.

"오늘 일은 절대로 용서하지 않겠어!" 그녀가 말했다. "나를 이용하다니!"

"알았어. 그래도 이 방법이 아니었다면 어떻게 매머드를 잡았겠어?"

"여기 이 사랑스러운 복실이는 누구야?" 암소가 흥미를 가지며 물었다.

"사랑스러운 복실이라니!" 구덩이 속의 포로가 마침내 입을 뗐다. "나는 털북숭이 야수라고! 모두 나를 두려워하지!"

"그래-에-에?" 암소가 친절한 말투로 대답했다. "그러면 내가 너에게 입 맞춰도 되겠니? 자, 그곳에서 얼른 나와야지. 내가 도와줄게."

"그 누구도 아무 데서도 나오지 못하고, 그 누구도 아무도 도와주지 못해." 아디야가 반대했다. "현재 역사적인 순간이 다가왔어. 암소 너는 이 기념비적인, 소위 파토스◆를 해칠 수 없으며, 너의 '한'의 경계 너머에 있는 일에 침투를 범하는 거야."

"'권한'이겠지."

"제가 말하려는 것은… 참 존경스럽게도 잘 알고 있지만… 방해하지 마. 자, 그러면 계속 이어갈 영광을 누리도록 하겠습니다. 이른바 이 구덩이의 깊은 곳에 우리는 전 세계의 악이 실체화된 생명체를 대면할 기회를 맞이하고 있습니다. 바로 가장 악명 높고 증오스러우며 험상궂은 매머드입니다. 제가 이미 여러분께 이 매머드의 잔

◆ 철학상의 용어로 정감, 충동, 정열 등으로 번역되며 로고스와 상대되는 말이다. 역주.

혹함과 교활함에 대해 여러 번 알려드린 적이 있었습니다. 문제는
말입니다…"

아디야는 또다시 진심 어린 연설을 중단해야 했다. 자리에 모인
동물들이 수군거리며 어딘가를 힐끔거리고 있었기 때문이다.

"여왕님이다! 여왕님께서 이곳에 계셔!"

브룬힐다가 공터로 달려 나왔다. 그녀의 놀란 두 눈은 주변을 두
리번거리다 야수에게서 멈췄다.

"빠진 것이냐?"

"우리가 그를 잡았어요!" 잠수함이 재잘거렸다. "제가 마치 누군
가에게 당한 체하며 일부러 나무에 매달려서 소리를 지르며 도움을
요청했더니, 여기 이 털이 북실북실한 야수가 달려왔고, 제가 겁먹
은 체했더니 그가 저를 향해 몸을 던졌고, 그래서 저는 구덩이 위에
매달려 있는데 저 야수는 저 안으로 떨어진 거예요… 쾅! 정말 대단
했어요!"

"어마어마한 사건이 일어났습니다, 여왕 폐하." 아디야가 대화에
끼어들었다. "우리의 세계가 위험에 처했습니다. 위협이 우리의 머리
위로 먹구름처럼 검게 드리워졌습니다. 애통하기 그지없게도요. 인
간성의 손실이 위협을 초래했습니다. 인간성의 손실이란 바로 매머
드를 말씀드리는 것입니다. 그리고 바로 여기, 폐하의 눈앞에, 폐하
의 발아래, 그 적의 무리 중 하나가 있습니다. 부디 그를 온갖 방법을
동원하여 고문할 수 있도록 허락해주십시오. 그가 어떻게, 왜 우리의
세상을 뚜껑으로 덮었는지 상세히 밝힐 수 있도록 말입니다."

"아디야, 물론 네 화려한 언변은 인정하지만," 브룬힐다가 말했

다. "말만 번지르르하게 하는 것은 그만두고 어서 이 야수를 구덩이에서 꺼내주거라."

"네? 뭔가 이해가 가지 않습니다. 무슨 야수라는 거죠? 이 매머드는 제가 잡은 것입니다, 그리고 제가 허락하지…"

"좀 전의 미사여구는 어디로 사라진 것이냐? 이 녀석은 매머드가 아니라 털북숭이 야수고 나의 야수다. 암소 너는 야수가 구덩이에서 나올 수 있게 도와주거라."

마침내 야수는 구덩이 밖으로 꺼내 올려졌다. 그는 기쁨을 감추지 못하고 있었다.

"여왕님! 처음으로 저를 '나의 야수'라고 불러주셨습니다! 너무 기쁩니다!"

"한마디라도 더 나불댔다가는 그땐 내 손으로 너를 구덩이에 파묻어버리겠다."

"하지만 폐하!" 아디야가 불만이라는 듯 말했다. "이것은 독재 아닙니까! 제 논리를 의심이라도 하시는 것입니까? 전례 없는 일입니다! 폐하는 무식함의 암흑 속에 계시는 겁니다! 제 논리는 확실합니다!"

"알겠어, 아디야, 진정해. 하지만 분명 뭔가 이상해 보이기는 해." 잠수함이 말했다.

"아니, 이 문제는 반드시 짚고 넘어가야겠습니다! 단호하게 반대하는 바입니다!"

"우리가 앞으로 어떻게 해야 할지 생각해보는 것이 좋겠어요." 암소가 제안했다.

"맞아요, 그렇게 해야 해요!" 짐승들과 새들과 공터에 있는 모두가 입을 모아 말했다.

"저 뚜껑은 도대체 뭘까?"

"어떻게 여기로 왔을까?"

"무엇 때문에 우리를 협박하고 있는 걸까?"

"어떻게 뚜껑으로부터 벗어날 수 있을까?"

"전부 잘 들어라!" 브룬힐다가 말을 꺼냈다. "저 뚜껑이 뭔지 알아내기 위해서는 뚜껑의 가장자리에 무엇이 있는지 봐야 할 것 같다."

"네, 네! 맞습니다. 역시 현명하신 여왕님이십니다!" 모두가 동의했다. "원정대를 꾸려야 합니다!"

"매우 건설적인 제안이라는 데 동의하지 않을 수 없군요." 아디야가 말했다. "하지만 문제는 이겁니다…"

"제발 문제 타령 좀 그만해!"

"아니요, 제가 한마디 하겠습니다. 문제는 누가 원정대를 이끄는지입니다. 어려운 시기에는 항상 단코의 횃불♦처럼 용감한 심장을 가진 영웅들이 나타나 모든 사람의 길을 밝혀주며 어두컴컴한 밤에서 동이 터오는 아침까지 암흑을 뚫고…"

"그만, 그만 좀 해, 아디야!"

"쉽게 말씀드리자면 저는 이 한 몸 희생할 준비가 되어 있으며 이 겸손한 소명을 소위 말하는 어깨에 받들어…"

"아니, 아니, 안 그래도 돼!" 주변에서 모두가 거세게 반대했다. "벌써 너 때문에 한 번 실수할 뻔했잖아!"

♦ 막심 고리키의 소설 《마부》의 등장인물. 자신의 심장을 도려내 횃불을 밝혀 사람들에게 길을 안내한 영웅이다. 역주.

"당신들 큰 실수 하는 거야. 나 같은 훌륭한 후보를 몰라보다니. 후회할 거라고. 내가 원정대장이 되면 첫 명령으로 소시지를 폐지하겠어, 그때가 되어서야 알게 되겠지…."

"아니, 아니, 필요 없어!"

"뭐가 필요 없어? 소시지가 필요 없다, 이거지?"

"아니, 당신 같은 대장은 필요 없다고!"

모두의 논쟁을 잠재운 것은 브룬힐다였다.

"모두 잘 들어라. 그 누구도 다른 사람을 이끌지 못한다. 나와 야수와 암소와 잠수함과 아디야가 전부 다 같이 갈 것이다."

아무도 브룬힐다의 말에 반대하지 않았다. 심지어 아디야도 "어쩔 수 없군요. 저와 함께라면 실패할 일이 없을 테니 함께 가드리죠"라고 중얼거릴 뿐이었다. 그렇게 그들은 결정을 내리고, 잠시 동안의 준비 끝에 원정길에 나섰다.

◆ 연극 무대

　디바와 사제는 당혹스러워하며 거울 근처에 서서 보이지 않는 거울 표면을 더듬거리며 그 끝을 찾아 반대편으로 넘어가기 위해 애쓰고 있었다. 그러나 아무리 걸어가도 벽이 끝나는 지점을 찾을 수 없었다.

　"마틸다, 거울에 대해서 어떤 걸 알고 있니?" 잇파트가 물었다.

　"그야 누구나 알고 있는 평범한 특징들이지. 거울은 그 앞의 모든 것을 반사한다는 거." 마틸다가 대답했다.

　"또?"

　"반사된 모습에서는 왼쪽이 오른쪽이 되고, 오른쪽은 왼쪽이 된다는 거."

　"또?"

　"라하! 또 거울을 통해서 지나갈 수는 없다는 거! 그래서 우리가 지금 여기에서 꼼짝 못하고 있잖아!"

　"하지만 어떻게 한 건지는 몰라도 이곳으로 오기는 했잖아. 그리고 라하가 뭐야?"

　"헬라를 거꾸로 했을 뿐이야. 안 좋은 일들만 잔뜩 일어나고 있어서 화를 내고 싶을 때 하는 말이지."

　그들이 말을 마치자 하늘에 먹구름이 짙어지며 바다 위로 비바람이 몰아치기 시작했다.

"틸리, 보여? 거울이 반응하는 것 같아!" 잇파트가 외쳤다.

"그래, 하지만 거기에서 우리가 얻을 수 있는 이득이 뭔데?" 마틸다가 대답했다.

"그거야 물론 이런 거지! 우리는 형상의 면에 존재하고 있고, 저쪽은 그림자의 면이야. 거울이 우리의 생각들을 비춰줄 수 있나 봐!"

"나는 지금 딱 한 가지의 질문 말고는 머릿속에 떠오르는 게 없어. 우리가 도대체 어떻게 이쪽으로 왔는지 말이야."

"우리가 저쪽에 있다고 상상해봐. 일단은 서로 안아보자. 그리고 너는 네 리본을 활성화해봐. 아니지, 네가 등 뒤에서 느끼는 그 감각을 활성화해보는 거야."

"알겠어, 해보자. 휴, 지금보다 상황이 더 악화되면 안 될 텐데 말이야."

"틸리-틸리! 부정적인 생각을 내보내지 마! 우리가 거울의 반대편에 있다는 생각에만 집중해."

마틸다와 잇파트는 혹시나 일이 잘못된다고 해도 서로를 잃지 않도록 꼭 안고, 거울을 바라보며 숨을 죽였다. 그러자 거울에 비친 풍경이 변하기 시작했다. 수풀과 야자나무가 서서히 공기 중으로 사라지고, 바다에서 몰아치던 파도는 모래바람으로 변했다. 바람은 계속해서 모래를 몰고 와 백사장 위에 더 많은 모래를 쌓이게 했다. 모래가 쌓여 매끈한 언덕이 만들어지고 나서야 해변으로 모래를 날라오던 파도는 잠잠해졌다. 이제 거울 속의 세계도 메타현실 속과 똑같이 끝없는 사막이 펼쳐져 있었고, 거울 반대편의 먼 곳에서는 글램록들의 것들과 똑같은 도시가 보였다. 이제 두 친구는 거울 속에서 둘의 모습이 뚜렷하게 비친 것을 볼 수 있었다. 거울에 비친 모습과 반사되는 모습이 이제는 완전히 일치하게 된 것이다.

"저것 봐, 우리가 알아내야 했던 사실이 밝혀졌어." 마틸다가 말했다. "우리는 그저 거울에 반사됐을 뿐이었어, 하지만 아무것도 할 수 없었지."

"맞아, 우리는 거울 앞에 있으면서 거울 속에도 있는 거야." 잇파트가 말했다. "거울은 사물을 통과시키지 않아."

"하지만 우리가 주문한 것을 그대로 돌려받았잖아. 아니지, 이걸로 만족할 수 없어! 우리 한번 손을 잡고, 거울을 통과해서 갈 수 있다고 상상하고 앞으로 걸어가보자."

"알았어, 한번 시도해보자."

그들은 약속한 대로 걸어가다가 투명한 벽에 이마를 부딪쳤다.

"안 되네, 역시나 실패했어." 잇파트가 말했다.

"한 번 더 해보자." 마틸다가 멈추지 않으며 말했다. "이번엔 거울을 향해 등지고 걸어가는 거지. 적어도 한 번은 효과가 있었잖아."

틀렸다, 이번에는 효과가 없었다. 두 친구는 자리에 앉아 한 손에서 다른 손으로 모래를 이리저리 번갈아가며 쥐었다가 그것을 거울을 향해 던졌다. 모래는 여느 평범한 거울에 부딪히듯, 특이한 거울에 부딪히고 튕겨 나왔다.

"자, 잇파트, 사제여-사제여. 어떤 아이디어를 가지고 있니?" 마틸다가 물었다.

"이 거울로는 간단한 게 없는 것 같아." 잇파트가 대답했다. "이건 세계의 거울이니 조금 다른 방식으로 접근해야겠어. 우리가 이곳에 어떻게 왔는지 기억해보자."

"나는 연극을 하고 있었어. 연극을 하면서 동시에 촬영도 하고 있었고, 무대에도 온통 거울이 있었는데…"

"그래! 사슬을 기억해냈어. 삶, 연극, 영화. 이 사슬을 따라 우리가 영화 속으로 온 거야."

"그러는 넌? 뭐가 기억나니?"

"나는 거의 기억나는 것이 없을 정도로 머릿속이 온통 희미해. 하지만 내가 제사용 분장을 하고 있는 것을 보면 어떤 의식을 치르고 있었던 것 같아. 너희 세계에서 하는 연극과 거의 똑같은 거라고 보면 돼."

"그 말은 너도 연극을 하고 있었다는 뜻이네. 하지만 너희 세계에서는 촬영을 하고 있지는 않았잖아? 너희에게도 거울이 있었니?"

"아니, 촬영도 하지 않고, 거울도 없었어."

"그렇다면 너는 왜 여기에 온 거지?"

"우리는 신들을 위한 의식을 치르고, 그 신들이 우리를 보고 있었던 거야."

"그러면 그들은 어디에서 연극을 보지? 관중석에서?"

"틸리, 그들이 있는 곳은 우리의 세계와는 달라. 그들은 메타현실 속에 있고, 지금 우리가 하는 것처럼 거울의 이쪽 세계에서 우리를 지켜보고 있어."

"그렇다면 전부 겹치네. 연극도, 거울도 있었고. 너희 세계의 신들이 마치 영화를 보듯 너희를 지켜보고 있다는 사실 말이야."

"응, 그러니 이제는 사슬의 반대 방향으로 거슬러 올라가야 해. 영화에서 연극을 거쳐 삶으로 거슬러가는 거지."

"하지만 도대체 그걸 어떻게 할 수 있을까? 우리가 여기에서 연기라도 해야 한다는 말이야?"

"아니, 어떻게든 우리 자신의 영화 속에서 정신을 차리고 살아나야만 해. 직감적으로 느낄 수 있어."

"마치 영화의 주인공들이 영화 속에서 살아나 화면 밖으로, 관객석으로 나오는 것처럼 말이니?"

"응, 비슷해."

"하지만 우리는 지금도 살아 있다고!"

"완전히 그렇지는 않아. 다른 수를 써야 해."

그들은 다시 깊이 생각에 빠졌다. 그러는 사이 거울 속의 풍경은 예전의 모습으로 돌아오기 시작했다. 수풀이든 야자나무든 바다든, 원래 그 자리에 있던 모든 것들이 꿈틀거리며 원래의 모습을 되찾고 있었다.

"오 세상에, 이 거울이 보여주는 풍경은 정말이지 약이 오를 정도로 너무나 훌륭한 것 같아." 마틸다가 말했다. "무슨 여행사의 광고판을 보는 것 같아. '우리에게 오세요, 서둘러도 좋고, 여유를 가지셔도 좋으니 우리에게 오세요. 당신을 천국으로 보내드릴게요!'"

"틸리, 나에게 좋은 생각이 떠올랐어." 잇파트가 말했다. "너희 세계에서 누가 그렇게 사람들을 천국으로 보내주겠다고 약속하는지는 모르겠지만, 우리의 현실 속에서 지금 무슨 일이 일어나고 있는지 잠깐 들여다보는 게 어때? 거울이 보여줄 수 있지 않을까?"

"파티, 한번 시도해봐! 어차피 잃을 것도 없잖아?"

"너부터 해봐."

"알았어."

"평소처럼 네가 보고 싶은 장면에 주의를 집중하고 리본의 감각을 느껴봐."

"나는 우리 극장에서 어떤 일이 일어나고 있는지 보고 싶어."

마틸다는 집중하며 뭔가를 중얼거렸다. 그러자 거울이 밝아지며 선명한 장면이 나타났다. 플루드 라이트●가 밝혀진 무대 위에는 르네상스 스타일의 의상을 차려입은 남녀 여러 쌍이 느릿하고 우아하게 움직이고 있었다. 여자들은 치마가 넓고 고급스러운 흰색 드레스를 입고 있었으며, 남자들 역시 새하얀 실크 조끼와 다리에 착 달라붙는 타이즈를 신고 있었다. 그들은 가발도 쓰고 있었다. 여자들은 높고 색이 밝은 가발을, 남자들은 짙은 색의 곱슬머리 가발이었다. 그들은 모두 황금색의 화려한 그림이 그려진 마스크로 얼굴을 가리고 있었다.

그때 클라브생Clavecin 음악이 울려 퍼졌다. 아마도 미뉴에트을 추고 있는 것 같았다. 남녀 커플들은 잠시 떨어져 춤을 추다가 다시 짝을 이루어 우아하게 움직였다. 남자들은 정중하게 몸을 숙여 인사를 했고, 여자들은 손에 화려한 부채를 들고 품위 있게 무릎을 굽혀 인사했다. 미뉴에트 동작은 깔끔하고 절제미가 느껴졌는데 단 한 가지

♦ flood light: 세트의 넓은 영역을 고르게 비출 수 있는 조명. 역주.

특이한 점이 있었다. 왜인지 아무도 홀을 향해 등을 돌리지 않는다는 것이다.

아마도 단순히 연극만 하는 게 아니라 촬영도 하는 것 같았다. 사방에 카메라가 있었던 것을 보니 그 사실을 확실하게 알 수 있었다. 감독이 무대 근처에 서서 배우들과 기술자들과 조명 스태프들에게 이런저런 지시를 내리며 그들의 모든 움직임을 지휘하고 있었다. 그 장면은 너무 현실적이었고 코앞에서 일어나는 상황인 것처럼 가깝게 느껴져 마틸다는 무심결에 거울을 두드리며 외치기 시작했다.

"빅터-어! 나 여기에 있어요!"

화면에 희미하게 비치는 마틸다의 어렴풋한 그림자는 그녀의 움직임을 따라 하며 거울 속에서 몸부림치고 있었다. 하지만 아무도 그녀를 보지도, 듣지도 못하는 것 같았다. 마틸다는 거울에 비친 자신의 모습이 실제로 그 속에 있는 자기 자신이라고 상상하며 빅터에게 가까이 다가가도록 움직였다. 자신의 '도플갱어'를 통해 빅터를 붙잡고 힘껏 흔들고 싶었던 것이다. 하지만 아무 효과도 없었다. 그곳에서 마틸다는 그 누구도 볼 수 없고 만질 수도 없는 유령에 불과했다.

"틸리," 잇파트가 마틸다의 어깨에 손을 올렸다. "너무 애쓰지 마. 우리는 그저 저 속의 모습을 있는 그대로 받아들이고 기다리는 수밖에 없어."

"아니야, 그럴 순 없어. 나는 지금 당장이라도 미쳐버릴 것 같아! 나에게 무슨 일이 일어나고 있는지 너는 상상조차 할 수 없을 거야!" 마틸다가 금방이라도 울음을 터뜨릴 것처럼 잇파트에게 안겼다. 그리고 잇파트는 그런 마틸다의 헝클어진 머리를 쓰다듬으며 그녀를 진정시키기 위해 애썼다.

무대는 마치 무도회장처럼 장식되어 있었고 벽마다 커다란 의자가 놓여 있었다. 무대의 양옆에는 누구나 볼 수 있도록 개방된 화장실이 설치되어 있었다. 왼쪽은 여자 화장실, 오른쪽은 남자 화장실이었다. 화장실 안에는 칸이 없는 대신 큼직한 거울이 설치되어 있었는데 아마도 보기에 편하도록 그렇게 커다란 거울을 설치해놓은 듯했다.

그때 무대 위에 주인공이 나타났다. 어두운 녹색의 벨벳 드레스에, 허리에는 커다란 분홍 리본을 매고 푸른색의 머리카락을 가지고 있어 여러 사람 가운데에서도 한눈에 띄는 디바였다. 다른 배우들처럼 마스크를 쓰지 않은 그녀의 얼굴은 파란 분장이 두껍게 칠해져 있었고, 마치 보란 듯이 거칠게 그려놓은 눈 화장이 유독 돋보였다. 디바는 당당하게 무대로 걸어나와 군중들에게 양옆으로 물러나라고 신호하듯 양손으로 크게 손짓해 보였다. 그러자 그들은 양옆으로 물러나며 예의 바르게 인사를 하거나 무릎을 살짝 굽혔다.

마틸다는 그런 광경을 보자 차오르는 눈물을 억누를 수 없었다.

"그래, 그들은 별로 슬퍼하지도 않았어!" 그녀가 분노를 참지 못하며 말했다. 눈물은 이미 그녀의 양 볼을 타고 하염없이 흘러내리고 있었다. "나를 대신할 사람을 저렇게 빨리 찾다니! 내 것과 똑같이 생긴 저 리본은 도대체 어떻게 구한 거지?"

"틸리, 틸리, 그만해." 잇파트가 그녀를 다독였다. "너를 대신할 수 있는 사람은 온 세상을 다 뒤져봐도 찾을 수 없을 거야! 저건 그저 너의 조잡스러운 패러디일 뿐이라고!"

"파티, 그렇게 애쓸 필요 없어. 전부 확실하게 알겠는걸. 나 없이도 모든 게 얼마나 훌륭하게 돌아가는지 너도 두 눈으로 직접 봤잖니! 이런 시시한 점프수트에 저질스러운 트위스트나 추는 내가 저기에서 뭘 하겠어!"

"틸리, 틸리, 너 자신에 대해 그렇게 말하지 마. 네가 얼마나 가치 있는 사람인지 나는 잘 알고 있어." 잇파트가 마틸다를 그녀의 품에 끌어안았다. "너는 그 누구보다 아름답고 특별해. 그 무엇으로도 너를 대신할 수 없어. 바로 나, 사제 잇파트가 말하고 있잖아! 나는 많은 것을 봐왔고, 많은 사람을 봐왔어. 날 믿어."

마틸다의 흐느낌은 어느새 잦아들고 있었지만, 그녀는 잇파트의 품에 계속 안겨 있었다. 그녀는 더 이상 화면을 보고 싶지 않았다. 잇파트는 그녀를 안아주고는, 그녀를 살짝 흔들기 시작했다.

"틸리, 이제 그만 진정해. 무슨 수를 생각해보자. 반드시 돌아갈 수 있을 거야. 너에게 약속해."

마틸다는 점차 조용해지더니 아무 말도 하지 않았다.

"저기 봐, 뭔가 새로운 것이 시작되고 있어."

갑자기 클라브생 음악이 클럽 음악으로 변했고, 미뉴에트를 추던 남녀들은 테크노를 추기 시작했다. 하지만 배우들은 음악과 다르게 여전히 느릿한 속도를 유지하고 있어, 우아한 클래식과 클럽의 자유분방함이 어색한 조화를 만들어냈다. 두 줄로 갈라선 사람들이 파트너를 향해 걸어나가고, 커플들은 서로에게 몸을 밀착시키기 시작했다. 남자들과 여자들은 마스크를 바꿔 쓰고 관객석으로부터 등을 돌려 화장실로 향했다. 여자들이 입고 있는 드레스는 뒤쪽이 트여 있었으며, 남자들이 입고 있는 코트의 뒷부분은 활짝 열려 있어 그들의 맨몸이 훤히 드러났다. 남자들과 여자들 모두가 입고 있던 끈 속옷을 제외하면 말이다. 게다가 몸에 딱 달라붙는 타이츠 위로 남성의 성기 부분이 비정상적으로 돌출되어 있었다.

잇파트는 그 모습에 신경을 쓰지 않을 수 없었다.

"오-호, 틸리! 너희 세계의 남자들 정말 멋진데!"

"속지 마." 기분이 조금 풀린 마틸다가 대답했다. "보호대를 차고 있는 거야. 운동용품 상점에 가면 쉽게 살 수 있는 그런 것들 말이야."

그때 남녀 배우들은 각자의 화장실로 들어갔다. 화장실의 조명이 은은해지고, 알앤비 음악이 흘러나왔다. 무대 위에는 디바만 홀로 남겨져 있었다. 그녀는 정상 속도의 리듬에 맞춰 춤을 추고 있었다. 그녀도 물론 뒤가 시원하게 갈라진 드레스 사이로 훤히 드러난 등과 몸매의 아름다움을 뽐내는 것을 잊지 않았다.

마틸다는 견딜 수 없었다.

"거기 예쁜 아가씨! 리본으로 좀 여미지 그래! 그렇게 자랑스러워할 일이 아니야!"

"아하하, 틸리, 어차피 네 목소리를 듣지 못해!" 잇파트가 웃음을 터뜨렸다.

"내가 그녀를 골탕 먹일 거야, 너도 보게 될걸. 거울은 내가 생각해낸 조건에 반응한다고 했지? 어디 한번 두고 봐."

마틸다는 두 눈을 크게 뜨고 무대에 집중했다. 그곳에서는 순수한 눈으로는 안 보는 것이 좋을 법한 일이 일어나고 있었다. 적어도 순결 자체를 지키기 위해서는 보지 않는 편이 좋을 일이었다.

반쯤 어두워진 남자 화장실에는 음악의 리듬에 따라 배우들이 군무를 추고 있는 것이 보였다. 육체들이 얽혀 서로 엮이기 시작했고, 파트너를 바꾸고 몸을 기울이더니 다시 곧게 폈다. 광란의 춤처럼 말이다. 어떤 배우는 풀어헤친 조끼가 아슬아슬하게 몸 위에 걸쳐져 있었다. 아마도 이 연극에는 최소한의 정도라는 것이 있기는 한 것 같았다. 물론 자극적인 동작으로 인해 배우들의 몸이 전부 보이지 않았어도 관객들은 보이지 않는 부분까지 큰 어려움 없이 상상할 수 있었으므로 옷을 꼭 벗을 필요조차 없어 보였다.

남자들의 요란한 축제가 이어지는 동안에는 억압된 신음이 들렸다. 반면에 여자들이 있는 곳에서는 오직 기분 나쁜 비명만 들릴 뿐이었다. 너무나 소름 끼치는 소리였고, 그들의 성품은 마치 한계나 부끄러움도 모르고 미쳐 날뛰는 미치광이 같았다. 선을 그어야 한다는 듯, 연극 스태프들은 미리 예견이라도 하듯이 조명을 약하게 했다. 하지만 배우들이 입고 있던 새하얀 의상 덕분에 어슴푸레한 어둠 속에서도 그들의 모습은 썩 잘 보였다. 조금 전까지 나른한 모습으로만 있던 여자들은 이제는 분별력을 잃어버린 채 서로에게 고통을 주고 바닥에 누워 구르며, 두 손을 드레스와 목 위에 올려놓고 말로 표현하기에는 아주 난감한 행위들을 하고 있었다.

과연 이것이 무대에 올려놓을 만한 연극인지, 또는 정말로 일어나고 있는 일인지 알 수가 없었다. 뭐, 사실 어느 쪽이든 달라지는 것이 무엇이겠는가. 한 고전 소설이 말하듯, "모든 삶은 연기인 것을". 그리고 연기에서 손만 뻗으면 닿을 수 있는 거리에 삶이 있다. 마틸다는 어떻게 반응해야 할지 모른 채 이 모든 상황을 침착하게 바라보며, 손바닥으로 입을 가리고 "흐-음"같이 의미를 알 수 없는 소리만 내고 있을 뿐이었다.

마침내 종소리가 울리고 광란의 파티가 갑자기 중단되었다. 어느새 음악은 느릿한 블루스로 바뀌어 있었고, 배우들은 다시 활기를 잃은 채 '전쟁터'에서 무대로 나른하게 움직이고 있었다. 모두 잔뜩 헝클어져 있었다. 누군가는 가발을 잃어버렸고, 누군가는 옷이 너덜너덜해졌으며, 심지어 누군가는 거의 반라 상태였다. 오직 얼굴에 있는 마스크만이 원래의 깔끔한 상태를 유지하고 있었다.

커플들은 각자 열을 지어 서로를 바라보다가 서로를 향해 다가갔다. 그들은 파트너와 몸을 맞대고(남자 배우들과 여자 배우들은 이미 함께 서 있었다), 마주 잡은 손을 옆으로 뻗은 채 서로에게 몸을 밀착시키고 느릿하게 흔들고 있었다. 그리고 그들은 마스크를 쓴 서로의 눈을 바라보고 있었다.

잇파트가 호기심을 참지 못하고 마틸다에게 물었다.

"너희 세계에서는 저런 식으로 연극을 한다는 말이지?"

"아니, 극히 일부에 불과해. 저런 건 생각조차 하지 마. 음, 물론 때로는 저런 예술의 한 종류를 보여주기도 하긴 해. 아주 독특한 것들 말이야."

"그런 것은 전부 진짜니, 아니면 연기니?"

"이곳에서는 연기야. 하지만 일부 극장에서는 저런 것뿐 아니라 아주 노골적인 것들도 볼 수 있어."

"그런데 저 배우들은 왜 마스크를 벗지 않는 거지?"

"왜냐하면, 저런 순간에는 서로의 얼굴을 바라보거나 눈을 본다는 게 쉽지 않은 일이거든. 들여다보는 순간 지옥을 보게 돼."

"응, 무슨 말인지 알겠어."

"그게 무슨 뜻이야, 파티?"

"나중에 말해줄게."

"알겠어, 어쨌든 이 모든 게 아주 특이한 언더그라운드 장르에 불과해. 예술이라고 하기엔 힘든 것 같아."

"내가 보기엔 괜찮아. 마음에 들어." 잇파트가 장난스럽게 웃었다. "표현력이 아주 좋아."

"그다음에는 어떻게 되는지 계속 보자." 마틸다는 마음의 준비를 하며 말했다.

파란 분장에 짙은 녹색의 드레스를 입은 디바는 계속되는 블루스에 맞춰 서로 몸을 밀착시키고 끈적하게 춤을 추고 있는 커플들의 사이에서 당당하게 걸어갔다. 그러다 갑자기 발이 꼬이며 높은 구두를 신은 발은 우스꽝스럽게 휘청거렸다. 그녀의 드레스에 달린 뭔가가 부러지며 리본이 떨어진 것이다. 그녀는 리본에 발이 엉켜 결국 뒤로 자빠지며 엉덩방아를 찧었고, 그 바람에 구두가 벗겨져 저 멀리 바닥으로 떨어졌다. 무대 위의 요란한 파티가 단 한 순간에 허무하게 망가져버린 것이다. 무대에서 연기를 계속하던 배우들은 당황하여 그 자리에 얼어붙었고, 감독은 불같이 화내기 시작했다.

그것을 본 마틸다는 제자리에서 폴짝거리고 손뼉을 치며 큰 웃음을 터뜨렸다. 아마도 그녀의 인생에서 그렇게 기뻤던 적은 처음이었을 것이다. 잇파트는 웃음을 겨우 참으며 진지한 목소리로 그녀에게 말했다.

"어휴, 틸리-틸리! 그렇게 행동하면 못써. 너 자신이 부끄럽지도 않니?"

"손톱만큼도 부끄럽지 않은걸!" 마틸다가 만족스럽게 말했다. "저 '예쁜 아가씨'가 혼쭐이 날 거니까 내가 두고 보라고 했잖아! 나의 리본! 나의 리본!" 그녀가 제자리에서 빙글빙글 돌면서 폴짝거리며 외쳤다.

"알겠어-알겠어, 틸리, 이제 그만해! 저것 봐, 빅터 감독이 미친 듯이 날뛰고 있어."

감독은 두 팔을 마구 휘저으며 무대 위 이곳저곳을 왔다 갔다 하며 고함을 치고 있었다.

"꺼져, 이 병신들아! 전부 꺼지라고!"

배우들은 부리나케 흩어졌고 빅터는 무대의 가장자리에 털썩 주저앉아 머리를 쥐어 싸며 신음했다.

"도대체 어디에 있는 거니, 틸리치카, 나의 랄라!"

감독의 말을 듣자마자, 웃음이 가득했던 마틸다의 얼굴에 다시 눈물이 번졌다.

"너를 어쩌면 좋니, 나의 슬픔아, 나의 행복아♦." 잇파트가 말했

♦ "나의 슬픔아, 나의 행복아"는 〈너는 나의 행복〉이라는 러시아 가요의 가사이다. 역주.

다. "다들 너를 그리고, 너를 생각하며 슬퍼하고 있는 게 보여?"

극장의 장면이 서서히 흐려지며 거울은 원래의 평범한 바다로 돌아왔다. 두 친구는 모래 위에 앉아, 서로를 꼭 껴안고 각자의 세계에 대한 생각에 잠겼다.

◆ 두 번째 이름

"왜 그래, 틸리? 아직도 기분이 좀 우울하니?" 잇파트가 물었다.

"좀이 아니야. 좀 많이." 마틸다가 답했다. "너무 무섭고 끔찍해. 나의 세계가 금방이라도 손에 잡힐 것처럼 이렇게 가까이 있는데도 만질 수 없다니. 이제 저곳에 나의 흔적이 남아 있는 것은 아무것도 없고 모두 나 없이도 잘 지내고 있어."

"슬퍼하지 마. 반드시 돌아갈 거라고 내가 약속했잖아."

"파티, 나의 친구 파티. 나는 너를 정말, 정말 네 말을 믿고 싶어. 하지만 너조차도 이 현실을 어떻게 다루는지 아무것도 기억하지 못하는데 우리가 뭘 할 수 있겠니?"

"내가 이래 봬도 사제라는 사실을 잊지 마. 사제들은 자신의 재능을 그렇게 영영 돌이킬 수 없을 정도로 완전히 잃지는 않아. 그리고 너도 뭔가 특별한 것을 가지고 있는걸."

"리본?"

"리본은 네가 항상 가지고 있었던 것을 느끼게 해주는 도구일 뿐이야. 등 뒤에 있는 어떤 손잡이, 어떤 고리 같은 거지. 그걸 이용해서 현실을 움직일 수 있어."

"그래. 하지만 아직 우리는 그게 뭔지 전혀 모르잖아. 나는 그저 거울 반대편에 있는 그 여자를 한 방 먹여줄 수 있었을 뿐이라고. 그리고 이 손잡이인지 뭔지가 우리를 거울 반대편으로 보내주지도 않잖아."

"넌 그 이상을 가지고 있어." 잇파트가 말했다. "네가 가진 것이 정확히 뭔지는 나도 잘 모르겠어. 하지만 너에게 뭔가 특별한 것이 있다는 건 확실해. 네가 특별하다고 너 자신도 선언했잖아."

"언제?" 마틸다가 물었다.

"크림 수프를 먹기 싫어하던 그 여자아이를 벌써 잊은 거야?"

"아, 그래, 어린아이의 심술이었지…"

"아니야, 그건 단순한 심술이 아니야. 너는 그 자체로 특별해. 나에게 말해봐. 무엇이 보이니? 지금은 현실이 어떻게 보여?"

"아, 파티, 나는 우리가 수족관 안에서 헤엄쳐 다니는 물고기이고 유리 너머에는 우리가 아무리 발버둥 쳐도 도달할 수 없는 넓은 바다가 펼쳐져 있는 것이 보여."

"아니야, 이곳은 수족관이 아니야. 거울 밖이든 안이든 전부 똑같은 바다라고. 이해하겠니?"

"어떻게 그게 똑같아?"

"설명하기에는 어렵지만, 저쪽과 이쪽이 같다는 사실을 그냥 알 수 있어. 거울의 특성을 생각하면 말이야. 우리는 그저 반대의 모습을 거울에 비추기만 하면 돼."

"또 저번처럼 수수께끼로 말하는구나, 파티."

"아직 기억이 완전히 되살아나지 않았어."

"그 문제에 대해서 음, 그, 네가 직전이라고 부르던 녀석에게 물어보면 안 될까?"

"한번 시도해보자. 직전, 어디에 있느냐?" 잇파트가 외쳤다. "여기에 있느냐?"

그때 마치 바람이 마치 사방에서 불어오듯이 느껴졌다.

"나는 모든 곳에 있으며, 항상 존재한다. 모든 곳에 있으며, 항상 존재한다…." 누군가의 속삭임이 들려왔다.

"어떻게 하면 거울을 통과할 수 있지?" 잇파트가 물었다.

"그대의 이름을 기억하라, 사제여-사제여!" 직전이 대답했다.

"하지만 나의 이름이 뭔지 알려준 건 너였다! 그런데 이제는 내가 잇파트가 아니라는 말이냐?"

"그대의 두 번째 이름을 기억하라, 깨달음이 서서히 그대에게 돌아올 것이니!"

"서서히…?" 잇파트가 말을 채 끝마치기도 전에 바람은 갑작스레 잠잠해지고, 그와 함께 속삭임도 사라졌다. 두 친구가 아무리 그의 이름을 불러도 소용없었다.

"네 말동무는 참 말이 없는 편이구나." 마틸다가 말했다.

"응, 그에게서 자세한 설명을 기대해서는 안 돼." 잇파트가 말했다. "하지만 그의 말을 듣고 나면 항상 뭔가 중요한 힌트를 얻곤 해."

"그런데 두 번째 이름이라는 게 무슨 말이지? 뭐 생각나는 거 없어?"

"응, 도저히 이해할 수 없어. 나는 그저 잇파트라는 이름이 마치 나의 이름인 것처럼 느껴지면서도 동시에 내 이름이 아닌 것처럼 낯설게 느껴졌다는 것만 알고 있어."

"거봐, 또 수수께끼로 말하고 있잖아."

"어떻게든 우리가 직접 풀어야 해. 하지만 직전이 뭔가를 약속했다는 건 분명 우리가 희망을 품을 만하다는 거야."

"파티, 이제 너의 현실을 들여다볼 때가 왔어. 뭔가 알아낼 수 있을지도 몰라." 마틸다가 제안했다.

"그래. 그러자-그러자…."

"그러면 얼른-얼른 시작하자!"

잇파트는 집중해서 뚫어질 듯 강렬한 시선을 거울에 고정했다. 그녀의 두 눈은 마치 초점이 없는 듯했지만, 연약한 외형과는 다르게 그녀가 지니고 있던 비범하고 강한 천성에서 만들어지는 마법 같은 힘이 그녀의 얼굴에서 느껴졌다.

거울은 검은 화면으로 변했다. 잠시 뒤 오색 빛의 찬란한 무지개가 나타나고 그 뒤를 이어 숨 막히도록 아름다운 도시의 모습이 서서히 형체를 나타내기 시작했다. 아마도 따뜻한 여름날의 밤인 것 같았다. 태양은 이미 졌지만, 하늘은 초록빛과 파란빛으로 아름답게 물들어가고 있었다. 화면의 중심에는 매끈매끈한 돌이 깔린 넓은 가로수길이 있었다. 그리고 가로수길의 양옆에는 부드러운 이끼가 카펫처럼 깔린 작은 길이 여러 방향으로 뻗어 있었다. 가로수길과 마찬가지로 이 작은 길 역시 잘 다듬어진 수풀들과 나무들이 중간중간을 곱게 장식하고 있었다. 풍경의 곳곳에는 어디에서 나오는지 모를 빛이 은은하게 밝혀져 있어 모든 풍경이 잘 보이면서도, 반쯤 내린 어둠이 평화로운 이 공간을 외딴 구석 곳곳까지도 빠짐없이 부드럽게 감싸고 있었다. 그림자와 빛이 사랑스레 만들어놓은 이 멋진 그림은 자신의 모습을 뽐내듯이 활짝 핀 꽃봉오리들이 내뿜는 형광빛으로 완성되었다. 하지만 이들의 조명으로도 어스름은 계속 빛났으며, 마치 모든 아름다운 것들 사이에서 자신의 모습을 더욱 뽐내려고 하는 것처럼 보이기까지 했다.

가로수길과 그 옆에 연결된 작은 길이 만든 미로에는 사람들이 짝을 지어, 삼삼오오 모여, 혹은 홀로 산책하고 있었다. 그들은 전부 다양한 스타일의 옷을 입고 있었지만 유일하게 공통된 점은 모두가 베이지색 옷을 입고 있다는 사실이었다. 어떤 사람들은 입을 꾹 닫은 채 말없이 걸어가고 있었고 또 어떤 사람들은 일행들끼리 조용히 대화를 나누고 있었다. 그러다 누군가를 마주치면, 미소를 지은 채 아무 말도 하지 않고 손가락 끝으로 서로의 뺨을 만지고는 다시 갈 길을 갔다. 귀뚜라미들이 끊임없이 연주하는 오케스트라만이 여름날 밤의 고요한 정적을 가득 채우고 있을 뿐이었다.

"세상에, 너무 아름다워!" 마틸다가 참지 못하고 외쳤다. "이렇게 아름다운 곳은 처음 봐!"

"귀뚜라미들이 얼마나 애쓰고 있는지 들려?" 잇파트가 물었다. "우리 세상의 귀뚜라미들은 저렇게 부지런해! 그리고 이 향기도 느껴져?"

거울은 반대편에 있는 세계에서 향기를 가득 머금은 꽃과 수풀이 만들어내는 환상적인 내음을 그대로 통과시키는 것 같았다.

"파티, 너 혹시 천국에서 살았던 거니? 나도 당장 너희 세계로 가고 싶어! 얼마나 나를 더 괴롭게 해야겠어?"

"기다려, 곧 시작할 거야."

엄청난 인파가 가로수길을 따라 작은 광장으로 몰려왔다. 광장 위로 비취로 만들어진 사원이 우뚝 솟아 있었고 사원의 짙은 푸른색 기둥에는 수많은 벽화가 그려져 있었다. 그리고 어디에서 비추고 있는지 모를 조명이 사원을 사방에서 밝히고 있었다.

사람들이 광장에 전부 모이자 하얀 로브를 입은 백발의 노인이 사원의 계단에 나타났다. 그는 두 팔을 내밀어 사람들을 조용히 시켰다. 광장의 모든 사람이 숨죽여 그의 말을 기다렸다.

"내 스승님이야." 잇파트가 마치 목소리가 들릴까 조심하기라도 하듯, 마틸다에게 속삭여 말했다.

"거봐. 벌써 기억이 살아났잖아." 그녀를 따라 마틸다도 속삭였다.

노인은 손바닥을 마주했다가 다시 뗐다. 그의 두 손바닥 사이에는 반투명한 황금색의 구가 빛나고 있었다. 이어서 그는 두 손을 앞으로 뻗었다가 양옆으로 크게 펼쳤다. 황금색 구는 점점 크기가 커지더니 광장 위로 날아가 금색의 비가 되어 내리기 시작했다. 사람들은 환호성을 지르며 황금색 빗방울을 잡으려고 하기 시작했고, 각자 잡은 빗방울을 두 손으로 조심스럽게 포갰다. 그들이 불씨를 살리듯이 빗방울을 불자 손바닥 사이에서 노인이 한 것과 마찬가지로 황금색 구가 빛나기 시작했다. 노인의 지시에 따라 그들이 두 손을 높이 들자, 황금 구는 높이 날아올라 하늘에서 여전히 빛나고 있던 섬광 속에서 녹아 사라졌다.

"저 공들은 뭐야, 파티?" 마틸다가 물었다.

"사랑의 에너지야." 잇파트가 대답했다.

"그런데 저 빛은 전부 어디에서 오는 거지? 어디에다 조명을 숨겨놓기라도 한 거야?"

"아니, 신들이 우리를 지켜보고 있는 거야. 우리는 그들에게 사랑을 보내고 그들은 우리의 제사를 밝혀주지."

"그 제사는 왜 지내?"

"사람들이 자신의 짝이자 반려자를 찾도록 도와주기 위해서. 어떻게 하는지 곧 보게 될 거야."

사람들은 가장자리로 물러났고, 광장의 중심에는 다양한 연령의 남녀들이 스무 명 남짓 남아 있었다. 그들은 둥글게 서서 옆에 서 있는 사람들과 손을 잡았다. 음악이 들려왔지만 완전한 선율이었다기보다는 하프와 오르간 소리를 닮은 떨림과 화음의 연속에 가까웠다. 사람들은 이 음악의 리듬에 맞춰 마치 흘러가듯 자유롭게 움직이기 시작했고 제자리에서 한 번 돌 때마다 원을 그리며 옆으로 조금씩 이동하는 그들의 군무는 우아한 왈츠를 연상시켰다.

춤을 추는 사람들이 한 번 움직일 때마다 그들에게서 오라가 나타나더니 서서히 빛나기 시작했다. 그 색깔도 아주 다양했다. 붉은색, 하얀색, 푸른색, 노란색, 초록색, 보라색, 주황색…. 어떤 사람들은 함께 춤을 추는 다른 누군가와 오라의 색깔이 겹치기도 했다. 그들은 서로의 오라 색깔을 확인하고는 군무에서 벗어나 손을 잡고 사원의 계단에 올라섰다. 나머지는 계속해서 원을 그리며 춤을 계속 췄고, 마지막에는 오라의 색깔이 겹치지 않는 사람들만 남게 되었다. 음악이 잦아들었고 마지막까지 남아 춤을 추던 사람들은 중앙으로 모여 서로의 뺨을 손가락 끝으로 어루만졌다. 그러자 그들의 오라가 사라졌다. 그들은 조금도 당황하는 기색 없이 뒤로 돌아 미소를 띤 채 각자가 가야 할 방향으로 흩어졌다.

"훌륭해, 파티! 전부 이해했어!" 마틸다가 외쳤다.

"정말 아름답지?" 잇파트가 말했다.

"그저 할 말을 잃었어! 그러면 자신의 반쪽을 찾지 못한 저 사람들은 이제 어떻게 되는 거야?"

"다음 제사에서 찾거나, 그곳에서도 못 찾는다면 그다음에 찾을 거야. 반드시 찾게 되어 있어."

"그러면 오라의 색깔이 한 명이 아니라 여러 명과 겹칠 수도 있니?"

"그것도 가능해. 하지만 그런 경우는 극히 드물지."

"만약 세 명의 오라 색깔이 겹친다면 그 사람들은 어떻게 하지?"

"걱정하지 마, 어떻게든 그들은 답을 찾으니까. 그리고 제사를 통해 만난 사람들이 반드시 함께하는 것은 아니야. 그들이 함께하려면 뭐가 필요한지 짐작할 수 있겠니?"

"사랑?"

"맞아. 함께 있다고 해서 사랑이 반드시 태어난다는 보장은 없어. 오히려 이런 의식을 치르지 않고도 자신의 반쪽을 직접 찾는 경우도 많지. 제사는 그저 사람들이 올바른 선택을 하도록 돕는 것뿐이야."

"너는 이 제사에 직접 참여해본 적 있어?"

"아니, 나는 최고사제라는 특별한 지위를 가지고 있어. 내가 저 자리에 있었다면 지금 본 스승님의 자리에 서 있었겠지."

"뭐야, 파티! 그러면 너는 계속 독신으로 지내야 하는 거니?"

"꼭 그렇지는 않아. 나도 누군가를 만난 적이 있었어. 지금은 아직 인연을 찾지 못한 것뿐이야."

"네 수준에 맞는 사람을 못 찾았구나."

"수준에 맞는 사람이라… 있지, 많은 사람이 나와 가까워지기를 바라면서도 나의 지위가 두렵기도 했나 봐. 아니면 그저 내가 가까이하기 힘든 사람으로 보였거나."

"네가 가까이하기 힘든 사람이야?"

"아하하, 틸리! 나는 평범하고 가까이하기 쉬운 사람이야, 나는 그런 사람이라고!" 잇파트는 웃으며 마틸다를 껴안았다. "하지만 나는 특별하고 가까이하기 어려운 사람이기도 해."

"이제야 제대로 말하네! 하지만 무슨 말인지 충분히 알겠어. 그저 네가 어떤 사람인지, 너를 있는 그대로 소중하게 대해줄 수 있는 용기 있는 사람을 아직 만나지 못했다는 게 안타까워."

"내가 어떤 사람인지?"

"너는 훌륭하고 놀랍고 매혹적이야! 너 자신이 사랑이라고!"

"음, 별로 그렇지는 않아." 잇파트가 말했다. "내가 어떤 분장을 하고 있는지 보이지?"

"그게 무슨 뜻인데?" 마틸다가 물었다.

"사랑에는 두 가지 측면이 있어. 물론 너 자신도 잘 알고 있을 거라고 생각해."

"어떤 거지?"

"곧 알게 될 거야."

제사를 통해 서로를 찾은 남녀는 사원의 계단에서 내려와 손을 잡은 채 가로수길로 걸어갔다. 광장에 모여 있던 나머지 사람들은 각자 갈 길을 향해 흩어졌다.

"뭐야, 벌써 막이 내린 거야?" 마틸다가 물었다.

"아니, 곧 '본질의 행진'이 시작될 거야." 마틸다가 답했다.

"그건 뭐야?"

"금방-금방 알게 될 거야, 틸리."

◆ 본질의 행진

잇파트의 도시에는 상냥하고 선량한 사람들의 산책이 계속되고 있었다. 오직 저녁 공기 속에 뭔가가 빙글빙글 돌고 있을 뿐이었다. 갑자기 이곳저곳에서 다양한 색깔의 반투명한 구들이 나타나기 시작했다. 그 구들은 경쾌하게 회전하며, 산책하는 사람들의 사이사이를 날아다녔다. 사람들은 미소를 띤 채 구를 향해 손바닥을 펼쳤고 구는 마치 새처럼 손바닥 위에 사뿐히 내려앉았다. 손바닥 위에 잠시 앉은 구의 색깔은 더욱 진해졌고 자신을 향해 뻗어 있는 다른 손바닥을 찾기 위해 가벼운 몸짓으로 다시 날아갔다.

"저건 뭐야? 다들 뭘 하고 있는 거지?" 마틸다가 물었다.

"영적 세계의 본질들이야." 잇파트가 답했다. "이 본질들은 우리의 삶에 아주 큰 관심을 가지고 있어. 호기심을 가지고 있어서인지 사람들과 친해지는 것을 좋아하고 영양분을 조금 섭취하기도 해."

"영양분을 조금 섭취한다니, 어떻게? 뱀파이어라도 된다는 말이야?"

"걱정하지 마. 해로운 녀석들이 아니야. 적어도 대부분은. 보다시피 사람들은 이 녀석들과 기꺼이 에너지를 나누고 있어. 사랑의 에너지를 말이야."

"그렇다면 경계해야 하는 녀석들도 있니?"

"응, 그건 구마다 달라. 아름답고 투명한 구들은 사랑, 감사, 공감, 고상함, 관대함, 선량함의 본질들이야. 우리 자신도 갖춰야 하는 자질들을 지니지."

"파티, 그렇다면 이 본질들 덕분에 우리가 지금 우리 자신의 모습으로 살아갈 수 있다는 뜻이니?"

"아니, 그렇게 간단하게 말할 수 있는 문제가 아니야. 하지만 가장 큰 의미는 태어났을 때 사람의 영혼은 마치 깨끗한 백지와 같다는 데 있어. 그 사람의 특정한 점이 본질의 마음에 든다면, 그 본질이 그에게 다가가는 거지. 그리고 그 사람의 영혼은 그 본질이 가진 자질을 얻게 되는 거야."

"도저히 믿어지지 않아!" 마틸다가 말했다. "우리 세계에서 사람을 키우는 것은 친척들과 사회와 환경과 분위기…"

"맞아. 하지만 네가 지금 말한 모든 것들은 어떤 본질이 그 사람과 가까워지는 데 간접적으로 영향을 미치는 요인들일 뿐이야. 그리고 그 사람이 어떤 본질을 지니느냐에 따라서 그 사람의 특성이 결정되는 거지."

"그래도 믿기 어려운걸!"

"맞아, 사람들은 눈에 보이는 것만을 믿곤 하니까. 하지만 본질은 보이지도, 느껴지지도 않는 녀석들이야. 그래도 우리는 그 녀석들을 두 눈으로 보고 있지. 신들이 우리에게 그런 기회를 주셨으니까. 그리고 우리가 치르는 제사의 모든 환경이 선량함과 사랑의 에너지로 가득 차 있으니까. 바로 이런 에너지를 위해 대부분 선량한 본질들이 날아들곤 하지."

"'대부분'이라면 악한 본질도 있겠네?"

"그럴 수 있어. 하지만 악한 본질을 유혹하는 것은 악한 정신 상태야. 저기, 저기 봐! 누군가에게 탁한 구가 내려앉았어!"

한 젊은 여자의 손바닥에 탁한 녹색 반점이 군데군데 찍힌 갈색 구가 내려앉은 것이 보였다.

"질투의 본질이야." 잇파트가 말했다. "저 아가씨는 오늘 운이 나쁜걸."

"어머, 하필 저 아가씨에게 그런 본질이 내려앉았단 말이야?" 마틸다가 놀라며 말했다.

하지만 뜻밖의 일이 일어났다. 그 여인은 본질을 쫓아내지도, 받아들이지도 않고 미소를 유지한 채 생각에 잠겼다가 구를 향해 가볍게 입김을 불었다. 그리고 다른 한 손으로 황금색 에너지의 빛을 쏘았다. 구는 잠시 동안 파르르 떨리더니 멀리 날아갔다.

"우와!" 마틸다가 감탄했다. "너희 세상에는 저런 진보한 사람들만 있는 거니?"

"물론 아니지. 나의 세계에도 다양한 사람이 있어." 잇파트가 말했다. "누군가는 여러 가지 악한 본질에 감염되기도 하지. 물론 나도 성스러운 존재는 아니고 말이야."

"하지만 본질이 깃들면서 어떻게 다른 사람이 된다는 건지 믿어지지 않아…. 그 본질이 내려앉았다고 해서 사람이 달라진다니…. 그렇다면 우리가 사랑에 빠지는 것도 본질이 깃들기 때문에 그러는 걸까?"

"바로 그거야. 사랑에 빠지는 것은 사랑의 본질이 영향을 미친 거지. 만약 누군가가 사랑의 본질을 받아들일 준비가 되었다면 그 본질은 곧 그에게 다가갈 거야. 하지만 본질을 받아들이기 위해서는 사랑할 수 있는 대상이 반드시 근처에 있어야 하지."

"파티, 나를 계속 놀라게 하는구나! 너는 이 모든 것들에 대해서 어떻게 알게 된 거니?"

"믿기지 않아? 한번 생각해봐. 아픈 곳 없이 모든 것이 정상적인 사람이 혼자 살고 있다고. 그런데 갑자기, 정말 난데없이, 그에게 이상한 감정의 변화가 생기는 거야. 그는 밤마다 잠도 못 이루고 병에 걸린 듯 상상을 떨쳐내지 못해 뒤척이고, 시를 짓고, 어리석은 행동을 하고, 자신의 연인에 대해서 생각하는 것 말고는 아무것도 할 수 없는 거지. 그때 본질이 그를 찾아가는 거야. 그 연인과 어떤 관계였든 그녀를 마주치는 것은 기분 좋은 일이 될 거야. 영감을 주고 영혼을 따뜻하게 하고 말이야. 하지만 연인이 냉담하다면 고통을 받기도 하겠지."

"응, 정말 그렇네." 마틸다가 동의했다. "그러면 두 사람이 서로 사랑에 빠진다는 것은 두 사람 모두에게 본질이 찾아왔기 때문인 거니?"

"물론이지. 운이 좋다면 말이야. 첫눈에 반한다는 게 그 증거야. 다시 한번 생각해봐. 두 사람이 처음 서로를 만나 말로 표현하기에는 어려운 감정을 갑자기 느낄 수 있어. 사실 사랑을 제외한 모든 감정은 말로 설명할 수 있지. '어느 한 군데가 아프다', '어딘가 불편하다', '긴장된다', '기쁘다', 그런 것들 말이야. 중요한 것은 그것이 어떤 감정이고 왜 일어나는지 이해하고 있다는 거야. 하지만 사랑에 빠지는 것이 뭐고 그게 왜 일어나는지 설명할 수 있니?"

"아니, 파티, 완전히 할 말을 잃었어."

"거봐. 평범한 사람들은 상상조차 할 수 없는 어떤 본질이 깃들기 때문에 그 감정은 설명할 수도, 묘사할 수도 없어. 적어도 그 사람은 그런 본질을 본 적도 없고 존재한다는 사실조차 모르기 때문이지."

그때 잇파트의 눈이 반짝였다.

"아, 틸리, 무슨 일이 일어나고 있는지 봐봐!"

두 친구는 한 쌍의 커플 중 한 명의 손바닥에 황금색 구 두 개가 동시에 내려앉은 것을 봤다.

"곧 시작될 거야!" 잇파트가 외쳤다.

두 구는 잠시 진동하더니 더욱 짙은 황금색으로 빛났다. 그리고 두 행운아의 가슴으로 재빨리 날아 들어갔다. 그들은 뭔가 이상하다는 표정으로 서로를 바라보았고, 잡고 있던 두 손을 놓더니 반 발자국 서로에게 가까이 다가갔다. 그러고는 비틀거리는 걸음으로 서로에게 부딪히다가 멀어지기를 반복하며 어딘가로 정처 없이 걸어갔다.

"운이 좋은 커플이네!" 마틸다가 말했다. "우리 쪽으로 아무런 공이 날아오지 않는다는 게 다행이야. 안 그랬으면 나에게는 질투의 본질이 깃들었을지도 몰라."

"너는 아직 사랑하는 사람이 없니?" 잇파트가 물었다. "그 빅터라는 사람 말이야, 그 사람과는…"

"나도 잘 모르겠어. 뭔가 있는 것 같기도 하고, 아닌 것 같기도 해."

"괜찮아, 걱정하지 마. 본질이 항상 곧바로 찾아오는 것은 아니야. 그리고 두 사람 모두에게 동시에 찾아오는 경우는 극히 드물지.

그래서 기다림과 주의와 보살핌이 필요해. 기적이 일어나게 하려면 이성이 아니라 몸과 마음으로 기적을 소중히 여기고 그것이 일어나도록 노력해야 하지. 그러니 저 연인들은 운이 정말 좋았던 거야."

"맞아, 좀 전의 우리 극장에서 몸으로만 노력했었던 게 기억나네. 정말 별로였어. 비교하자면 우리 세계는 타락의 연속이고, 너희 세계는 순결 그 자체인 것 같아."

"꼭 그렇지는 않아. 너는 순결함이라는 것이 완전히 이상적인 상태라고 생각하니?"

"음, 우리 세계에서는 '영적으로 높은 수준에 도달했다'는 사람들에게는 그런 정신적으로 위대한 가치를 가지도록 요구하곤 하니까. 그러면서 소위 말하는 '저속한 육욕'은 부정적으로 생각하곤 하지. 하지만 어떻게 그런 문제들에 대해 논할 수 있겠어? 종교인들이라면 오직 추측만 할 수 있을 뿐이잖아."

"너희 세상의 종교인들은 옳지 않은 거야. 그리고 너희 세계의 극장에서도 죄악을 보여준 것이 아니라 그저 삶의 한 측면을 보여줬을 뿐이야. 심지어 사랑의 한 측면이라고 말할 수도 있지. 내가 말했잖아. 마음에 든다고."

"하지만 어떻게 그게 마음에 들 수 있지?" 마틸다가 놀랐다.

"사랑에는 두 가지 측면이 있으니까. 바로 부드러움과 힘이야."

"부드러움은 이해할 수 있지만, 힘은 어떤 힘을 말하는 거야?"

"그 자체의 힘이지. 표현하는 힘이나 어느 정도는 공격적이기도 한 그런 힘."

"사랑하는 사람에 대한 공격성?"

"그런 공격성이 아니야. 사랑에 빠지는 감정에 대해 설명하기 힘든 것처럼 이것도 마찬가지로 설명하기 어려워."

"섹스를 말하는 거니?"

"그래. 이 세상에 존재하는 수많은 것들처럼 사랑도 역시 이중적이야. 그 속에는 부드러움과 힘이라는 두 가지 본질이 있지. 이 두 가지가 조화를 이뤄서 하나가 되는 거야. 부드러움이 없는 힘은 폭력이고, 힘이 없는 부드러움은 그저 달콤한 시럽에 불과해. 심지어 약을 먹을 때도 그 약에 어느 정도의 독이 들어 있어야 효과를 낼 수 있다고."

"파티! 너는 이 모든 걸 어떻게 알고 있는 거야?"

"나도 모르겠어. 아마도 예전에 배웠지만 지금은 잊어버린 것들을 머릿속에 떠오르는 대로 너에게 말해주고 있는 것 같아."

"그러니까 네 말은, 사랑에는 두 가지 본질이 있다 이거지? 그렇다면 아까 그 연인들에게는 어떤 본질이 깃든 걸까?"

"부드러움은 금색이고 힘은 짙은 빨간색이야. 그들에게는 아직 부드러운 감정만 발현되어 있어. 하지만 그건 시간 문제에 불과하지."

"아하! 그래서 네가 이런 분장을 하고 있었구나, 파티! 그래서 네가 핏빛 분장을 하고 있는 거였어!"

"그럴 수도 있고 아닐 수도 있어. 나는 다양한 분장을 할 수 있어. 아마도 내가 힘을 얻고 싶다고 생각하고 있었기 때문에 핏빛 분장을 했나 봐."

"그러면 사랑에 빠진 연인들에게는 어느 날 갑자기 힘의 본질들이 다가온다는 말이니?" 마틸다가 물었다. "그러면 뜨거운 사랑을 나누게 되는 거고?"

"그래. 만약 그들이 본질을 스스로 받아들인다면 그렇게 되겠지." 잇파트가 대답했다.

"그건 어떻게 이해해야 하지?"

"기억나? 너희 세계의 배우들이 서로의 얼굴과 눈을 들여다보면, 그 속에서 지옥을 볼 수도 있어서 마스크를 벗지 않는다고 말했던 거?"

"응. 그런 일이 있지. 어느 정도는."

"생각해봐, 왜 그럴까? 왜 평범하고 절제력 있던 사람에게서 갑자기 평범하지 않은 본능이 깨어나고, 뭔가에 홀린 것처럼 눈에서 불꽃이 타오르면서 그 사람은 딴사람처럼 변해버리는 걸까? 사랑에 빠진 상태와 까닭을 설명하기란 불가능해. 섹스가 뭔지 설명하는 것도 마찬가지지. 그게 뭔지 왜 일어나는지 설명할 수 없는 것처럼."

"응, 이제 이해가 갈 것 같아. 왜냐하면 힘의 본질이 깃드니까."

"사람이 그것을 받아들이고 허용하면 본질이 깃들지. 하지만 그가 다른 사람이 되는 것을 두려워하고 그런 자기 자신을 받아들이지 못하겠다면 힘을 제외한 부드러움만이 그에게 깃들어서 실제로 섹스로 이어지지는 않아. 그러고 난 후에 부드러움조차도 그를 떠나버리지."

"흥미로운 철학이네." 마틸다가 말했다. "논리가 있어 보여."

"이건 철학이 아니야." 잇파트가 말했다. "이건 모든 것에서 실제로 일어나는 하나의 현상이야."

"그렇다면 자기 자신을 놓아주고 힘이 자신에게 깃들도록 내버려

뒤야 한다는 말이야?"

"바로 그거야. 부드러움이 없다면 사랑도 없고, 힘이 없어도 사랑은 소멸하지. 창조자가 사랑을 괜히 이중적인 형태로 만든 것이 아니야. 사실 세상에 존재하는 거의 모든 것이 이중적이라고 할 수 있어. 악만 존재하는 세계는 죽을 운명밖에 남아 있지 않아. 그런 세계는 존재를 계속할 수 없어. 동의하지? 반면에 선만 존재하는 세계도 죽을 운명이라는 점도 명백하지."

"알겠어, 파티, 전부 맞는 말이야. 그런 이상적인 세계는 존재할 수 없다는 사실만으로도 그건 충분히 이해해."

"선과 악, 부드러움과 힘, 또는 너희 세계에서 말하는 정의와 죄악이 균형을 이뤄야 하기 때문에 그런 세계가 존재하지 않는 것이기도 하지. 그러니 너의 극장도 전부 괜찮을 거야. 그저 하나만 생각하면 돼. 그곳엔 부드러움이 부족하니 부드러움을 조금만 추가하면 된다는 걸."

"그래, 알겠어. 그래도 만약 나의 세계와 너의 세계를 골라야 하는 순간이 온다면 내가 어떤 걸 고를 것 같니?"

"너의 세계?"

"아니야. 내가 그곳에서 태어났다고 해도 이제 더 이상 마음을 두지 못하겠어."

"거봐, 우리 딜레마가 해결됐네. 각자 자신의 세계로 돌아갈지 혹은 계속 함께 남아 있을지 고민했잖아."

"그래. 물론이지. 전부 매끄럽고 순조롭게 해결됐네. 하지만 또 다른 딜레마가 있어. 우리 세계에서는 '남이 사는 곳은 어디든 좋아

보인다'는 말이 있거든. 하지만 우리가 좋다고 생각하는 그곳에 막
상 가게 되면 장면이 완전히 바뀌어 생각했던 것과는 전혀 다른 곳
이 되어버린다고 해."

"알겠어-알겠어, 그건 그렇고 일단 먼저 이곳에서 탈출하는 게 좋
겠네."

길게 이어진 가로수길과 광장은 이제 대부분의 사람들이 떠나 텅
비어가고 있었다. 사람들은 각자의 집으로 흩어지기 시작했다. 마틸
다는 가로수길을 따라 나무와 수풀 외에도 웬 조각상들이 길게 늘어
져 있는 것을 보았다.

"저기에 있는 저 동상들은 뭐야?" 그녀가 물었다.

"우리 신들의 판테온들이야."

"모두 몇 개나 있니?"

"위대한 창조자의 판테온이 하나 있고 그의 조수들이 있지."

"좀더 가까이에서 보고 싶은데 말이야… 어머!" 마틸다가 갑자기
매우 흥분했다. "저기 봐봐. 너와 똑같은 드레스를 입고 있어. 저건
누구야?"

"세상에, 저건 아무래도 나인 것 같아." 잇파트가 슬프게 대답했다.

"그러면 벌써 장례식이라도 치렀단 말이야? 빨리도 했네. 젠장!"

"선택의 여지가 있었겠어? 내가 사라져버린걸. 언제 사라졌는지
도 모르겠지만 말이야…. 어쩌면 내가 사라진 지 오랜 세월이 흘러
버린 건지도 몰라."

"잠깐만, 너의 동상 아래에 뭔가가 적혀 있어. 저기에 뭐라고 쓰
여있냐면… 타프티!"

이번엔 잇파트 자신이 동상이 된 것처럼 그 자리에서 얼어버렸다. 그녀는 미동도 하지 않고 아무 말도 하지 않은 상태로 가만히 있을 뿐이었다. 마틸다는 그런 그녀를 보고 겁에 질려 잇파트를 마구 흔들기 시작했다.

"파티, 정신 차려! 무슨 일이야? 세상에, 저건 너의 이름을 거꾸로 써놓은 거야!"

"알고 있었어…. 아니, 그런 기분을 가지고 있었어…." 충격으로부터 겨우 정신을 차리고 있는 듯, 잇파트가 비틀거리며 말을 꺼냈다. "실제로 저 세계에서는 타프티^{tafti}가 내 이름이었어. 이곳에 오니 왜인지 나는 잇파트^{itfat}가 되어 있었고."

"만세! 너의 두 번째 이름을 찾았어!" 마틸다가 매우 흥분하며 말했다. 하지만 잇파트는 그래도 마음을 가라앉히지 못하고 있었다.

"놀라울 것 없어! 우리는 그저 실제의 저편에 존재하고 있는 것뿐이야. 그리고 이곳은 전부 반대로 되어 있어야 하는 거지."

"전부는 아닌 것 같아. 이곳에서 너의 이름은 예전과 똑같잖아."

"그래, 그건 좀 이상하네. 그러면 이곳에서의 내 두 번째 이름은 어떻게 되는 거지? 나는 일리트^{ilit}인가?"♦

이 생각이 머릿속에 떠올랐을 때 마틸다는 완전히 제정신이 아닌 것처럼 굴었다. 그녀는 소리 지르며 제자리에서 빙글빙글 돌고 뛰기 시작했다.

"나는 일리트야! 나는 일리트라고! 그리고 너는 타프티야! 나는

♦ 마틸다의 애칭 '틸리^{tili}'의 철자를 거꾸로 쓴 표현. 역주.

일리트고! 마치 아담의 첫 번째 부인 이름인 릴리트♦♦와 비슷해! 헬라!"

잇파트가 마틸다를 진정시키려고 했지만 마틸다는 좀처럼 조용히 할 수 없었다. 그녀는 잇파트를 따라다니며 그녀의 이름을 부르기 시작했다.

"타프티! 타아-프-티이! 정말 멋진 이름이야! 솜털 이불처럼 부드러워! 이제 너를 타프티라고 부를래! 아니지. 때로는 너를 예전에 부르던 이름 그대로 부르겠어. 나의 파티치카, 파티!"

"알겠어, 알겠어, 틸리, 일리트, 일리트, 틸리! 진정해!"

"타아-프-티이!" 마틸다가 계속했다. "이제 됐어, 됐어. 이제 좀 진정되네. 타프티!"

"자, 나의 두 번째 이름도 찾고 너의 이름도 찾았어." 잇파트가 말했다. "하지만 아직은 좀 허무한 기분이야. 아무것도 이해할 수가 없어."

"곧 지나갈 거야. 깨달음이 서서히 너에게 돌아올 거라고 직전이 말했잖아."

"그러길 바라야지. 너의 두 번째 이름도 언젠가 쓰일 날이 올 거야…. 어머, 저기를 봐. 거울이 원래의 모습으로 되돌아가려고 하고 있어."

잇파트의 세계를 보여주던 환상적인 그림은 서서히 사라지고, 느릿하게 철썩이는 파도와 널따란 잎사귀를 바람에 살랑거리는 야자나무들이 이제는 거울 속의 풍경을 가득 채우고 있었다. 그리고 두

♦♦ 유대신화에 등장하는 인물로, 이브보다 앞서는 인류 최초의 여자이자 아담의 첫 번째 부인. 역주.

친구는 진짜 현실에서 한참이나 떨어진 곳에 있었다. 아직도 한참 떨어진 곳에 말이다….

◆ 뚜껑원정대

자, 우리가 이미 알고 있는 그 일행들, '뚜껑원정대'라고 자칭하는 이 친구들은 아직 밝혀지지 않은 이유로 그들의 세계를 덮어버린 뚜껑의 가장자리를 찾으러 머나먼 원정을 떠났다. 여왕 브룬힐다의 냉철한 판단에 의하면, 이 뚜껑이 뭔지 밝혀내기 위해서 우선은 뚜껑의 가장자리를 찾아야 했다.

대열의 선두에는 아디야 그린이 어깨에 몽둥이를 메고 걸어가고 있었다. 그의 바로 뒤에는 여왕 브룬힐다가 있었다. 그녀의 경호원을 자처하던 아디야의 제안을 관대하게도 그녀가 받아들였기 때문이다. 물론 여왕은 경호원 따위가 필요하지 않았지만, 아디야의 성격을 잘 알고 있었던 그녀는 괜히 그와 논쟁을 시작하는 것은 분명 엄청난 시간 낭비라고 생각했던 것이다. 그런 브룬힐다의 뒤를 오렌지 암소가 따르고 있었다. 그녀는 걸리적거리지 않도록 날개를 숨긴 채 걸어갔다. 그다음엔 노란색 잠수함이 노란 부츠를 신은 채 종종거리며 걷고 있었다. 행렬의 가장 마지막에 있었던 것은 털북숭이 야수였다. 그는 여왕과 함께 걸어갈 수 없다는 사실에 잔뜩 성이 나 있었다. 브룬힐다는 엄한 눈빛으로 그를 노려보며 명령에 따르라고 지시했고 후방에서 원정대를 지키라고 명령했다. 대열의 맨 마지막에서 원정대를 지키는 것 역시 아주 중요한 임무였기 때문이다.

갑자기 아디야가 멈춰서 뒤로 돌았다. 그 바람에 어깨에 짊어진 몽둥이가 여왕을 아슬아슬하게 스쳐 지나갔다. 나머지 원정대원들도 당황하며 그 자리에 멈춰 섰다.

"폐하!" 아디야가 브룬힐다를 향해 말했다. "감히 제가 제안을, 아니 문제를 하나 말씀드려도 되겠습니까? 갑자기 제 머릿속에 한 가지 생각이 떠올랐습니다."

"무슨 일이냐?" 여왕이 물었다. "무슨 생각이 떠올랐느냐?"

"문제는 바로 거기에 있습니다. 아니, 다시 말해서 바로 여기에 있습니다."

"어디에 있다는 말이지?"

"구불구불한 오솔길과 분지들과 계곡들이 우리의 원정길을 가득 채우고 있습니다."

"간단하게 말하거라!"

"즉, 우리의 길은 위험으로 가득하며 어디로 이어질지 알 수가 없고 이로 인하여 확실하게 알 수 있는 것은, 제 가슴속에는 당혹스러움과 더불어 정신적으로 간절히 원하는 것이 있다는 사실입니다!"

"좀더 간단하게 말하지 못하겠느냐!"

"간단하게 여쭙자면 우리가 어떤 방향으로 가기를 희망하십니까? 뚜껑의 불길한 가장자리가 가리키는 방향은 어느 쪽입니까?"

"폐하!" 암소가 끼어들었다. "아디야는 뚜껑의 가장자리에 도달하기 위해서 정확히 어디로 향해야 하는지 알기를 바라는 것 같습니다."

실제로 뚜껑은 온 하늘을 뒤덮고 있어서 그 끝이라고 할 수 있는 지점이 보이지 않았다.

"그러면 어떤 방법을 제안하는 것이냐?" 브룬힐다가 물었다.

"이렇게 어렵디어려운 문제들을 다룰 때는, 갈고 닦은 이성이 아닌 마음 깊은 곳에서 우러나오는 한없이 깨끗하고 맑은 감성으로 우리가 나아가야 할 길과 방향을 결정해야 합니다." 아디야가 제안했다.

"갈고 닦을 것은 길이나 이성이 아니라," 여왕이 그를 비꼬았다. "이해하기 힘들 정도로 어려운 표현들만 잔뜩 갖다 붙이는 너의 혓바닥이다."

"아디야, 너에게도 감성이라는 것이 있기는 하니?" 잠수함이 천진난만하게 물었다.

"여러분의 신랄하고 비판적인 아이러니의 독극물은 내가 지금 눈물을 머금듯이 간단하게 삼켜버릴 겁니다. 하지만 뚜껑의 가장자리는 지성으로는 도달할 수 없으며 오직 깨달음을 통해서만 도달할 수 있는, 그런 특별한 성지순례의 길에서 찾을 수 있다고 감성이 저에게 말해주고 있습니다."

"그래, 그래서 너의 그 대단한 감성이 어느 쪽으로 가야 한다고 말하고 있느냐?" 여왕이 물었다.

아디야는 잠시 깊이 생각하는 듯한 표정을 짓더니 검지로 반대 방향을 가리켰다.

"우리는 저쪽으로 가야 합니다. 저는 그에 대한 끝없는 확신을 가지고 있습니다."

"어머! 그건 왜일까?" 잠수함이 재잘거렸다.

"끝없는 확신은 오직 자기 자신에 대해서만 가져야 한다." 브룬힐다가 말했다. "우리가 저쪽으로 가야 한다는 근거가 있느냐?"

"저는 다른 사람들은 알지 못하는 것들을 알 수 있는 특별한 재능을 가지고 있습니다." 아디야가 자랑스럽게 대답했다.

"아디야의 말을 듣지 마세요." 암소가 끼어들었다. "그저 자아를 만족시키려는 것뿐이니까요."

"그러면 우리는 일단 저쪽으로는 가지 않을 것이다. 첫 번째 이유는 저쪽에 늪이 있기 때문이다." 여왕이 말했다. "두 번째로, 뚜껑은, 만약 그게 정말 뚜껑이라면 말이다, 모든 방향에 가장자리가 있어야 할 것이다. 그렇기 때문에 우리가 어디를 향하든 그건 중요치 않지. 물론 우리가 가장 가까이에 있는 가장자리로 향하는 것이 가장 좋겠지만, 그게 어디에 있는지 알아낼 방법이 없지 않으냐. 그러니 가장 쉬워 보이고 안전해 보이는 길을 따라갈 것이다. 우리가 곧장 걸어온 이 직선 길을 따라서 말이다. 이의 있느냐?"

"아닙니다! 이의 없습니다! 전부 맞는 말씀입니다!" 암소와 잠수함이 외쳤다.

"음, 폐하께서 군주 정치를, 또는 소위 말하는 독재를 그렇게 고집하시겠다면 저는 그저 잠자코 따르지 않을 수 없겠지요." 아디야가 말했다.

"나의 여왕님께 이의를 제기한다면 그 누구도 가만두지 않겠다." 원정길에 떠난 이후로 내내 입을 다물고 있던 털북숭이 야수가 처음으로 말을 꺼냈다. "권력의 상징으로 몽둥이를 들고 있든, 몽둥이를 들고 있다고 권력을 휘두르려고 하든 말이지."

"고맙다, 야수야." 브룬힐다가 말했다.

"하지만 저의 권위는 확고합니다! 또는 소위 확…" 아디야가 반대했다.

"그만! 다들 싸우지 말거라! 가자."

뚜껑원정대는 더 이상 지체하지 않고 선택한 길을 따라 걷기 시작했다. 그들은 계속해서 걷다가 마침내 목적지에 도착했다. 그들의 눈앞에는 수풀과 야자나무가 서 있는 해변과 새파란 바다가 펼쳐졌다. 그리고 해변 위로 칙칙한 뚜껑의 끝이 보이고 가장자리 너머에는 원래의 모습대로 구름이 떠다니는 파란 하늘이 펼쳐졌다.

"훌륭해요! 여기가 바로 제가 수영해야 할 곳이에요!" 잠수함이 외쳤다.

"만세, 만세! 드디어 뚜껑의 끝에 도착했다! 여기가 바로 제가 날아다녀야 할 곳이에요!" 암소가 외쳤다.

"저는 이미 예전에 해변을 거닐어볼 영광을 누린 적이 있으나 그곳에는 야자나무 대신 나무 그루터기만이 그 자리를 지키고 있을 뿐이었습니다." 아디야가 말했다.

"맞다, 우리가 본 바다와는 다른 것 같구나." 브룬힐다가 말했다.

"그게 무슨 상관이에요! 빨리 저쪽으로 가요! 우리 헤엄쳐요!"

원정대원들은 열광하며 눈앞에 펼쳐진 꿈같은 광경을 껴안기라도 하듯 두 팔을 활짝 펼치고 힘껏 돌진했다. 가장 선두에서 달려간 것은 야수였다. 그는 자신만이 가진 독특한 야수의 발 덕분에 나머지 일행들보다 더 빨리 달릴 수 있었다. 그러다가 그곳에 보이지 않는 벽이 갑자기 나타났다는 사실을 네 발로 가장 먼저 알아차렸다. 나머지는 야수가 하는 행동을 보고 두 눈을 믿을 수 없다는 듯 똑같은 행동을 반복했다. 그들 역시 벽에 부딪히고 넘어진 다음에야 정말로 그곳에 벽이 있다는 사실을 믿게 된 것이다.

모두 자리에서 일어나 영문을 모른 채 이곳저곳을 기웃거리며 벽의 경계선을 찾으려고 애쓰기 시작했다. 벽은 마치 유리처럼 완전히 투명하고 단단했으며 그 벽을 통과해서 지나가는 것은 불가능해 보였다. 또, 원정대원들의 모습을 어렴풋이 비추고 있었지만 그렇다고 해서 완전히 거울 같지는 않았다. 놀랍게도 이 이상한 거울은 주변에 있는 사물이나 풍경을 비추는 게 아니라 주인공들의 실루엣을 희미하게 비추고 있었기 때문에 거울에 비친 모습은 마치 유령을 보는 것 같았다. 이 사실은 원정대원들을 훨씬 더 당황하게 만들었다.

"젠장, 도대체 이게 뭐야!" 아디야가 줄곧 써오던 점잖은 말투에 대해서는 까맣게 잊은 채 거친 말투로 불평했다.

"뚜껑 아래에서 겨우 탈출했는데 거울에 부딪히기나 하다니." 잠수함이 실망한 듯 웅얼거렸다.

여왕은 말없이 침묵에 잠겼으며, 야수는 불만스럽게 씩씩거리고 있었고 암소는 거울의 표면을 뿔로 더듬었다가 발굽으로 더듬으며 포기하지 않고 있었다. 하지만 전부 소용없는 일이었다. 막다른 길에 다다른 것 같았다.

"음, 저의 신성 모독자로 이 신성 모독의 비밀을 감히 한번 폭로해볼까요?" 아디야가 말했다. 그는 몽둥이를 흔들며 젖 먹던 힘을 다해 유리를 힘껏 내리쳤다. 하지만 거울은 금이 가기는커녕 꿈쩍조차 하지 않았다. 그것은 마치 암벽처럼 깨뜨리지 못할 정도로 단단해 보였고 뭔가 비물질적인 소재로 만들어진 것처럼 보였다.

"이것을 깨뜨리기 위해서는 힘이 아니라 다른 뭔가가 필요한 것 같구나." 브룬힐다가 제안했다.

"그게 아닙니다. 뭔가 더 강하고, 뭔가 더 단단한 것이 필요합니다." 아디야가 잠수함을 곁눈질하며 말했다.

"꿈도 꾸지 마!" 잠수함의 외침이 채 끝나기도 전에 아디야는 더 이상의 말도 없이 그녀를 잡아채 성벽을 부수는 공이를 휘두르듯 유리를 힘껏 쳤다.

"아이, 이 나쁜 놈!" 잠수함이 소리쳤다. "야수야, 살려줘!"

털북숭이 야수가 아디야에게 달려들자 아디야는 곧바로 뒷걸음질 치며 불쌍한 희생양을 손에서 놓았다.

"참, 아디야?" 여왕이 말했다. "또다시 그런 행동을 하면 우리 원정대에서 아주 치욕스럽게 퇴출당할 것이다."

"알겠습니다, 알겠습니다!" 아디야가 변명하기 시작했다. "왜 그렇게 심하게 꾸짖으십니까? 어차피 잠수함은 쇠로 만들지 않았습니까. 그렇기 때문에 이 방법이 통할 것입니다!"

"그러면 너의 머리로 한번 해보자, 나보다 훨씬 단단하잖아!" 잠수함이 외쳤다.

"헤엄치고 싶다고 말했던 건 너잖아. 그래서 손을 좀 써보려고 했던 거라고. 너를 위해서 말이야. 뭐, 실패했으니 어쩌겠어. 그래도 너에게 달려 있는 건 지느러미가 아니라 부츠 아니니. 어차피 부츠를 신고 있다면 헤엄을 칠 수 없잖아?"

"그건 너와는 상관없는 일이야! 나는 지느러미 없이도 헤엄칠 수 있다고! 너는 그저 더러운 악당이야! 난 네가 정말 싫어!"

"알았어. 사과할게. 화내지 마." 아디야가 화해하려는 듯 한결 부드러워진 톤으로 말했다. 물론 그가 더러운 악당인 것은 사실이었지만 참으로 모순적이게도 마음 깊은 곳에는 선한 본성을 가지고 있었기 때문이다.

"폐하," 암소가 브룬힐다에게 말했다. "무슨 수를 써야 해요. 제가 한번 올라갈 수 있을 만큼 올라가 주변을 둘러볼까요?"

"그래, 나의 착한 암소야. 과연 그곳에 무엇이 있고 우리가 어디로 가야 하는지 다녀와서 알려주거라." 여왕이 대답했다.

오렌지 암소는 날개를 활짝 펼치고 나선형으로 빙글빙글 돌며 날아올랐다. 암소의 날개는 덩치에 어울리지 않을 정도로 작았지만, 암소는 날개의 크기에 구애받지 않고 자유롭게 날아다닐 수 있었다. 나머지 원정대원들은 고개를 높이 쳐들고 암소의 모든 정찰 과정을 하나하나 지켜보았다. 암소는 뚜껑 바로 아래에서 조금 돌아다니는 듯싶더니 아래를 향하기 시작했고 머지않아 원정대원의 앞에 안정적으로 착지했다.

"어땠느냐?" 여왕이 물었다.

"그게 말입니다. 저기에…" 암소가 자신의 뿔로 어딘가를 가리켰다. "어떤 도시가 보였어요. 그 외에 특이하다고 할 만한 것은 보지 못했습니다. 그쪽으로 가보는 것이 어떨까요?"

"그래." 여왕이 대답했다.

모든 원정대원은 동의의 뜻으로 고개를 끄덕거렸고 심지어 아디야도 이의를 제기하지 않았다. 그들은 다시 원정길에 올랐다.

◆ 상사병 환자들

그들은 걷고 또 걷다가 마침내 목적지에 다다랐다. 그곳에는 높은 건물들이 빽빽이 들어선 도시가 있었다. 쇼핑센터나 오락을 위한 건물은 그 어디에도 없었고 사람이 살 만한 집들도 전혀 없었으며 오직 한 무더기의 건물들만 있는 곳이었다. 각각의 건물마다 무슨 뜻인지 상상조차 할 수 없는 긴 약자가 써진 간판이 걸려 있었다. 아마도 그 기관의 정확한 명칭은 훨씬 더 길고 알아듣기 어려울 것 같았다.

분명 그 도시의 편리함을 위해 특별히 세워졌을 기관들이 그렇게나 빽빽하게 모여 있는 모습을 보니, 이곳은 꽤 큰 도시이며 여기에서 일하는 사람들은 제법 중요한 인물들임이 분명했다. 거리를 돌아다니는 사람은 아주 적었고 도시 여기저기에는 급한 볼일을 보러 가는 중인지 어딘가로 질주하고 있는 자동차들이 대부분이었다. 모든 운전자가 손에 핸드폰을 쥐고 있었다. 아마도 그들은 차를 운전하면서 동시에 그만큼이나 급한 통화도 익숙하게 할 수 있는 것 같았다.

그 모습을 보니, 도시에 살고 있는 사람들은 평범한 일을 하는 것이 아니라 아주 중요한 공무를 처리하고 있었을 것으로 짐작된다. 자고로 공무란 것은 평범한 일과는 비교도 안 될 정도로 중요한 일이다.

우리의 원정대원들은 그들의 문제를 해결해줄 수 있을 것 같은 기관을 찾아 거리를 헤맸다. 그들이 가진 문제는 이 도시에서도 계속되고 있었다. 악명 높은 뚜껑이 이곳의 하늘도 가리고 있었다. 이렇게 다들 분주하게 움직이고 있었던 것을 보면 이 도시에 살고 있는 사람들도 원정대원과 같은 문제로 골머리를 썩이고 있는 것 같았다. 브룬힐다는 원정대에서 가장 공부를 많이 하고 글을 많이 읽은 아디야에게 건물들의 간판을 읽어보라고 명령했다.

"자, 뭐가 있는지 한번 볼까요." 그가 높이 올려다보며 말했다. "'보르쉬♦의 보르쉬화.' 아주 중요한 기관이네요. 한번 들여다봐야 할 것 같습니다."

"보르쉬는 너나 실컷 찾으러 가!" 잠수함이 아디야에게 외쳤다. "우리는 뚜껑과 관련된 것을 찾아야 한다고!"

"보르쉬도 뚜껑과 밀접한 관련을 가지고 있다고! 냄비로 보르쉬를 끓일 때 뚜껑을 닫아야 하잖아."

"계속, 계속 가자." 여왕이 명령했다.

"여기에도 아주 흥미로운 것이 있네요." 아디야가 간판을 읽었다. "'프릴의 프릴화'. 한번 들어가볼까요?"

"너 지금 장난하니?" 잠수함이 발칵 화냈다.

"알았어. 제 생각엔 여기 사람들은 아주 세분된 전문분야를 가지고 있는 것 같습니다. 여기를 보십시오. '취향 교정소.' 흥미롭군요. 어떤 취향을 말하는 걸까요? 뚜껑 취향일까요?"

♦ 비트, 고기, 채소 등을 넣고 끓인 러시아식 수프. 역주.

"아디야, 헛소리 좀 그만하거라." 브룬힐다가 답했다. "우리는 이곳에 놀러온 것이 아니다."

"아, 아마도 이것이 우리가 찾던 것일지도 모릅니다. '무알콜 화장실.'"

"…!!!"

"알겠습니다, 알겠어요. 이제 그만하죠. 그렇게 똑똑하면 직접들 읽어보시든가!"

"전부 다 아닌 것 같아요." 암소가 말했다. "아무래도 약자로 된 간판을 찾는 것이 나을 것 같아요. 왜냐하면 보통 그런 간판을 가진 건물에서 가장 중요한 일을 하니까요. 그 어디에서도 못하는 것들을요."

"바로 그겁니다. 그 어디에서도 할 수 없다면 갈 곳도 없겠군요." 아디야가 특유의 버릇대로 말장난을 하며 대답했다. "원칙적으로 가야 할 길로 가고 일반적으로 우리가 온 곳으로부터 와야겠죠."

"제발 좀 닥쳐!" 잠수함이 그의 말을 끊었다. "저기에 좀 그럴듯해 보이는 기관이 있어요. 큰 글씨로 '건보행장장'이라고 써 있네요. 맞는 것 같아요. 적어도 '건'이라는 글자가 들어가 있으니 사람들의 건강과 관련된 곳이 아닐까요? 뚜껑이 사람들의 건강을 해칠 수 있으니 건강을 지키는 곳으로 가보면 어떨까요?"

"알겠다. 들어가보자." 여왕이 제안했다.

입구로 들어서자 당직 의사가 원정대원들을 맞이했다.

"환자인가요?" 그가 물었다.

"아닙니다. 우리는 뚜껑 일 때문에 왔어요." 브룬힐다가 대답했다.

"어떤 뚜껑 말씀입니까?"

"도시를 덮으며 하늘을 가리고 있는 저 뚜껑 말입니다."

"네, 그래서요?"

"그래서라니요? 뚜껑 때문에 햇빛이 가려지잖아요!"

"손님들, 자외선은 질병의 정상적인 경과에 치명적인 영향을 미칩니다. 질병은 그것이 진행되어야 하는 방식으로 진행되어야 하는데 말이죠."

"아주 타당한 말씀입니다." 아디야가 그의 동지를 환영했다. "제가 감히 선생님과 악수 좀 해도 되겠습니까?"

"잠깐만요." 여왕이 말했다. "이 뚜껑 때문에 우리 모두가 숨 쉴 틈이 없어요. 그것도 직접적으로 우리의 건강을 해치고 있는 것 아닌가요!"

"아닙니다. 뚜껑이 완전히 무해하다는 사실을 저희가 과학적으로 입증하기도 했지요." 의사가 말했다.

"궁금한 것이 있어요." 암소가 가장 예의 바른 말투로 의사에게 물었다. "존경하는 의사 선생님, 그러면 이 기관의 완전한 명칭이 무엇인가요?"

"'건강보호원 및 행복한 장례식장'입니다." 의사가 거드름을 피우며 말했다.

"그렇다면 어쨌든 선생님께서는 건강과 관련된 문제를 다루신다는 말이죠?"

"그렇습니다. 다만 문제가 아니라 보호죠."

"그러면 이 기관은 보호 기관인가요?"

"정확합니다."

"그렇다면 사람들의 건강을 어떻게 보호한다는 말인가요?"

"우리는 사람들의 건강을 보호하는 것이 아니라 사람들을 건강으로부터 보호합니다."

"그러면 질병을 치료하는 것이 아닌가요?"

"물론입니다. 질병 치료는 우리의 핵심 분야이자 최종 목표입니다."

"죄송하지만," 암소가 물러서지 않고 계속 물었다. "완치가 최종 목표여야 하는 것 아닌가요?"

"그렇지 않습니다. 완치는 중간 단계에 불과해요. 왜냐하면 질병 하나가 치료되고 나면 또 다른 질병이 찾아오기 때문이죠. 우리가 특별히 질병에 관심을 집중하려고 하는 이유가 바로 이겁니다. 치료 과정 자체가 가장 중요해요."

"그러면 완치가 이 기관의 전문 분야가 아니라는 말인가요?"

"첫 번째로, 절대로 완치되지 않는 질병이 이미 있습니다. 두 번째로, 만약 모든 사람이 완전히 치료된다면 우리는 누구를 치료할 수 있을까요? 자, 손님들, 이제 더 이상 질문이 없어 보이는군요. 여러분이 어떤 질병을 앓고 있다면 언제든지 환영입니다. 하지만 그렇지 않다면…"

브룬힐다가 암소의 귀에 뭔가를 속삭였다. "이제 전부 알겠구나. 우리가 할 수 있는 일은 아무것도 없으니 여기에서 나가는 게 좋겠다."

"실례합니다만, 마지막으로 하나만 더 여쭤볼게요!" 암소가 또다시 말했다. "그러면 주로 어떤 병을 치료하나요? 주로 담당하는 질병이 뭐죠?"

"사랑입니다. 빌어먹을. 아주 위험한 놈이죠."

"그렇다면 우리가 그 치료 과정을 좀 봐도 될까요? 아주 중요한 일이니까요!"

의사는 잠시 주저했다. 그때 약삭빠른 아디야가 대화에 끼어들었다.

"존경하는 선생님, 선생님의 철학에 깊은 감명을 받았기 때문에 저희가 부끄러움을 무릅쓰고 이런 부탁을 드리는 것입니다!"

"알겠어요, 원장이 이곳으로 오고 있으니 그녀에게 말해보세요."

"환자들인가요?" 한 여의사가 다가와 당직 의사에게 물었다.

"아니요, 인턴들입니다." 아디야가 모두를 대신해 대답했다. "사랑의 치료 과정에 깊은 관심이 있어요."

"아, 그런가요? 대견하군요."

"실례합니다만, 이 분야는 아주 경쟁이 치열하고 책임감도 막중할 것 같은데 어떤 성과를 거두셨나요?"

"우리의 활동 분야는 장비가 잘 갖춰지지 않아 겨우 활동하고 있는 정도예요. 그리고 사랑이란 질병은 지독하게 전염성이 높기도 하고요."

"그렇다면 이 치명적인 질병을 치료해줄 수 있는 약이라도 있나요?"

"우리 연구진들이 약품을 개발하고 있는데 거의 다 완성돼가고 있어요. '항애제'라고 불리죠. 하지만 아직 개발단계에 불과해요."

"다른 치료 방법은 어떤 게 있죠?"

"기본적으로는 환자에게 그가 아주, 몹시 아프다는 사실을 깨닫게 해주는 거예요. 그러면 질병이 저절로 치료되죠."

"오, 훌륭하네요! 그러니까 아무리 고통스러워도 결국 결과는 긍

정적이다, 이 말이군요?"

"네, 물론 그렇지 않을 때도 있어요. 사랑에 빠진 환자들을 아무리 치료해도 이 기생충 같은 질병은 완치되기를 죽도록 싫어하죠."

"하지만 완치는 그렇게 중요하지 않잖아요? 중요한 것은 치료 과정 그 자체죠!"

"그럼요! 아주 재능 있는 젊은이군요. 정확하게 이해하고 있어요."

"그 치료 과정을 저희가 한번 봐도 될까요?" 암소가 끼어들었다. "선생님의 풍부한 경험이 저희에게 아주 큰 도움이 될 것 같아요."

"그러세요." 흡족해진 여의사가 대답했다. "마침 지금 심화 테라피가 시작되려던 참이었어요. 실험실로 가시죠."

원정대원들은 의사의 뒤를 따랐고 실험실로 가는 길에 암소가 의사에게 물었다.

"치료를 받겠다고 제 발로 찾아오는 사람들도 있나요?"

"그런 사람들도 있어요. 혼자 오기도 하고 연인과 함께 오기도 해요. 하지만 그건 둘 중 한 명만 환자일 경우에만 가능해요. 두 사람모두 환자라면 그 연인들은 치료를 받기 싫어하는데 다른 사람들에게 강제로 끌려오죠."

"왜 그렇게 잔인하게 해야 하나요?"

"반사회적인 성향이 있는 사람들에게 달리 어떻게 대할 수 있겠어요? 그들과 싸우지 않으면 이 사회는 망가지겠죠."

"그러면 어떻게 그 환자들을 치료하죠?"

"두 연인 모두가 환자라면 탈애 테라피 과정을 진행해요. 하지만 연인 중 한 명만 환자라면 완전히 '짝사랑'이라는 진단을 내리고 곧

바로 재활 치료를 시작하죠. 운이 좋네요. 마침 두 남녀가 왔는데 남자는 여자를 사랑하지만 여자는 그렇지 않아요. 그래서 우리에게 도움을 청하기 위해 직접 찾아왔죠. 우리는 이런 환자들을 아주 환영해요. 그래서 이런 사람들에게는 별로 고통스럽지 않은, 완화된 과정을 진행해요."

그들은 수술실을 향해 다가갔다. 수술실 벽은 투명한 유리로 만들어져 안을 들여다볼 수 있었는데 반대로 안에서 밖을 볼 때는 거울로 보였기 때문에 밖을 볼 수 없었다. 그래서 원정대원들은 눈에 띄지 않고 모든 치료 과정을 볼 수 있었다.

"보시다시피 아주 편리하죠." 원정대원들에게 의사가 말했다. "제가 지금부터 수술을 지휘할 거고 여러분은 옆에서 보시면 됩니다."

수술실 내부의 모습은 아주 특이했다. 수술에서 가장 중요한 장비인, 여러 가지 기계와 도구들이 갖춰진 수술대가 보이지 않았다. 대신 환자를 고정시킬 수 있는 벨트가 연결된 튼튼한 의자 하나가 수술실 중앙에 있었고, 그 옆에 작은 테이블과 약품으로 보이는 것들이 들어 있는 유리장이 있을 뿐이었다. 벽 옆에 있는 의자에는 젊은 청년과 아가씨가 앉아 있었으며, 그들의 바로 옆에는 건장한 체격을 가진 두 명의 간호사가 서 있었다. 그리고 한 여자 간호사가 바늘과 작은 주머니들을 가지고 왔다.

"자, 이제 환자를 의자에 앉히세요." 의사가 마이크를 통해 지시했다.

간호사들은 거절하지 않고 청년의 팔을 붙들어 의자로 질질 끌고 왔다. 뜻밖의 행동에 당황한 청년은 저항하려 했지만 금세 제압당했고 팔과 다리는 의자의 팔걸이와 다리걸이에 꽉 묶였다.

"나한테 무슨 짓을 하려는 거야!" 청년이 외쳤다.

"두려워할 것 없어요. 환자분, 진정하세요. 전혀 아프지 않아요." 유리 너머에서 의사의 목소리가 들려왔다.

"괜찮을 거예요!" 여자가 그에게 외쳤다. "걱정하지 마세요. 전부 당신을 위한 거예요. 이 치료 과정이 끝나면 다시 정상이 될 수 있어요!"

"지금 당장 나를 풀어줘!" 청년이 다시 외쳤다. "나는 수술을 하지 않겠어!"

"미안하지만 환자분에게는 거절할 권한이 없어요." 의사가 그에게 대답했다. "그러니 진정하세요. 전부 잘될 거예요."

그리고 그녀는 간호사들을 향해 말을 이었다.

"테이프로 그의 입을 막아요! 아니지, 반창고를 가져다가 그걸 붙이는 게 낫겠네요. 이런 잘생긴 청년에게는 아까울 것 없을 테니."

우리의 원정대원들은 공포감과 놀라움을 숨기지 못한 채 모든 과정을 지켜보고 있었다.

"입은 왜 막아야 하는 거죠?" 암소가 물었다.

"그래야 저 두 연인이 대화를 나눌 수 없을 테니까요. 대화는 일반적인 말다툼이 되겠죠. 나중에 저 둘이 화해를 할 수 있을 텐데. 그러면 모든 치료 과정이 물거품이 되지 않겠어요? 오직 한 명, 건강한 사람만 말을 할 수 있어요…"

"간호사, 여성분에게 약물을 투여하세요." 의사가 지시를 내렸다.

"그건 또 뭐죠?" 브룬힐다가 물었다.

"진실의 약물이에요. 아주 효과적이죠. 이런 문제에 있어서 외교력을 완전히 없애버려요."

"외교력이라니, 여기에서 외교력이 무슨 상관이 있죠?"

"어머, 너무 그렇게 순진하게 굴지 말아요. 사람들은 때때로 진실을 전부 이야기하지 않기도 하잖아요. 저 아가씨는 환자를 동정하고, 그를 설득하려고 하고, 이런 일은 없어야 하겠지만, 심지어 사랑에 빠질 수도 있어요. 실제로 그런 적이 몇 번 있었어요. 그래서 이제 우리는 쓰라린 경험을 통해 이런 중요한 교훈을 배운 거죠."

"참, 카페인을 넉넉히 넣는 것도 잊지 말아요." 의사가 덧붙였다.

"그건 또 왜요?"

"좀더 수다스럽게 만들기 위해서요. 자신을 짝사랑하는 사람에 대해 실제로는 어떻게 생각하는지 필요한 만큼 쏟아내도록 내버려둬야 해요. 그냥 일반적이고 모호한 말투가 아니라, 모든 것들을 자세하게 말이에요. 그렇지 않으면 치료 과정이 아주 오래 걸릴 거예요."

처녀는 모든 진실을 말하겠다며, 자신은 아무것도 숨길 것이 없는데 약물이 왜 필요하냐고 거세게 반항하기 시작했다. 또 그녀는 그 불행한 청년에게 오직 좋은 일이 생기기만을 바라고 있다고 말했다. 하지만 그녀는 곧 이 모든 것이 치료 과정에 꼭 필요한 부분이며, 다른 선택의 여지는 전혀 없다는 사실을 깨달았고 결국 동의할 수밖에 없었다. 간호사는 묵묵히 지시를 따라 청년의 맞은편에 있는 의자에 처녀를 앉힌 다음 옆으로 물러섰다.

불쌍한 청년은 입이 막힌 채 의자에 묶여 있었고 자신이 사랑하는 여인을 두 눈에 한가득 담으려 하고 있었다. 처녀는 잠시 조용히 앉아 있더니 갑자기 에너지가 생기는 듯 의자에서 벌떡 일어나 묶여 있는 청년을 바라보며 안절부절못하고 이곳저곳을 걸어 다녔다. 청년은 그런 그녀를 여전히 바라보고 있었다. 처녀는 독백을 시작했다.

"제발, 나를 그렇게 보지 말아요! 당신에게 좋은 일만 일어나기를 우리가 얼마나 바라는지 알잖아요! 나 혼자가 아니라 여기에 있는 우리 모두가 그러길 바란다는 걸 알아줘요! 당신은 그저 아주, 몹시 아플 뿐이에요! 하지만 분명 완치될 수 있는 병이고 이 고통이 금방 지나갈 거라고 했어요! 물론 나도 당신의 마음만큼은 감사하게 생각해요. 하지만 당신은 나의 가벼운 사랑보다는 더 값진 존재라는 것을 알아야 해요! 맞아요, 당신은 나를 위해 많은 것을 해줬죠. 그래서 당신께 그저 고마울 뿐이에요! 나의 감사한 마음을 당신께 퍼붓고 싶은 정도랍니다! 머리 위에 곧바로 뿌려드릴게요! 그걸로는 부족한가요? 그래요, 당신은 정말 좋은 사람이자 충직한 친구이지만 저는 당신을 단 한 순간도 사랑한 적이 없어요! 저를 그렇게 보지 마세요! 다시 한번 말하지만 단 한 번도 당신을 연인으로 여겼던 적 없다고요! 당신을 아프게 하려고 이런 말을 하는 것이 아니라, 한시라도 빨리 완치되기를 바라는 마음으로 이러는 거예요! 네, 물론 제가 당신을 아프게 한 적은 많았죠. 하지만 곧바로 사과했어요. 거기서 무엇이 더 필요한가요? 약속해요. 항상, 항상, 제가 만약 당신을 아프게 한다면 곧바로 사과할 거라고요! 이것이 옳은 것이 아닌가요? 맹세할게요. 나의 감사한 마음과 미안한 마음을 당신에게 듬뿍 뿌려줄 거라고요. 당신을 위해서라면 이런 마음쯤은 전혀 아깝지 않은걸요! 하지만 당신에 대해선 안타까운 마음뿐이에요. 아니면 제가 당신에게 아주 반가운 소식 하나를 알려줄게요. 저는 당신이 너무 좋아요! 하지만 사랑하냐고요? 오, 그런 비슷한 감정은 티끌만큼도 가지고 있지 않아요! 심지어 저는 이해할 수조차 없어요. 잠시 경솔하게 당신과 웃고 떠든 것이 왜 당신에게 그런 희망과 이유를 준 건가요?"

청년의 두 눈에서 눈물이 끊임없이 흐르고 있었다. 하지만 처녀는 너무나 흥분한 나머지, 간호사들도 그녀를 이제 멈춰야 하는 것이 아닌지 불안한 눈빛을 교환하고 있었다.

"이봐요. 지금 당장 멈추세요!" 여왕이 외쳤다. "이건 전부 말도 안 되는 헛짓거리예요! 이해가 안 되나요?"

"어머, 그렇게 화낼 것 없어요. 이건 치료 과정이라고요. 여러분이 직접 보여달라고 요청하지 않았나요? 하지만 중단할 필요는 있겠네요. 여러분이 그걸 요구해서가 아니라 환자가 지쳐 보이기 때문이에요. 어차피 지금은 고통을 별로 느끼지 않고 있으니 이 치료 과정은 아무 효과도 없을 거예요."

"지금 이게 고통이 없는 걸로 보인다는 말이에요?" 여왕이 분개했다. "그러면 선생님 기준에서는 도대체 뭐가 고통스러운 거죠?"

"자, 환자를 풀어주세요." 의사가 여왕을 무시하며 말했다. "그리고 재활 치료를 시작하세요. 얼른요!"

"세상에, 도대체 저 청년에게 무슨 짓을 하려는 거예요?"

"특별한 것은 없어요. 조금 진정할 때까지는 먼저 전기쇼크 치료를 하고 약물을 사용해서 외래 치료를 할 거예요. 그러면 최종적으로 진정이 되겠죠."

"도대체 저 환자를 바보로 만들어버리려는 셈이에요?"

"무슨 소리예요! 저희는 공식 인증을 받은 항우울제와 진정제만을 사용하는걸요! 환자와 사회 모두에게 아주 인도주의적이라고 할 수 있죠." 의사가 여왕을 똑바로 바라보며 말했다. "제 눈에는, 지금 여러분도 치료가 필요해 보이네요."

"폐하! 죄송하지만 절대로 동요하지 마세요. 안 그러면 우리 모두를 치료하겠다고 들 것입니다." 암소가 여왕에게 속삭였다. "야수도 지금 잔뜩 위축되어 있어요. 폐하를 사랑하고 있으니까요. 그 역시 이곳에 감금당할까 봐 두려워하고 있습니다."

"알겠어요. 듣고 보니 선생님 말씀이 맞는 것 같군요. 그렇게 하면 더 좋을 것 같네요." 여왕이 애써 침착함을 유지하며 말했다.

"더 좋죠, 물론 더 좋죠! 그건 의심할 필요도 없어요."

"알겠어요, 그런데 환자가 치료를 받을 생각이 전혀 없다면 어떻게 하시나요?"

"오, 그런 경우를 위해 '행복한 장례'라는 특별한 부서가 있어요."

"그 부서는 어떤 일을 하죠? 이 기관에 소속된 부서인가요?" 브룬힐다가 겨우 침착함을 유지하며 말했다.

"마찬가지로 아주 인도주의적인 치료 과정을 담당하고 있어요. 고통이 전혀 없는 훌륭한 바늘이 사용되고 환자가 드디어 행복을 얻게 되죠."

"그 말은 환자를 그냥 죽인다는 건가요?"

"물론이죠! 이 삶에서 행복을 찾을 수 없는 사람이라면 무엇 때문에 계속 살아가면서 고통을 겪나요? '관용'이 우리의 모토죠! 우리는 우리를 찾아오는 모든 사람에게 관용을 베푼답니다. 그리고 우리의 도움을 끝까지 거부하는 사람들은 독살당하거나 익사하기도 하고 교살되기도 하고… 뭐 썩 아름다운 결말은 아니죠. 그렇죠? 또는 높은 곳에서 떨어지거나 아스팔트 위에서 구르거나 그게 아니라도 좋지 않은 결말을 맞이해요. 이제 우리가 얼마나 인도주의적인 목표를 추구하고 있는지, 얼마나 중요한 임무를 맡고 있는지 알겠어요?"

"네, 네. 완전히 저를 계몽하셨네요." 여왕이 말했다. "완전히, 전적으로 선생님께 동의해요."

"아주 좋아요! 만약 안 좋은 곳이 있으면 꼭 우리 기관으로 오세요!"

"물론이죠!"

그때 의자에 묶여 있던 청년이 드디어 풀려났고 강압복이 입혀졌다. 처녀는 아직도 진정하지 못하고 그에게 좋은 일만을 바라고 있었다. 그녀도 마찬가지로 간호사들에게 이끌려 '회복실'로 향했다.

"됐어요. 이제 여기서 빠져나가야 해요." 아디야가 모두에게 들리는 목소리로 속삭였다. "이렇게 알찬 실습과 강연을 진행해주셔서 몹시, 굉장히 감사합니다."

"다음에 또 오세요. 언제나 여러분을 맞이할 준비가 되어 있답니다!" 흡족해진 의사가 말하고는, 원정대원들을 출구로 안내했다.

원정대원들은 제 발로 기관을 걸어나올 수 있었다는 사실에 다 같이 안도의 한숨을 쉬며 '건보행장장'로부터 조금이라도 빨리 멀어지기 위해 허둥지둥 도망쳤다. 기관으로부터 제법 멀리 떨어지자, 그들은 머리를 떨군 채 계속해서 걸어나갔고 침묵이 이어졌다.

"고약한 기관이네요." 마침내 아디야가 침묵을 깨뜨렸다. 웬만해서는 놀라지 않는 그조차도 충격을 받은 것 같았다.

"그 청년이 불쌍해." 잠수함이 말했다.

"그 처녀에게 필요 이상으로 약물을 많이 주입한 것 같아요. 꼭 그렇게 하지 않아도 됐을 텐데 말이에요." 암소가 덧붙였다.

"좋아. 다른 기관으로 가보기로 하자." 브룬힐다가 말했다. "하지만 이번엔 좀 조심해야겠구나."

오직 야수만이 생각에 잠겨 아무 말도 하지 않고 있었다. 모두의 무언의 동의에 따라 원정대는 다른 기관을 찾기 위해 앞으로 나아갔다.

◆ 털북숭이 야수

원정대가 뚜껑의 끝이자 도달할 수 없는 현실의 또 다른 세계가 시작되고 있었던 곳을 떠나온 이후부터 털북숭이 야수는 아무 말도 하지 않았다.

야수는 거울 속에서 자신의 모습을 보고 그것을 어떻게 받아들여야 하며, 무슨 말을 해야 할지 알 수 없을 정도로 혼란스러워졌기 때문에 그 누구에게도, 아무 말도 할 수 없었다. 그는 거울 속에서 자기 자신과는 전혀 다른 어떤 존재를 봤다. 아니, 더 정확히 말하자면, 분명히 그 자신임이 틀림없음에도 불구하고, 그는 사람의 모습을 하고 있었다.

물론 거울에 비친 다른 사람들의 모습과 마찬가지로, 그의 모습도 아주 희미하고 유령 같아 보인 것은 사실이었다. 하지만 야수는 그곳에서 어깨까지 내려오는 밤색의 머리카락과 크고 슬픈 눈을 가진 훤칠한 청년을 분명하게 볼 수 있었다. 그 청년은 어느 시대인지, 어느 나라 출신인지 알 수 없는 옷을 입고 있었다. 프록코트도, 블레이저도 아닌 특이한 재킷과 바지를 입고 있었는데 그 옷들은 전부 까만 벨벳으로 만들어져 있었고, 그 안에는 금색 단추와 빛나는 주름 장식이 달린 셔츠를 입고 있었다. 그리고 참 이상하게도, 이런 우아한 수트에 전혀 어울리지 않는, 밤색 털이 복슬복슬한 모카신을 신고 있었다.

야수는 그 모습이 자기 자신이라는 사실을 단번에 알아차릴 수 있었지만 도무지 알 수 없는 점들이 있었다. 어떻게 그가 그런 모습이 될 수 있다는 말인가? 그리고 그가 그런 모습으로 존재할 수 있었던 현실은 도대체 언제 있었던 것일까?

사실 야수에게 이런 일이 일어난 것은 처음이 아니었다. 야수는 과거의 실체를 기억할 수 있는 특별한 능력이 있었다. 하지만 그는 아무에게도 그 능력에 대해 말한 적이 없었다. 그 전생이 정말 그의 전생인지, 미래에 그가 가지게 될 새로운 모습인지, 또는 그저 꿈에 불과한 모습인지 그 자신조차 확신할 수 없었기 때문이다.

야수는 다른 현실에 존재하는, 다른 모습의 그 자신을 이미 이전에 본 적이 있었다. 다만 그런 잘생긴 청년의 모습은 한 번도 본 적이 없을 뿐이었다. 그는 보통 신의 뜻에 따라 잔인해 보이는 모습이었거나 사람의 형상에서 거리가 먼 모습이 대부분이었다. 지금의 경우, 그는 도대체 무엇인지 전혀 알 수 없는 모습이었다. 종을 알 수 없는 짐승이지만 완전한 이성과 의식을 가진, 그것도 아주 비범한 영적 자질이 있는 짐승이었다. 그의 눈을 들여다보면 알 수 있었다.

좀 전에 우리가 보았던 연극 '탈애 테라피'는 그가 거울 속에서 본 청년의 모습 못지 않게 충격적이었다. 야수는 기억에 잠겼다. 가장 최근의 실체 중에서 그는 동굴에 홀로 사는 인간이었던 적이 있었다.

물론 그도 태어날 때부터 홀로 고독하게 살아왔던 사람은 아니었다. 그는 원래 사냥과 채집 생활을 하던 원시 부족의 일원이었다. 부족에는 '사람'과 '여자' 두 무리가 있었는데 그중 여자들은 불완전하고 충분한 권리를 가지지 못하는 존재들로 여겨졌다. 그렇게 결정한 것은 다름 아닌 사람들이었다. 왜냐하면 그들이 여자들보다 더 강했기 때문이었다. 하지만 사람들은 이 모든 사실을 한 번에 결정한 것이 아니라 머릿속에 떠오를 때마다 조금씩 서서히 결정했다.

처음에는 여자들도 사람들과 똑같았다. 하지만 시간이 지나자 사람들은 여자들이 그들보다 아름답다는 사실에 기분이 나빠지기 시작했다. 사람들은 그들을 계속 보다가 '여자들은 왜 이렇게 아름다울까? 우리가 그들보다 부족한 걸까?'라고 생각했다. 그래서 그들은 여자들에게 말했다.

"새로운 옷을 벗어. 그리고 낡은 누더기를 해질 때까지 입고 다녀."

"왜죠?" 여자들이 불평했다. "그 옷은 아름답지 않아요. 싫어요!"

"그렇다면 너희를 처벌하겠어." 사람들이 대답했다.

"알겠어요. 그렇게 할게요."

하지만 사람들은 여자들을 마구 때렸다. 그녀들이 더 확실히 이해하도록 해야 했기 때문이었다.

그래서 여자들은 누더기를 입고 다니기 시작했다. 하지만 여자들이 누더기를 입으니 그들의 아름다운 팔과 다리와 등과 가슴이 훤히 드러났다. 여자들을 본 사람들의 마음속에는 그들을 가지고 싶다는 희망이 생기기 시작했다. 사람들은 여자들을 계속 보다가 '왜 여자들이 우리를 원하는 것보다 우리가 그들을 원하는 마음이 더 큰 걸까? 우리가 그들보다 부족한 걸까? 아니면 우리가 그저 우리 자신을 통제하지 못하는 걸까? 아니면 우리에게 결함이 있기라도 한 걸까?' 하고 생각했다. 그들은 여자들에게 말했다.

"너희는 너무 음란하고 가벼워. 너희의 그 죄악스러운 몸뚱이를 전부 가려야겠어. 모두 가리고 드러내지 않도록 해. 앞으로는 우리가 허락해야만 몸을 보여줄 수 있어."

"왜 당신들이 모든 걸 결정하나요? 그리고 왜 해야 하거나 하면 안 되는 것을 당신들이 허락하겠다고 하나요?" 여자들이 불평했다.

"왜냐하면 우리가 더 강하니까." 사람들이 대답했다.

"그러면 우리는 우리 자신을 당신들에게 주지 않을 거예요."

"말을 잘 듣는다면 너희에게 보석을 주겠어."

"말을 듣지 않는다면요?"

"그렇다면 너희를 처벌하겠어."

"알겠어요. 말을 들을게요." 여자들이 말했다.

하지만 사람들은 여자들을 마구 때렸다. 그녀들이 더 확실히 이해하도록 해야 했기 때문이었다.

그들은 그렇게 살아갔다. 사람들은 자신들이 너무 똑똑해서 모든 것을 스스로 결정하려는 것이라고 생각했다. 하지만 그들의 결정이 항상 좋은 결과를 가져오는 것만은 아니었다. 오히려 여자들이 많은 면에서 사람들보다 더 똑똑했다. 사람들은 여자들을 가만히 바라보다가 '여자들이 우리보다 똑똑한 것일까? 아니면 우리가 그들보다 멍청한 것일까?'라고 생각했다. 그들은 여자들에게 말했다.

"너희는 멍청해."

"왜 그렇게 생각하나요?" 여자들이 물었다.

"왜냐하면 우리가 너희보다 더 똑똑하기 때문이지."

"우리도 똑똑해요."

"아니, 너희는 멍청해. 너희에게서 생각할 권리를 빼앗겠어."

"그건 불공평해요!"

"너희의 의견은 더 이상 아무 의미 없어."

"하지만 그건 불공평해요. 불공평하다고요."

"그렇다면 너희를 처벌하겠어."

"알겠어요, 뜻대로 할게요." 여자들이 말했다.

하지만 사람들은 여자들을 마구 때렸다. 그녀들이 더 확실히 이해하도록 해야 했기 때문이었다.

그들은 그렇게 살아갔다. 그들에게는 할 일이 아주 많아서 자유시간이 거의 없을 정도였다. 사람이건 여자건 모두가 공평하게 일했으며, 모두가 공평하게 그 결과물을 받았다. 사람들은 여자들을 가만히 바라보다가 '왜 여자들이 우리와 똑같지? 그들이 우리보다 부족한 것이 아닌가?'라고 생각했다. 그들은 여자들에게 말했다.

"이제부터 우리만 사냥에 나설 거야. 너희는 나머지 모든 일을 해야 해. 집을 짓고, 요리를 하고, 아이들을 키우고, 가죽을 분리하고 다듬어 옷을 만들고, 나머지 모든 집안일을 하도록 해."

"왜죠?" 여자들이 놀라워하며 물었다.

"왜냐하면 사냥이 더 재미있고 쉽고 간단하니까." 사람들이 대답했다. "그렇게 해야 우리가 더 편하기 때문이지."

"하지만 어떻게 그럴 수 있나요? 당신들이 우리보다 우월하다는 건가요?"

"그래. 우리가 더 우월하고말고."

"만약 우리가 그러지 않겠다면요? 그렇게 하기 싫다면요?"

"그렇다면 너희를 처벌하겠어."

"알겠어요. 뜻대로 할게요." 여자들이 말했다.

하지만 사람들은 여자들을 마구 때렸다. 그녀들이 더 확실히 이해하도록 해야 했기 때문이었다.

그들은 그렇게 살아갔다. 사람들은 사냥만 했고 여자들은 요리를 포함한 나머지 모든 집안일을 도맡았다. 사람들이 사냥에 실패해서 음식이 부족하면 여자들은 굶어야 했다. 음식을 먹는 것은 오직 사람들이었다. 사람들은 '사냥한 짐승을 가져오는 것은 우리들이야. 그러니 우리가 더 중요해. 그게 사실이야'라고 생각했다. 그리고 그들에게는 자유 시간이 많았다. 그들은 거드름 피우며 '사람위원회'에 모여 중요한 결정을 내리곤 했다. 사람들은 자기 자신을 바라보다가 '우리는 아주 중요해'라고 생각했다. 그래서 그들은 여자들에게 말했다.

"우리는 아주 중요해. 우리는 사람이지."

"그러면 우리는요? 우리는 무엇인가요?" 여자들이 물었다.

"너희는 불완전하고 보잘것없는 존재들이지. 너희는 사람이 아니야."

여자들은 반대하지 않았다. 반대를 하면 사람들이 그들을 때리리라는 것을 잘 알고 있었기 때문이었다. 그런데도 사람들은 여자들을 때렸다.

그렇게 그들은 살아갔다. 그 모습을 보던 야수는 사람들에게 말했다.

"당신들은 옳지 않아요. 이건 틀렸어요. 그러면 안 돼요."

"너는 우리와 달라." 사람들은 놀라며 말했고 다들 경계심 가득한 눈으로 그를 바라봤다.

"아니에요. 당신들이 나와는 다른 거예요."

"너를 여기에서 내쫓아야겠어."

"아니에요, 내가 당신들을 떠나겠어요." 야수가 말하고는 부족을 떠나 홀로 동굴을 향해 떠났다.

♦ 길들지 않은 처녀의 납치

야수의 동굴은 안락하고 편안했다. 산기슭의 외딴곳에 있는 동굴 앞에는 수풀이 빽빽하게 자라고 있어 동굴의 입구가 눈에 띄지 않게 잘 가려지고 있었다. 동굴 속으로 들어가려면 오직 야수만이 알고 있는 비밀스러운 통로를 따라 엉금엉금 기어가야 했다.

물론 그 근처를 지나가는 미개한 선사시대 인간이나 야생 동물이 이따금 수풀 근처에 멈춰서 수풀 속을 기웃거리며 멍청한 목소리로 중얼거리기도 했다.

"이 안에 뭔가가 있나? 아니네. 이 안에 뭔가 흥미로운 것이 있나? 아니네. 여기에 뭔가 먹을 것이 있나? 아니네. 그럼 내가 왜 여기에 서 있지? 나는 바보인가?"

그러고는 가던 길을 계속 갔다.

야수의 동굴은 거실과 주방과 침실이 한 공간에 모두 있는 '스튜디오 원룸' 스타일이었다. 동굴 한가운데에는 돌을 쌓아 만든 난로가 따스하게 피어올랐고 난로에서 나오는 연기는 꼭대기로 올라가 동굴의 천장에 나 있는 틈을 통해 밖으로 빠져나갔다. 제법 실용적인 구조였다. 덕분에 동굴 안은 따뜻했고 채광도 잘 되면서 연기 냄새도 나지 않았으니 말이다.

천장의 틈 말고도 사방에서 밝은 횃불이 동굴 내부를 환하게 밝히고 있었다. 야수는 불을 켜고 싶을 때, 기분이 좋을 때만 횃불을 켰다.

바닥에는 지푸라기가 폭신폭신하게 깔려 있었는데 야수는 그것을 적어도 1~2주에 한 번씩은 새것으로 교체했다. 이 지푸라기도 아주 실용적이었다. 지푸라기를 버릴 때 온갖 쓰레기도 함께 치울 수 있었기 때문이다. 비록 야수는 털북숭이였지만 성격만큼은 깔끔했기 때문에 그의 동굴은 항상 깨끗하게 정돈되어 있었다.

동굴에는 심지어 샤워기가 달린 욕조도 있었다. 거대한 협곡에서 이 동굴 깊은 곳까지 흐르는 물이 동굴의 벽에서 곧바로 샘솟아 나오며 자그마한 폭포가 되어 떨어지고 있었던 것이다. 동굴은 산속 깊은 곳을 향해 이어지고 있었지만 야수는 굳이 그곳까지 들어가지는 않았다. 너무 어둡고 추웠으며 그 깊은 곳에서 할 수 있는 것은 아무것도 없었기 때문이다.

여기에서 빼놓을 수 없는 것이 돌로 만든 욕조의 가장자리에 항상 놓여 있는 작은 그릇이었다. 그 속에는 진흙을 섞은 화산재 덩어리가 있었는데 야수는 이것을 비누로 사용했다. 샤워를 하든 목욕을 하든 물은 너무 차갑지 않은 적당히 기분 좋은 온도였으며, 심지어 약효까지 있는 좋은 약수였다.

쉽게 말해 야수의 보금자리는 살아가는 데 필요한 것은 전부 다 갖춰진 동굴이었다. 물론 그는 침실 공간도 안락하게 꾸며놓았다. 난로 옆에는 마침 알맞은 크기로 돌출되어 있는 평평한 부분이 있었는데, 야수는 이 돌출부에 두껍고 부드러운 가죽을 깔아 근사한 침대로 사용했다.

또 야수는 동굴의 구석마다 안락해 보이는 다양한 동물 가죽을 깔아놓았다. 벽 여기저기에는 사냥에 성공했던 것을 자랑하기라도 하듯 나뭇가지 같은 뿔, 곧은 뿔, 근사하게 휜 뿔 등 여러 가지 뿔을 전시해놓았다. 동물의 발톱이나 송곳니로 만든 여러 가지 장신구들도 여기저기에 걸어놓았다. 큰 송곳니, 무시무시한 송곳니, 긴 발톱, 날카로운 발톱… 아주 다양했다.

한 공간에는 여러 짐승을 사냥하는데 사용하는 무기를 보관해두었다. 가볍고 끝이 예리한 창, 무겁고 튼튼한 도끼, 크고 매끈한 화살, 면도날처럼 날카로운 칼… 살의 끝에도 흑요석을 매섭게 깎아 달아두었다. 큰 동물들을 사냥할 때 쓰이는 큰 창들은 거대하고 위협적이었다. 모든 무기의 손잡이도 품질이 아주 뛰어나, 튼튼하고 안정적으로 손에 잡을 수 있을 것 같았다.

마지막으로, 야수는 또 다른 공간을 만들어 간단하고 실용적인 도구를 가지런히 정리해두었다. 부엌 도구들을 비롯해 가죽을 벗겨내고 바느질을 하고 그 외의 집안일을 하는 데 필요한 여러 가지 도구들이었다. 야수는 아주 드물게 영리한 동굴 사람이었다. 그는 동굴 생활에 필요한 모든 것을 가지고 있었고 모든 것을 할 수 있었다. 하지만 그런 그에게도 딱 한 가지 없는 것이 있었는데 바로 배우자였다. 정확히 말하면 여자가 필요한 것이었다. 그냥 배우자는 그도 원하지 않았다. 왜냐하면 '사람'이라고 불리는 존재라면 그는 이골이 나 있었기 때문이다.

야수는 슬프고 외로웠다. 그래서 그는 여자를 구해와야겠다고 결심했다. 그에게 여자가 왜 필요했을까? 그가 판단한 바에 의하면 이렇다. 여자는 바라볼 수 있다. 그녀가 걸어다니는 모습, 누워 있는 모습, 앉아 있는 모습을 바라볼 수 있다. 그녀가 먹는 모습, 씻는 모습, 머리를 빗는 모습, 꾸미는 모습을 바라볼 수 있다. 그리고 그녀가 꼼지락거리며 집안일을 하는 모습을 바라볼 수 있다. 그녀가 자신을 바라보는 모습을 바라볼 수 있다. 여자를 바라보는 것은 아주 재미있는 일이다. 그러나 야수 외에 아무도 없는 지금은 바라볼 수 있는 대상이 전혀 없었다. 계속 바라볼 수 있는 모닥불조차도 시간이 지나면 시시해졌다. 하지만 그에게 여자가 생긴다면 그녀를 바라보는 일만큼은 절대로 지겨워지지 않을 것 같았다. 물론 그녀도 자신을 바라본다면 말이다.

또 여자는 만질 수 있는 존재이기도 하다. 그녀의 머리카락을 만지고, 어깨를 만지고, 가슴을 만질 수 있다. 그녀의 등을, 팔을, 다리를 쓰다듬을 수도 있다. 뒤에서 포옹하여 그녀를 품 안에 넣고 절대로 놓아주지 않을 수도 있다. 또는 마주 보고 세게 껴안을 수도 있다. 그녀의 몸 전체를 만지고 쓰다듬을 수 있다. 여자는 아주 기분이 좋은 존재다. 여자는 피부가 부드럽고, 온몸이 동글동글하고, 말랑말랑하고 폭신폭신하기 때문이다. 야수는 그렇게 생각했다.

또 그는 여자를 돌보는 것은 아주 기분 좋은 일이라고 생각했다. 그녀에게 먹을 것을 주고, 입을 것을 주고, 그녀와 산책을 하는 것이 좋았다. 무시무시한 맹수들과 거머리 같은 사람들로부터 여자를 보호하고, 그녀에게 사냥에 성공한 짐승을 가져다주고, 그녀를 웃게 하고, 그녀에게 장난치고, 그녀와 장난치는 것이 좋았다. 그녀가 짜증을 낼 때까지 귀찮게 하고, 그녀가 화내는 모습을 보고, 곧바로 그녀를 달래고, 여러 가지 방법으로 같이 노는 것이 좋았다. 그 방법은 나중에 생각하면 되는 거였다.

그래서 야수는 여자를 구해 오겠다고 결심했다. 하지만 여자를 어떻게 구하겠는가? 몰래 데려오거나, 훔치거나, 납치하거나, 뭐 그런 방법을 써야 할 것이 분명했다. 여자를 잡아서 자신의 동굴로 데려와야 했다. 그녀가 날카로운 비명을 지르며 바둥거릴 것이 분명하지만 꼭 붙들고 동굴로 얼른 데려오면 된다. 전부 아주 간단한 일이다.

그렇게 계획을 세운 야수는 여자 친구를 찾으러 떠났다. 여자를 찾는 방법은 단 두 가지였다. 예전에 자신이 속해 있었던 부족을 찾아가거나 다른 부족을 찾아가거나. 하지만 다른 부족이 있는 곳까지 가려면 먼 길을 가야 했기 때문에 야수는 한때 그가 속해 있었던 부족을 찾아갔다. 부락은 계곡 근처의 산과 숲에 둘러싸여 있었다. 야수는 부락을 가는 길 중간중간에 발걸음을 멈추고 가만히 귀를 기울였다. 어딘가에서 누군가의 목소리가 들려왔고 그는 그 목소리가 들리는 방향으로 향했다.

여자들은 숲의 공터에 방목된 채로 산딸기를 따고 있었다. 산딸기 채집은 주로 아이가 없는 젊은 처녀들이 했다. '이렇게 호화로울 수가!' 야수가 그들을 바라보며 감탄했다. '바보들. 이런 훌륭한 존재들이 바로 옆에 있는데 그들을 지켜주지도, 소중히 여길 줄도 모르다니.'

그는 덤불 속에 숨어서 신중하게 관찰하기 시작했다. 누군가 한 명을 골라야 했기 때문이다. 마침내 그의 시선은 한 처녀에게 머물렀다. 그녀는 마침 야수에게서 멀리 떨어지지 않은 곳에 있었다.

야수는 재빨리 공터로 뛰어나와 자신의 희생양을 낚아챈 뒤 어깨에 둘러메고 숲을 향해 있는 힘껏 내달렸다. 다른 처녀들은 뜻밖의 상황에 놓이자 겁에 질려 처음에는 꼼짝도 못하더니, 시간이 조금 지나서야 소리를 질렀다. 하지만 그 누구도 납치범을 쫓아갈 엄두는 내지 못했다. 여자들은 낮은 신분으로 살아가는 데 너무나 익숙해진 나머지 자기 자신을 위해 나서는 법을 몰랐기 때문이다.

야수는 온 힘을 다해 달리고 또 달렸다. 여자는 비록 체구는 작았지만 그렇다고 너무 삐쩍 마르지 않은 딱 보기 좋은 몸이었고 그러면서도 몸무게는 가벼웠다. 물론 그녀도 몸부림치며 온 숲이 떠나가라 비명을 질렀다. 이 원시 시대의 납치 장면은 '페르세포네의 납치', '에우로페의 납치'나 '프시케의 납치' 같은 신화적인 모습과는 너무나도 달랐다. 이 장면의 주인공은 가죽을 걸친 털북숭이 야만인과 그만큼이나 길들지 않은, 누더기로 아슬아슬하게 몸을 가린 처녀였기 때문이다.

동굴에 다다른 야수는 여자를 땅에 내려놓고 그녀에게 동굴까지 이어지는 수풀 사이의 좁은 통로로 기어가라고 명령했다. 그는 손으로 여자의 엉덩이를 마구 밀어댔다. 그녀는 날카롭게 비명을 질렀지만 그가 시키는 대로 순순히 기어갔다. 동굴에 도착한 여자는 이곳저곳을 두리번거리기 시작했다. 비명은 계속 지르면서 말이다.

차오르는 숨을 조금 진정시킨 야수는 그녀에게 말했다.

"왜 그렇게 소리를 질러? 잡아먹지 않아."

하지만 그녀는 비명을 멈추지 않았다. 그래서 그는 그녀를 붙들고 품 안에 꼭 껴안았다. 그러자 그녀는 조금 진정하는가 싶더니 마침내 조용해졌다. 야수는 그녀를 부드러운 가죽 위에 앉히고 횃불에 불을 붙여 난로를 피웠다. 길들지 않은 처녀에게서는 아직도 두려워하는 기색이 보였지만 그녀는 이내 호기심이 생긴 듯 그가 움직이는 모습을 바라보았다.

야수는 이제 그에게도 드디어 여자가 생겼다고 생각했다. 그리고 그 여자가 그를 바라보고 있다. 얼마나 멋진 일인가! 그도 원하는 만큼 여자를 바라볼 수 있다. 심지어 만질 수도 있다. 아니지, 아직은 살짝 스치기만 해도 충분하다. 우선은 그녀에게 먹을 것을 줘야 한다. 야수의 동굴에는 야수가 비축해둔 여러 가지 음식이 있었지만 그는 여자에게 더 신선하고 맛있는 것을 대접하고 싶었다.

야수는 금세 다시 나갈 준비를 하고 창과 화살과 활을 챙겼다. 칼은 항상 허리에 차고 있었다. 멀리 떨어져서도 안 되었고 모든 사냥은 동굴 근처에서 해야만 했다. 그는 여자에게 말했다.

"여기에 앉아 있어. 어디에도 가지 마. 이 주변에는 맹수들이 우글거려. 아주 아프게 할퀴고 문다고. 알겠어?"

"네, 주인님." 처녀가 말했다. 그녀가 비명이 아닌, 처음으로 평범한 목소리를 낸 순간이었다.

"그리고 왜 그렇게 더러워! 얼른 가서 씻어. 저기에서 씻으면 돼. 그리고 이건 네 거야." 그는 여자에게 동물의 뼈를 깎아 만든 아름다운 장식용 머리빗을 내밀었다.

그녀는 머리빗을 받아 들고 기뻐하며 빙글빙글 돌았다. 그녀는 빗이 아주 마음에 들었다.

"금방 돌아올게." 야수가 말하고는 동굴을 나섰다.

여자에게 음식을 주기 위해서는 신선한 고기와 좋은 가죽을 얻어야 했다. 이제 두 명이 되었으니 모든 것이 전보다 더 많이 필요하다고 야수는 생각했다. 이 문제를 해결하는 데 안성맞춤인 후보는 뿔이 달린 멍청한 동물이었다. 야수는 이 멍청한 동물이 보통 어디에서 방목되는지 알고 있었기 때문에 마침 때맞춰 근처에서 그것이 풀을 뜯고 있는 곳으로 향했다.

동물을 사냥하기 위해서는 그 동물에게 살금살금 접근해 재빠르게 달려가 창으로 그것을 찔러야 했다. 그편이 가장 빠르고 확실했다. 야수는 멍청한 사냥감이 한가하게 풀을 뜯고 있는 들판을 향해 살금살금 다가갔다. 하지만 갑자기 나타난 어리석은 새 한 마리가 야수의 비밀스러운 사냥을 모두 망치기 시작했다. 그 새는 왜인지 야수의 뒤를 계속 쫓아다녔다. 호기심 때문인지, 그에게 해를 끼치려고 그런 것인지 모르겠지만 그것은 "꽥-꽥-꽥" 하고 시끄럽게 울어대며 계속 야수를 따라다녔다.

그 새는 몸집이 아주 컸는데 날지도 못할 정도로 둔하고 머리도 나빠 보였다. 그것은 기다란 다리를 휘적거리며 야수의 주변을 맴돌고 야수를 따라다니며 쪼아댔다. 그러는 동안에도 "꽥-꽥" 하는 울음을 멈추지 않았다. 그 새가 도대체 뭘 하려고 했는지는 알 수 없지만 어쨌든 사냥을 확실하게 망쳐버린 것은 분명했다. 야수는 새를 쫓아내려고 했지만 새도 물러서지 않았다. 새를 정신없이 쫓다 보니 어느새 야수는 공터에 있었다. 그리고 하마터면 그가 사냥하려고 했던 동물은 그와 부딪힐 뻔했을 정도로 가까이에 있었다.

사냥감은 풀을 질경거리며 무관심하게 야수를 보고 있었다. '이렇게는 안 되겠어.' 야수가 생각했다. '무슨 사냥이 이래? 하나도 재미없고 하나도 위험하지도 않아.' 실제로 사람의 발길이 닿지 않은 이 숲에서의 사냥은 하나도 어렵지 않았다. 짐승들과 새들이 가득했는데 그 어떤 사냥감도 야수를 두려워하지 않았던 것이다. 그는 기분이 나빠져 이미 야수를 공격하는 것에 싫증이 나버린 새의 머리를 창으로 찔렀다. 새는 자신에게 무슨 일이 일어났는지도 모른 채 그대로 푹 고꾸라졌다.

사냥감은 눈앞에서 벌어진 끔찍한 장면을 보고도 눈 하나 꿈쩍하지 않고 조금도 관심 없다는 듯 풀만 씹고 있었다. 야수가 말했다. "넌 걱정 마. 덩치가 꽤 큰 녀석이니 이걸로 고기는 충분해. 썩 괜찮은 사냥이었어. 분명 맛도 괜찮을 거야."

그는 사냥한 새의 '장례' 의식을 마쳤다. 그는 사냥을 마치고 나면 항상 그 의식을 치렀다. "어리석은 새야, 너는 어리석은 새였지만 이제 너의 영혼은 더 높은 생명체가 될 거야. 아름답고 지혜로운 눈을 가진 여자가 될 수도 있겠지. 그러면 너는 영리하고 행복하며 아름다운 여자 새가 될 거야."

야수는 사냥한 고기를 들고 여자가 기다리고 있는 동굴로 서둘러 돌아갔다. 그녀는 깨끗이 씻고 머리도 빗은 뒤, 부드러운 가죽이 깔린 침대에 앉아 야수를 기다렸다.

"배고프지?" 야수가 물었다.

"네, 주인님." 처녀가 대답했다.

"자, 일단 이것부터 먹어." 그가 사냥길에 따온 달콤한 나무 열매를 그녀에게 내밀었다.

그녀는 기쁘게 열매를 받아 들고, 주인을 바라보며 열매를 맛있게 먹었다. 그 역시 저녁을 준비하며 기쁘게 그녀를 바라봤다.

야수는 재빠르게 새의 깃털을 뽑고 꼬챙이에 고기를 꽂아 불 위에 올려놓았다. 이윽고 군침 도는 요리가 완성되었다.

◆ 야수와 그의 여자

야수는 꼬챙이에서 고기를 빼내어 처녀에게 식사를 시작하게 했다. 가장 맛있는 부위를 잘라 그녀에게 내밀었고, 그녀는 그것을 받아먹었다. 정작 야수는 아직 음식을 먹지 않았다. 중요한 것은 처녀가 음식을 먹으며 그를 바라보고 있다는 사실이었다. 야수는 그 사실이 너무나 좋았고, 그녀를 아무리 봐도 싫증이 나지 않을 것 같았다. 그는 처녀에게 물었다.

"내가 왜 먹지 않는지 궁금하지 않아?"

"왜 안 드세요, 주인님?" 그녀가 물었다.

"왜냐하면 나는 네가 먹는 모습을 보는 게 좋거든."

야수는 처녀가 음식을 먹는 것을 보는 것이 매우 좋았다. 왜냐하면 여자가 음식을 먹는다는 것은 모든 일이 잘 흘러가고 있다는 뜻이기 때문이다. 이것은 아주 많은 것을 의미한다. 왜냐하면 여자가 음식을 먹으면 지금 당장 음식이 있고, 쉴 공간이 있으며, 모두가 평화롭고 아무 문제 없다는 뜻이기 때문이다.

길들지 않은 처녀는 모든 음식을 남김없이 먹고 부드러운 가죽 위에 반쯤 누워 그녀의 주인이 무엇을 하는지 지켜보기 시작했다. 야수도 배불리 음식을 먹고, 새의 깃털로 처녀를 위한 부드러운 베개를 만들기로 했다. 처녀가 더 편하게 잠을 잘 수 있도록 말이다.

야수에게는 아주 정성스럽게 손질해놓은 가죽 조각이 있었다. 그는 그 조각을 가져와 필요한 만큼 잘라냈고, 뼈로 만든 바늘과 가죽을 가느다랗게 잘라 만든 실을 사용해 베갯잇 모양으로 그것을 꿰매기 시작했다. 그리고 완성된 베갯잇을 깃털로 채웠다. 야수가 잡아온 새는 덩치가 컸고 깃털과 솜털도 풍성했기 때문에 좋은 베개를 만들기에 안성맞춤이었다. 그가 베갯잇을 완전히 꿰매고 나니 아주 부드럽고 근사한 베개가 완성되었다. 야수는 자신의 여자를 위해 노력했고 저녁 내내 그녀를 위해 이곳저곳을 돌아다녔다. 할 일을 전부 마친 그는 베개를 두들겨서 부드럽게 만든 다음 처녀에게 주었다.

"자, 이건 네 거야."

처녀는 아무 말도 하지 않고 베개를 받았다. 그리고 아주 마음에 들어하며 배 위에 올려놓고 꼭 껴안았다.

잘 시간이 되었다. 야수는 횃불을 끄고 큼직한 장작 여러 개를 난로에 던져 넣은 다음 침대에 누웠다. 그의 여자는 그의 옆에 누웠다. 야수는 그것도 아주 마음에 들었다. 이제 그는 혼자가 아니었으며, 그의 옆에는 그의 여자가 누워서 그를 바라보고 있으니 말이다. 그는 그녀에게 말했다.

"베개를 머릿밑에 대고 누워봐. 아주 편안할 거야."

하지만 처녀는 베개를 가슴에 꼭 끌어안았다. 야수를 바라본 채로 말이다. '길들지 않았군.' 야수는 생각했다. 그가 그녀에게 말했다.

"알았어. 네가 그렇게 하고 싶다면 어쩔 수 없지."

야수는 가지고 있는 가죽 중 가장 상태가 좋고 부드러운 것을 골라 여자를 조심스레 덮어주었다. 그리고 정작 자기 자신은 다른 것,

더 안 좋은 가죽을 덮었다. 처녀는 이미 곤히 잠들어 쌔근거리는 숨소리를 내고 있었다. 그는 조심스럽게 처녀의 머리카락을 쓰다듬었다. 그리고 오랫동안 누워 그녀를 바라보며, 그녀가 쌔근거리는 소리를 들었다. 야수의 입에서는 자신도 모르게 미소가 새어 나왔다. 그러다가 야수도 잠이 들었다.

다음 날 야수는 처녀가 입을 옷을 만들기로 했다. 처녀는 몸을 아슬아슬하게 가리는 누더기를 입고 있었다. 그는 나갈 채비를 하고 그녀에게 말했다.

"털이 많은 짐승을 잡아올게. 나 없이는 어디에도 가면 안 돼. 기다려. 그리고 불이 꺼지지 않도록 잘 지켜봐. 알았지?"

"네, 주인님." 처녀가 대답했다.

"그럼 다녀올게."

야수는 그렇게 처녀를 위한 옷을 만들 수 있을 정도로 털이 풍성한 짐승을 찾으러 떠났다. 야수가 생각한 사냥감은 새를 잡아먹으며 나무 위에 살았다. 이 짐승은 처녀의 옷을 만들기에 딱 좋을 정도로 아름답고 부드러운 털을 가지고 있었지만, 몸집이 크고 아주 위험하기도 했다. 그 녀석은 날카롭고 강력한 발톱과 무시무시한 이빨을 가지고 있었다. 그래서 그것을 사냥하는 것은 아주 어려운 일이었다. 도끼로 내려칠 수도, 창으로 찌를 수도 없었고 오직 멀리에서 화살로만 상처를 내거나 잡을 수 있었기 때문이다. 그 짐승은 아주 민첩하기까지 해서 그조차도 어려운 사냥이 될 것이었다.

여느 때와 마찬가지로 사냥감을 찾는 데에는 오랜 시간을 소요할 필요가 없었다. 사냥은 금세 치열한 싸움으로 변해버렸다. 야수가 또다시 어리석은 새와 마주친 것이다. 물론 이전의 새와는 다른 놈이었지만 말이다. 어리석은 새는 나무 아래에 서서 대가리를 빳빳이 쳐들고 있었는데 두 다리를 넓게 벌리고 날개를 활짝 펼친 채 "꽥-꽥-꽥" 하며 울고 있었다. 그 새는 왜, 무엇 때문에 그렇게 울고 있었을까? 알고 보니, 나무 위에 야수가 찾던 사냥감이 어슬렁거리고 있었다. 그 짐승은 계속 어슬렁거리다가 새를 향해 덤벼들어 모가지를 비틀었다. 야수는 재빨리 활시위를 당겨 사냥감의 머리를 조준했다. 가죽이 상하지 않게 하려면 머리 외의 다른 곳은 겨누면 안 되었다. 그때 갑자기 어디에서 왔는지 모를, 풍성한 털과 날카로운 발톱을 가진 또 다른 짐승이 야수에게 덤벼들었다. 야수는 순간적으로 칼을 들어 짐승의 목을 베어버렸지만, 야수의 칼이 목에 닿기 전에 짐승의 발톱이 야수에게 날카로운 상처를 내고 말았다.

"저런." 자신의 전리품을 바라보며 야수가 말했다. "두 번째로 덤벼든 녀석은 아마도 자신의 암컷을 지키려고 했던 것 같군. 하지만 그 암컷과 죽음을 받아들인 거야. 하지만 이 새는 정말 어리석은걸! 마치 일부러 죽음을 찾아다니는 것 같아. 얼른 새로운 삶을 시작하고 싶은 걸까?"

야수는 평소처럼 사냥감을 위로하는 제사를 치렀다. "너희는 한때 털이 풍성한 짐승이었지만 선량하고 정의로운 사람이 될 거야. 자신의 여자를 지키고 그녀에게 사냥한 고기를 가져다줄 수 있는 사람이 되겠지. 그리고 숲속의 새야, 너는 이성이 없고 멍청한 새였지만 이제는 영리하고 지혜로워질 거야. 너 자신도 꿈꿔왔던 모습을 가지게 되기를 바란다."

야수는 짐승들의 가죽을 벗겨 어깨에 둘러메고, 새의 다리를 움켜잡고 여자가 기다리고 있는 동굴로 향했다. 그는 운이 좋았다. 털이 풍성한 짐승을 한 마리도 아닌 두 마리나 잡았을 뿐만 아니라 맛이 좋은 새를 사냥하는 데에도 성공했기 때문이다. 유일하게 그를 성가시게 했던 것은 짐승이 남겨놓은 발톱 자국이었다. 야수는 동굴로 가는 길에 상처를 치료하기 위한 약초를 뜯었다.

처녀는 동굴에서 야수를 맞이하고 그가 사냥해온 고기를 흥미롭게 살폈다. 하지만 야수가 입은 상처에는 조금도 관심이 없었다. 야수가 약초에서 즙을 내어 상처를 치료하고 있었지만, 그때도 그녀는 관심이 없었다. 하지만 야수는 이번에도 얼른 치료를 끝내고 저녁 식사를 준비했다. 그는 또 처녀에게 먹을 것을 주고 그녀가 먹는 것을 바라봤다.

잘 시간이 다가오자 그들은 잠자리에 누웠다. 처녀는 이번에도 금세 잠이 들었고 기분 좋게 쌔근거리고 있었다. 야수도 그 옆에서 그녀를 바라보고, 미소 짓고, 그녀가 쌔근거리는 소리를 듣다가 조용히 그녀의 어깨와 가슴을 만졌다. 그녀가 깨지 않도록 아주 조심스럽게 말이다. 처녀는 그의 삶을 아름답게 밝혀주었다. 그러니 아무래도 상관없었다.

야수가 처녀의 옷을 만드는 데에는 그 이후로 며칠이 걸렸다. 부드럽고 감촉이 좋은 옷을 만들기 위해서는 사냥해온 짐승의 가죽을 말려 아주 정성스럽게 다듬어야 했기 때문이다. 야수가 처녀의 치수를 잴 때 그는 처녀에게 가죽 조각을 꽤 여러 번 입혔다. 그렇게 해야 야수가 치수를 재는 것을 핑계로 처녀를 품속에 계속 안을 수 있었기 때문이다. 그녀는 거부하지 않았지만 그렇다고 반대로 야수를 안아주지도 않았다.

하지만 야수는 때때로 자신의 품 안에 꼭 껴안을 수 있는 여자가 생겼다는 사실만으로도 기분이 좋았다. 이제 그의 인생은 기분 좋은 보살핌으로 가득했다. 존재하는 이유가 새롭게 생겼을 뿐만 아니라 존재의 목표까지도 생겼기 때문이다.

야수는 자신의 여자가 입을 옷을 만들기 위해 부지런하게 일했다. 그리고 마침내 원시 시대의 고급스러운 꾸뛰르 의상이 완성되었다. 무릎까지 내려오는 아주 멋진 바지와 팔뚝 중간 길이의 소매가 달린 근사한 코트였다. 길들지 않은 처녀가 이렇게 멋진 옷을 입고 있으니 마치 길든 것처럼 보였다. 물론 그녀도 그 옷이 마음에 들었다. 아니, 이렇게 표현하는 것이 더 맞는 말일 것 같다. 그녀는 그 옷이 '아주' 마음에 들었다. 하지만 그녀보다도 옷을 더 마음에 들어했던 것은 야수였다. 털이 풍성하고 부드러운 코트를 입은 처녀는 안고 쓰다듬을 때 더욱 좋았다.

야수는 처녀에게 아름다운 옷을 입히고 처음으로 동굴 밖으로 그녀를 데리고 나왔다. 야수는 처녀의 손을 잡고 동굴을 벗어나 구불구불한 오솔길을 따라 산 중턱으로 데려갔다. 그리고 그곳에 있는 높은 절벽에 앉아, 석양으로 붉게 물든 산 중턱에서 계곡이 흐르는 모습을 감상했다.

그들이 석양을 바라보며 앉아 있을 때 야수는 몇 번이나 처녀의 어깨와 허리를 조심스럽게 안았다. 처녀는 여전히 거절하지 않았지만 그렇다고 특별히 반응하지도 않았다. 그들이 평소처럼 잠자리에 들었을 때 야수는 오랫동안 잠을 이룰 수 없었다. 그는 이렇게 따뜻하면서도, 동시에 차가운 처녀에게서 어떻게 자기 자신과 똑같은 마음을 이끌어낼 수 있을지 고민했다. 그래서 그는 처녀에게 장신구를 선물해야겠다고 생각했다.

하지만 장신구를 어디서 구하겠는가? 다른 여자에게서 빼앗아야 할까? 아니다. 그렇게는 할 수 없었다. 그가 직접 만드는 수밖에 없다. 하지만 그 전에 빛나는 아름다운 돌 여러 개를 구해야 했다. 빛나는 아름다운 돌들은 험난한 산 정상 꼭대기에서 구할 수 있었다. 그래도 야수는 그것을 구하기로 마음먹고 바로 다음 날 그곳으로 향했다.

그렇게 그는 산으로, 꼭대기로 올라갔다. 산 정상으로 가려면 가파른 경사를 지나 낭떠러지 아래가 훤히 보이는 가파르고 좁은 길을 지나가야 했다. 야수는 하마터면 낭떠러지 아래로 떨어질 뻔하기도 했고 크게 다칠 뻔하기도 했지만 목숨을 걸고 나아가 마침내 산 정상에 도착했다. 그곳에서 그는 빛나는 돌들을 찾았다. 그중에서도 가장 아름다운 것들만을 골라 주머니에 담고는 자신의 여자가 기다리고 있는 자신의 동굴로 향했다.

처녀는 평소처럼 불 옆의 부드러운 가죽이 깔린 침대에 앉아 야수를 기다리고 있었다. 야수가 주머니에서 돌멩이들을 꺼내 보이며 말했다.

"이거 봐. 다 네 거야."

처녀의 눈이 반짝였다.

"마음에 들어?" 야수가 처녀에게 물었다.

"네, 주인님!" 그녀가 기뻐하며 말했다.

'어쩌면 이제 그녀의 마음이 조금은 녹을지도 몰라' 하고 지친 야수는 생각했다. 그리고 그는 상처를 치료하기 시작했다. 처녀는 빛나는 돌멩이들을 만지작거리며 그것들을 자세히 살펴보았다. 그녀는 자신의 주인이 어떻게 그 돌멩이를 구했는지, 그것을 구하기 위해 얼마나 큰 상처를 입었는지는 조금도 관심이 없었다.

뭐, 어쩔 수 없었다. 야수는 그 환경에서 가장 아름답고 근사한 물건을 만들어 처녀에게 선물하기 위해 또 몇 날, 며칠을 노력했다. 드디어 그의 작업이 끝났다. 그리고 기념비적인 순간이 왔다. 야수는 자신의 여자에게 팔찌와 발찌를 채워주고 목에는 아름다운 목걸이를 걸어주었다.

처녀는 그렇게 기뻤던 적이 없었다. 그녀는 동굴 이곳저곳을 돌아다니며 새로 생긴 장신구를 감상했다. 그리고 그녀에게 그 장신구가 얼마나 잘 어울리는지 주인에게 보여주곤 했다. 그 모습을 본 야수도 무척 흐뭇했다. 하지만 그의 마음속에는 오랫동안 잊고 있었던 슬픔과 고통이 다시 피어났다. 그는 다시 예전처럼 외로움을 느꼈다. 그에게 여자가 있었음에도 말이다.

그들이 잠자리에 들었을 때 그녀는 곧바로 잠들지 않고 팔과 다리를 보며 자신의 아름다움을 감상했다. 야수가 그녀에게 물었다.

"집에 가고 싶지 않아?"

"아니요, 주인님." 처녀가 대답했다.

"왜 자꾸 그런 말을 하는 거야!" 야수가 참을 수 없다는 듯 말했다. "나는 네 주인님이 아니야."

그는 처녀를 꼭 안고 그녀의 머리카락에 입술을 댔다. 그녀의 머리카락에서 숲 내음이 느껴졌다. 그는 처녀의 머리카락에 얼굴을 파묻고 그녀를 꼭 안았다. 그녀도 조용히 누워 있었고 잠시 후 익숙한 쌔근거림이 들려왔다.

◆ 사랑에 대한 벌

야수는 밤새 잠을 이루지 못하고 생각에 잠겨 뒤척였다. 아침이
되자 그는 처녀에게 먹을 것을 주고 그녀에게 말했다.

"더 이상 이렇게는 못 살겠어. 너를 부락으로 다시 데려다줄게.
떠날 준비를 해."

"왜죠, 주인님?" 처녀가 놀라며 물었다. "돌아가고 싶지 않아요."

"나를 사랑해?" 그가 물었다.

"네, 주인님."

"거짓말. 너는 내가 가지고 있는 것과 너에게 주는 것을 좋아하는
것일 뿐이야."

"하지만 주인님, 저는 주인님과 함께 있는 것이 좋아요!"

"물론 좋겠지. 왜냐하면 내가 너를 돌봐주니까. 하지만 나는 나에
게 무관심한 사람과 살 수 없어. 너는 얼른 돌아가서 너를 때리는 사
람이나 사랑하면서 살아. 가자."

그녀는 눈물을 흘렸다. 하지만 야수는 이미 마음을 굳혔고, 그의
결심은 바뀌지 않았다. 그는 처녀에게 베개를 주고 출구를 향해 부
드럽게 밀었다.

숲을 지나는 내내 그들은 아무 말도 하지 않았다. 처녀는 고개를
떨구고 배에다 베개를 꼭 댄 채 떨어지지 않는 발걸음을 겨우 옮기

고 있었다. 그녀에게서 이따금 흐느끼는 소리가 들렸다. 야수의 표정 역시 먹구름보다도 어두웠다. 그는 자신이 아주 잔인하고 모질게 그녀를 대하고 있다는 사실을 잘 알고 있었다. 하지만 그는 마땅히 해야 할 일을 하고 있었으며, 그래서 처녀는 무척 슬퍼하고 있었다. 그래도 야수에게는 다른 수가 없었다. 그는 마음이 아팠다. 아주아팠다. 하지만 그녀와 함께 있으면서 그녀의 무관심을 계속 느끼는 것은 그보다도 더 마음 아픈 일이었다.

야수는 부락이 보이는 장소까지 그녀와 함께 걸어갔고, 그 이후부터는 혼자 가라고 했다. 그리고 자신의 몸을 돌려서 떨어지지 않는 발걸음을 겨우 옮겨 더 이상 자신을 기다리는 여자가 없는 자신의 동굴로 향했다. 조금 전까지만 해도 그 동굴에는 자신의 여자가 있었지만 이제 더 이상 그의 여자는 없었다. 얼마 지나지 않아 야수의 몸은 매우 나빠졌다. 하지만 그는 아무것도 할 수 없었다. 그는 처녀가 삶의 아주 작은 부분조차도 야수에게 내어주지 않았다는 사실을 단 하나의 이유로 인식하고 있었다. 그녀는 야수를 소중하게 여기는 모습을 보여주기 위해 조금도 노력하지 않았던 것이다.

'딱 하나 안타까운 게 있군' 하고 그는 생각했다. 사람들이 그녀에게서 장신구와 베개와 코트와 바지를 전부 빼앗을 것이라는 점이었다. 그녀가 불쌍했다. 하지만 잘못한 것은 그녀인걸. 그런데 가만 보니, 그녀가 야수에게 잘못한 것이 무엇이란 말인가? 그녀가 야수를 사랑하는 척을 하지 않았다는 사실? 처녀가 왜 그런 척을 해야 했다는 말인가? 그리고 그녀가 왜 야수를 사랑해야 한다는 말인가? 그가 그녀를 위해 뭔가를 해줬기 때문에? 하지만 이유가 있다고 해서, 또는 목적이 있다고 해서 누군가를 사랑할 수 있다는 말인가?

◆◆◆

털북숭이 야수는 회상에 잠겼다가 정신을 차렸다. 그러고는 자신이 뚜껑 문제를 해결하기 위해 원정을 계속하던 '뚜껑원정대'의 대원으로서 고개를 푹 숙인 채 걷고 있었다는 사실을 깨달았다.

처녀와 이별한 뒤, 동굴 속의 삶을 어떻게 이어갔는지 야수는 기억이 나질 않았다. 그가 유일하게 기억할 수 있었던 것은 자신이 처녀에게 못되게 굴었고 잘못된 방식으로 그녀를 대했다는 것, 그러고도 자신의 잘못을 합리화했었던 것에 대해 끊임없이 자책하며 살았다는 사실이었다. 결국 그의 심장은 차가워졌고 바로 그 때문에 그가 지금처럼 짐승 같은 모습을 얻게 된 것으로 보인다. 누군가를 사랑할 수 있는 능력은 여전히 그대로였지만 말이다.

하지만 정작 그 자신만큼은 누군가의 사랑을 받기가 어려운 존재가 되었다. 그가 브룬힐다에 대한 사랑을 이룰 수 있는 확률은 얼마나 될까? 아주 우스울 정도다. 마치 그가 한때 아주 못되게 굴었던 것에 대해 창조주가 고의로 그에게 벌을 주는 것처럼 보일 정도였다. 꼭 그렇지만은 않더라도 창조주는 야수에게 교훈을 주기 위해 벌을 내렸을 것이다. 왜냐하면 그는 무엇 때문에 사랑이라는 감정이 생기는지, 어떻게 사랑에 빠지는지, 왜 한 사람이 다른 사람을 사랑하는지, 그러면서도 왜 상대방은 자신을 사랑해주는 사람을 사랑할 수는 없는지 끝내 이해하지 못했기 때문이다.

하지만 이 세상에 단 한 명이라도, 이 모든 수수께끼를 풀 수 있는 사람이 있기는 한 것일까? 어쩌면 이 모든 '어떻게, 무엇 때문에, 그리고 왜?'라는 질문에 대한 대답은 사실 없는 것이 아닐까? 사랑은 그저 있는 그대로 존재할 뿐이고, 사랑할 수 있다면 아무것도 묻지 않고 그저 사랑하기만 하면 되는 것 아닐까? 그리고 질문을 하지 않을 수 없다면 그냥 사랑하는 마음을 접어버리는 것이 낫지 않을까? 사랑은 질문을 할 수 없는 것이다. 당신이 질문을 할 수 있든 말든, 하고 싶든 말든 상관없이 말이다. 그리고 그것은 질병처럼 당신을 감염시키는 것이며, 사람들이 말하는 것처럼 그것은 그저 당신이 해결해야 하는 문제인 것이다.

질병이라고? 좀 전에 보았던 '탈애 테라피'라는 치료 과정의 이름이 갑자기 야수의 눈에 번쩍 띄었다. 그중에서도 '당신은 아주 조금도 사랑받을 가치가 없습니다'라는 문구가 그의 마음에 묘한 느낌을 불러일으켰다. 마치 그를 염두에 두고 한 말인 것 같은 느낌 말이다.

그렇게 야수는 어두운 생각에 잠겨 자책을 멈추지 못한 채 말없이 원정대원들 사이에서 발걸음을 계속 옮길 뿐이었다. 그러나 어디선가 난데없이 들려온 구급차의 사이렌 소리가 그의 생각을 방해했다. 크리스마스트리처럼 번쩍이는 사이렌을 달아놓은 구급차가 모퉁이를 돌아 달려오고 있는 것이 아닌가. 그것을 본 야수는 일행과 함께 가던 걸음을 우뚝 멈췄다.

"어머, 저기 보세요, 그녀예요! 그 미치광이 여의사예요!" 노란 잠수함이 큰 소리로 외쳤다.

실제로 조금 전 시설에서 보았던 여의사가 구급차에서 내리더니 허리에 손을 얹고 그들에게 말했다.

"아, 나의 인턴들! 어디로 가고 있나요? 잠깐 의심되는 점이 있어서 왔어요. 아무래도 여러분 중에 환자가 있는 것 같아요. 물론 아까도 의심은 했지만 방심한 사이에 놓쳐버렸네요." 그녀가 야수에게 시선을 고정하고 말했다. 그녀의 뒤에서 실험실에서 보았던 다부진 체격을 가진 간호사 두 명이 모습을 드러냈다.

"뭔가 착오가 있었나 봅니다, 선생님." 세 치 혀로 상대방을 구워삶는 데에는 일가견이 있는 아디야가 친구들을 대신해서 말했다. "우리 모두는 최상의 컨디션을 유지하고 있으며, 선생님이 전문으로 다루고 있는 분야의 질병으로부터 전혀 위협받지 않고 있습니다."

"그렇다면 이 털북숭이도 여러분의 눈에는 건강해 보인다는 말인가요? 도대체 누가 이 지경이 될 때까지 내버려둔다는 말인가요! 큰일 난다고요!"

"부디 이해해주시기 바랍니다. 이 친구가 어제 과음을 좀 했을 뿐입니다. 선생님의 제안은 감사하지만 이 친구에게는 응급 처치보다는 알코올중독자 클리닉이 더 시급해요."

야수는 분노하는 눈빛으로 아디야를 노려보았지만 이성으로 겨우억누르며 잠자코 있었다. 지금은 그런 것을 따질 때가 아니라는 것을 그도 잘 알고 있었기 때문이다. 하지만 여의사는 물러서지 않았다.

"나를 속이진 못해요. 나는 환자들의 냄새를 맡을 수 있다고요!"

"그런데 어디에서 어디로 가는데 그렇게 서두르고 계셨는지 여쭤보아도 될까요?" 아디야가 주제를 돌리려고 시도했다.

"아주 위독하고 위험한 환자를 싣고 가는 길이에요. 의식이 있는 시민들이 제때에 신고해주었죠. 온통 헝클어진 상태로 거리를 배회하고 의식도 없이 웬 시를 자꾸 읽어댔다고 하네요. 상상이 되나요? 지금 한시가 급해요. 얼른 치료하지 않으면 다른 사람에게 전염될 수 있다고요."

"어이-쿠, 저런! 참 안타깝군요!" 아디야가 계속했다. "선생님께서 건강한 사회를 위해 항상 이렇게 고군분투하시니 얼마나 다행입니까! 그럼 선생님의 치료 과정을 배우기 위해 그 환자를 한번 볼 수 있을까요? 왜냐하면 우리 같은 젊은 인턴들은 늘 선생님을 본보기로 삼고자 하기 때문이죠!"

"뭐, 알겠어요. 그런 목적이라면 가능하죠. 자, 한번 보세요."

의사는 구급차의 문을 열었다. 그곳에는 젊은 여자가 풀이 죽어 고개를 숙이고 앉아 있었다. 그녀는 미친 사람처럼 초점 없는 눈으로 몸을 심하게 흔들며 똑같은 시를 반복해서 외우고 있었다.

사라진 미소,
차디찬 바람에 얼어버린 입술,
하나의 희망이 사라지고
하나의 노래가 늘어났다.
나는 그 노래를 나도 모르게
웃음과 모욕에 바쳐버렸다.
나의 마음은 사랑의 침묵으로
견딜 수 없을 만큼 아려왔기에.◆

"이 질병이 사람을 어느 지경까지 망가뜨리는지 한번 보십시오!" 의사가 자신의 '인턴들'에게 연설하듯이 말했다. "시 자체도 아주 골치 아프지만 역시나 명백한 이치를 담고 있습니다. 어리석은 바람이 줄어들수록 건강한 노래는 많아지는 법이죠. 그럴수록 삶은 유쾌해지고 사회는 건강해지기 마련입니다. 그리고 입술이 감기에 걸리지 않도록 하기 위해서는 옷을 따뜻하게 입고 깨끗한 립밤을 바르면 된답니다. 못 견딜 정도로 고통스럽다면 그건 우리가 치료해줄 거예요. 순식간에 건강한 상태로 만들어드립니다."

바로 그때, 의사와 간호사들이 그 자리에서 순식간에 얼어붙어버릴 정도로 깜짝 놀랄 만한 사건이 일어났다. 우리의 원정대원들도 마찬가지로 넋이 나가버릴 정도였다. 모두의 눈앞에서 야수의 모습이 변해버린 것이다. 마치 영화 속에서 일어날 만한 일이었다. 물론 그런 일은 영화 속에서나 가능하고 실제로 일어나는 것을 볼 가능성은 전혀 없을 것이다. 털북숭이 괴물은 한순간에 금색 단추와 눈처럼 흰 소매가 달린 셔츠, 검은 벨벳 수트를 입은, 어깨까지 내려오는 밤색 머리의 잘생긴 청년으로 변해 있었다.

하지만 정작 야수는 자신의 모습이 변했다는 사실도 눈치채지 못했다. 그는 구급차의 문이 열리며 그 안에 앉아 있는 환자를 보자마자 가슴속이 갑자기 차가워지는 느낌을 느꼈다. 그 사람은 다름 아닌 그의 여자였다! 아니다, 완전히 그녀라고는 말할 수는 없을 것이다. 그때 이후로 이미 수천 년이 흘렀으니 말이다. 하지만 야수 역시

◆ A. 아흐마토바의 시 〈사라진 미소〉.

그 일이 있었던 이후의 자기 자신을 기억하고 있지 않은가. 비록 외모는 완전히 달라졌지만 그 역시 이곳에 존재하고 있지 않은가. 그 사람이 정말 그녀일 수 있을까? 그뿐만 아니라 그녀도 역시 벌을 받은 것이었을까? 야수와 같은 문제를 가지고 자신도 모르게 어느새 이곳에 오게 된 것이었을까?

아무리 고민해도 야수는 답을 찾을 수 없었다. 그는, 아니 더 정확히 말하자면 새로운 '버전'의 야수는 여자를 끌어내 어깨에 둘러메고는 과거의 그때처럼 온 힘을 다해 달아났다. 아주 먼 곳으로….

◆ 멈춰버린 꿈

만약 당신이 이 책을 손에 들고 깜빡 잠이 들었다가 깨어났을 때, 가벼운 바닷바람에 야자나무가 살랑거리고 뜨거운 바람이 부는 가운데 아지랑이가 피어오르며 생시가 꿈으로 변화하는 곳에서 당신도 모르게 몽롱한 정신이 망각의 상태로, 바다의 리드미컬한 속삭임이 모래 해변으로 몰려오는 것을 발견했다면, 사실은 아주 작은 섬이었지만 우리 자신에게만은 끝없는 우주라고 여겨지는 '물질세계'와는 비교도 안 될 정도로 거대한 세계가 시작되는 경계선을 직접 보게 되는 행운을 누릴 수 있을지도 모른다.

그리고 운이 더 따라준다면, 특이한 분장을 한 두 명의 여인이 거울의 너머에서 이쪽 편으로 넘어오기 위해 애쓰고 있는 모습을 볼 수도 있을지도 모른다. 그들 중 한 명은 얼굴에 아마도 의식용일 것으로 보이는 핏빛 분장이 그려져 있고, 까만 단발머리에 다이아몬드가 목둘레에 촘촘하게 박힌 까만 벨벳 드레스를 입고 있을 것이다. 그리고 다른 한 명은 얼굴에 파란색의 연극용 분장이 그려져 있고 파란 머리에, 녹색 점프수트를 입고 있을 것이며 허리에는 분홍색 큰 리본을 매고 있을 것이다. 주의 깊은 관찰자라면 거울이 만들어낸 신기루 속에서 디바 마틸다와 여사제 잇파트를 볼 수 있을 것이다. 왜냐하면 이곳에서 지금 일어나는 모든 일은 거울 반대편에서도 일어나고 있기 때문이다. 저쪽 세계와 이쪽 세계에서는 시간의 차이가 전혀 없으니 말이다.

우리는 메타현실에서 벗어나기 위해 시도했다가 쓰디쓴 실패를 맛본 마틸다와 잇파트를 거울 앞에 놔두고 잠시 다른 곳으로 떠났었다. 물론 그들은 신의 뜻에 따라 이 메타현실로 온 것이었다. 두 친구는 아직도 갑작스럽게 얻게 된 두 번째 이름이 주는 충격에서 헤어나오지 못하고 있었다. 주변에서는 이미 무시무시한 변화가 일어나고 있었는데도 말이다.

하늘에 태양이 없어서 어디에서 오는 것인지 도무지 알 수 없던 이곳의 빛이 갑자기 어둠으로 가득 채워지기 시작했다. 하지만 그것은 날이 저물고 낮이 서서히 밤이 되는 그런 모습과는 달랐다. 어둠은 물속에 떨어진 잉크처럼 공기 중으로 조금씩 퍼져나가고 있었다. 퍼져나간 어둠은 마치 그것이 실제 물질이라도 되는 양 밝은 공간을 빠르게 집어삼키고 있었다.

"파티, 무슨 일이 일어나고 있는 거야?" 마틸다가 물었다. "나 두려워!"

"아직도 두려움을 느끼는 일에 지치지 않은 거니?" 잇파트가 대답했다. "나는 이제 좀 적응이 된 것 같아."

"또 그런다! 두려움이 마치 과제인 것처럼 말하지 말라고!"

"당연히 과제지. 너는 지금 두려워하는 방법을 익히고 있는 거야."

"너는 두렵지 않아?"

"아니, 그저 무서울 뿐이야."

"두려운 거나 무서운 거나. 그게 그거 아니야?"

"두려우면 공포심에 빠져 아무것도 할 수 없지만 무서우면 준비를 하지."

"무슨 준비?"

"뭔가를 맞이할 준비를 하는 거야. 위험을 맞이하기 위해 자기 자신을 한데 모으는 거지."

"나도 좀 준비시켜-줘-어!" 마틸다가 연기같이 몰려오는 어둠을 자신에게서 떼어내려고 발버둥 치며 말했다 "아니, 난 두려워하는데 안 지쳤어!"

"틸리-틸리, 이것 봐, 흥미로운데." 잇파트가 흩어진 어둠 사이로 손을 쑥 집어넣었더니, 팔의 움직임을 따라 길게 늘어진 치맛자락처럼 빛이 반짝이는 것을 볼 수 있었다. 그다음 그녀는 어둠 속으로 직접 들어가 빙글빙글 돌았다. 그녀의 형체는 선명한 오라로 밝게 빛났다.

"파티, 전혀 흥미롭지 않아! 네가 하는 행동은 나를 전혀 진정시키지 못하고 있다고. 뭔가 끔찍한 일이 일어나는 것 같아!"

"알겠어-알겠어! 네가 말했잖아, 여기에서는 무슨 일이 일어나든 안 무서운 일은 없다고. 하지만 그래도 우린 아직 무사하잖아."

"파티, 너의 침착함이 참 놀랍다!"

잠시 뒤 어둠의 소용돌이가 공간을 가득 채우고, 현실 세계를 보여주던 거울은 마치 어두운 영화관에서 영화가 상영되는 것처럼 바다를 비쳐내고 있었다.

"봤지?" 잇파트가 말했다. "네가 원하든 원하지 않든 침착함을 유지해야 해. 이미 일어났고 일어나고 있는 일에 대해 계속 걱정만 하고 있을 수는 없어."

"그건 불가능해! 그건 불가능하다고!" 그래도 마틸다는 두려워하기를 멈추지 않았다.

"알겠어-알겠어, 틸리. 그런데 그저 밤이 되었을 뿐인 거 알아?"

"이제 어떻게 하지?"

"돌무덤으로 돌아가자."

"나는 그곳에 가는 게 두려워. 너무 어두침침하고 무섭단 말이야!"

"그래도 안으로 들어가면 밝기도 하고 먹을 것도 있잖아. 잊었어?"

"그래?" 마틸다가 놀라워하며 물었다. 마치 그 사실을 처음 알았다는 듯이 말이다. "먹을 거? 나는 지금 뭐든 집어삼킬 수 있어."

"그러니까 얼른 가자. 조용, 아주 조용히. 어둡지만 그래도 볼 수 있을 테니 두려워할 필요 없어."

잇파트는 마치 어린아이를 다루듯 마틸다의 손을 잡고 그녀를 돌무덤이 있는 곳으로 데려갔다. 마틸다는 이내 흥분을 가라앉히고 잠자코 사제의 뒤를 따랐다. 실제로 그곳은 어두웠지만, 주변에 있는 것들을 전부 구분하기에는 충분했다. 멀리 건물들의 실루엣도 어렴풋이 시야에 들어왔으며, 그중에서도 우뚝 솟은 돌무덤의 실루엣이 유독 검게 보였다. 오직 두 친구의 형체만이 판타지 로맨스 소설에서 무시무시한 산책길을 거니는 주인공들처럼 빛나는 오라에 둘러싸여 있을 뿐이었다.

"너 좀 봐, 타프티." 마틸다가 말했다. "이렇게 용감한 사제라니. 네가 없었다면 나는 어딘가에서 아무것도 못하고 있다가 진작 죽었을 거야."

"틸리, 아무 이유 없이 나의 두 번째 이름을 말하지 마. 오직 특별한 상황에서만 그 이름을 부르는 것이 좋을 거야. 나도 너의 이름을 그렇게 부를게."

"그건 왜? 왜 그건?"

"이곳에서 두 번째 이름은 뭔가 신비로운 힘을 가지는 것 같아. 내가 처음으로 그 이름을 들었을 때 머릿속에서 갑자기 기억과 지식이 소용돌이치는 것을 느꼈어. 하지만 모두 나타났던 것만큼이나 갑작스럽게 사라졌고 내 머릿속엔 안개만 다시 가득해진 느낌이었어. 지금 네가 그 이름을 또 부르니 내가 꿈의 세계에 대해 알았던 것들이 다시 떠올랐어."

"그게 뭔데?"

"우리가 지금 존재하고 있는 메타현실과 꿈의 세계는 똑같은 것이라고 내가 너에게 언젠가 가르쳐줬던 거 기억나니? 우리가 꿈을 꿀 때 주의가 이곳으로 오는 거야. 하지만 지금은 우리의 주의뿐만 아니라 육체도 이곳에 있어."

"그래, 그게 왜?"

"꿈은 관찰자가 있을 때만 재생돼. 만약 관찰자가 없다면 이 세계의 모든 것이 마치 정지된 화면처럼 멈춰버리지. 모든 사건과 모든 시대는 하나의 끝없는 풍경 속에서 전부 얼어버리는 거야. 시간의 흐름도 사라져버려. 하지만 꿈을 보는 사람의 주의가 이곳에 연결되기만 하면 멈춰 있던 장면이 다시 재생되지. 시간이 흘러가도록 주의가 전원 버튼을 누르는 거야. 다시 말해 메타현실 속의 시간은 오직 주의가 이곳을 날아다니며 보고 있기 때문에 흘러가는 거야."

"헬라! 마치 영화 같네? 필름을 빼면 멈춰버리고, 영화를 보면 재생되는 게 말이야."

"맞아. 하지만 한 가지 이해할 수 없는 것이 있어. 이 회색 마네킹들은 도대체 왜 멈춰버린 걸까? 마네킹들은 꿈의 등장인물들이고, 우리가 관찰자로서 이곳에 왔기 때문에 꿈도 재생되어야 하는데 말이야."

"이곳의 모든 것이 전부 멈춰버린 건 아냐. 서서히 무슨 일이 일어나고 있기는 해. 너도 이미 봤다시피 글램록들과 물도 움직이고 있어. 너무 천천히 움직이고 있어서 눈치채기 어려울 뿐이지."

"하지만 왜 우리의 시간은 그들의 시간과 똑같이 움직이지 않는 걸까?"

"누가 알겠어? 내가 정신을 차렸을 때 모든 게 제자리에 있었지만 그들은 동상처럼 꼼짝 않고 있었어."

"아마도 내가 나타난 순간에 시간이 멈춰버린 것 같네. 내가 이곳에서 정신을 차렸을 때는 마치 시간이 멈춰버린 것 같았거든."

"그러면 이곳으로 오기 전에 현실에서 뭘 하고 있었는지 기억나니?"

"아니."

"얼른, 타프티! 생각해봐!"

"타프티, 타프티. 사제여, 사제여, 너는 뭘 하고 있었느냐?" 잇파트가 자기 자신에게 물었다. "잠깐, 일리트, 너는 극장 속의 거울을 가지고 뭘 하고 있었어? 어머, 너를 보며 이제는 두 번째 이름을 부르니 뭔가 이상하게 느껴지는구나⋯. 마치 너의 쌍둥이와 말하는 느낌이야."

"나의 그림자라고 말하고 싶은 거지? 우리는 바닥과 벽에 거울을 설치했어. 무엇이 진짜고, 무엇이 가짜인지 관객들이 구분할 수 없게 말이야. 뭐 그런 것들이었어."

"거울을 가지고 장난을 쳐서는 안 돼. 현실 자체가 거울의 성질을 가지고 있고, 그것은 모델을 가지고 장난치는 것을 싫어하거든. 현실도 똑같이 네가 좋아하지 않을 만한 것을 만들어낼 수 있어. 예를 들어 네가 한 것처럼 말이야."

"그래, 네 말이 맞는 것 같아. 그리고 현실은 누군가 자신을 계속해서 들여다보는 것을 싫어한다는 것도 알고 있어."

"그건 왜지?"

"양자역학에 그런 개념이 있어. 불확정성의 원리◆라고 하지."

"틸리, 너는 어디서 그런 어려운 말을 알게 된 거니? 너는 정말 알다가도 모르겠구나."

"맞아! 하지만 지금 나는 틸리가 아니라 일리트야! 예전에 만났던 애인이 물리학을 공부하는 학생이었어. 그래서 자신이 공부한 내용을 나에게 자주 들려주곤 했거든. 그때 그가 말해준 모든 내용을 이해할 수는 없었지만 뭔가는 기억에 남았지."

"얼른, 얼른, 얘기해줘."

"자, 이 불확정성의 원리라는 것은 만약 현실을 계속해서 들여다본다면 그것은 미끄러져 나가버린다는 데 있어."

"미끄러져 나가버린다는 게 무슨 말이지?"

◆ 입자의 위치와 운동량을 동시에 정확하게는 알 수 없다는 원리. 역주.

"자기 자신을, 자기 자신의 본질을 드러내기 싫어한다는 말이야. 예를 들어, 빛을 구성하고 있는 것이 뭔지 알아내려고 끈질기게 매달린다면 빛은 절대로 그 사실을 알려주지 않는 것처럼 말이야. 직선으로 이동하는 모습을 보이다가도, 갑자기 작은 단위로, 양자로 흩어져버리기도 해. 빛을 주의 깊게 관찰하면 관찰할수록 그것이 도대체 무엇인지 더욱더 알 수 없는 모습이 되어버리는 거야."

"틸리, 모든 것이 놀라워. 아주 훌륭해! 나 기억이 돌아왔어!" 잇파트는 마틸다의 손을 놓고, 뭔가가 걱정스럽거나 불안할 때마다 그랬던 것처럼 제자리에서 빙글빙글 돌았다. 그녀의 드레스 치맛자락이 그리는 빛의 소용돌이가 밝게 빛났다.

"드디어 기억해냈어!"

"파티, 너 때문에 다시 두려워지고 있어! 얼른 내 손을 잡아! 제발 차근차근 말해줄래?"

"알겠어, 알겠어. 이곳에서 깨어나기 직전에 내가 현실을 너무 집중해서 들여다보고 있었어."

"무슨 뜻이야?"

"그런 훈련이 있어. 꿈과 생시 사이의 경계에 있을 때 현실의 본질이 눈앞에 펼쳐질 수가 있거든."

"그래서 네 눈앞에도 뭔가가 열렸니?"

"응, 나는 현실이 연속적으로 흘러가지 않고, 네가 말한 그 빛처럼 작은 파편으로 흩어져서 움직이는 모습이 보였어."

"정말로 그렇단 말이야? 사실은 영화도 각각의 개별적인 장면들로 이루어져 있잖아."

"그러면 그것을 어떻게 볼 수 있니? 장면을 넘기면서 보는 거야?"

"아니, 필름이 빠르게 돌아가면서 모든 프레임이 멈추지 않고 흘러가. 그래서 도중에 뭔가가 잠시 깜빡한다고 해도 너무 빨리 지나가기 때문에 눈치챌 수조차 없지."

"그러면 너희 세계에서의 영화는 현실의 수많은 모델 중 하나인 셈이네. 이제 전부 앞뒤가 맞는 것 같아. 현실은 조각나 있어. 내가 그 모습을 본 거야!"

"흥미롭네. 그 말은 네가 갑자기 현실에게 달려들어 그것의 비밀을 밝혀내려고 했기 때문에 현실이 화가 났고, 그래서 너를 이곳으로 보내버렸다는 뜻인가?"

"맞아. 그 녀석은 자신의 영화가 어떻게 만들어지는지 비밀을 밝히는 것을 싫어해. 하지만 꿈이 멈춘 이유는 아직도 모르겠어."

"아, 어쩌면 그것도 불확실성의 원리 중 하나일지도 몰라. 현실은 누군가 자신을 들여다볼 때 미끄러져 나가려고 하기도 하고, 혹은 완전히 멈춰버리기도 해. 마치 딱정벌레가 사람의 손에 잡혔을 때처럼 말이야."

"그런 거구나! 틸리, 너는 보기와는 달리 전혀 순진하지 않을 때가 있어!"

"누가 누구더러 순진해 보인다는 거야!"

"만약 나의 세계로 함께 가게 된다면 너도 사제로 만들어줄게."

"대단히 고맙지만 나는 사제는 되기 싫어. 그냥 평범한 여자로 살고 싶어."

"하지만 너는 전혀 평범하지 않은걸. 알겠어, 그러면 그냥 계속 디바를 해. 우리 세계에서도 너희 세계에서의 극장과 비슷한 것이 있어."

"그래? 그런 건 좋아. 하지만 우선은 계속해보자. 네가 말했던 관찰자라는 것은 뭐야?"

"관찰자라는 것은 너의 주의야." 잇파트가 말했다. "바로 이곳, 꿈의 세계에서는 주의가 영화를 재생시키고 꿈을 꾸는 형태로 그것을 관람하지. 반면에 거울의 반대편에 있는 현실에서는 영화가 저절로 재생되고, 주의가 그 속에서 살고 있는 거야."

"그렇다면 마치 영화 장면 속의 등장인물처럼 살고 있는 거네?" 잇파트가 물었다.

"우리는 그곳에도 있고 이쪽에도 존재하는 등장인물이야."

"그러면 그곳과 이곳의 차이는 뭐지?"

잇파트는 잠시 생각에 잠겼다.

"글쎄, 사실 근본적인 차이라고 할 것은 없어. 나도 끝까지 완벽하게 기억을 재생해내진 못했어. 네가 말했다시피 현실은 그것을 너무 집중해서 들여다보려고 할 때 내 손아귀를 빠져나가버려. 그곳엔 모든 것이 물질적이고, 이곳의 모든 것은 가상적이라는 것을 알 수 있을 뿐이야."

"하지만 우리는 이곳에서도 육체를 가지고 존재하고 있잖아?"

"적어도 딱 하나 우리가 확실하게 주장할 수 있는 것은 우리 자신의 마네킹 속에 있다는 거야. 물질과 비물질 사이의 차이 역시 가정에 불과해. 왜냐하면 사실 꿈속에서도 모든 사물은 딱딱한 물체처럼 느껴지니까. 당연한 말이지만 사실 이 모든 건 주의가 마네킹 속에 있을 때만 해당하는 사실이야. 내가 마네킹을 찾기 전에는 벽을 통과해서 다닐 수 있었어."

"그럼 나는? 내가 지금 가지고 있는 이 육체는 진짜일까? 아니면 그것은 저쪽에 남아 있는 걸까?"

"빅터가 '어디에 있는 거니, 나의 틸리치카, 나의 랄라'라고 말했던 것을 보면 현실에서 너의 육체를 찾지 못한 것 같아. 하지만 나의 경우에는 어떻게 된 상황인지 모르겠어. 나의 현실에서는 내 동상만 봤잖아. 만약 육체가 저곳에 남아 있었더라면 장례식을 치렀겠지."

"파티, 그러면 너는 어떻게 되는 거니? 저쪽에 돌아갈 수 없는 것은 아니겠지?"

"돌아갈 수 있을 거야! 현실은 원하기만 한다면 뭐든 꾸며낼 수 있어. 만약 현실과 합의만 한다면 말이야. 우리는 합의를 할 수 있을 거야. 걱정하지 마."

♦ 관찰자와 등장인물

"휴," 마침내 돌무덤 안으로 들어오며 마틸다가 안도의 한숨을 쉬었다. "완전 끔찍했어! 끔찍했어 완전!"

"드디어 집에 왔네." 잇파트가 말했다.

그렇다, 온몸을 집어삼키려고 했던 어둠 속에서의 끔찍한 산책을 마치고 두 친구는 메타현실 속의 거주지로 돌아왔다.

"파티! 정말 이곳이 우리 집이라면 그건 썩 좋은 일은 아니야."

"알겠어-알겠어! 하지만 적어도 이곳은 밝기라도 하잖아. 테이블과 의자도 있고 음식을 먹을 수도 있고 말이야."

그들은 검은 원통으로 다가가 잠시 쉬기 위해 테이블에 앉았다.

"이번엔 네 차례야." 마틸다가 말했다. "네가 나에게 음식을 줄 차례야. 그러면 내가 네게 디저트를 줄게."

"디저트라니?" 잇파트가 물었다.

"곧 보게 될 거야. 자, 이 원기둥에서 너의 메뉴를 만들어봐. 너희 세계의 음식을 먹어보고 싶어."

"만약 내가 실패하면?"

"파티, 너는 용감한 사제라고! 이럴 땐 정말 놀랍단 말이야. 그런 다급한 상황에서 무서울 정도로 침착하게 대응해놓고는 아무것도 두려워할 것 없는 상황에서 이렇게 자신 없는 모습을 보이다니."

"그러는 일리트, 너는 그렇게 영리하면서 어떻게 그런 일이 생길 거라는 것을 모를 수가 있니? 보통 사람들은 다급한 상황에서는 잠이 들고, 현실을 보는 사람들은 그들과 반대로 꿈에서 깨어나지. 너도 마찬가지로 현실을 보는 자야, 틸리."

"꿈이라니 무슨 말이야! 나는 나에게 어떤 위험이 닥칠 것 같다는 예감이 들면 완전히 제정신이 아닌 상태가 된단 말이야."

"바로 그거야. 제정신이 아니지. 다시 말해 평소와 같이 정신을 차리지 못한다는 말이야. 패닉은 실신과 똑같아. 만약 네가 정신을 차리지 못한다면 너 자신도 통제할 수 없어."

"그건 맞는 말이야. 만약 내가 정신을 제대로 차리지 못한다면 공포나 불안, 분노나 증오 같은 감정들이 나를 통제하게 되겠지."

"그건 틀렸어. 감정은 그저 너를 꿈에 연결시킬 뿐이야. 너를 통제하는 것은 네가 연결되어 있는 영화지."

"영화가 나를 통제한다고? 아주 흥미로운 말이네. 굉장히 이상하게까지 느껴지는데."

"이상할 것 없어. 우리가 관찰자들과 등장인물들에 대해 이야기했었던 거 기억 안 나니? 꿈의 세계에 존재할 때 주의는 영화를 재생시키고 마치 관객처럼 그 영화를 관람해. 현실에서는 그 반대지. 영화가 저절로 재생되고 주의는 그 안에서 영화 속 등장인물처럼 살아가는 거야."

"맞아, 우리는 이곳에서도 저곳에서도 등장인물이라고 네가 말했지. 하지만 믿기가 어려워."

"아직도 믿기 어려워? 그 모든 일을 겪고 나서도?"

"난 그저, 내가 어떻게 영화 장면 속의 등장인물이 된다는 건지 믿기가 힘들어."

"그러니 관찰자가 되어야지! 등장인물로 존재하는 것을 그만두려면 잠에서 깨어나야 한다고. 감정은 너를 잠들게 하는 것이 아니라 잠을 깨우는 역할을 해야 해. 그건 반대의 습관을 들이는 거라고 볼 수 있어."

"파티, 그 말은, 너는 그런 습관을 가지고 있다는 말이야? 나도 그랬으면 좋겠다."

"꾸준히 노력만 하면 너도 그런 습관을 가질 수 있어."

"어떻게 노력을 할 수 있다는 거야?" 마틸다가 물었다.

"나의 세계에서 현실을 보는 자들은 그런 습관을 들이는 방법을 배워." 잇파트가 답했다. "만약 네가 뭔가에 대해 겁을 먹거나, 걱정되거나, 화가 나는 사건이 일어나자마자, 잠에 빠지듯이 그 감정에 연결되는 것이 아니라, 반대로 의식을 가지고 행동하기 시작하는 거지. 감정적인 실신 상태와는 다르게 의식의 상태에서는 자기 자신이 결정을 내리고 올바르고 분명하게 행동할 기회를 주는 거야."

"그러면서 대리석 조각이 되어가는 거 아니니? 감정도, 고통도 없는…"

"감정을 억눌러야 한다는 말이 아니야! 네 마음이 내키는 대로 감정이 거칠어지도록 내버려둬도 돼. 두려워하고 분노하고 미워해. 다만 의식을 가지고 있어야 해."

"훌륭하네! 어떻게 그럴 수 있지? 어떻게 두려워하고 분노하고 미워하면서도 의식을 가지고 있을 수 있다는 거야? 의식적으로 하라는 말이니?"

"고의적으로 하라는 말이 아니라 의식을 가지고 있어야 한다는 말이야. 그 둘을 헷갈리면 안 돼. 의식의 상태에 있다는 말은 의도를 가지고, 네가 무엇을 하고 있는지 분명하게 인식하고 있어야 한다는 말이야. 원하는 만큼 장난을 쳐도 돼. 하지만 네가 두려워하고 분노하고 싫어하는 동안에도 자기 자신을 계속 지켜보고 있어야 한다는 말이야. 너의 주의를 통제해야 해. 그것이 어디에 있고 무엇의 통제를 받는지 계속 감시해야 해. 네가 그것을 통제하는지, 또는 네가 연결되어 있는 영화 장면이 통제하는지 말이야. 자신의 주의를 통제할 수 있다면 자기 자신을 통제하는 것이 가능해."

"파티, 그게 아주 간단하고 분명한 사실이라는 듯 말을 하고 있지만, 사실은 전부 어렵고 복잡한 것 같아! 설마 지식이 돌아오기 시작한 거니?"

"응. 머릿속에서 뭔가가 서서히 뚜렷해지고 있는 느낌이야. 직전이 약속했던 것처럼 말이야."

"그러면 그 의식의 상태라는 거 말이야. 그 상태로는 어떻게 들어갈 수 있니?"

"아주 간단해. 자신의 목격자를 활성화시키면 돼."

"그건 뭐야?"

"자신의 주의에 대한 주의지. 마치 조종 장치 같은 거야. 목격자는 네 주의가 어디에 있고 지금 네가 무엇에 집중하고 있는지 감시할 수 있어. 정신을 차리고 있는지, 생각에 잠겨 있는지, 또는 외부, 그러니까 너를 둘러싸고 있는 현실에 집중하고 있는지 말이야. 평범한 사람들의 목격자는 거의 항상 잠들어 있어. 그래서 그들의 주의가 어디에 연결되어 있는지 눈치채지 못하지. 반대로 현실을 보는 자들은 어떤 일이 일어날 것이라는 예감이 들 그 공간 속에서 어떤 징조가 살짝만 보여도 그 속의 목격자가 바로 깨어나서 어딘가에 연결되어 있는 주의를 끌어내 더 높은 상태로 옮겨두게 되는 거야. '나 자신이 보이고 현실이 보이는' 의식의 중심에 두는 거지."

"아, 그런 거구나!" 마틸다가 외쳤다. "이제 이해할 수 있을 것 같아! 나는 나의 주의가 어디에 있는지 실제로 볼 수 있어. 현실이 보이고 동시에 그 현실 속의 나를 볼 수 있지. 헬라! 나는 자기 자신을 감시할 수 있어!"

"맞아." 잇파트가 말했다. "자기 자신을 감시할 때 목격자가 활성화돼. 그는 잠들어 있지 않고, 너는 너의 행동에 대해 분명하게 인식할 수 있게 되는 거지. 바람이 있을 때마다 목격자를 바로 활성화시킨다는 것은 별로 어렵지 않아. 하지만 다급한 상황에서 그를 활성화시키는 것은 상당히 어려워. 그런 상황은 너의 주의를 삼켜버려서 결국 너는 스스로를 잊어버리고 꿈, 즉 실신 상태에 빠지게 만드는 거야."

"어머, 맞는 말이야! 그러면 제때에 정신을 차리는 방법은 어떻게 익힐 수 있지?"

"그렇게 하겠다는 목표를 세워놔야 해. 말 그대로, '나는 무슨 일이 일어나거나, 뭔가가 나를 화나게 하거나, 뭔가가 나와 이 주변의 현실에 맞지 않을 때마다 곧장 잠에서 깨어날 것이다' — 이렇게 항상 염두에 두고 있는 거야."

"알겠어. 그러면 곧바로 잠에서 깨어난다고 해보자. 그러면 그다음엔 어떻게 하지?"

"자기 자신을 보고 현실을 보는 거지. 자신의 행동을 분명하게 인식하는 거야. 두려워하든지, 짜증 내든지 미친 듯이 날뛰든지… 네가 원하는 건 뭐든지 해도 돼. 다만 가장 중요한 것은 자기 자신과 현실을 지켜보며 의식을 가진 상태로 해야 한다는 사실이야."

"그러면 그게 뭐가 좋은데?"

"그런 점에서 좋은 거지. 너 자신을 너 자신인 상태로 돌려놓는 것. 그런 상태라면 너는 여러 가지 문제를 쉽게 해결할 수 있고 어떤 상황에서든 완벽하게 행동할 수 있어."

"훌륭해! 나 자신이 되는 것. 그거면 됐어. 나는 그런 것을 원했다고! 그러면 얼마나 연습을 해야 하는 거지?"

"잠이 들어버리는 습관을 그것의 반대인 깨어나는 습관으로 만들 수 있을 때까지 연습해야지. 처음부터 차근차근해야 해. 마치 양치하는 버릇을 들이는 것과 똑같아. 처음엔 귀찮고 하기 싫지만, 수십 번 반복하고 나면 그것이 습관이 되어 모든 절차가 당연한 일이 될 거고, 그렇게 어려운 일은 아니라고 느껴질 거야."

"좋아! 전부 쉬운 일이야! 아주 유용한 습관이네. 심지어 정신력이라든지, 어떤 일을 할 수 있는 능력보다도 더 좋은 것 같아. 자기 자신을 억누를 필요가 없고 쉽게 할 수도 있어. 왜냐하면 그렇게 습관이 들었기 때문이지. 그런 거였어!"

"그래-그래. 맞아, 그런 거야!"

"우리 세계에는 심지어 '좋은 습관은 좋은 행동보다 낫다'라는 속담도 있어. 또 '악습관을 가진 똑똑한 사람을 바보라고 부른다'는 말도 있지."

"너희 세계에도 똑같은 속담이 있구나. 기억할게."

"파티, 이제 뭘 좀 먹을까?" 마틸다가 자리에서 일어나 원기둥을 향해 걸어갔다. "우리 참 수다 많이 떨었다. 너와 하는 모든 수다는 결국 철학적인 토론으로 변하긴 하지만 말이야."

"하지만 난 철학적인 대화는 싫은걸." 잇파트도 자리에서 일어나며 대답했다. "나는 실전이 더 좋아."

"그러면 얼른 나에게 음식을 줘봐! 전에 네가 어떻게 말했더라? 얼른-얼른!"

"틸리-틸리, 나를 시험에 들게 하려고 하는 거니? 나는 정말 두려워. 정말로 내가 성공하지 못할 것 같단 말이야."

"두렵다면 자기 자신을 지켜봐. 히히! 알겠어, 파티. 실패할 리 없어, 너는 사제잖아?"

"나는 너처럼 리본을 가지고 있지도 않은걸."

"그런 건 걱정하지 마! 이 리본은 여기에서 아무 관련이 없다는 것을 너도 잘 알잖아. 이건 그저 손잡이에 불과해. 네가 그렇게 불렀지?"

"그것의 원래 이름이 무엇인지, 그리고 어떻게 사용하는지는 잊어버렸어. 네가 그 리본을 가지고 어떻게 했는지 한 번만 더 알려줄래?"

"리본을 가지고는 아무것도 하지 않아. 리본은 그저 나의 등 뒤에 있는 어떤 감각을 생각나게 해주는 수단일 뿐이지."

"그 감각이 뭐야? 그리고 어디에 있는 거야?"

"날개뼈 사이 부근이거나 그보다 조금 아래에 있어. 그리고 등에서 한 뼘 정도 떨어져 있지. 그 부위에서 뭔가 나른한 감각이 느껴질 거야. 말로 설명하기에는 어려워. 음… 한번 이렇게 해봐. 너의 몸 앞쪽, 가슴 한가운데를 뭔가가 관통해서 등 쪽으로 찔러 넣고 있다고 상상해봐. 그리고 그것이 등 쪽으로 튀어나온 거야. 무엇이 너의 몸을 관통했는지, 무엇이 등에서 튀어나오는지는 중요하지 않아. 중요한 것은 그 느낌이지. 그다음 그 감각을 등 뒤의 그 부위에 고정하고 네가 원하는 것을 상상하는 거야."

"알았어. 한번 해볼게."

잇파트가 그 말을 마치기도 채 전에 원기둥에서 '윙' 하는 소리가 나더니 그곳에서 온갖 음식이 연달아 나오기 시작했다.

"타프티-타프티!" 마틸다가 외쳤다. "사제여-사제여! 세상에! 이렇게 잘하면서 성공하지 못할 것 같다고, 두렵다고 이제까지 불평한 거야? 어떻게 이렇게 빨리 성공할 수 있었던 거니?"

"속마음을 사용해서 충동적으로 한 것뿐이야. 네가 설명해주는 동안 나는 계속 그 감각을 상상하고 느꼈어. 그리고 곧바로 맛있는 음식들을 상상했지. 우리 세계에서 명절마다 먹는 푸짐한 상차림 말이야."

"대단한걸, 너희 세계에서는 정말 맛있는 것을 먹는구나! 아주 근사해 보여."

"그래-그래! 한번 먹어봐."

마틸다는 접시 두 개를 들고 와 테이블에 앉았다.

"오호! 보기에만 맛있어 보이는 게 아닌걸? 맛은 더 훌륭해! 이건 도대체 뭐야?"

"특별히 재배한 해조류로 만든 음식이야."

"이런 건 상상조차 해본 적이 없는걸. 그러면 이건? 무슨 갑각류인가?"

"응, 우리 세계에서는 주로 식물이나 바다에서 나오는 것을 많이 먹어."

"세상에, 파티. 너무 맛있잖아. 너와는 경쟁이 안 되겠어."

◆ 손잡이

그들은 지칠 때까지 모든 음식을 조금씩 차례대로 맛보았다.

"고마워. 정말 배부르게 먹었어." 마틸다가 말했다. "우리 정말 잘 살고 있는 것 같아! 바다로 갈 수도 있었다면 정말 살기 좋았을 텐데."

"'잘 산다'면서 '살기 좋았을 텐데'라고 말하니까 우습다. 잠깐, 우리는 이제 막 우리의 가능성을 확인하기 시작한 정도야. 아직 뭔가가 더 있을지도 몰라."

"맞아, 우리의 가능성은 어마어마하니까!"

"있잖아, 틸리, 나의 손잡이를 활성화시킬 수 있게 도와줘서 정말 고마워. 이제 이 감각을 기억하고 사용할 수 있을 것 같아."

"나의 파티치카, 파티!" 마틸다가 잇파트에게 다가와 그녀를 껴안았다. "너는 나를 위해 더 많은 것을 해줬고 지금도 해주고 있잖아! 네가 아니었다면 나는 이곳에서 아무것도 하지 못했을 거야."

"나도 네가 없었다면 이곳에서 이렇게 오랫동안 버티지 못했을 거야. 우리가 서로를 만나 서로에게 보완이 되어주고 있다는 게 얼마나 다행인지 몰라!"

"있잖아, 속마음에 대해서 기억나는 것들을 나에게 얘기해줄래? 이미 예전에 한 번 말해준 적이 있었잖아."

"현실은 의도적인 노력이나 명령의 지배를 받지도, 그렇다고 부탁이나 기도의 지배를 받지도 않는다는 점. 대신, 순간적으로 슬그머니 생기는 어떤 속마음의 지배를 받는다는 점이지." 잇파트가 말했다.

"그러면 그 속마음은 그냥 저절로 생기는 거야?"

"때로는 저절로, 갑작스럽게 생기기도 하지. 하지만 의도적으로 속마음을 만들어낼 수도 있어. 만약 간절하고 강하게 뭔가를 원한다면 그 바람이 속마음이 되도록 해야 해."

"하지만 나는 그런 속마음이 없이도 이 원기둥을 작동시키는 데 성공했어."

"그건 이 돌무덤 속에서나 가능한 거야. 이곳에서는 전부 쉽게 이루어져. 하지만 현실에서는 모든 것이 그보다 훨씬 어렵지. 메타현실 속에서도 마찬가지고."

"하지만 내가 '죽음으로 이끌려가고' 있을 때 나는 아주 간절하고 강하게 그 모든 일이 끝나기만을 바랐어. 그리고 그때도 성공했다고."

"그때 너의 손잡이를 사용한 거야. 물론 간절한 바람도 효과가 있을 수 있지. 하지만 속마음을 손잡이와 함께 사용하면 그건 더 강력한 도구가 되는 거야."

"나는 속마음이 뭔지 아직도 잘 모르겠어." 마틸다가 말했다.

"나도 아직은 확실하게 기억해내지는 못하겠어. 그저 현실은 누군가의 명령을 받는 것을 싫어하고, 간절한 기도에는 무관심하다는 것만 알아. 그렇지만 속마음은 바람도 아니고, 명령도 부탁도 아니고 오히려 허용을 하는 것에 가까워. 현실은 마치 아이와 같아서, 그것이 원하는 것을 하도록 내버려두는 것을 좋아해."

"그럼 뭐야, 내가 현실에게 '내가 원하는 것을 네가 이루게 허용해줄게'라고 말해줘야 하는 거야?"

"네가 원하는 것이 아니라, 현실이 원하는 것을 이루도록 하는 거지. 그러니 네가 원하는 것을 현실도 원하도록 해야 한다는 말이야."

"그건 어떻게 해?"

"아직은 나도 설명해줄 수 없어. 속마음이 너의 등 뒤의 살짝 떨어진 곳에서 생긴다는 것만 본능적으로 알고 있을 뿐이야. 그래서 그것의 이름도 속마음이지."♦

"그래서 이 손잡이도 뒤에 있는 거구나! 그것도 등에 딱 달라붙어 있는 것이 아니라 등에서 조금 떨어진 곳에 있고 말이야. 신비체 (subtle body)♦♦ 안에 들어 있기라도 한 걸까?"

"틸리, 너 신비체에 대해서 알고 있니?" 잇파트가 놀라워하며 물었다.

"응. 뭐, 지나가는 말로 들은 적이 있는 것 같아. 우리에게 오라가 있다거나, 뭐 그런 것들. 하지만 '그런 것들'에 대해서는 잘 몰라."

"우리 세계에서는 그런 것들에 대해 더 잘 알려져 있어. 그 내용이 뭔지는 아직 기억이 나지 않지만."

"괜찮아, 파티. 서서히 지식이 네게 돌아올 거야. 그렇게 될 거라고 직전이 약속했으니까. 너는 내가 단 한 번도 상상해본 적이 없는 어마어마한 것들을 이미 많이 알려준걸."

♦ 84쪽 각주 참고. 역주.
♦♦ 다양한 수행 전통들에 의하면 육체 이외에도 섬세하고 더 고차원적인 몸이 여러 겹으로 존재한다고 한다. 역주.

"알았어-알았어. 전부 때가 되면 알게 되겠지. 그런데 나에게 디저트를 주겠다고 약속했던 거 설마 잊은 거니? 나는 너에게 먹을 것을 주겠다는 약속을 지켰다고. 이제 네 차례야."

"아니, 안 잊었어. 아니, 안 잊었어." 마틸다가 잇파트의 말버릇을 흉내 내며 대답했다. "잠깐-잠깐, 금방 줄게."

그녀는 습관처럼 자신의 리본을 고쳐 매고 뭔가를 중얼거렸다. 그러자 원기둥에서 조각 하나가 밀려 나오며, 테두리가 밝은 파란색으로 장식된 터키색 접시가 나왔다. 그 접시 위에는 아주 근사한 향이 나는 음식이 놓여 있었다.

"위대하신 여사제 타프티여, 동방에서 온, 푸른 테두리로 장식된 접시 위의 디저트를 바칩니다!"

"왜 하필 푸른 테두리야?"

"우리 세계에 그런 말이 있어. 모든 사람은 자신이 바라는 것이 전부 이루어져서 더 이상 원하는 것이 아무것도 없을 때 더 심한 변덕을 부리기 시작하지. 그럴 때 하는 말이 '푸른 테두리를 가지고 싶어-어!'라는 말이야."

"와, 정말 맛있다! 이게 뭐야?"

"이건 할바, 이건 루쿰♦♦♦이고 이건 셔벗이야. 이제 그만 먹어, 과식하겠어. 다음번에 또 맛있는 것을 먹게 해줄게."

"이런 단 음식을 먹을 땐 평범한 차로는 부족해." 잇파트가 말했다. "이번엔 내가 우리 세계에서 인기 있는 음료를 대접할게."

♦♦♦ 둘 다 터키나 아랍 등에서 먹는 단맛의 디저트이다. 역주.

잇파트는 이번에는 자신 있는 모습으로 원기둥을 향해 다가가서 고개를 숙인 상태로 약간 몸을 살짝 구부렸다가, 한 번에 몸을 펴며 어깨에 손이 닿도록 두 팔을 구부렸다. 그러자 원기둥에서 목이 가늘고 긴 호리병과 두 개의 정교한 찻잔이 올려져 있는 조각이 밀려 나왔다.

"파티, 방금 한 동작은 뭐야?" 마틸다가 물었다.

"나도 모르겠어. 나도 모르게 몸이 저절로 움직였어." 잇파트가 대답했다. "이 동작은 내가 한두 번 했던 동작이 아닌 것 같아. 그리고 왜 이 동작을 해야 하는지 알 것 같아."

"왜 필요한 건데?"

"순간적으로 손잡이를 활성화시키는 느낌이 들었어."

"흥미롭네. 나도 한번 시도해볼까?"

마틸다가 자리에서 일어나 잇파트가 한 동작을 그대로 따라 했다.

"맞아, 뭔가가 느껴져. 하지만 왜 아무 일도 일어나지 않는 거지?"

"네가 그 순간에 아무것도 생각하고 있지 않아서 그래. 손잡이가 활성화되면 조건을 만들어야지. 다시 말하자면 속마음을 만들어내야 해. 그래야 네가 생각한 것이 실현될 수 있어."

"아, 그래. 원하는 것을 생각하지 않았지."

"지금은 원하는 것을 생각해서도 안 돼. 속마음이 있다면 손잡이를 조심히 다뤄야 한다고."

"무슨 말인지 알겠어. 자, 너의 음료를 한번 마셔볼까!" 마틸다가 찻잔 하나를 들어 올리고는 말했다. "굉장한 칼람바군!"

"굉장한 뭐라고?"

"칼람바. 아주 작은 찻잔 말이야."

"음료를 마시고 나면 특정한 행동을 할 수 있기 때문에 조금씩만 먹어야 해. 그래서 이렇게 작은 찻잔으로 마시는 거야."

"어떤 행동을 말하는 거니?"

"곧 알게 될 거야."

잇파트는 음료를 찻잔에 따랐고 그들은 차를 마시기 시작했다. 마틸다는 차에서 차를 조금 마시며 "홈" 하고 향을 음미했다.

"잘 모르겠네. 뭔가 생각나게 하는 향인데 그게 뭔지 모르겠어." 그녀가 말했다.

"이건 약초로 만든 차야." 잇파트가 대답했다.

"흐-음. 한 잔씩 더 할까?"

"그래." 잇파트가 다시 찻잔을 채웠다.

두 잔을 마시고 나니 마틸다의 눈이 번쩍이기 시작했고 그녀는 눈에 띄게 활발해졌다.

"파티, 도대체 이게 뭐야?"

"내가 말했잖아, 약초로 만든 차라고."

"약초라고? 계속 마셔도 해롭다거나 그런 건 아니지?"

"아-하-하! 틸리, 걱정하지 마. 이 차는 의식의 상태를 갑자기 변화시킨다거나 습관을 들이는 것을 방해하지 않아."

"약초여-약초여, 온순한 약초여. 한 잔씩 더할까?"

"틸리, 조심해. 이 차는 활기를 주기는 하지만 너무 많이 마셔서는 안 돼."

"그거야-그거야. 나는 활기가 필요하다고. 스트레스를 없애야지.

좀더 따라줘."

잇파트가 자신의 찻잔과 마틸다의 찻잔을 채웠다.

"또 현실을 가지고 무슨 짓을 할 생각을 하는 건 아니겠지?"

"모르겠어. 한번 보지 뭐."

"틸리-틸리!"

"아하! 이제 내가 너를 놀라게 할 차례야! 한 잔 더?"

"이제 그만, 더 이상은 안 돼. 더 마셨다가는 통제 불가능한 상태가 될지도 몰라. 너는 너무 에너지가 넘치는 디바니까 말이야. 우리가 어디에 있는지 잊어선 안 된다고."

"알겠어-알겠어. 농담이야." 마틸다가 말했다. "굉장한 차야. 갑자기 활기가 생기는걸. 이걸 마시니 이 고약한 현실 녀석에게 무슨 짓이라도 하고 싶어져. 현실은 이미 우리를 가지고 놀고 있잖아."

"현실을 가지고 노는 것은 좋지 않아. 너도 알잖아."

"맞아. 하지만 파티, 갑자기 떠오른 생각인데 말이야. 우리의 손잡이를 사용해서 꿈을 재생시켜보는 건 어때?"

"그러면 어떻게 되는데? 그렇게 하면 우리에게 뭐가 좋은 거지?"

"너도 마네킹이 멈춰버린 것을 보고 놀랐잖아. 그리고 우리가 관찰자처럼 이곳에 존재하고 있으니 꿈이 재생되고 있어야 한다고 말했지."

"어쩌면 꿈이 재생되지 않는 편이 더 좋을지도 몰라. 안 그러면 상황이 더 악화될 수 있으니까."

"하지만 아무것도 일어나지 않는 그런 아무것도 아닌 상태라면 우리의 인생은 영영 이곳에서 끝나지 않을 수도 있어. 자고로 삶에는 지루한 티타임이 아니라 움직임이 있어야 한다고."

"이봐-이봐! 틸리. 지금 이 태도 아주 좋아."

"다만 나는 먼저 정확하게 이해하고 넘어가고 싶어. 꿈의 세계에서 주의는 관객처럼 꿈을 관람하고, 현실에서는 등장인물처럼 살아간다고 네가 말했어. 그렇지?"

"그래."

"그러면 관객과 등장인물 사이에는 어떤 차이점이 있는 거지?"

"관객은 그저 보기만 하지만 등장인물은 참여를 하지."

"하지만 꿈은 보기만 하는 것이 아니라 참여도 할 수 있잖아?"

"역시 마틸다는 똑똑해. 꿈속에서 주의는 관객이 될 수도 있고 참여를 할 수도 있어. 마치 영화 속에 있는 것처럼 꿈을 꿀 때도 있고, 꿈 안에서 사는 것처럼 참여를 할 수도 있는 거지."

"그러면 관객과 관찰자 사이에는 어떤 차이가 있지?"

"관객은 그저 수동적으로 보기만 하지만, 관찰자는 보는 것도 할수 있고 참여도 할 수 있어."

"그렇다면 관찰자와 등장인물 사이에는 어떤 차이가 있지?"

"너 정말 까다롭구나. 관찰자는 의식을 가진 참가자야. 만약 참가자로서 꿈속에서 잠이 들었다면 너는 의식이 없는 등장인물이 되지. 생시에서 잠이 들어도 똑같아. 너는 여전히 의식이 없는 등장인물이고 영화의 통제를 받겠지. 하지만 만약 꿈이나 생시에서 깨어난다면 관찰자가 될 거야. 즉, 의지를 가진, 독립적인 개인이 되는 거야."

"그렇다면 생시와 꿈 사이에는 어떤 차이가 있는데? 네가 말했잖아. 우리는 마치 영화 속에 있는 것처럼 지금 꿈의 세계에 있는 거라고. 그리고 이제는 현실에 대해 설명하면서 우리가 영화의 통제를 받는다고 했잖아."

"틸리, 그건 아주 어려운 문제야. 만약 우리가 그 질문에 대한 답을 찾으면 현실은 우리를 완전히 소멸시켜버릴 거야. 현실은 자신의 비밀을 밝히는 것을 좋아하지 않는다고. 네가 지금 궁금해하는 것은 현실의 가장 큰 비밀이야. 두렵지도 않니?"

"아니 두렵지 않아, 두렵지 않아! 내가 가장 두려운 건 이곳에서 영원히 나가지 못하는 거야!"

"알겠어. 여러 가지 답 중에서 하나만은 알고 있어. 내가 이미 말한 적이 있지? 꿈의 세계에서는 모든 것이 정지된 그림처럼 멈춰 있다고. 누군가가 그것을 보게 될 때까지 말이야. 하지만 이곳에 꿈을 꾸는 사람의 주의가 흘러들어오면 즉시 꿈에서는 프레임의 움직임과 같은 시간의 흐름이 생기고, 마치 영화처럼 꿈이 재생되지. 현실에서는 그 반대로 영화가 저절로 돌아가고 꿈을 꾸는 자들은 그 속에서 살게 돼."

"그렇다면 우리가 현실 속에서는 꿈을 꾸는 자들이라는 말이야?"

"물론이지. 우리도 이미 그것에 대해 얘기한 적이 있잖아. 사람들은 보통 잠들어 있어. 그래서 그들이 영화 속의 등장인물이라는 거야. 하지만 현실을 보는 자들은 반대의 습관을 가지고 있기 때문에 관찰자라는 거고."

"그렇다면 지금 우리는 뭐야?"

"너와 나는 지금 관찰자에 가까워. 왜냐하면 우리는 꿈에서 깨어나 우리가 어디에 있는지 알고 있잖아."

"알았어. 그렇다면 말이야. 현실에서는 영화가 저절로 돌아가고, 우리는 그 속에서 살아가고 있어. 메타현실에서는 반대로, 우리가 영화를 재생해. 하지만 우리는 지금 메타현실 속에 있어. 주의만 가지고 이곳에 존재하고 있을 뿐 아니라 이곳에서 살고 있는 상태지! 왜 꿈을 재생시키지 못하는 걸까? 우리가 이곳에 살고 있어서 재생시킬 수 없는 걸까?"

"잘 모르겠어, 틸리."

"한번 우리의 손잡이를 사용해서 꿈을 재생시켜보자."

"어떻게 할 셈이야?"

"가자. 가서 글램록들을 두어 명 찾아보는 거야. 그래서 그들이 움직이도록 하는 거지."

"지금 당장?"

"난 기다릴 수가 없다고-오! 조금도 기다릴 수가 없어-어!"

"알았어, 가자. 너의 그 두려움은 어디로 간 거니? 차를 마시고 나니 약효가 나타난 건가?"

"그건 중요하지 않아. 얼른 가자, 파티. 차가 효력을 잃기 전에 말이야. 혹시 그 호리병을 챙겨가면 안 될까?"

"안 돼, 틸리. 얼른-얼른 다녀오는 게 낫겠어."

◆ 꿈의 재생

디바와 사제가 돌무덤에서 나오자마자 감촉이 느껴질 것만 같은
어둠이 그들을 에워쌌다. 아주 묘한 기분이었다. 왜냐하면 어둠이라
는 것은 원래 모든 것이 부재하는, 심지어 빛조차도 없는 텅 빈 상
태이니 말이다. 특이하게도 메타현실의 밤에는 빛이 있었고 그 빛은
사물들을 비추는 것이 아니라 그것들을 검은색으로 물들이고 있었
다. 심지어 공기조차도 검게 물들였다. 건물들은 그보다도 더 검은
색이었다. 오직 두 친구의 형체만 빛나고 있었고, 그중에서도 그들
의 이목구비는 유독 더 밝게 빛났다.

마틸다의 얼굴과 머리카락은 푸른색으로 빛났고 플랫폼 구두와
리본은 분홍색으로 빛났다. 반면 잇파트의 얼굴은 핏빛 분장으로 타
오르는 듯했고, 다이아몬드가 박힌 옷깃은 무지갯빛으로 번쩍이고
있었다. 디바의 어두운 녹색 점프수트와 사제의 어두운 푸른색 드레
스는 어느새 아주 짙은 색을 내뿜고 있었다. 그러지 않아도 까맣던
사제의 머리카락은 더욱 빛나는 흑발이 되어 있었다. 둘의 손은 하
얗고 눈부시게 빛났다.

옆에서 그 모습을 본다면 마치 그림 속에 그려진 두 명의 빛나는
인물들이 살아나와서 다 마른 수채화 위에서 산책을 하고 있는 것처
럼 보였을 것이다. 이 두 친구가 활기를 북돋워 주는 음료를 마신 이

후로 눈에 띄게 '살아났다'는 사실을 생각하면 더욱 그렇다. 마틸다는 플랫폼 구두를 신고 잰걸음을 걸었고, 잇파트는 팔을 넓게 움직이며 걸음을 옮기고 있었다.

아마도 조금 전에 마신 차가 그들에게 꽤 큰 용기를 준 것 같았다. 그런 산책은 재미와는 한참 거리가 있는 산책이었음에도, 그들은 꽤 당당하게 앞으로 걸어가고 있었기 때문이다. 끔찍한 꿈의 세계는 더욱 무시무시한 어둠의 공간으로 변해버렸다. 그리고 그들의 필사적인 움직임 속에 용감함과 무모함 중 과연 어떤 것이 더 큰지는 말하기가 어려웠다. 아주 어쩌면, '모든 것이 식은 죽 먹기'라는 사실을 그들은 이미 알고 있었을지도 모른다.

"파티, 두려워?" 잇파트가 물었다. "나는 아니야."

"나도 별로 두렵지 않아." 잇파트가 답했다. "나에게 있어서 공포는 이미 의미를 잃은 지 오래야."

"낡은 드레스처럼?"

"그래. 너무 낡아서 더 이상 쓸모가 없게 되면, 그것이 어떻게 되든 걱정되는 마음 따위는 사라지지."

"네 비유는 항상 정확한 것 같아! 나에게 이런 친구가 있다는 것이 자랑스러워."

"나도야, 틸리. 나도 네가 자랑스러워."

"내가 더 자랑스러워!"

"아니야, 내가 더 그래!"

"아니야!"

두 친구는 웃음을 터뜨렸다. 그렇게 웃고 떠들며 그들은 어느새 그들을 보호해주는 돌무덤으로부터 제법 멀리까지 왔다. 거리의 어두운 미로에 도착하자, 그들은 주변을 경계하며 더욱 조심스럽게 움직였다. 여전히 그들의 상황은 여유로움과는 거리가 멀었다. 쥐 죽은 듯한 정적 속에서 그들이 내는 구두 소리는 왜인지 부자연스럽고 이상하게 느껴졌다.

그들은 모퉁이를 돌자마자 갑자기 멈췄다. 이제 정적마저도 정말로 숨을 죽인 것 같았다. 거리 한가운데에는 두 개의 마네킹이 마치 서로 대화를 나누고 있는 듯한 포즈로 멈춰 있었다. 그들의 눈이 어둠 속에서 불길하게 빛나고 있었다. 마틸다와 잇파트는 장난스럽게 떠들다가 갑작스레 당황하여 그 자리에서 얼어붙었다. 눈앞에 펼쳐진 장면은 정신을 아득하게 만들었고, 말 그대로 그 자리에서 꼼짝할 수 없도록 두 친구에게 최면을 걸 듯했다.

마침내 둘은 정신을 차렸고, 자신을 놀라게 한 마네킹들의 주변을 돌며 그들을 자세히 관찰하기 시작했다.

"어찌나 소름이 돋는지 뱃속이 차가워지는 느낌이었어." 마틸다가 말했다.

"나는 피부 위로 개미가 기어다니는 것 같았어." 잇파트가 말했다.

"음, 누가 먼저 해볼까?"

"네가 해 봐. 이 녀석들이 살아 있는 것을 본 것은 너잖아."

"오 맘마-미아, 그들이 완전히 살아 있다고 말하기에는 좀 무리가 있는 것 같아. 그것들은 살아 있는 시체도 아니고, 그저 살아난 마네킹 같아."

"그러면 그게 맞겠지. 꿈 속의 마네킹. 영혼도 의식도 없는 순진한 등장인물들. 만약 꿈이 재생된다면 마네킹들은 자신의 의지가 아니라 주제에 따라 행동할 거야."

"마치 영화 장면의 주인공처럼 시나리오에 따라 움직인다는 말을 하고 싶었던 거지?"

"시나리오가 뭐야?" 잇파트가 물었다.

"주제와 똑같은 거야. 누가 무엇을 말하고 해야 하는지, 어떤 역할인지 전부 써놓은 거지." 마틸다가 대답했다.

"그래. 그런 걸 보면 영화가 등장인물을 통제한다고 말할 수 있지."

"하지만 우리도 꿈 속의 등장인물에 영향을 미칠 수 있잖아? 어쨌든 나는 성공한 적이 있다고."

"그럴 수 있지. 만약 더 높은 의식의 상태에 있다면 말이야. 하지만 자기 자신을 자각하지 못한다면 우리도 똑같은 등장인물에 불과하고 영화는 확실하게 우리를 통제하지."

"생시에서도, 꿈속에서도?"

"재촉하기는, 마틸다. 더 정확하게 말하면 우리는 등장인물 자체가 아니라 그들이 따르고 있는 주제에 영향을 미칠 수 있는 거야."

"어떻게 그게 가능하지? 그렇다면 내가 글램록들이 아니라 시나리오에 영향을 미쳤다는 말이니? 나는 여태까지 그 반대인 줄 알았어. 나의 의도에 따라 그것들을 움직였다고 생각했거든."

"그저 그렇게 보였을 뿐이야. 사실 꿈을 보는 자들이 선택할 수 있는 것은 꿈의 주제야. 의식이 있든 없든 말이야."

"그렇다면 현실에서도 똑같겠구나! 예를 들어 뭔가를 두려워한다면 그 일은 어떻게든 일어나버리고 말잖아."

"맞아, 그건 의식이 없는 경우에 일어나는 일이야."

"그렇다면 의식이 있을 때는 언제니?"

"그건 의도적으로 주제의 흐름을 결정할 때지."

"그것도 꿈과 생시에서 둘 다 가능하니?"

"물론이지, 마틸다."

"파티, 나를 계속 놀라게 하는구나. 뭐, 꿈에서라면 알겠어, 전부 이해할 수 있어. 하지만 현실에서는 어떻게 그게 가능하지? 내가 어떻게 사건의 흐름을 선택할 수 있다는 말이야? 사건의 흐름은 제멋대로 흘러가는 거잖아!"

"틸리, 놀라게 하는 건 내가 아니라 너야. 너는 이미 현실의 포커스를 꿰뚫은 것이나 다름없어."

"메타현실을 말하려고 했던 거니? 여기에서는 모든 것이 훨씬 간단해. 우리는 꿈의 세계에 있는 거잖아."

"아니, 현실을 말하는 거야. 네가 그 예쁜 아가씨, 너의 도플갱어를 골탕 먹였던 일을 벌써 잊어버리기라도 한 거니?"

"아아아! 그건 괜찮아, 내가 거울의 이쪽 세계에서 한 거잖아."

"과연 그것이 차이가 있을까?"

잇파트의 질문은 마틸다에게 큰 충격을 안겨준 것 같았다. 그녀는 할 말을 잃고 입을 벌린 채 잇파트에게서 시선을 떼지 못했다.

"차이가 있냐고?" 마틸다가 질문을 되풀이했다.

"이미 네가 말했잖아. 현실은 이곳보다 모든 것이 훨씬 어렵다고."

"더 어렵다고 해서 불가능하다는 뜻은 아니지."

"거봐. 다시 질문으로 돌아왔잖아. 현실과 꿈 사이에는 어떤 차이가 있는지 말이야. 그렇다면 너는 차이가 없다고 생각하는 거니?"

"그 질문은 아직 건들지 않는 편이 좋겠어. 모를수록 오래 살 거야."

"그러면 너는 왜 우리가 등장인물이 아닌 주제에 영향을 미친다고 확신하는 거니?"

"모르겠어. 그저 확신할 뿐이야. 설명은 할 수 없어."

"하지만 나는 내 도플갱어를 골탕 먹이기도 했다고!"

"너의 도플갱어가 실수하는 장면을 상상한 거잖아. 그렇지?"

"그래."

"그게 주제가 아니면 뭐겠어?"

마틸다는 또다시 할 말을 잃은 채 얼어버렸다.

"알겠어, 파티, 그렇다면 글램록들을 다시 움직이게 하려면 뭘 상상해야 할까?"

"너의 손잡이를 활성화시켜서 그들이 살아나 움직이는 모습을 상상해봐."

잇파트가 문장을 끝내기도 전에. 마네킹들이 갑자기 자리에서 움직이며, 이리저리 손짓을 하며 높아진 톤으로 말을 하기 시작했다.

"담배를 끊어, 멍청아! 그리고 몸을 좀 키우란 말이야!"

"뭐야, 이 촌놈아!"

"주둥이 나불대는 꼬라지 하고는!"

"이 촌놈이 도대체 뭐라는 거야! 나는 가야겠어!"

"내가 거기 서라고 했지!"

"너 어디 출신이야?"

그들은 말다툼하는 내내 손가락을 쫙 펼치고 이리저리 흔드는 독특한 제스처를 하고 있었다.

"우리 편을 존중하라고!"

"너희 편은 우리 편이 아니지, 우리 편도 너희 편이 아니고! 나는 이만 떠나겠어!"

"가, 멍청아! 가서 운동이나 해!"

"바빠 죽겠는데 무슨! 내일 와, 내일!"

"촌놈 같으니. 고향을 사랑하라고! 몸을 만들…"

글램록들은 갑자기 하던 말을 멈추고 다시 움직임을 멈춰버렸다. 마틸다와 잇파트는 놀라운 눈으로 그들을 바라보다가, 서로를 바라보았다.

"틸리, 네가 한 거야?" 잇파트가 물었다. "이게 뭐야, 너의 꿈이니?"

"나도 도대체 무슨 일이 일어난 건지 모르겠어." 마틸다가 대답했다. "머릿속에서 어떤 속마음이 문득 떠올랐을 뿐인걸."

"하지만 좀 전에 우리가 본 건 뭐야?"

"두 풋내기가 한 지역에서 만나 이런 진지한 대화를 나누는 상상을 해봤지. 히-히!"

"도대체 아무것도 알 수가 없네!"

"별로 중요한 건 아니야. 잊어버려. 그저 두 촌뜨기의 모습을 상상했을 뿐이야. 우리 세계에서 누군가를 생각나게 해서 말이야. 하지만 이 마네킹들이 왜 다시 멈췄을까? 이번에는 네가 한번 해봐."

"그래."

잇파트는 다시 자신의 신비스러운 동작을 했다. 고개를 숙이고 몸을 살짝 굽힌 뒤, 한 번에 몸을 펴며 손이 어깨에 닿도록 두 팔을 구부렸다. 이번에는 특이한 주문도 함께 외웠다.

"우-우-우-울---라!"

글램록들이 파르르 떨더니 살아나듯이 조금 움직였다. 그러더니 갑자기 다시 멈췄다.

"울랄라, 파티! 방금 뭐라고 외친 거야?" 마틸다가 놀라워하며 물었다.

"잘 모르겠어. 이렇게 하는 것이 익숙했나 봐."

"하지만 글램록들이 다시 멈췄어. 왜일까?"

"꿈을 재생시키는 것이 너무 어려운 일이라서 그런가 봐."

"맞아. 여기에선 뭔가 다른 것이 필요한 것 같아. 뭔가 다른 것이 필요해."

"우리가 모르는 뭔가-뭔가가 필요해."

"마치 '어린 나디아야, 뭐가 필요하니? 아무것도 필요하지 않아요. 초콜릿이 필요해요!'*라는 노래를 부르는 느낌이야!"

"뭐라고-뭐라고? 틸리, 또 이해할 수 없는 말을 하는구나."

"마치 내가 현실에게 '뭐가 필요하니?'라고 물어보는 느낌이야."

"그러게. 도대체 뭐가 필요한 걸까? 특히 우리에게서 뭘 원하는 거지?"

"자, 파티. 이제 돌아가자."

"알겠어-알겠어." 잇파트가 늘 쓰는 말투로 말했다. "가자-가자."

그렇게 두 친구는 왔던 길을 되돌아왔다. 그들은 조금 지친 데다

◆ 러시아 민요 〈소녀 나디아〉의 가사. 작자 미상. 역주.

조금 전처럼 흥미를 가지고 있었던 것도 아니었기 때문에 그저 말없이 걷기만 했다. 메타현실 속에서 그 둘이 함께한 이후 첫날이자 가장 길었던 날이 아무 결실 없이 끝이 나버렸다. 답변보다 더 많은 질문만이 남아 있었다. 그들은 돌무덤으로 돌아와서 의자에 앉아 약초를 우려낸 차를 '한 잔씩만 더' 마셨다. 용기를 북돋기 위해서였다.

"이제 어쩌지, 파티?" 마틸다가 물었다.

"이제 그만 자자." 잇파트가 대답했다.

"그래. 우리 세계에서는 '아침은 저녁보다 현명하다'는 말도 있어. 그런데 어디에서 자지?"

"너희 세계에서는 어떻게 자는데?"

"잠깐-잠깐, 내가 보여줄게. 이 돌무덤이 이번에도 효과가 있으면 좋겠네."

마틸다가 다시 리본을 가지고 요술을 부리자 바닥에서 푹신해 보이는 침대가 솟아 나왔다. 침대에는 마치 틸리치카, 랄라의 엄마가 사랑하는 딸을 위해 마련해놓은 듯한 시트와 베개와 이불이 가지런히 정리되어 있었고 그 위에는 잠옷도 놓여 있었다.

"멋진데!" 잇파트가 외쳤다. "이게 다 뭐야?"

"퀼트 이불이야." 마틸다가 펼쳐 보여주며 말했다. "알록달록한 조각들을 이어 붙여서 만든 거야. 안에는 솜이 들어 있고. 이런 이불을 좋아하거든. 그리고 이건 깃털 베개야. 이건 부드러운 잠옷이고. 나는 잘 때 항상 이걸 입어."

"틸리, 너는 정말 행복하겠구나! 나도 이런 걸 갖고 싶어."

"날 못 믿는 거니? 지금 당장 네 것도 만들어줄게."

디바는 사제를 위해 똑같은 것들을 하나씩 더 만들었다. 사제는 자신의 침대에 앉아 마틸다가 만들어준 물건들을 하나씩 들춰보며 자세히 살펴보기 시작했다.

"마음에 들어?" 마틸다가 물었다.

"응, 아주 많이." 잇파트가 대답했다.

"너희 세계에서는 어떻게 자는데?"

"다음번에 보여줄게."

그들은 동시에 하품했다. 그러고는 마치 쌍둥이처럼 똑같은 행동을 했다. 지친 하루를 함께한 옷을 벗고 잠옷으로 갈아입은 뒤 잠자리에 누웠다.

"그 크림 수프 이야기의 결말은 뭐야?" 잇파트가 반쯤 잠든 목소리로 물었다.

"더 이상 억지로 먹으라고 하지 않았지. 그래도 이렇게 키가 크고 아름다운 아가씨가 됐잖아?" 마틸다가 이미 반쯤 잠이 든 목소리로 대답했다.

◆ 붉은 여왕

사제 잇파트는 거대한 돌무덤 앞 광장의 기둥에 묶여 있었다. 기둥 주변에는 글램록들이 일렬로 서서 그 주변을 돌며 미리 암기한 주문을 하나의 음정으로 중얼거리고 있었다.

마나-미아, 히얼 아 고 어겐
마나, 하 켄 아 레지스트 유
마나-미아, 더스 잇 쇼 어겐,
마나, 저스트 하 마치 아 미스드 유

그들은 이따금 멈춰 서서 원의 중심으로 몸을 돌려 갑작스럽게 큰소리로 외쳤다.
"붉은 여왕이여! 그녀를 먹읍시다! 먹읍시다!"
그러고는 다시 서성이며 중얼거리기 시작했다.

예스 아브 빈 브로큰하레,
블루 씬 더 데이 위 파레,
와이-와이, 디드 아 에버 렛 유 고

살아난 마네킹들의 외형에는 아무것도 달라진 것이 없었다. 후드가 달린 회색의 치렁치렁한 로브와 그 로브만큼이나 어두침침한 납빛의 얼굴과 손까지. 감정이 묻어나는 외침에도 그들의 표정만큼은 차갑고 냉정했다. 사제는 고문을 당하기 위해 기둥에 묶인 원주민 추장처럼 꼿꼿하고 의연하게 버티고 있었다. 그녀는 주변을 둘러싸고 있는 미개함에는 조금도 주의를 기울이지 않고 굳게 입을 다문 채 그들의 머리 위 먼 곳 어딘가를 응시하고 있었다.

제물의 그런 침착함이 머지않아 글램록들을 신경 쓰이게 하기 시작했다. 그들은 서성대며 중얼거리기를 멈추고 그녀를 향해 경멸하듯 혀를 내밀고 머리를 흔들며 일제히 울부짖기 시작했다. 분명 자신의 포로를 위협하려는 의도였으리라. 그러나 아무리 해도 그들이 기대했던 효과는 나오지 않았다. 오히려 아이러니하게도, 잇파트의 얼굴에는 미소가 번졌다.

"붉은 여왕이여!" 사제를 위협하려던 것이었을까, 아니면 그저 자기 자신을 잔뜩 자극하고 말기 위함이었을까. 그들이 계속했다. "그녀를 먹읍시다! 먹읍시다!"

이제 돌덩이 인간들은 새로운 의식을 생각해냈다. 한 명씩 차례대로 자신의 포로에게 달려들어, 후드를 벗고 반들반들한 민머리를 그녀의 배에 문지르고는 나머지 무리를 향해 외치는 것이었다.

"붉은 여왕이여!" 그러고는 재빨리 후드를 눌러쓰고 다른 글램록들이 있는 대열로 뛰어들어갔다. 그러자 나머지 무리가 일제히 외쳤다.

"그녀를 먹읍시다! 먹읍시다!"

마치 그들이 아는 말이라고는 그뿐인 듯했다. 하지만 어차피 그

외의 말이나 행동은 필요치 않았다. 그런 의기양양한 외침을 들어보면, 그들은 이제 '여왕'에게는 전해지지도 않을 불손함이나 신성 모독을 범하고 있다는 사실을 아랑곳하지 않는 것 같았다.

모두가 여왕을 조롱하는 의식에 참여한 뒤, 가장 대담한 글램록이 그중에서도 가장 돋보이는 행동을 했다. 제물의 등 뒤로 달려가 괴상망측한 얼굴을 하고는 혀를 날름거리며 잇파트의 드레스에 있는 다이아몬드 박힌 목둘레를 핥아대는 것이었다. 마네킹들은 놀라면서도 동시에 그를 부추기듯 괴성을 질러댔다. 그런 울부짖음에 그는 과감한 행동을 계속했다. 그러고는 앞으로 나서서 가장 핵심적인 질문을 던졌다.

"그럼 그녀를 어떻게 먹을까요? 어떻게요?"

군중이 앞다투어가며 대답을 쏟아내기 시작했다. 가장 대표적인 대답은 두 개였다.

"삶읍시다!" 한 무리가 외쳤다.

"아니, 끓입시다!" 다른 무리가 제안했다. 글램록들은 이미 'ㄹ' 발음을 쉽게 했기 때문에 특별한 발음상의 문제 없이 입씨름이 계속되었다. 흡사 목소리 큰 사람이 이기는 경매장을 방불케 했다. 결국, 첫 번째 무리가 이겼다.

"삶읍시다!" 그들은 빠르게 합의에 도달했다.

글램록 몇 명은 잠시 모여 있다가, 어딘가에서 지름이 사람 키만 한 거대한 팬을 질질 끌고 왔다. 나머지는 누가 불을 피울지, 누가 제물 주변에서 눈을 부릅뜨고 약을 올리며 춤을 출지 정하고 있었다. 떠들썩한 논쟁이 이어지는 내내 두 가지 외침도 반복되었다. "붉은 여왕이여!", "그녀를 먹읍시다! 먹읍시다!"

"마틸다!" 마침내 잇파트에게서 목소리가 나왔다. "마틸다─아
아!" 그녀가 우렁차게, 그러면서도 아주 차분하게 마틸다를 불렀다.
마치 계속 잠만 자는 친구에게 이제 그만 아침식사를 하자고 깨우는
듯한 목소리였다. 그녀의 친구로 보이는 한 여자가 소음을 듣고는
지금 막 잠에서 깬 듯한 모습으로 잠옷 차림에 맨발로 건물에서 뛰
어나왔다.

"아─아─아─아!" 마틸다가 외쳤다. "뭘 하고 있는 것이냐! 이 멍청
한 것들아! 지금 당장 풀어주거라! 파티!" 그녀가 기둥으로 달려가
잇파트를 묶은 벨트를 풀어내려고 했지만, 그 벨트는 너무 단단히
묶여 있었다.

"이런 무식하기 짝이 없는 것들 같으니! 지금 당장 그녀를 풀어주
거라!"

글램록들은 어리둥절해져, 한창 벌어지고 있던 의식을 중단하고
는 당황하여 목청껏 외치기 시작했다.

"마나─티다! 마나─티다! 우리의 마나!"

"너희가 뭘 해야 하느냐?" 마틸다가 야만인들을 어떻게든 통제해
야겠다는 생각으로 물었다.

"헛소리를 읽어야 합니다!" 그들이 입을 모아 외쳤다.

"무엇을 하지 말아야 하느냐?"

"하지 말아야 하는 것을 하지 말아야 합니다!"

"그렇다! 무엇을 하지 말아야 하느냐?"

"서로를 먹으면 안 됩니다!"

"그런데 너희는 뭘 하려던 참이었지?"

"그녀를 먹읍시다! 먹읍시다!"

"서로를 먹으면 안 된다고 말하지 않았느냐!"

"그녀는 먹어도 됩니다! 우리 편을 먹으면 안 됩니다! 그녀는 우리 편이 아닙니다!" 이것이 글램록들의 단호한 논리였다. 그리고 그들은 좀 전까지 해오던 대로 열정적으로 장작을 불길에 던지고 있었다.

"하지만 나는 너희의 마나이다!" 마틸다가 말했다. "내가 금지한다! 이 자는 내 벗이다. 지금 당장 그녀를 풀어주거라!"

"그럴 수 없습니다!" 글램록들이 말했다. "그녀를 먹어야 합니다!"

"그들은 날 먹지 못할 거야, 틸리." 잇파트가 차분하게 말했다. "그들은 지금 그들만의 시나리오대로 움직이고 있어. 저항할 수 없는 반사작용이나 본능처럼 말이야."

"그건 좀더 지켜봐야지. 보아라, 지금 듣고 있느냐, 이 자를 먹어선 안 된다!"

"먹어도 됩니다!"

"만약 그렇게 한다면 아주 끔찍한 크래시가 생길 것이다!"

"안 됩니다! 안 됩니다!"

"생길 것이다! 이 자도 마나이다! 우리 둘 다 마나이다!"

글램록들이 당황하기 시작했다. 그리고 그들끼리 의논하더니, 그중 감히 잇파트가 입은 드레스의 다이아몬드를 핥았던 대담한 자가 앞으로 나섰다.

"그녀가 마나라는 사실을 증명하라고 하십시오!"

마틸다가 걱정스럽게 잇파트를 봤다.

"걱정 마, 틸리. 일단 풀어주라고 해봐."

"들었느냐, 우매한 것들아! 얼른 풀어주거라!" 마틸다가 명령했다. "이제 너희는 이 자도 마나라는 사실에 깜짝 놀랄 것이다!" 그리고는 잇파트에게 속삭였다. "파티, 뭐 하려는 거야?"

"시나리오를 깨버릴 거야." 잇파트가 대답했다.

"어떻게?"

마틸다와 잇파트는 대화를 끝낼 수 없었다. 마침 그때 글램록 두 명이 벨트를 풀려고 끼어들었고, 나머지는 그 주변을 원으로 빽빽하게 둘러쌌기 때문이다. 그 중심에 대담한 자가 서 있었다. 사제가 풀려나자마자 그는 습관처럼 노래를 부르기 시작했다.

"붉은 여…" 그러나 그는 노래를 끝마칠 수 없었다. 잇파트가 빠르게 달려들어 몸을 굽혀, 대담한 자의 무릎을 낚아채 그녀 쪽으로 휙 잡아당긴 것이다. 그는 뒤로 자빠졌다. 그가 미처 정신을 차릴 틈도 없이 잇파트는 그의 위로 몸을 기대 얼굴을 손바닥으로 꽉 잡고는 자신의 입술을 그의 입술에 포개 길게 키스했다. 그런 뒤 일어나 빙빙 돌며 큰 소리로 웃기 시작했다.

대담한 자는 어안이 벙벙해져 그대로 누워 있었고, 마틸다와 나머지 무리는 입을 다물지 못한 채 얼어붙어 있었다. 잇파트는 갑자기 멈춰 서서는 팔을 앞으로 뻗어, 주변을 돌며 손바닥으로 그곳에 있는 하나하나를 쓰다듬었다. 그녀는 몸을 틀며 똑같은 질문을 세 번 반복했다.

"너희는 내가 지금 잠들어 있으며, 너희가 내 꿈속의 인물이라는 것을 아느냐?

너희는 내가 지금 잠들어 있으며, 너희가 내 꿈속의 인물이라는 것을 아느냐?

너희는 내가 지금 잠들어 있으며, 너희가 내 꿈속의 인물이라는 것을 아느냐?"

어리둥절한 글램록들은 마치 질문을 이해하지 못한 것처럼 보였다. 하지만 그들이 긴장한 것은 다른 이유에서였다. 그들은 놀란 목소리로 외치기 시작했다.

"그를 사지했다! 그를 사지했어! 마나인가? 정말 그녀도 마나일까?"

"누구십니까?" 대담한 자가 자리에서 일어나며 물었다. 그는 아직도 충격에서 벗어나지 못한 듯했다.

"이 자는 위대하고 전지전능한 사제 잇파트이다!" 마틸다가 잇파트를 향해 존경을 표하듯 손을 들어 보이며 위엄 있게 외쳤다.

"마나—파타! 마나—파타!" 글램록들이 걱정스러운 듯 웅성거렸다. "위대한 마나!"

"그렇다." 잇파트가 답했다. "이제 너희가 똑똑히 알아듣도록 내가 너희를 먹어버리겠다!"

글램록들은 이 발언을 농담으로 받아들이지 않고 진지하게 말 그대로 받아들였기 때문에 온몸에 소름이 돋는 것을 느꼈다.

"안 됩니다! 안 됩니다!" 그들이 울부짖기 시작했다.

"된다! 된다!" 잇파트가 그들을 흉내 내며 조롱했다.

"안 됩니다! 안 돼요! 아부우!"

"된다, 돼!" 이번엔 마틸다가 그들을 흉내 냈다. "나도 너희를 먹어버리겠다. 우리 둘 다 마나이다. 그리고 우리 두 마나가 너희를 먹어치우겠다! 아바아!"

글램록들은 두 마나의 말에 저항하며, 그저 한 무리로 모여 두려움에 벌벌 떠는 것 외엔 아무것도 할 수 없었다. 시나리오가 깨지고 역할이 뒤바뀐 것이다. 두 친구는 허리에 손을 얹은 채 자신의 제물들을 엄격한 눈빛으로 바라봤다. 글램록들이 피워놓은 모닥불은 이미 활활 타오르고 있었으며 그 옆에는 팬이 놓여 있었다.

"아무짝에도 쓸모없는 글램록들 같으니!" 잇파트가 엄격한 목소리로 외쳤다.

"그렇다, 너희는 하찮고 쓸모없다!" 옆에 있던 마틸다도 분노한 듯 외쳤다.

"저들을 어디에 써먹을 수 있을까?"

"고기가 될 수밖에 없겠지!"

"그들을 먹어 치우자!"

"그러자!"

두 마나는 위협적으로 글램록들에게 다가섰다. 그들은 뒷걸음치며 겁에 질린 목소리로 말했다.

"마나-파타, 저는 식욕이 완전히 짐승 같습니다! 완전히 짐승 같아요!"

"마나-티다, 저도 그렇습니다. 아주 사람 같지도 않지요."

"제 뇌는 건드리시면 안 됩니다! 뇌 전부요! 아주 기름지고 맛있습니다!"

"저는 눈이요! 톡톡 튀는 맛이지요!"

"하찮은 글램록들 같으니!"

"그들을 먹어버리자! 먹어버리자!"

피에 굶주린 두 마나는 자신의 역할에 완전히 심취해 있었다. 그런 진지한 모습을 보면, 마틸다가 입고 있던 잠옷과 잇파트의 우아한 드레스조차도 그들의 대화에서 묻어 나오는 의도에 전혀 어색한 것이 없을 정도였다.

"그들을 어떻게 먹을까? 어떻게?" 마틸다가 물었다.

"삶아버리자!" 잇파트가 대답했다.

"아니야, 산 채로 먹어버리자!"

"아니 삶아야 해!"

"아니 산 채로! 산 채로 먹어버리자!"

잇파트와 마틸다는 서로를 바라보고 마치 진심인 양 작은 논쟁을 벌였다. 논쟁은 싸우기 직전까지 치달았다. 마침내 합의점을 찾은 그들은(삶아 먹자!) 팬을 향해 달려가 양쪽에서 그것을 잡아 단호한 표정으로 모닥불 위에 올려놓았다. 그리고 손을 탁탁 턴 다음, 소매를 걷어붙이고 탐욕스럽게 글램록들을 응시했다. 글램록들은 비명을 지르며 사방으로 흩어졌다. 두 마나는 의기양양하게 외치며 그들을 뒤쫓기 시작했다.

"저들을 잡아!"

"붙잡자!"

"목을 졸라야 해!"

"질식시키자!"

글램록들은 죽을 둥 살 둥 광장으로 뛰어갔다. 왜인지는 모르겠지만, 그저 도시의 거리로 뛰어가면 된다는 생각을 미처 떠올리지 못한 듯하다. 숨바꼭질 같았던 분주한 뜀박질이 얼마나 더 이어졌을까, 마침내 두 마나는 한 글램록을 잡는 데 성공했다. 바로 그 대담한 자였다. 잇파트와 마틸다는 그를 모닥불이 있는 곳으로 끌고 왔다. 그는 겁에 잔뜩 질린 모습으로 단 한 번 저항조차 하지 못하고 목놓아 통곡했다. 나머지 글램록들은 다시 무리로 모여서 두려워하며 그 모습을 지켜볼 뿐이었다.

두 마나는 모닥불로 제물을 끌고 온 뒤, 그의 두 팔과 다리를 잡고 팬에 던져 넣기 위해 좌우로 흔들기 시작했다. 그러고는 반복하며 말했다.

"먹자! 먹자! 삶자! 먹자!"

비극과 공포로 가득 찬 야만인들의 울부짖음이 그 와중에도 계속되었다. 붙잡힌 글램록이 매우 무거웠지만 잇파트와 마틸다는 도대체 어디에서 나온 힘인지 그를 앞뒤로 힘차게 흔들고 있었다. 충분히 약을 올릴 대로 올린 그들은 마치 약속이라도 한 듯 그를 땅으로 던졌다. 그와 나머지 모든 글램록은 두 친구의 다음 행동을 기다리며 얼어 있었다. 마틸다와 잇파트는 잠시 숨을 돌리고는 그들을 바라보고, 서로를 바라본 다음 큰 소리로 웃으며 제멋대로 빙글빙글 돌기 시작했다.

◆ 깨져버린 시나리오

두 마나는 그렇게 웃기를 갑자기 멈추더니 눈썹을 찌푸리며 글램록들을 응시했다.

"아무 쓸모 없는 너희 글램록들은 위대한 마나-파타를 먹으려고 한 죄에 대해 벌을 받아야 한다!" 마틸다가 말했다.

"그들은 위대한 마나-티다도 먹으려고 했다!" 잇파트가 말했다. "그에 대해서 엄벌을 내릴 것이다!"

"우리 두 마나는 너희에게 어떤 벌을 내릴지 지금부터 논의하려고 한다!"

"그렇다! 그러니 너희 몹쓸 글램록들은 계속 불안해하며 기다려라!"

잇파트와 마틸다는 동시에 몸을 돌려 건물을 향해 걸음을 옮겼다. 야만인들은 경외심에 온몸을 바들바들 떨며, 충성심 어린 눈빛으로 걸어가는 두 마나를 바라보았다. 그들이 가장 두려워했던 징벌은 지나간 듯 보였으며, 그로 인해 그들이 받아야 할 벌이 그렇게 무시무시하지는 않을 것이라는 희망이 생겼다.

두 친구가 돌무덤 안으로 들어왔을 때 마틸다는 타프티를 숨이 막힐 듯 껴안았다.

"내 친구, 타프티! 내가 얼마나 놀랐는지 아니? 깨어났더니 네가 옆에 없어서 말이야! 무슨 일이 있었던 거야?"

"틸리, 너를 깨우지 않고 그저 밖을 내다봤는데, 웬 회색빛의 얼굴을 가진 사람들이 있지 뭐야. 너무 갑작스럽게 나에게 달라붙어서 놀랄 틈이 겨우 있었어."

"놀랄 틈도 없었다는 말을 하고 싶은 거지?"

"아니, 놀랄 틈이 있었다고 정확히 말한 거야. 위험이 빠르고 갑작스럽게 덮쳐올수록 그만큼 제대로, 단단하게 놀라버리게 돼. 그러면 정신을 차릴 틈이 없다고."

"정신을 차리다니, 무슨 뜻이야?"

"잠에서 깨어난다는 말이야. 안 좋은 일이 생기면 현실을 보고 그 속에서의 나를 봐야 해. 반대의 행동을 해야 하는 거지. 이해하겠니?"

"그래, 현실을 보는 사람들과 등장인물에 대해 이야기할 때 그 대화를 나눈 적이 있잖아."

"응, 아무튼 그렇게 놀랐는데도 내 목격자는 활성화되지 않았어. 그래서 받아들일 수밖에 없었지."

"받아들인다고? 뭘?" 마틸다가 놀라며 물었다.

"시나리오를, 하하하!" 잇파트가 웃으며 말했다. "내가 무슨 '붉은 여왕'이고 나를 어떻게 먹겠다는 거야?"

"애초에 선택의 여지가 없었잖아."

"선택의 여지는 항상 있어. 받아들이든지 받아들이지 않든지 둘 중 하나지. 받아들인다면 너는 영화에 사로잡히고 등장인물이 되고 말 거야. 게다가 관찰자가 잠들어 있다면 무슨 일이 일어나든지 항상 받아들일 수밖에 없어."

"파티, 나 이해할 수가 없어. 나를 먹겠다는 말을 어떻게 받아들일 수 있다는 거니?"

"받아들이고 싶지 않다면 그 말에 반대해도 좋아. 하지만 그건 다른 일이지. 받아들인다는 것은 일어날 수 있는 것, 가능성이 있는 것을 받아들인다는 의미야. 꿈속에서는 어떤 불가능한 일이 일어나든지 전부 진지하고 현실처럼 보이지. 전부 익숙해진 일이니까. 현실에서는 충분히 일어날 수 있는 일만 일어나잖아."

"그러면 받아들이지 않는 건 무슨 뜻이야?"

"네가 꿈을 꾸고 있다는 것을 알아차리는 거야. 그러면 꿈에서 깨어나 시나리오를 바꿀 수 있어."

"만약 그게 꿈이 아니었다면? 우리도 지금 잠들어 있는 게 아니잖아?"

"똑같아. 꿈이 현실이고, 현실이 꿈이지. 시나리오는 꿈에서도 현실에서도 바꿀 수 있어."

"그러면 받아들이지 않을 수 없다면? 만약 일어나고 있는 일이 충분히 일어날 수 있는 일이라면? 너나 나나 충분히 잡아먹힐 수 있었잖아."

"하지만 너는 똑같은 일이 일어났을 때 안간힘을 다해 너 자신에게 '이게 내 현실이라고? 아니야, 이건 내 현실이 아니야. 내 모든 일이 잘될 거야'라고 말했잖아."

"나는 내 손잡이를 사용했지. 그런데 너는 뭔가 다른 걸 사용한 것 같구나."

"응, 나는 시나리오를 깨버렸어."

"어떻게 한 건지 알려줄래?"

"영화가 이미 바꿀 수 없는 시나리오로 넘어갔다면 손잡이는 아무 도움이 되지 않았을 거야. 나도 그런 상황이었지. 놀라고서 상황을 받아들였지만 이미 모든 게 너무 늦었을 때, 그러니까, 이미 밧줄에 묶이고 글램록들이 모든 것을 결정했을 때 정신을 차려버렸어. 그러니 사건이 흘러가는 논리와 전혀 맞지 않는, 완전히 별난 행동을 해야만 했지. 그래서 시나리오가 말 그대로 깨져버린 거야. 완전히 주도권을 쥐는 것은 아니라고 해도 내 방식대로 시나리오를 돌려놓을 수 있었어. 내가 너에게 무슨 얘기를 하는 거니. 네가 해골바가지에게 했던 속임수는 시나리오를 깨버리는 가장 훌륭한 표본인걸."

"난 본능에 따라 행동했을 뿐이야." 마틸다가 말했다. "내가 왜 그때 그렇게 행동했는지 나조차도 모르겠어. 그런데 지금은 그게 어떤 법칙이었는지 이해하겠어. 그런데 글램록에게 키스를 한 건 뭐였어? 거부감 들지 않았니?"

"마네킹에게 키스한다고 상상했지." 잇파트가 대답했다. "실제로 마네킹인걸."

"완전히는 아니지! 있잖아, 왜 그들이 살아난 거지? 꿈이 제멋대로 꼬이기라도 한 걸까?"

"내 생각엔 꿈이 다시 시작해야만 했었던 것 같아."

"재부팅이라도 해야 했단 말이야?"

"그래. 내가 여기에 나타났을 때 꿈이 멈춰 있었던 거 기억나니? 내가 너의 꿈속으로 새로운 관찰자가 되어 들어갔었잖아."

"그래서 꿈이 멈춰버렸지."

"맞아. 재부팅을 하려면 같이 잠들었다가 깨어나기만 하면 되는 거였어."

"그걸 알아내는 데 이렇게 한참 걸렸다니!"

"그러게!"

그들은 이곳에 있는 모든 사물 중 가장 비밀스럽고 그것이 무엇인지 도저히 상상조차 할 수 없는 검은 원기둥에 다가가 익숙하고 자연스럽게 아침식사를 준비했다. 이제 두 친구에게 남은 일은 앞으로 어떤 행동을 해야 하는지 생각하는 것이었다. 사제의 침대는 이미 말끔하게 정리되어 있었다. 디바도 침대를 정리하고 잠옷에서 우아한 복장으로 갈아입었다. 어두운 녹색 점프수트에 장밋빛의 플랫폼 구두였다. 마틸다가 구두만큼이나 붉고 고급스러운 밴드를 매는 것을 도와주면서 잇파트는 장난스럽게 웃으며 반복했다.

"틸리치카, 랄라! 틸리치카-틸리치카, 랄-라!"

"타프티, 그만 놀려! 너 때문에 자꾸 안 좋은 기억이 떠오르잖아."

"알았어-알았어!"

"이제 우리의 현실로, 우리 집으로 다시 돌아갈 수는 없는 걸까?"

"반드시 돌아갈 거야, 틸리! 너의 현실이든, 나의 현실이든. 아니면 각자 자신의 현실로 돌아갈 수 있을 거야."

"안 돼, 난 너와 같이 있고 싶은걸."

"네가 같이 있고 싶다면 같이 있을 거야. 우리가 원하는 건 뭐든 이루어질 테니까."

"그런데 너에게 화나는 것이 하나 있어. 어떻게 나를 혼자 내버려 둘 수 있니?"

"틸리, 나는 그저 잠깐만 바깥을 보고 싶었던 것뿐이야. 그때 너는 잠들어 있었잖아. 그래도 전부 잘 끝났으니 다행이지."

"나쁘게 끝났을 수도 있었어! 최악의 상황이었을 수도 있었다고! 약속해. 다시는 나를 혼자 두지 않겠다고. 안 그러면 난 죽어버릴지도 몰라."

"약속할게. 다시는 너를 두고 사라지지 않을 거야."

그리고 그들은 앞으로 할 행동에 대한 계획을 세우기 위해 탁자에 앉았다.

"이제 어쩌지, 파티?" 마틸다가 이미 습관이 되어버린 질문을 또다시 꺼냈다.

"어떻게든 글램록들을 통제하는 방법을 생각해내야 해." 잇파트가 대답했다. "그들을 진정시켜야 할 것 같아."

"하지만 지금도 충분히 통제된 상태잖아? 그들에게 우리는 여신과 같은 존재라고."

"꼭 그렇지만은 않아. 언제든 우리의 통제를 벗어날 수 있어. 도대체 '마나-티-이-다! 당신은 우리의 마나-아입니다!'라는 게 무슨 뜻이야? 그러면서 나를 먹으려고 했어. 너의 명령은 그들에게 통하지도 않았고."

"그래, 아직 그들에겐 머리에 떠오르는 것이 아주 적어. 그래서 좋은 생각 있어?"

"그들을 처벌할 수 있는 체계가 필요해." 잇파트가 말했다.

"소용없어." 마틸다가 반대했다. "그들은 등장인물에 불과하고, 그들을 통제하는 것은 시나리오야."

"그렇다면 겁을 줄 수 있는 체계라도 만들어야지."

"공포심 역시 그들을 막을 수는 없을 거야. 이미 전부 다 시도해봤지만, 전부 소용없었어. 원시 시대부터."

"무슨-무슨 시대부터?"

"랄-라, 별거 아니야. 또 다른 아이디어 있어?"

"그렇다면 엄격한 계급 체제를 시도해보는 거야. 우리는 위대한 마나들이고 중요한 존재지. 우리가 그들 중에 누군가 한 명을 최상급 관리인으로 임명하고, 그를 위한 두세 명의 비서나 보좌관을 두는 거야."

"아마 뒤에서 몰래 작전을 꾸미려고 할 거야. 그러면 그 계급 제도는 점점 허물어질 거고."

"그렇다면 모두가 평등해지는 체계를 만드는 거야. 그들은 어떻게 갈등을 해결하니? 말다툼하니, 아니면 몸으로 싸우니? 그들에게 다수의 의견을 통해 결정하는 방법을 알려주는 거지."

"아! 민주주의 말이지? 그것도 이미 해봤어."

"무슨-무슨 주의?"

"아이, 파티. 지금 네가 하려는 것은 별 도움이 되지 않을 거야. 글램록만의 사회에 낯선 것을 강제로 심어주려고 하는 짓이니까. 사회는 저절로 조직되도록 내버려둬야 해."

"틸리, 사회를 건설하는 것에 대한 그런 어려운 개념은 어디에서 배운 거야?"

"내가 살고 있는 사회는 항상 뭔가를 재건하겠다고 하지만 꼭 실패로 끝나. 그리고 나는 글램록들의 사회를 만들고 싶지도 않다고. 내가 원하는 건 그저 이곳을 빨리 벗어나는 것뿐인걸."

"하긴, 나도 그래. 그러면 우리가 이곳에 있는 동안 어떻게 하는 것이 좋겠니?"

"그들에게 뭔가 할 일을 줘야 해."

"무슨 할 일?"

"직접 선택하게 해야지. 그게 가장 좋은 방법이야."

"그걸 어떻게 할 수 있지?"

"그들은 정체성을 잃어버렸어. 그저 아무 생각도 하지 않고 살아갈 뿐이지. 심지어 그 녀석들은 이름도 없잖아. 그들에게 이름을 주고, 그들도 원한다면 얼마든지 마나가 될 수 있으며 자신의 현실을 만들어갈 수 있다고 가르쳐주는 거야. 그리고 그들이 자기 자신과 사회를 직접 만들도록 하는 거지."

"오-호-호! 아주 어려운 과제인걸! 하지만 그들의 삶이 우리의 꿈이고, 우리가 이곳에 관찰자로서 존재할 때만 그들의 삶이 돌아간다는 것을 잊고 있는 것 같아. 우리가 없으면 이곳의 현실은 다시 멈춰버릴 거야."

"하지만 메타현실도 관찰자가 없으면 살아 있지 못하고 움직이지 못한다는 걸 어떻게 확신하니? 그 사실을 누가 어떻게 확인할 수 있는데? 만약 관찰자가 없다면 확인할 사람도 없는 거잖아. 게다가 우리는 생시와 꿈이 어떻게 다른지도 아직 모른다고."

"그건 그래, 이곳에서는 아무것도 확신할 수 없어."

"거봐! 그리고 꿈속의 마네킹은 영혼이나 의식을 가지고 있지 않기 때문에 마네킹인 거라고 네 입으로 직접 그랬잖아. 물론 영혼에 관해서 내가 많이 알고 있는 건 아니지만 만약 그들에게 '나는 나다'

라는 생각을 주입시키려고 해보면 그들이 잠에서 깨어나 메타현실을 재생시킬 수도 있지 않겠어?"

"와, 마틸다, 너 정말 똑똑하구나!" 잇파트가 외쳤다. "정말 놀라워! 다만 하나 이해가 안 되는 것이 있어. 우리가 왜 그들을 깨워야 하는 거지?"

"적어도 그들이 자기 자신을 통제하면서 우리를 가만히 내버려둘 수 있도록 하기 위해서지. 그리고 그들을 조금이라도 의식이 가진 상태로 끌어올려서 이곳이 도대체 어떤 곳이고, 여기에서 어떻게 빠져나갈 수 있는지 물어볼 수도 있을 테고 말이야."

"그들이 과연 그 질문에 대답해줄 수 있을지는 모르겠지만 가능성은 있다고 생각해. 한번 해보자. 그러면 이 모든 것을 어떻게 실현시킬 수 있을 거라고 생각하니?"

"곧 보게 될 거야. 이미 여러 사람을 데리고 이런 훈련을 해본 적 있어. 가자. 그들이 뭘 하고 있는지 가서 보는 거야."

"가자, 가자. 다만 먼저 우리 자신이 깨어 있어야 해. 이건 장난이 아니잖아."

"알겠어. 최악의 상황이 일어날 수도 있으니까."

"잊지 마. 자기 자신을 통제한다는 것은 자신의 주의를 통제하는 것을 뜻해. 잠이 들어서는 안 돼. 그리고 만약 뭔가가 이상하다면 현실을 받아들이지 마. 네 것이 아닌 다른 누군가의 영화에 연결되어서는 안 된다고!"

"이제 알겠어, 파티! 자, 깨어나서 가자!"

두 친구는 의자에서 일어나 돌무덤 밖으로 향했다.

◆ 나는 나다

마틸다와 잇파트가 밖으로 나와 보니, 배경은 어느새 조금 다르게 바뀌어 있었다. 바닥에 피워놓았던 불과 프라이팬을 누군가가 깨끗이 치운 것이다. 죄책감에 그런 것이 분명했다. 글램록들은 뭔가를 기다리는 것처럼 조용히 일렬로 바닥에 누워 있었다.

"자," 마틸다가 허리에 손을 올린 채 말했다.

"자," 잇파트도 똑같은 행동을 하며 말했다.

그들은 누워 있는 글램록들을 따라 걸어갔다. 그들을 바라보는 눈빛 속에는 놀라움도 당황함도 아닌, 알 수 없는 감정이 비쳤다.

"왜 다들 이렇게 누워 있느냐?" 마틸다가 물었다.

"왜 이렇게 누워 있느냐, 불쌍한 아이들아?" 잇파트가 물었다.

글램록들은 꼼짝도 하지 않고, 아무 말도 하지 않으며 자신의 마나들을 지켜보고 있을 뿐이었다. 마침내 그들 중 하나가 벌떡 일어나 큰 목소리로 솔직하게 말했다.

"마나-파타, 우리를 사지해주세요!"

"우리를 사지해주세요!" 나머지가 입을 모아 외쳤다. "마나-파타! 마나-파타!"

"아-하-하! 그래, 잠시만 기다려라!" 잇파트가 웃으며 말했다.

"이것이 너희가 원하는 것이었느냐!" 마틸다가 놀라며 물었다.

글램록들은 멈추지 않았다. 그들은 몸을 일으켜 무릎을 꿇고는 네발로 기어 잇파트에게 다가갔다. 앞쪽에 있었던 글램록들이 그녀의 드레스를 움켜잡으려고 했다.

"마나-파타! 우리를 사지해주십시오! 마나-파타!"

잇파트는 몸을 돌려 뒤로 물러났다.

"쓸모없는 것들!" 그녀가 조소를 터뜨리며 대답했다.

"마나-파타!"

"너희는 그럴 가치조차 없다!"

하지만 글램록들은 그런 질책에는 조금도 주눅 들지 않고 사제의 다리에 줄줄이 달라붙어 질질 끌려가며, 똑같은 말을 반복했다.

"마나-파타! 우리를 사지해주십시오!"

잇파트는 큰 소리로 웃으며 그들로부터 도망쳤다.

"아-하-하, 그렇게 하지 않아도 될 것이다!"

이상한 행렬이 건물의 주변까지 길게 이어졌다. 마틸다는 분노하며 이 모습을 바라보고 있었다.

"이런, 한번 보아라! 정말 뻔뻔해졌구나! 두려워할 줄을 모르게 된 것이냐!"

"멈추거라!" 잇파트가 숨을 가다듬기 위해 멈췄고, 꿍꿍이를 가진 듯 뭔가 친구를 바라보며 말했다. "어쩌면, 마나-티다가 너희를 사지해줄지도 모른다."

"뭐?" 마틸다가 펄쩍 뛰며 말했다. "파티!"

글램록들은 재빨리 두 번째 마나에게 달라붙었다.

"마나-티다! 우리를 사지해주십시오!"

이제 마틸다도 그들에게서 도망쳐야 할 차례였다. 잇파트는 똑같은 일이 그녀의 친구에게 되풀이되는 것을 보고는 박수를 치며 큰 소리로 웃었다.

"지금 당장 멈추거라!" 마틸다가 그들에게 외쳤다. "저리 가!"

"마나—티다!" 글램록들은 멈추지 않았다.

마침내 마틸다는 그 모든 행동에 지쳐버렸고, 그녀는 몸을 돌려 자신을 따라오고 있던 글램록들을 향해 손을 뻗었다.

"자, 모두 멈춰!"

"쓸모없는 글램록들!" 잇파트가 동참했다.

글램록들은 두 마나가 무슨 말을 할지 기다리며 그 자리에 꼼짝 않고 서 있었고, 마틸다와 잇파트는 허리에 손을 올린 채 그들 앞에 섰다.

"너희에게 무시무시한 벌을 내리겠다고 말한 것을 벌써 잊은 것이냐?" 마틸다가 물었다.

"왜 모닥불을 치웠지?" 잇파트가 물었다.

"우리는 지금 당장 너희를 먹으려고 했단 말이다!"

"그렇다—그렇다! 너희를 먹을 것이다—먹을 것이다!"

"먹지 않을 것입니다! 먹지 않을 것입니다!" 글램록들이 확신에 찬 목소리로 일제히 외쳤다.

"그건 왜지? 왜지 그건?" 마틸다가 놀랐다는 듯 물었다.

"마나들은 관대하니까요!" 그들이 대답했다.

"그렇지 않다." 잇파트가 부정했다 "그래서, 프라이팬은 어디다 치웠느냐?"

"너희가 이렇게 버릇없이 구니 너희를 먹어버려야겠다." 마틸다가 말했다.

"그렇다, 선택의 여지가 없구나." 잇파트가 힘주어 말했다.

"안 됩니다! 안 됩니다!" 글램록들이 말했다.

"그렇다면 행동을 조심하거라." 마틸다가 말했다. "무엇을 해야 하느냐?"

"헛소리를 읽어야 합니다!"

"그러면 이제 새로운 헛소리를 가르쳐주겠다."

"마나-티다-옌카! 마나-티다-옌카!" 글램록들에게서 활기가 되살아났다. "우리에게 춤을 추자고 하네!"

"아니다, 옌카는 재미있지만 지금은 조금 다른, 교훈적인 헛소리를 배울 것이다. 새로운 헛소리는 더 크고, 더 좋다! 한번 들어보아라."

디바는 연극배우들이 하듯 두 팔을 높이 쳐들고 큰 소리로 말하기 시작했다.

"태양이여, 영원히 이곳에 있으라!"

그녀가 할 말을 더 잇기도 전에 하늘에 갑자기 태양과 같은 원이 빛나기 시작했다. 우리가 여태까지 봐온 것처럼, 메타현실의 하늘은 밝게 빛났지만 해는 없었다. 하지만 놀랍게도 이제는 모든 것이 원래의 모습을 되찾았다. 디바와 사제와 글램록 모두에게 그것은 놀라운 일이었다.

"틸리, 너는 정말 놀라움으로 가득한 것 같아." 마틸다에게 잇파트가 속삭였다. "다시 너의 리본을 사용한 거야?"

"파티, 나도 이렇게 될 거라고는 상상도 못했어!" 마틸다가 귓속말로 대답했다.

"이곳에서는 손잡이를 사용하거나 생각을 할 때 더 조심해야 해!"

"알고 있어. 잠시 잊어버렸을 뿐이야. 우연히 이렇게 된 거라고."

"알겠어-알겠어. 어떻게 보면 더 나아진 거지. 하지만 앞으로는 조심해야 해."

글램록들은 눈앞에 펼쳐진 기적에 환호성을 지르며 기뻐했다.

"아바아! 아바아!"

그다음 그들은 마나들을 향해 일제히 엎드려 절했다.

"마나-티다! 위대한 마나!"

"그만하거라! 일어나라!" 마틸다가 그들에게 명령했다. "아니다, 앉아 있는 것이 좋겠구나. 전부 자리에 앉아라."

마틸다와 잇파트는 큰 돌 위에 앉았고, 글램록들은 반원 모양으로 그들의 앞에 앉았다.

"우리 둘은 위대한 마나이다." 마틸다가 말했다. "너희는 우리의 명령에 따라야 한다."

"네! 네! 그럴 것입니다!"

"하지만 너희도 마나가 될 수 있다."

"어떻게요? 어떻게요?" 글램록들이 놀란 목소리로 물었다.

"위대한 마나인 우리가 너희에게 알려줄 것이다."

"그렇다, 너희도 직접 마나가 되어 서로를 사지해줄 수 있을 것이다." 잇파트가 말했다.

"정말 그럴 수 있나요? 정말 그럴 수 있나요?"

"그럼-그럼!" 마틸다가 말했다. "내가 너희에게 발음하는 방법도 가르쳐주지 않았느냐?"

"네, 네! 우리는 발음을 할 수 있습니다!"

"그러면 새로운 헛소리를 들어보아라." 마틸다는 자리에서 일어나지 않고, 조금 전처럼 팔도 들어 올리지 않고 가만히 노래를 부르기 시작했다.

"그곳에 항상 태양이 있기를,
항상 하늘이 있기를,
항상 마마가 있기를,
항상 내가 있기를."♦

"항상 마나가 있기를! 항상 마나가 있기를!" 글램록들이 큰 소리로 따라 했다.

"'마나'가 아니라 '마마'다." 마틸다가 지적했다. "이제 너희가 이 헛소리를 처음부터 끝까지 따라 해보아라."

글램록들은 하나도 맞지 않는 톤으로 열심히 노래를 따라 하기 시작했다.

"그곳에 항상 태양이 있기를,
항상 하늘이 있기를,
항상 마나가 있기를,

♦ L. 오샤닌의 시 〈그곳에 항상 태양이 있기를〉.

항상 나가 있기를."

"이 멍청한 것들, 너희는 '마마'를 못하느냐? 그리고 '나가 있기를'이 아니라 '내가 있기를'이란 말이다. 다시 해보아라."

하지만 글램록들은 고집스럽게 이 네 줄의 간단한 노래를 제멋대로 불러댔다.

"알겠다, 그렇게 마나라고 하고 싶으면, 그렇게 하든지." 마틸다가 말했다. "하지만 반드시 '항상 내가 있기를!'이라고 말해야 한다. 그게 가장 중요한 부분이란 말이다."

글램록들은 당황했다. 그들은 잠시 모여 수군거리더니, 그들 중 하나가 앞으로 나와 물었다.

"'나'가 누구입니까? 그는 어디에 있죠? 마나가 보여주세요."

"좋다." 마틸다가 말했다. "이리 와서 한번 대답해보아라. 너는 누구냐?"

"우리는 글램록입니다." 그가 말했다. "우리는 헛소리를 읽습니다. 그리고 우리는 발음도 합니다! 아바아!"

"그건 '그들'이 글램록인 것이다." 그녀가 나머지 글램록들을 가리키며 말했다. "'너희' 모두가 글램록이다. 하지만 '너'는 누구냐?"

"우리는 글램록입니다…." 마네킹에게서 당황한 기색이 역력했다. 나머지 글램록들도 마찬가지였다.

"틸리, 우리를 이해하지 못하고 있어. 글램록에게는 자신만의 '나'라는 것이 없으니까." 잇파트가 말했다. "그리고 그들에게는 엄마도 없잖아. 그들은 마네킹이야. 사람을 본떠 만든 모형이라고."

"알겠어. 자, 보아라. 내가 마나-파타에게 물어보겠다." 마틸다는 잇파트에게 몸을 돌렸다. "너는 누구냐?"

"나는 마나-파타이다." 잇파트가 대답했다.

"이제 네가 나에게 물어봐."

"너는 누구냐?"

"나는 마나-티다이다. 이제 알겠느냐?"

"네! 네!" 글램록들이 다 같이 대답했다. "당신들은 마나입니다!"

"이제 내가 너에게 묻겠다." 마틸다가 다시 마네킹을 향해 물었다. "너는 누구냐?"

"우리는 글램록입니다!" 그가 대답했다.

"이건 시간 낭비야, 틸리." 잇파트가 말했다.

"아니, 나는 포기하지 않겠어!" 마틸다는 잠시 생각에 잠겼다. "그러면 그들을 거울로 데려가보자. 자기 자신을 보게 하는 거야. 그러면서 무엇에 대해 알고 있느냐고 물어보는 거지."

"그래, 한번 해보자. 아주 흥미로운데."

"자, 들어라!" 마틸다가 글램록들에게 말했다. "이제 거울 앞으로 갈 것이다. 그곳에 가본 적이 있느냐? 그것이 무엇인지 아느냐?"

"모릅니다." 글램록이 대답했다. "'거울앞으'가 무엇입니까?"

"'거울'이란 것이 있다. 바다가 있고, 야자나무가 있는 곳이지. 바로 저쪽에 있다." 마틸다가 한때 잇파트와 보이지 않는 벽을 통과하려고 애썼던 그곳을 가리켰다.

"세계의 끝! 세계의 끝!" 글램록들이 흥분하여 말했다. "가면 안 됩니다! 저쪽으로 가면 안 됩니다! 아부우!"

"우리와 함께 가면 괜찮다." 마틸다가 그들을 진정시켰다. "우리는 위대한 마나이다. 그러니 우리가 너희를 인도할 것이다."

글램록들은 차마 결심이 서지 않는 듯, 자리에서 발을 떼지 못하고 있었다. 그들의 '아부우' 소리를 멈추게 하기는 쉽지 않았다.

"마나가 되고 싶으냐?" 그들에게 잇파트가 물었다.

"네, 네! 되고 싶습니다!"

"그렇다면 가야 한다."

"가야 한다-가야 한다!" 마틸다가 위엄 있는 모습으로 강조했다. "너희는 마나가 될 것이며, 모두 자 될 것이다. 아니지, 단순히 자 되는 것이 아니라, 자-알 될 것이다. 그것은 더 크고, 더 좋은 것이다. 아바아!"

"아바아!" 글램록들이 흥분하여 외쳐댔다.

그들은 겨우 글램록들을 설득할 수 있었고, 적합한 표현을 찾을 수 없어 그저 '거울'이라고만 불렀던 신비한 물체가 있는 곳으로 행렬을 이동시켰다. 거울로 가는 길에 마틸다와 잇파트가 잠시 틈을 내어 대화를 나눴다.

"틸리, 무슨 뾰족한 수라도 있는 거야? 우리가 하려고 하는 일에 대해서 말이야." 잇파트가 물었다.

"글램록들을 거울 앞에 세워서 자기 자신을 보게 할 거야." 마틸다가 대답했다.

"하지만 효과가 없을 수도 있어. 거울 속의 나를 본다고 해서 곧바로 자기 자신을 알게 되는 건 아니라고."

"무슨 말인지 더 자세히 설명해줄래?"

"우리가 이미 얘기한 적이 있는 거야. 등장인물들과 관찰자들에 대해서 기억나니?"

"아! 글램록들은 그저 순진한 등장인물들이라는 거 말이지?"

"그래. 그래서 글램록에게는 그들만의 '나'라는 것이 없어. 반대로 그들은 자신만의 '나'가 없기 때문에 등장인물일 수밖에 없는 거야."

"원래 자아라는 게 뭘까? 물론 나는 '나는 나야'라고 말할 수 있어. 하지만 그 '나'라는 게 뭘까?"

"아주 간단해. 그건 너의 주의야."

"어떻게 그럴 수 있지? 잘 모르겠어."

"글램록들의 주의는 그들에게 일어나고 있는 영화에 완전히 연결되어 있기 때문에 자신만의 '나'를 가질 수 없어. 그들은 의식이 없는 등장인물들이야. 누군가 꿈을 꾸면 그 사람도 마찬가지로 등장인물이 되는 거지. 그는 마치 안개 속에 있으면서 제정신이 아닌 것처럼 자기 자신을 잊어버리고 살아. 왜냐하면 그의 주의는 꿈에 연결되어 있으니까. 하지만 그 사람이 자기 자신을 기억해내는 순간, 즉 자신의 주의를 통제할 수 있게 되는 순간 꿈에서 깨어나는 거지."

"타프티-타프티! 사제여-사제여!" 마틸다가 외쳤다 "너의 기억이 돌아온 거 아니니?"

"조용히 해, 일리트! 아직 완전히 돌아온 건 아니야. 스승님이 나에게 가르쳐줬던 내용들이 아직 그저 조금씩만 기억나고 있어."

"하지만 그 모든 것이 간단한 사실인 것처럼 설명해주는 네 모습이 예전과는 전혀 달라 보여! 한 번도 그렇게 생각해본 적 없는데 말이야. 그렇다면 '나'는 곧 '나의 주의'라는 말이니? 그게 다야?"

"그게 다야. 그러면 뭐가 더 있기를 바랐니?"

"음, 보통 모든 사람은 저마다 더 높은 수준의 본질이라는 것을 가지고 있잖아."

"영혼! 그래 맞아. 가지고 있지. 다만 평범한 사람은 자신의 영혼을 감지하거나 듣지 못할 뿐 아니라 자각도 하지 못해. 더 높은 수준의 본질을 가지고 있으면서 자기 자신에 대한 의식도 가지고 있지 못한다는 사실이 무슨 의미가 있겠니?"

"그런데 어떻게 의식을 하지 못할 수 있지?" 마틸다가 놀라워하며 말했다. "나는 나야! 나는 나잖아!"

"물론 너는 너지. 하지만 오직 그 질문을 자기 자신에게 했을 때뿐이야. 너는 자기 자신에게 주의를 돌려놓았을 때에만 너 자신이 될 수 있어. 그것을 외부에서 재생되고 있는 영화와 내부의 생각에서 끌어냈을 때 말이야. 오직 그때만이 '너는 너'라고 말할 수 있는 순간이야. 그때를 제외한 나머지 시간에는 의식이 없는 등장인물이고, 영화에 이리저리 끌려다닐 수밖에 없어. 너는 너 자신을 자각하지도 못하고 너 자신을 통제하지도 못하지. 왜냐하면 너의 주의조차 어쩌지 못하니까."

"꿈과 생시 모두에서?"

"모두 똑같이."

"라하! 알겠다! 파티, 이미 이 주제에 대해서 여러 번 얘기했잖아, 그런데도 나는 제대로 이해할 수 없었어."

"그래, 이 모든 게 단순하면서도 동시에 어려우니까."

"맞아. 그럼 내가 한번 정리해볼게.

내가 잠이 들었거나 잠이 들었다는 사실을 모르고 있을 때 나는 등장인물이고 꿈이 나를 통제해. 주의는 나에게 속하지 않고 그것은 꿈에 연결되어 있지.

하지만 내가 잠들어 있다는 사실을 깨닫게 되면 꿈속에서 나는 정신을 차리고 의식을 가지고 살고, 관찰하고, 주변 상황에 영향을 미칠 수도 있게 돼. 주의는 내 손 안에 있게 되는 거야. 하지만 통제를 할 수 없게 되면 나는 다시 잠들어 있다는 사실을 잊어버리게 되고, 나 자신을 잊어버리고, 또 잃어버리게 되는 거야.

그리고 내가 생시에서 자신을 잊어버리면 그때도 마찬가지로 등장인물이 되는 거야. 주의는 나에게 속하지 않고, 그것은 영화에 연결되어버려. 그리고 영화가 나를 통제하게 되지.

다시 말해서 나는 나의 주의야. 만약 그것이 나의 것이라면 나는 나야. 하지만 나의 주의가 어딘가에 연결되어 있는 상태라면 나는 존재하지 않는 것이나 다름없고, 존재하는 것은 나를 삼켜버린 이 영화뿐이야.

파티! 나 갑자기 분명하게 깨달았어! 꿈에서는 마치 내가 없는 것 같았어. 나는 잃어버린 사람이고, 완전히 잊혀진 존재 같았어! 그리고 생시에서도 똑같았던 것 같아. 나는 자주 의식 없이 기계처럼 행동했어. 내가 마치 내가 아닌 것처럼. 나는 어떤 영화의 등장인물이었던 거야. 그러면 나는 거의 항상 등장인물처럼 살아가고 있다는 거야? 완전히 끔찍해! 끔찍해 완전!"

"전부 맞는 말이야, 틸리." 잇파트가 말했다. "너는 너의 주의야. 그리고 너는 의식을 가진 관찰자거나 등장인물이거나 둘 중 하나지.

너의 주의를 가지고 어디에 존재하고 있느냐에 따라서 말이야. 너 자신에게 있느냐, 그렇지 않느냐에 따라서."

"멋진데! 드디어 이해했어!"

"그래, 우리는 적어도 때때로 잠에서 깨어나 우리 자신을 자각할 수 있어. 그런데 글램록들의 주의는 꿈과 영화에 꼼짝없이 연결되어 있기 때문에, 그들은 '나는 나야'라고 말할 수 없지."

"세상에, 그걸 어떻게 이 돌덩이들에게 설명해주지?"

"아-하-하! 설명할 기회는 없을걸. 너조차도 곧바로 이해하지 못했잖아. 너는 똑똑하고, 글램록들은 마네킹이니, 그 차이를 잊지 말아야 해."

"우리는 이제 어쩌지? 아무것도 성공하지 못하겠지?"

"한번 해보자. 우리는 어떻게든 글램록이 주의를 꿈에서 분리하도록 도와주기만 하면 돼."

그들이 대화를 나누는 사이 마침내 행렬이 목적지에 도착했다.

◆ 현실의 만화경

마틸다와 잇파트와 글램록들은 거울을 향해 다가갔다. 아니 더 정확히는, 진짜 현실과 가짜 현실을 구분하는 보이지 않는 벽으로 다가간 것이다. 벽이 그곳에 있다는 사실을 보여주는 유일한 단서는, 바로 그것이 있는 지점을 경계로 돌밖에 없는 황량한 황무지가 풀이 깔린 땅으로 갑작스럽게 변한다는 것이었다. 거울의 반대편 세계에서는 여전히 똑같은 장면이 비치고 있었다. 모래 해변으로 넘실대며 다가오는 파도와 야자나무, 바람에 흔들리는 잎사귀들… 그리고 거울의 이쪽 세계, 메타현실에서는 유일하게 달라진 것이 있었다. 바로 마틸다가 '창조한' 태양이 빛나고 있다는 사실이었다. 그래서 이쪽 세계와 저쪽 세계의 태양이 각각 하나씩, 모두 두 개의 태양이 거울을 가운데에 두고 대칭을 이루고 있었다.

글램록들은 눈앞에 펼쳐진 장면을 보고 굉장한 충격을 받았다.

"크게 많습니다!" 그들이 깜짝 놀랐다는 듯 말했다. "크게 많습니다!"

그들은 이제까지 단 한 번도 바다를 본 적이 없는 듯했다.

"그렇다, 물이 아주 많지." 마틸다가 동의했다. "물이 많다. 이건 바다라고 한다. 바다를 처음 보느냐? 이곳에 와본 적이 있다고 하지 않았느냐?"

"있습니다, 있습니다!" 그들이 대답했다. "없습니다, 없습니다!"

"그러면 이곳에는 무엇이 있었느냐?"

"벽! 세계의 끝! 하늘의 벽!"

"이상하네." 마틸다가 말했다.

"맞아. 이상해-이상해. 이곳에서 사방으로 향하는 벽과 하늘로 향하는 벽을 봤나 봐."

"지금 이 벽도 굉장히 커. 하지만 지금은 투명하잖아." 마틸다는 거울에 가까이 다가가 보이지 않는 표면을 더듬었다.

"아니, 벽은 없어요!" 글램록들이 자신 있게 말했다. "저쪽으로 갈 거예요!"

"잠깐, 기다려보아라." 마틸다가 그들에게 외쳤다. "거울을 한번 들여다보아라! 너희 자신이 보이느냐?"

"틸리, 봐봐, 거울에 그들의 모습이 보이지 않아!" 잇파트가 외쳤다.

실제로 마틸다와 잇파트의 그림자는 안개처럼 뿌옇게 보이긴 했지만 분명 거울에 비치고 있었다. 하지만 글램록의 그림자는 전혀 보이지 않았다.

"어쩌면, 이곳의 등장인물은 거울에 비치지 않을지도 몰라." 마틸다가 말했다.

"그럴지도 모르지." 잇파트가 말했다. "그들이 뭔가를 본떠 만든 완전한 복제품이라면 저쪽 세계에 있는 현실에서는 진짜 모습이 없을 테니 말이야."

글램록은 이미 참을 수 없다는 듯 바다를 향해 가려고 애쓰고 있었다. 그들이 조금 전까지 '세계의 끝' 타령을 하며 외쳐대던 '아부우' 소리는 어느새 흔적도 없이 쏙 들어가버린 지 오래였다.

"저쪽으로 가고 싶습니다!" 그들이 말했다. "저쪽으로 갈 것입니다!"

"다들 바다로 가고 싶어해." 마틸다가 말했다. "하지만 너희는 통과하지 못할 것이다, 어리석은 것들!"

"그래도 한번 시도하게 내버려둬." 잇파트가 말했다.

글램록들은 이미 마나들의 말이 들리지 않았다. 그들은 아름다운 풍경에 이끌려, 마치 벽이 있다는 사실을 모른다는 듯 떼 지어 바다를 향해 가려고 기를 쓰고 있었다. 마틸다와 잇파트는 바보 같은 글램록들이 끊임없이 벽에 부딪히고 이마에 상처를 입는 모습을 보며 입을 다물 수 없었다. 그러다가 상상조차 할 수 없는 일이 일어났다.

글램록들은 한 명, 한 명 벽으로 스며들어 흔적도 없이 사라졌고, 거울의 반대편에서도 다시 나타나지 않았다. 그러나 잠시 뒤, 거울에 반사된 것처럼 이쪽 세계로 걸어나오는 것이 아닌가. 하지만 거울에서 나왔을 때 그들의 모습은 완전히 달라져 있었다. 어떤 글램록은 남자, 어떤 글램록은 여자의 모습이었는데, 전부 중세 시대의 옷을 입고 있었다. 여자는 치마가 넓은 우아한 드레스를, 남자는 타이츠와 실크 조끼를 입고 있었다. 그들은 모두 머리에 가발을 쓰고 있었는데 여자들은 높고 밝은색의 가발, 남자들은 머리카락이 곱슬곱슬하게 말린 어두운색의 가발이었다. 그들의 얼굴은, 두 친구도 현실의 거울 속에서 이미 본 적이 있는, 에나멜 그림에 금을 입힌 마스크로 가려져 있었다. 다만 반사된 모습이 거울 속에 있는 것이 아닌 이쪽 세계에 있었기 때문에 마틸다와 잇파트가 연극 한가운데에 있었다는 사실이 유일하게 다른 점이었다.

어딘가에서 클라브생 음악이 흘러나오기 시작하고, 한낮의 밝은 빛은 흐릿한 조명으로, 돌투성이 바닥은 나무 무대로 바뀌어 있었다. 파트너들은 두 열로 나뉘어 서로를 바라보고 서 있다가 미뉴에트를 추기 시작했다. 남자들은 점잖게 몸을 숙였고, 여자들은 우아하게 무릎을 굽혀 인사했다. 그들은 하나로 모여 손을 포개고는 천천히 원을 그리며 춤을 췄다. 모든 것이 마틸다의 극장에서 본 것과 똑같았다. 유일하게 달랐던 것은, 그들이 입은 옷이 클래식하고 점잖았으며 감독과 촬영 팀과 디바의 도플갱어가 없었다는 사실이었다. 그러는 사이 거울 속의 풍경은 예전의 모습으로 돌아와 있었다. 바다에는 다시 차가운 파도가 넘실거리고 있었다.

마틸다와 잇파트는 말없이 이 모든 상황을 지켜보고 있다가 놀란 눈으로 서로를 바라보았다. 마침내 잇파트가 속삭이며 말을 꺼냈다.

"틸리, 이것도 네가 한 거야? 너의 꿈이니?"

"파티, 난 지금 이 일과는 아무 상관이 없어." 마틸다가 귓속말로 답했다. "저절로 일어나는 거야."

"그렇다면 난 도대체 어떻게 된 일인지 알 수가 없는걸."

"나도 마찬가지야."

그때 음악의 템포가 갑자기 빨라지기 시작했고, 춤을 추는 글램록들은 점점 더 빨리 움직이며 군무의 대형을 갖추기 시작했다. 그들의 형상은 누군가 거대한 찻잔 속을 마구 휘젓고 있는 것처럼 서서히 공기 속으로 희미하게 사라졌다. 모든 것이 소용돌이치며 빙글빙글 돌았고, 윙윙거리는 소리는 더욱더 커져만 갔다…. 그러다 갑자기 모든 것이 멈추고, 어디선가 나타난 녹색의 안개만 짙어지고 있었다. 모든 것이 변화하는 가운데 마틸다와 잇파트는 두 명의 관찰자가 되어 그 자리에 가만히 서 있을 뿐이었다.

잠시 뒤 안개가 사라지며 새로운 장면과 새로운 무대가 나타났다. 모닥불의 빛으로 희미하게 밝혀진 동굴 속에서 가죽을 걸친 원시인들이 뭔가를 먹고 있었다. 그들은 음식을 먹거나 단순한 작업을 하고 있었는데, 누군가는 가죽으로 뭔가를 만들고 있었고, 다른 누군가는 무기를 만들고 있었다. 또 다른 누군가는 벽에 뿔이 달린 동물을 그리고 있었다. 그 그림은 갑자기 살아나 꿈틀대더니 이곳저곳을 뛰어다니기 시작했다. 동굴의 천장과 벽은 하나의 거대한 풍경으로 변했다.

이제 그 공간은 야생 동물들이 풀을 뜯고 있는 초원으로 변했다. 조금 떨어진 수풀에서는 사람들이 창을 들고 동물들을 향해 살금살금 다가가고 있다. 갑자기 사냥꾼들이 벌떡 일어서며 재빨리 동물을 향해 창을 던진다. 동물들은 빠르게 달아나고, 몇 마리는 상처를 입어 무리에서 뒤처지다가 결국 쓰러지고 만다. 사냥꾼들은 그 동물을 잡아서 가죽을 벗기고 조금 손질하더니 그것을 옮긴다. 그들은 가죽과 고기를 동굴로 가져온다. 모닥불에 고기를 굽고, 구운 고기를 먹고, 집안일을 한다. 화가들은 벽에 사냥 장면을 그린다. 그 그림은 다시 살아나고, 동굴은 다시 초원이 된다.

이제 양 떼가 초원에서 풀을 뜯고 있고, 거친 가죽옷을 입은 양치기들이 그 주변을 맴돌며 양을 친다. 그곳에는 나무 막대기와 가죽으로 만들어진 원시적인 형태의 집이 있고 안에서는 여자들과 아이들이 앉아서 뭔가를 만들거나 요리를 한다. 샤먼은 모닥불 주변에서 춤을 추고 주술용 탬버린을 친다. 한 노인은 가죽 조각에 어떤 표식을 그린다. 표식이 살아나 움직이기 시작하고, 가죽 조각은 드넓은 들판이 된다.

들판에는 황갈색의 옷을 입은 사람들이 낫으로 밀을 베고 그것을 단으로 묶고 있다. 그들은 추수한 작물을 수소들이 끄는 수레에 실어 방앗간으로 가져가고, 그곳에서 빻아 만든 밀가루로 빵을 굽는다. 공간은 기둥과 대리석 동상들이 있는 오래된 사원으로 변한다. 그곳에서 노비들은 단지를 날라 나루터에 정박한 배에 싣는다. 철학자는 모래 위에 도형을 그리고 있다. 도형들이 바닥에서 일어나 점점 커지더니 중세 도시가 된다.

좁은 거리들과 돌로 만든 벽들, 벽돌 지붕들. 옹기장이가 물레 앞에 앉아 도자기 그릇을 빚고 있다. 대장장이는 망치와 모루를 들고 작업을 한다. 시장 광장에는 여러 가지 물건들이 진열되어 있다. 갑옷을 입고 말 위에 앉은 기사들은 창과 깃발을 들고 성으로 향한다. 성문이 올려지고, 궁전 안으로 들어선다. 호화스러운 드레스를 입은 여인들이 마차에 앉아 있다. 성의 작은 방에는 연금술사가 온갖 도구들과 증류기를 가지고 실험을 하고, 뭔가를 책에 기록하고 있다. 책의 책장이 부스럭거리며 넘어가더니 자리에서 일어서 새로운 현실의 한 장면을 펼친다.

노동자는 기계 앞에 서 있다. 수많은 기계가 큰 체인을 이루며 큰 소리로 덜컹거리고 있다. 공장 건물 위로 굴뚝이 우뚝 솟아 있고, 그 굴뚝에서 연기가 흘러나온다. 기관차는 철로를 따라 달음박질치고,

그 뒤에는 열차들이 줄줄이 이어진다. 기관차는 역에 다다르고, 열차에서 신사들과 숙녀들이 내린다. 항구의 인부들은 사다리를 따라 짐을 올리고, 자루와 상자를 나른다. 도크에서는 일꾼들이 배를 만들고 있다. 기관차는 연기를 뿜어내더니 항구에서 빠져나간다. 학자들은 칠판 옆에 서서 분필로 뭔가를 적고 있다. 칠판은 어려운 공식들로 가득하다. 공식들은 이리저리 휘어지더니 공중으로 날아간다. 공간은 빙글빙글 돌면서 별이 가득한 우주로 변하고, 그다음 다시 지구로 돌아간다.

대도시는 고층 빌딩에서 새어 나오는 불빛으로 눈이 부시고, 도로는 자동차들이 끊임없이 달려가고 있다. 아파트와 사무실에는 사람들이 모니터 앞에 앉아 있다. 공장의 생산 라인에는 컨베이어 벨트가 움직이고, 하얀 작업복을 입은 노동자들이 컨트롤러를 조종하고 있으며, 여기저기에서 전구 불빛이 번쩍이고 기계가 움직인다. 과학자들은 컴퓨터의 모니터 앞에 앉아 복잡한 설계도와 그림들을 만들고 있다. 이 그림들이 밖으로 튀어나와 공간 전체를 집어삼킨다.

대도시는 통로로 연결된 거대하고 검은 정육면체와 원기둥으로 변한다. 원기둥 안에는 인간의 배아가 들어 있는 캡슐들이 둥글게 걸려 있다. 반면 정육면체는 벌집으로 가득 차 있고, 그 속에는 성인들이 여전히 모니터에서 눈을 떼지 못한 채 벌집 속에 앉아 있다. 모두 똑같이 생긴 메탈릭 색깔의 점프수트를 입고 있다. 그곳엔 더 이상 램프도, 차도, 기계도 없고, 오직 빛나는 패널과 모니터만 있을 뿐이다. 모두가 제자리에서 꼼짝하지 않던 중 오직 한 사람이 일어나 패널을 만진다. 그곳에서 찻잔이 올려진 평평한 토막이 나온다.

사람은 찻잔에 담긴 내용물을 단숨에 들이키더니 다시 모니터 앞에 앉는다. 묵직한 정적이 공간을 가득 채우고 있다. 오직 조용한 기계 소리만 들릴 뿐이다.

기계 소리가 갑자기 잦아들고, 모든 빛이 사라진다. 사람들은 공포에 빠져 이 패널에서 저 패널로 우왕좌왕한다. 그들은 그것을 어떻게 켜고 어떻게 작동시키는지 모른다. 아무것도 할 수 없게 된 그들은 밖으로 나와버리고, 눈길이 닿는 곳곳을 그저 허망하게 방황하며, 마주치는 사람들과 대화를 하지도 않는다. 점점 거리는 텅 비어가고, 정육면체와 원기둥의 유리에 금이 가더니 작은 파편이 되어 주변에 흩뿌려진다. 건물들은 낡아 무너지고, 조각들은 모래알이 된다. 그러고는 전부 풀과 나무로 변한다. 모닥불이 피워진 동굴 속에는 다시 원시인들이 앉아 있다. 그리고 다시 선사시대의 화가가 벽 앞에 서서 사냥하는 장면을 그린다.

◆◆◆

마틸다와 잇파트는 돌무덤 앞의 광장에서 정신을 차렸다. 글램록들은 어쩔 줄을 모른 채 서로를 바라보고 주변을 두리번거리고 있었다. 그들의 형체는 다시 예전처럼 돌아왔다. 회색 후드를 입은, 그리고 머리카락 한 올 없는 전부 똑같이 생긴 마네킹들이었다.

"파티!" 마틸다가 외쳤다. "도대체 아까 그건 뭐였어? 너무 충격적인걸!"

"우리가 문명의 역사를 본 것 같아." 잇파트가 미소 지으며 말했다.

"우리의 문명?"

"누구의 것인지는 모르겠어. 너희 세계에서의 문명일 수도 있지. 비슷했니?"

"그럼! 라하! 이게 우리를 기다리고 있는 미래일까?"

"그건 알 수 없어. 미래는 정해져 있는 것이 아니니까. 가능태♦는 무한하게 많지."

"어떻게 정해져 있지 않을 수 있지?"

"이런 거야. 미래는 아예 존재하지 않아. 그것은 지금 당장 무슨 일이 일어나느냐에 따라 매 순간, 매 현실의 장면에 따라 변하지. 정확히 말하면 미래에 일어날 수 있는 가능태가 변하는 거야. 항상 변하는 것을 정말로 존재하는 것이라고 말할 수 있을까?

"그러면 우리가 본 것은 뭐였을까?" 마틸다가 물었다.

"일어날 가능성이 있는 일이나 이미 어떤 문명 중 하나에서 일어난 적이 있는 일이겠지." 잇파트가 대답했다. "지구에는 많은 문명이 있었어. 그리고 앞으로도 많은 문명이 있을 거야."

"아, 파티. 하지만 우리의 문명과 너무 비슷했다고! 아주, 아주 많이! 그래서 너무 두려워!"

"틸리, 네가 지금 어디에 있는지 잊은 것 같아. 두려워하려면 일단 그곳으로 돌아가는 게 먼저야."

"너희 세계의 문명처럼 보이지는 않았니?"

♦ 지금은 정보의 형태로 감추어져 있으나 얼마든지 실현될 수 있는 잠재적 현실의 파도 또는 트랙. 궁극적으로 이 우주는 항시 무한한 가능태를 저장 또는 생성하고 있으며, 그중 원하는 가능태만을 골라 옮겨 다니는 것이 곧 '트랜서핑transurfing'이다. 역주.

"응. 우리 세계에는 기계나 모니터가 없어. 우리는 다른 방법을 사용하지."

"그래, 알겠어. 그래서 더 너희 세계로 가고 싶기도 해. 나는 이제 나의 세계로 돌아가는 게 두려워. 이것 말고도 나는 전쟁이 일어날 거라고 생각했는데, 알고 보니 전쟁보다 더 무서운 것이 있었네."

"틸리, 하지만 우리가 본 일이 너희 세계에서 일어날 것이라는 보장은 없어. 현실의 미래는 아무도 모르는 거야."

"심지어 거울도?"

"심지어 거울도! 다시 한번 말하지만 그것은 과거에 일어났던 한 장면이었을 수도 있다고."

"오, 파티, 우리는 우리가 어디에서 왔는지조차 모르고 있어. 너는 미래, 나는 과거에서 왔을 수도 있고 또는 그 반대일지 누가 알아? 잠깐, 만약 네 말대로 미래가 없다면 너는 과거에서 온 거니? 또는 내가 과거에서 온 걸까? 나 너무 혼란스러워."

"틸리, 너무 깊게 생각하지 마. 미래도 과거도 사실은 없는 거야. 오직 현재만, 지금의 프레임만 존재할 뿐이지. 너와 나는 한 프레임에서 서로 교차하는 각기 다른 영화 필름에서 살고 있었던 거야. 너는 과거에 이런 일과 저런 일이 있었다고 기억하고 있을 거야. 왜냐하면 너의 기억은 너의 영화 필름에 묶여 있으니까. 다시 말해서 우리의 과거와 앞으로 일어날 수 있는 가능성은 동시에, 그리고 똑같은 가능성을 가지고 존재하는 거야."

"지금 네 말은, 똑같이 무한한 과거의 가능태도 있다는 말이니?"

"물론이지. 미래의 가능태가 무수히 많은데 하물며 과거라고 그러지 말란 법이 있겠어?"

"하물며라니?"

"미래는 과거에서 흘러나오는 것이니까. 미래의 부채꼴은 과거의
부채꼴에서 이어지는 거라고."

"하지만 만약 여러 가지 일들이 일어났다는 사실을 내가 기억하
고 있는데, 사실 그런 일은 일어난 적이 없는 거니? 너와 네가 분명
이곳에서 만났는데 사실은 그런 적이 없는 거야? 이미 일어났는데
그 일이 일어났다는 것이 사실이 아니라고?"

"그렇기도 하고 아니기도 해." 잇파트가 한숨을 쉬며 말했다.

"파티!" 마틸다가 참을 수 없다는 듯 소리쳤다. "설명 좀 해줄래?"

"할 수 없-어-어! 지금 내가 확실하게 말할 수 있는 사실은, 과거
와 미래가 가상적이라는 거야. 존재한다고 볼 수 있는 것은 오직 지
금 일어나고 있는 현재지."

"하지만 사건이 발생하고 과거로 사라졌어. 그러면 그건 일어난
일이잖아? 실제로 있었던 일이라는 말이잖아!"

"그렇기도 하고 아니기도 해."

"파티! 너 때문에 정말 답답해 미치겠어! 나 지금 벌써 제정신이
아닌 것 같아!"

"틸리-틸리, 진정해. 뭔가가 이해되지 않는다고 해서 그게 미쳐
버릴 이유가 되는 건 아냐. 나도 과거와 현재와 미래가 뭔지 정확히
말로 설명해줄 수는 없어. 사실 누구도 할 수 없지. 무엇이 지금 일
어나고 있는 현실이지? 그것이 무엇 때문에 일어나지? 애초에 그게
뭘까?"

"한 번도 생각해본 적 없어. 그것은 그냥 존재할 뿐이지. 그게 다야. 나는 실제로 그것이 존재한다는 것을 보고 느껴. 그러니 존재했다는 뜻이 아니면 뭐겠어?"

"하지만 꿈에서도 마찬가지로 실제로 보고 느끼잖아. 대답해봐. 꿈에서 일어났던 일은 실제로 일어난 일이니?"

마틸다는 할 말을 잃은 채 가만히 있었다.

"잠깐. 꿈속에서 어떤 일이 일어났다면, 그 어떤 물증도 가져온 적이 단 한 번도 없어. 그런데 현실에서는 내가 찻잔을 깨뜨렸다면, 그것은 깨진 상태로 놓여 있잖아!"

"자자, 틸리! 그러면 실제로 일어났던 네 과거의 물증은 지금 어디에 있는 거니?"

마틸다는 또다시 당황하여 입을 다물지 못했다.

"파티, 혼란스럽게 하지 마. 적어도 내 리본과 옷과 나 자신이 있잖아!"

"하지만 꿈에서도 의식을 가지고, 옷을 입은 채로 존재하고, 심지어 육체를 가지고 있다는 사실을 느낄 수도 있어. 그러면 꿈도 실제로 일어난 거니, 아니면 일어난 적이 없는 거니?"

"그렇기도 하고, 아니기도 하고…"

"거봐, 같잖아! 같은 거야, 틸리!"

"하지만 그래도 아무것도 모르겠어. 너 때문에 너무 헷갈리는걸. 왜 과거에 대해서 그것이 존재했던 동시에 존재하지 않았다고 말하는지 모르겠어."

"왜냐하면 과거에 대한 너의 모든 기억은 영화 필름에 얽혀 있는 너의 기억을 근거로 하고 있거든. 그 영화 필름의 등장인물로 등장하는 나머지 사람들에게도 똑같아. 그리고 지나간 일의 모든 증거는 현재 프레임에서 물질화된단다. 왜냐하면 그들은 영화 필름의 과거 프레임에서 가상적으로 존재했으니까. 하지만 그것들이 정말로 물질화되었는지는 사실이 아니야. 그런 영화 필름은 끝없는 부채꼴 모양으로 펼쳐지니까."

"하지만 파티, 하지만 나는 과거의 무한한 가능태가 아니라, 그중 하나만 기억할 뿐이라고!"

"더 정확히 말하면 너는 오직 하나의 가능태만 기억하고 있다고 생각할 뿐이야. 왜냐하면 현재 프레임은 오직 하나의 영화 필름에만 존재할 수 있으니까. 너는 바로 그 프레임 속에 위치하며 과거를 기억하는 거지. 그래서 이미 일어난 일에 대한 물증들마저도 앞뒤가 맞는다고 생각하는 것뿐이야."

"하지만 모든 게 항상 앞뒤가 맞지는 않아, 파티!" 마틸다가 외쳤다. "언젠가 과거의 사람들이 갑자기 나타난 적이 있고, 미래의 사람들도 그런 적이 있다는 이상 현상에 대해서 읽은 적이 있어. 그 사람들은 그곳에 어떻게 왔는지 알 수 없었고, 몸에 걸치고 있는 모든 것이 그들 시대의 물건이었다고 해. 심지어 그들에 대한 다큐멘터리도 봤는데 아무도 그 말을 믿지 않았고 그 사람들을 도울 방법은 아무것도 없었대. 그리고 그 사람들의 역사는 결국 아무것도 아닌 것이 되었지."

"그 사람들의 과거가 너희 세계의 영화 필름에서는 일어나지 않은 일이었는데, 그들은 실제로 일어난 일이라고 믿고 있었지?"

"그래!"

"거봐! 때로 필름은 다른 필름과 엉키기도 해. 우리 둘의 필름도 그렇게 얽힌 거야."

"하지만 정말 다행이야, 파티. 우리가 이곳에 홀로 헤매지 않고 서로를 만나게 되어서! 네 말이 맞아. 우리는 과거에 대해서 그 일이 맞다고도, 틀리다고도 말할 수 없어. 심지어 무엇이 현실이고 무엇이 가상인지도 확실하게 말할 수 없는 거야."

"맞아." 잇파트가 말했다. "모든 것은 결국 꿈과 생시 사이에는 어떤 차이가 있느냐는 질문으로 되돌아가지."

"우리가 그 질문에 대한 대답을 찾으면 이곳에서 빠져나갈 수 있을까?"

"모르겠어. 그 전에 나갈지도 모르지. 하지만 먼저 저길 봐, 글램록이 뭔가 질문을 하려고 하나 봐."

♦ 글램록들의 의식

글램록은 거울을 통과하려고 시도하고 난 뒤에 자신들에게 일어난 변화로 아주 놀란 상태였다. 그들은 한 무리로 모여 서로를 바라보았다가 자신의 마나들을 바라보며 당황스럽다는 듯 두 팔을 들어올렸다가 내리기를 반복하고 있었다.

"자, 이리 와보아라." 마틸다가 그들을 향해 말했다. "무엇을 원하느냐?"

"뭔가를 원합니다, 뭔가를 원합니다…." 그들이 마치 기억이 나지 않는다는 듯 말을 더듬었다.

"무엇을 원한다는 말이냐?"

"뭔가를, 뭔가를…" 글램록들은 자기 자신조차 알지 못하는 사실에 대해 어떻게 설명해야 할지 몰라 발을 동동거리며 우물쭈물하고 있었다.

"질문을 하기를 원하느냐?" 잇파트가 그들에게 상기시켰다.

"네, 네! 우리는 질문을 하기를 원합니다! 우리는 질문을 하기를 원합니다!"

"해보아라."

글램록들은 잠시 서로 눈빛을 교환하고는 다 같이 말했다.

"우리는 무엇입니까?"

"드디어." 마틸다가 말했다. "작은 의식의 섬광이 일었구나."

하지만 잇파트는 고개를 저었다.

"질문이 틀렸다."

"그러면 어떻게 해요? 그러면 어떻게 해요?" 그들이 놀라워하며 물었다. 마틸다도 그 뜻이 궁금했다.

"제대로 해야지! 제대로 된 질문을 해야 한다!" 잇파트가 말했다.

"어떻게 제대로요? 어떻게 제대로요?"

"마나가 되기를 원하느냐?"

"원합니다! 원합니다!"

"그렇다면 어떻게 질문해야 하는지 생각해보아라!"

"어떤 질문을 해야 합니까? 어떤?"

"파티, 글램록들은 그 질문을 스스로 생각해내지 못하는 것 같아." 마틸다가 말했다. "이미 그들이 할 수 있는 것보다 더 복잡한 것을 해냈어."

"이미 그렇습니다!" 글램록들이 말했다. "마나가 말해주세요! 우리는 누구입니까?"

"알았다." 잇파트가 말했다. "너희는 글램록이다. 이제 만족하느냐?"

"아니요, 아니요!" 그들이 대답했다.

"왜지?"

"모릅니다. 우리는 글램록입니다. 하지만 모릅니다, 우리가 누구인지."

"자, 한 발짝 가까워졌다. 이제 제대로 된 질문을 해보아라!"

마네킹은 수군거리며 의논하기 시작했다.

"파티, 네가 무슨 말을 하려고 하는지 나조차도 잘 모르겠어." 마틸다가 작게 말했다.

"틸리, 지금 문제는 그들이 아직 자기 자신에게 질문을 하지 않았다는 거야. 그들이 꿈에서 깨어나기를 바라고 있었지? 그러니 질문도 그들이 선택하게 하는 거야."

"하지만 그들은 좀 전의 일을 겪은 후에야 자신의 틀에서 벗어났는걸."

"아니, 아직은 그저 어리둥절한 상태일 뿐이야."

"하지만 제대로 된 질문이라는 것이 뭐니?"

"네가 이미 그들에게 그 질문을 한 적이 있는걸. 이제는 그들이 자기 자신에게 똑같은 질문을 할 때야."

"아, 알겠다!"

그때 글램록들이 답을 찾은 것 같았다. 그들은 기뻐하며 외쳤다.

"제대로 된 질문을 압니다! 압니다!"

"좋다, 해보아라." 잇파트가 말했다.

"'우리는 무엇입니까?' 맞죠?"

"아-하-하!" 잇파트가 말했다.

"너희는 이거다!" 마틸다가 손가락으로 뿔을 만들어 보여주며 그들을 놀렸다.

"안타깝지만, 그 질문은 아니다." 잇파트가 말했다.

글램록들은 마네킹이 표현할 수 있는 최대한 슬픈 표정을 짓고는 다시 모여 잠시 수군거리더니 한꺼번에 외치기 시작했다.

"우리는 어디입니까?"

"우리는 어디로입니까?"

"우리는 언제입니까?"

"이봐—이봐! 그렇게는 맞추지 못할 것이다!" 잇파트가 그들을 향해 손을 저었다.

"그렇게 해서는 맞추지 못한다!" 마틸다가 말했다. "내가 너희에게 얼마 전에 질문했던 것을 기억해보아라."

글램록들은 잠시 생각에 잠기더니 이내 질문했다.

"우리는 누구의 것입니까?"

"아까보다 훨씬 낫지만, 그것도 아니다." 잇파트가 말했다.

"자, 너희는 누구의 것이냐?" 마틸다가 물었다.

"그렇다, 너희는 누구의 것이냐?" 잇파트가 질문을 반복했다.

"마나들의 것입니까?" 그들은 확신을 가지지 못하고 대답했다.

"파티, 이렇게 해서는 달라지는 게 없을 거야." 마틸다가 말했다. "그들 스스로는 답을 찾지 못하겠어."

"알겠다." 잇파트가 마틸다의 귀에 뭔가를 속삭인 다음 글램록들에게 말했다. "그래, 너희는 우리의 편이다. 그렇다고 하더라도 이제부터 너희를 한 명씩 불러 질문을 하려고 한다."

글램록들은 불안해하기 시작했고 마틸다와 잇파트는 그들에게 다가가 한 명을 끌어냈다. 그가 꽥꽥거리기 시작했다.

"마나들이 나를 먹으려고 한다! 마나들이 나를 먹으려고 한다!"

"조용히 하여라, 우리는 너를 먹지 않는다." 마틸다가 그에게 외쳤다.

"대답해보아라. 너는 누구냐?" 잇파트가 질문했다.

"우리는 글램록입니다." 그가 다시 되풀이했다.

"그래, 너희 모두 글램록들이다. 하지만 너희가 누구인지 왜 우리에게 물은 것이냐?"

"우리도 모릅니다."

"모른다면 글램록이 아닌 거겠지."

"그렇다면 우리는 누구입니까?" 글램록이 두려워하며 물었다.

"도대체 우리는 누구입니까?" 나머지 글램록들이 불안해하며 물었다.

"제대로 된 질문을 하여라."

끌려 나온 글램록은 달아나려고 했지만 마틸다가 다시 그를 붙잡았다.

"내가 누구인지 물어보아라." 잇파트가 계속했다.

"누구인가요?"

"나는 마나-파타이다. 그러는 너는 누구냐?"

"우리는 글램록입니다." 그가 나머지 글램록들을 흘끔거리며 대답했다.

"너희에게 무슨 일이 일어났었는지 기억하느냐?" 잇파트가 모두를 향해 말했다. "연극이 이루어질 때 너희가 누구였는지 기억하느냐 말이다."

"우리는 전부 달랐습니다! 전부 다른 모습이었습니다!" 글램록들이 앞다투어 대답했다.

"그러면 너는 누구였느냐?"

그 글램록은 다시 달아나려고 했지만, 잇파트도 물러서지 않았다.

"너는 누구의 것이냐? 길을 잃은 것이냐?"

"저는 길을 잃었습니다." 글램록이 대답했다. 그리고 그는 자신이 한 말에 놀라 자리에서 굳어버렸다.

"제대로 된 질문을 하거라!" 잇파트가 그의 멱살을 잡고 흔들었다.

"나는 누구입니까?" 글램록이 벼락을 맞기라도 한 듯 깜짝 놀라며 물었다.

"정답이다!" 잇파트가 대답했다. "하지만 그 질문을 누구에게 하고 있느냐?"

"마나들이 알려주세요." 그가 대답했다. "마나들은 알고 있나요?"

"자신에게, 자기 자신에게 묻거라!" 잇파트가 다시 그의 멱살을 흔들었다.

"나는 누구입니까?"

"너는 누구냐?" 마틸다와 잇파트가 동시에 외쳤다.

"나는…" 글램록은 몹시 당혹스러워했다. "나는 타타나입니다!" 드디어 그가 대답했다. 정확히 말하자면 그가 아닌 '그녀'였다. 그녀가 대답하자마자 뭔가 특별한 일이 일어났기 때문이다.

글램록의 납빛 얼굴에 균열이 생기며 여러 조각으로 나뉘었고, 그 틈 속에서 생기 있고 아름다운 여성의 얼굴이 나타났다. 그녀의 팔에도 똑같은 변화가 일어났다. 회색의 후드는 흑백의 복장으로 변했고, 그곳에 있는 모두의 놀란 눈앞에는 가르멜회♦의 수녀가 서 있

♦ 기독교에서 성지로 여겨지는 이스라엘 북부 가르멜 산에 세워진 수도회. 역주.

었다.

"알겠다." 모두 넋을 놓고 있던 가운데 잇파트가 가장 먼저 입을 열었다. "이런 일은 본 적이 없어."

"나라고 본 적이 있겠어!" 마틸다도 겨우 정신을 차리며 말했다. "타타나라고 했느냐? 너는 이제부터 마나-타나이다. 너도 이제 마나가 된 것이다!"

"제가 마나라고요?" 새로운 모습을 가지게 된 그녀는 아직도 완전히 정신을 차리지 못하고 자신의 몸 이곳저곳을 뜯어보았다. "저도 마나인가요?"

"그렇다-그렇다, 마나-타나." 잇파트가 말하고는, 입을 다물지 못한 채 기적 같은 광경을 바라보고만 있던 글램록들을 향해 말했다. "다음!"

하지만 마네킹들은 좀 전의 광경에 넋을 놓은 나머지 단 한 명도 자리에서 꼼짝하지 못하고 우두커니 서 있었다. 그래서 마틸다와 잇파트는 다음 글램록의 팔을 붙들고 한쪽으로 끌어내야 했다.

"너는 누구냐?" 그에게 마틸다가 물었다.

"우리는 글램록입…" 그가 대답하려고 했으나 잇파트가 그의 말을 막았다.

"너희는 이제 글램록이 아니다! 방금 네 눈으로 똑똑히 보지 않았느냐?" 그녀가 수녀를 가리켰다. "마나가 되고 싶다면, 제대로 된 질문을 하여라!"

"내가 누구입니까?" 글램록이 자신 없는 듯 웅얼거렸다.

"누구에게 묻고 있는 것이냐?" 마틸다가 그에게 다그쳤다. "자기 자신에게 묻거라! 너는 누구냐?"

"나는 타타샤입니다!" 그가 대답했다. 그러자 기적 같은 변화가 다시 일어났다. 글램록이 있던 자리에는 이제 똑같은 옷을 입었지만 얼굴 생김새는 다른 두 번째 수녀가 서 있었다.

"마나-타샤!" 새로 탄생한 수녀의 어깨에 손을 얹고 잇파트가 외쳤다.

"다음!" 마틸다가 외쳤다. "얼른 용기 내서 이리 나오거라!"

그렇게 모든 글램록은 자기 자신에게 질문하고 그 질문에 직접 대답하며 하나하나 자신만의 개성을 찾아가고 있었다. 그들의 이름은 모두 여자 이름이었고 실제로 변화한 모습도 여성의 모습이었으며, 왜인지 모르겠지만 전부 수녀들이었다. 아달리나는 마나-리나가 되었고, 아자벨라는 마나-벨라, 베타리사는 마나-리사, 발라티나는 마나-티나, 바살리사는 마나-리사가 되었다. 그렇게 한 무리의 침착하고 순결한 수녀들의 무리가 완성되었다.

"울랄라, 파티!" 마틸다는 어쩔 줄 모르고 머뭇거리고만 있는, 새로운 모습을 얻은 성스러운 수도자들을 감상하며 외쳤다. "이제 이 녀석들을 데리고 어떻게 하면 좋지?"

"이제 자기 자신이 뭘 할지 직접 결정하게 해야지." 잇파트가 대답했다. "너도 그러길 바랐잖아. 그런데 그들은 왜 이런 차림을 하고 있는 걸까?"

"수녀들이야. 우리 세계에도 이런 사람들이 있어."

"어떤-어떤?"

"종교에 귀의하기로 마음먹은 사람들이지. 너희 세계에서의 사제와 비슷한 거야."

"사제들이라고? 그렇다면 이 자들도 사제들이라는 말이니?"

"음, 완전히 그렇지는 않아. 어떻게 말할 수 있을까…. 좀더 순종적이고 조용한, 순결한 여자들에 가깝지."

"이상하네. 글램록이 순결한 여자들이 되다니."

"그러게. 강도나 불량배가 아니라서 다행이지 뭐! 그러지 않았으면 다루기가 훨씬 힘들지 않았겠어?"

"이제 그들의 의식이 얼마나 깨어 있는지 확인할 차례야."

"거기 너, 이리 와보아라." 잇파트는 수녀 한 명을 불렀다. "너는 누구냐?"

"저는 마나-리사예요." 그녀가 대답했다.

"알겠다. 훨씬 낫구나. 이제 대답해보아라. 너는 무엇이냐?"

"우리는 글램록입니다…"

"아니다, 헷갈리지 말아라! 너는 마나-리사이다. 그렇다면 너는 무엇인지 대답할 수 있겠느냐? 너는 네가 무엇인지 알고 있느냐? 네가 뭘 하는 사람이고, 뭘 하는지 말이다! 너는 뭘 하느냐?"

"우리는 헛소리를 읽습니…"

"파티, 그들은 아직 완전히 깨어나지 않았어." 마틸다가 말했다. "어쩌면 먼저 모두에게 한꺼번에 물어보는 게 나을지도 몰라. 너희는 누구냐?" 그녀가 모두에게 물었다.

"우리는 수녀들입니다." 그들이 소심하게 대답했다. 그러나 잠시 뒤 그들의 목소리에는 점점 확신의 힘이 실렸다.

"수녀들입니다! 수녀들입니다!"

"그렇다! 아주 잘했다!" 마틸다가 그들을 칭찬했다. "그렇다면 너희는 뭘 해야 하느냐?"

"헛소리를 읽어야 합니다!"

"아니다, 헷갈려서는 안 된다, 헷갈리면 안 된다!" 잇파트가 그들에게 외쳤다. "너희는 수녀들이다. 그리고 너희는 마나이다. 마나는 뭘 하느냐?"

"질문을 하나요?"

"틀렸다! 마나는 하고 싶은 것을 한다! 그들 자신이 원하는 것을 말이다!"

"어떻게요? 어떻게요?" 수녀들이 놀라워하며 말했다.

"마나—리사," 잇파트가 조금 전까지 그녀와 대화를 나누던 수녀를 다시 불렀다. "말해보아라. 네가 뭔가를 할 때, 그 일을 스스로 하느냐, 아니면 누군가의 지시에 따라서 하는 것이냐?"

"우리는 수녀들입니다…." 그녀는 잇파트가 그녀에게서 뭘 기대하는지 이해하지 못한 채 웅얼거렸다.

"그건 너희, 너희가 한꺼번에 모여 있을 때이다. 하지만 마나—리사, 너는 자기 자신의 것이냐, 다른 누군가의 것이냐? 너는 누구의 것이냐?"

"저는 저의 것입니다!" 수녀는 이제 뭔가를 깨달은 듯 보였고 확신에 표정이었다. "저는 저 자신의 것입니다!"

"네가 글램록이었을 때 너는 너 자신의 것이었느냐?"

"아닙니다. 저는 저의 것이 아니었고 저 자신의 것이 아니었습니다! 하지만 이제 저는 저의 것, 저 자신의 것입니다!"

"그래, 아주 잘했다." 잇파트가 말했다. "예전에 너는 너 자신의 것이 아니었지만, 이제는 깨어났고 너 자신의 것이 되었다."

"네, 저는 저입니다!" 수녀가 기뻐하며 외쳤다.

"이제 너는 무엇이냐? 너는 무엇을 하느냐?"

"저는 마나이고, 제가 원하는 것을 합니다! 원하는 것을 합니다!"

"아니, 잠깐!" 마틸다가 끼어들었다. "이렇게 하면 그들은 너무 멀리 갈 수도 있어! '아부우'가 뭔지 기억하느냐?"

"네, 기억합니다! 하면 안 되는 것을 하면 안 됩니다!"

"그렇다면 무엇을 할 수 있느냐?"

"할 수 있는 것을 할 수 있습니다."

"더 자세히 말해보아라. 무엇을 할 수 있고, 무엇을 하면 안 되느냐?" 마틸다가 물러서지 않고 계속 질문했다.

"서로를 먹으면 안 됩니다!" 수녀들이 대답했다.

"그러면 다른 편은 먹어도 되느냐?"

"됩니다, 됩니다! 하지만 우리 편은 안 됩니다! 다른 편은 우리 편이 아닙니다!"

"내가 이럴 줄 알았어!" 마틸다가 실망감에 두 팔을 확 들며 말했다. "가자."

"그들은 아직 자기 자신을 개인으로 인식하지 못하고 있어." 잇파트가 말했다. "그들을 한 명씩 떨어뜨려놓으면 자기 자신으로 인식하지 못해. 하지만 함께 있을 때는 공통의 꿈을 보게 돼. 마치 집단적인 정신착란처럼 말이야."

"오, 파티, 내 생각엔 그런 정신착란은 글램록에게만 있는 게 아닌 것 같아! 사람들도 똑같은 것을 겪곤 한다고 생각해!"

"이제 어쩌지, 틸리?"

"이제 나한테 묻는 거니? 내가 알겠어? 아니지, 알 것 같아. 그들에게 뭔가 보여줘야겠어. 보여줘야겠어, 뭔가 그들에게!"

마틸다는 잇파트의 귀에 뭔가를 속삭인 다음 수녀들에게 말했다.

"이곳에서 잠시 기다려라. 곧 돌아오겠다."

◆ 꿈속에서의 질문

마틸다와 잇파트는 새로 창조한 자매들을 광장에 남겨두고 돌무덤으로 돌아왔다.

"파티!" 단둘이 남게 되자 마틸다가 외쳤다. "이제 알겠어!"

"뭐를-뭐를?" 잇파트가 물었다.

"전부 다! 자기 자신에게 질문을 한다는 것이 무슨 뜻인지, 네가 한 질문의 의미가 뭔지 말이야. 내가 자신에게 질문을 하지 않으면 나는 꿈속에서 정신을 차리지 못하고 있는 상태로 있는 거야. 그게 왜겠어?"

"왜일까-왜일까?"

"왜냐하면 무슨 일이 일어나든 그 일이 마음에 들지 않거나 의도된 일이 아니라도 군말 없이 받아들이게 되니까. '도대체 나에게 무슨 일이 일어나고 있는 거고, 내 주변에서는 무슨 일이 일어나고 있는 거지?'라는 생각이 머릿속에 떠오르지도 않는 거야. 나는 그저 아무 의식도 없이 흐름에 따라 흘러가기만 하거나, 그게 아니라도 적어도 무력하게 발버둥 칠 뿐이겠지."

"전부 맞았어, 틸리. 이견 없이 수동적으로 모든 것을 받아들인다는 말은, 해야 하는 일을 전부 받아들인다는 뜻이야. 그리고 해야 하는 일을 받아들인다는 말은, 가능한 일들, 일어날 수 있는 일

322

들을 받아들이는 거고. 그런 일들을 전부 받아들인다면 분명히 꿈에 빠져버리겠지. 우리가 '받아들이는지 받아들이지 않는지'에 대해 애기했던 거 기억해? 꿈을 꿀 때면 너는 무력하고 온갖 터무니없는 일들을 겪게 되지. 해야 하는 일을 네가 받아들였다는 이유로 말이야."

"바로 그거야, 파티! 꿈을 꿀 때는 자기 자신에게 질문을 하지 않고, 의지도 없고, 나 자신을 통제하지도 못해. 그리고 외부의 뭔가에 조종당하지. 바로 꿈에게 조종당하는 거야. 하지만 생시에서도 똑같아. 정도의 차이만 있을 뿐."

"그 차이도 크지 않지." 잇파트가 지적했다.

"내가 말하고 싶었던 건," 마틸다가 말을 이었다. "본질적으로 똑같다는 말이야. 나에게 일어나는 일들이 내 마음에 드는지 안 드는지가 문제가 아니야. 진짜 문제는 내가 그것을 받아들일지 받아들이지 않을지야. 만약 내가 그 일을 충분히 일어날 수 있는 내 현실로 받아들인다면, 그것은 내가 원하든 원하지 않든 나에게 일어나버리니까."

"맞아. 만약 받아들인다면 영화가 너를 통제하게 되고 너는 등장인물로 변하게 되는 거지."

"응. 하지만 내가 제대로 알게 된 것은 이거야. 그렇다면 '언제 내가 현실을 받아들이고 있는지'라는 거. 그건 바로 자기 자신에게 질문을 하지 않고 있을 때지! 그 말은, 깨어나기 위해서는 자기 자신에게 '나는 어디에 있는가? 나에게 무슨 일이 일어나고 있는가? 이것이 나의 현실인가?'라는 질문을 해야 한다는 말이 돼. 그리고 가

장 중요한 것은, '나는 지금 누구의 것인가? 나는 스스로 움직이는
가, 아니면 영화가 나를 끌고 다니고 있는가?'라는 질문이지."

"전부 맞았어, 틸리."

"그러면 이제 그 의미에 대해서 말이야. '너는 누구냐?'라는 질문
은 전부 알겠어. 특히 마음에 들었던 것은 '너는 누구의 것이냐?'라
는 질문이었어. 이건 길 잃은 아이들에게나 물어보는 아주 바보 같
은 질문이지만 말이야."

"아-하-하!" 잇파트가 웃음을 터뜨렸다. "정말, 바보 같네."

"하지만 아이들에게 실제로 물어보는 건 맞잖아. '꼬마야, 너는
누구 애니?' 하고. 그러면 그 꼬마가 뭐라고 대답할 수 있겠어? '엄
마랑 아빠의 아이요?' 아니면 '나는 국가의 재산이에요?'"

"국가의 재산이라는 게 무슨 말이야?"

"우리 세계에서는 'TV'라는 아주 고약한 물건이 있어. TV에서는
우리에게 속하지 않은 모든 것들을 국가의 재산이라고 부르지."

"무슨 말인지 모르겠어!" 잇파트가 혼란스럽다는 듯 말했다.

"뭐, 별로 중요한 것은 아니야, 설명하기도 길고. 자, 그럼," 마틸
다가 계속했다. "만약 아이가 길을 잃으면 그 아이는 곧 공포에 빠지
지. 그리고 공포는 우리를 혼란스럽게 만들고, 울고 소리치는 것 외
에는 아무것도 할 수 없게 만드는 가장 깊은 꿈과도 같아."

"너도 길을 잃어버린 적이 있니?"

"응, 한 번. 우-우, 그때 정말 많이 울고 악을 썼지. 어린 랄라가
할 수 있는 최대한으로 말이야. 그때 어떤 사람이 이런 질문을 했었
어. '꼬마야, 너는 누구 애니?'"

"그래서 넌 뭐라고 대답했니?"

"물론 아무 말도 하지 않았어. 당연히 계속 악을 쓰며 울기만 했지. 하지만 그때 무슨 생각을 했는지 기억이 나. 그때 나는 '무슨 이런 멍청한 질문이 다 있어?'라고 생각했어. 그때도 '나는 나 자신의 것이지 그럼 누구의 것이겠어?'라는 생각이 분명하게 들었거든! 하지만 그 문제에 그렇게 큰 의미를 두지는 않았지. 이제야 그 질문의 진짜 의미가 뭔지 이해하게 된 거야."

"그 의미가 뭔데?"

"너도 이미 잘 알잖아. 아이들에게 그런 질문을 하는 사람들은 자신이 무슨 질문을 하는지 이해하지 못해. 하지만 너는 글램록에게 그 질문을 했을 때, 그리고 나중에 수녀들에게 했을 때 분명히 이해하고 그걸 물었지! 여기에서의 의미는 네가 의도와 의지를 가지고 행동하느냐, 아니면 영화의 조종을 받느냐는 거야. 다른 말로 하면, 너는 너 자신이냐 아니냐를 묻는 거지."

"맞아! 전부 맞는 말이야. 그래서 대답은 '나는 나 자신이다'가 되는 거지. 물론 만약 잠에서 깨어난 상태라면 말이야."

"나는 그때 올바른 대답을 알고 있었어. 하지만 그는 내가 깨어나는 데 도움을 주지 못했지. 왜냐하면 나는 그때 그 말의 의미를 완전하게 이해하지 못했으니까." 마틸다가 말했다. "본질은 내가 누구에게 속하는지야. 나 자신인지 아니면 외부의 시나리오인지 말이야."

"더 정확히 말하자면 '너의 주의가 어디에 있느냐'지. 너인지 아니면 너를 붙들고 있는 영화 속 장면인지." 잇파트가 말했다. "또 하나, 너는 자기 자신에게 질문을 하지 않았기 때문에 깨어나지 못한 거야."

"맞아, 맞아! 그래서 나는 계속 울고 악을 썼어. 그저 잠시 멈춰서 나 자신에게 물어보면 되는 거였는데. '어떻게 이런 끔찍한 일이 일어날 수 있지? 아, 엄마와 내가 잠시 엇갈렸나 보다. 하지만 엄마가 나를 정말 버리지는 않았겠지? 엄마가 곧 나를 찾으러 올 거야. 그러면 그동안 나도 산책도 하고 차분하게 구경을 좀 해야겠다. 혼자!' 바로 이것이 잠에서 깨어났다는 뜻이겠지."

"너는 어린 시절에 대해 말하고 있지만, 사실 어른의 삶에서도 똑같아. 꿈이든 생시든 전부 마찬가지지."

"맞아, 파티! 게다가 그 모든 건 정말 짱이야! 아주 짱인 것 같아."

"짱이라는 게 뭐야?"

"음, 멋지고 훌륭하다는 말이야! 이 모든 걸 이해하고 알게 되었다는 건 정말 멋진 일이야. 그게 그렇게 좋은 일이라는 걸 단 한 번도 생각해본 적 없는데 말이야. 정말 멋진 일이야!"

"이해하고 아는 것만으로는 부족해. 실전에 적용할 줄 알아야지. 그렇게 하기 위해서는 계속해서 연습하는 수밖에 없어."

"응, 기억해. 관찰자와 등장인물들. 의식의 상태와 목격자." 마틸다가 마치 수업을 듣는 학생처럼 답했다. "관찰자가 되기 위해서는 반대의 습관을 들여야 해. 이제 조금이라도 이상한 일이 일어난다면 나는 마치 꿈을 꾸듯이 공포심에 빠지는 것이 아니라 반대로 꿈에서 깨어나 의식을 가지고 행동하기 시작해야 하지. 어떤 상황이 일어난다고 해도 조금이라도 충격을 받기 전에 깨어날 거야. 조금이라도 이상한 일이 생길 것 같으면 나의 목격자를 활성화시켜 나 자신에게 질문을 던질 거야. 이제 나는 의식을 가지고 있고 나 자신의 것이다."

"역시 마틸다, 정말 똑똑해!" 마치 학생을 대하듯 잇파트가 칭찬했다. "그러면 가장 중요한 질문은 뭐였는지 기억하니? 목격자를 깨우기 위해서는 뭘 해야 하지?"

"주의가 어디에 있고 누가 그것을 가지고 있는지 주의를 기울여야 해. 나인지 아니면 영화 속의 장면에 조종당하는지 말이야. 간단히 말하면 현실을 지켜보고 무슨 일이 생길 것 같다는 생각이 든다면 목격자를 활성화시키는 거지. 그리고 좋지 않은 일이 생긴다면 현실을 보고 그 속에서의 자신을 봐야 해."

"좋은 일이 일어나도 마찬가지야. 오히려 더 자주 봐야 하지. 우리 현실을 보는 자들이 하는 것처럼. '나 자신이 보이고 현실이 보인다'고 말하는 거지."

"글램록이 되지 않기 위해서?"

"맞아-맞아, 그것도 맞는 말이야."

"그나저나 이상하네." 마틸다가 말했다. "글램록들은 돌덩이들이었어. 그런데 왜 갑자기 수녀들이 되었을까?"

"그러게, 이상해." 잇파트가 동의했다. "거울이 변덕을 부렸나 봐. 꿈의 세계에서는 모든 것이 변덕스러워. 그런데 너는 그들을 데리고 뭘 할 생각이었니?"

"아직 그들은 외모만 바뀐 것에 불과해. 본질적으로는 아직도 글램록들이지. 완전하게 깨어나지 못한 거야. 그들에게 무엇이 좋고,

무엇이 나쁜지 확실하게 알려줄 거야."

"어떻게 하려고?"

"군중을 구워삶는 나의 능력을 다시 발휘해봐야지. 우선은 그들에게 음식을 줘야겠어. 아마 배가 고플 거야."

마틸다는 검은 원기둥으로 다가가 익숙한 움직임으로 자신의 리본을 정돈한 뒤 잠시 무슨 말을 중얼거렸다. 아마도 음식을 주문하는 것 같았다. 원통에서 빵과 구운 생선, 도자기 그릇과 찻잔과 큰 주전자가 담긴 조각이 밀려 나왔다. 잇파트는 눈앞에서 벌어지는 일을 흥미롭게 바라보며, 바구니를 살폈다.

"틸리, 왜 하필 빵과 생선이야?"

"이게 고전이니까!"

"뭐-뭐라고? 무슨 뜻이야?"

"곧 보게 될 거야."

"그러면 바구니 안에는 뭐가 들어 있어, 틸리? 설마 기분이 좋아지는 차는 아니지?"

"아니, 그냥 포도 주스야. 역시 고전이지."

마틸다와 잇파트는 모든 음식을 돌무덤에서 광장으로 날랐다. 그리고 잇파트는 미리 큰 테이블보를 만들어냈다. 수녀들은 먼발치에서 두 친구 주변을 기웃거리며 그들이 식사를 준비하는 것을 흥미롭게 지켜보았고, 손가락으로 이쪽을 가리키며 저희끼리 무슨 말을 수군거리고 있었다. 취향껏 골라 먹을 수 있는 식사가 테이블보 위에 세팅되자 마틸다가 명령했다.

"자, 굶주린 자매들이여! 이 주위에 자리를 잡고 앉아라!"

수녀들은 잠자코 테이블보 주변으로 모여 둥글게 앉았다. 그리고 마틸다와 잇파트는 그 중앙에 앉았다.

"이제 너희와 특별한 연극을 꾸밀 것이다." 마틸다가 모두를 향해 말했다. "제목은 '다른 사람들에게 잘 대하는 것'이다."

"다른 사람? 자?" 수녀들이 입을 모아 물었다. "왜 다른 사람에게요? 다른 사람은 우리 편이 아닙니다!"

"너희가 다른 편이라고 부르는 사람들이 누구냐?"

"다른 곳에서 오는 사람들입니다!"

"그 사람들에게 무엇을 하느냐?"

"먹습니다."

"몇 명이나 먹었느냐?"

"아무도요! 아무도요!"

"그건 왜지?" 잇파트가 흥미롭다는 듯 물었다.

"그들을 먹으려고 했지만 그 전에 그들이 떠나버렸기 때문입니다." 모두를 대신해 마나-리사가 대답했다.

"어떻게, 어디로 떠난다는 말이냐?" 마틸다가 물었다.

"사라집니다. '펑' 하더니 없어집니다!"

"그렇군." 잇파트가 말했다. "글램록들이 말하는 '다른 사람들'이란 것은 꿈을 꾸는 자들을 말하는 것 같아. 사람들이 꿈을 꿀 때면 이곳에 나타나는 거지. 이곳에서 꾸게 되는 전형적인 악몽이 있는 것 같아. 이 돌덩이들이 꿈을 꾸는 자에게 달려들고 그를 잡아먹으려고 하는 순간 그는 겁에 질려 잠에서 깨는 거야."

"외부인들에게 왜 그렇게 대하느냐?" 마틸다가 수녀들에게 물었다.

"그렇게 정해져 있으니까요!" 그들이 대답했다.

"누가 정한 것이냐? 그리고 왜 그렇게 정한 것이지?"

"우리도 모릅니다. 그렇게 해야 합니다!"

"만약 그렇게 한다면, 마나가 되기를 포기하거라. 그리고 다시 글램록이 되어라. 그걸 원하는 것이냐?"

"아닙니다, 아닙니다! 원하지 않습니다!"

"그렇다면 기억하거라. 다른 사람들에게 나쁘게 대해서는 안 된다! 그 누구에게도 그렇게 해서는 안 된다. 마나-파타와 내가 너희에게 나쁜 짓을 한 적이 있느냐?"

"없습니다, 없습니다! 마나들은 착합니다!"

"그러는 너희는? 우리를 먹으려고 하지 않았느냐!"

"마나들은 이제 우리 편입니다! 다른 사람들은 우리 편이 아닙니다!"

"마나-리사, 이리 와보아라." 마틸다가 그녀를 불렀다. "자, 너는 너고 여기에 있다. 그리고 다른 사람들은 다른 사람들이지. 우리 편이거나 다른 편일 수 없다. 그러니 다른 사람이라고 나쁘게 대해서는 안 된다. 다른 사람에게 잘 대해야 한다. 그렇지 않다면 마나-리사는 더 이상 마나가 아닌 것이 된다. 그리고 다시 쓸모없기 짝이 없는 글램록으로 돌아갈 것이다. 원래대로 돌아가기를 원하는 것이냐?"

"아닙니다! 원하지 않습니다! 저는 마나가 되고 싶습니다!"

"그렇다면 너희는 어떻냐?" 마틸다가 주변의 다른 수녀들에게 시선을 돌렸다. "이건 모두와 관련된 것이다! 마나가 되는 것이 어떤 뜻인지 이제 이해하겠느냐? 그것은 다른 사람들에게 잘 대하는 것이다!"

"어떻게 그렇게 할 수 있나요? 어떻게요?" 수녀들이 물었다. "다른 사람들에게 어떻게 잘할 수 있나요?"

"지금부터 너희에게 보여주겠다." 마틸다가 빵과 생선을 접시에 담은 다음, 잇파트에게 차를 따르라는 뜻으로 고개를 끄덕여 신호를 보냈다. 그다음 그들은 수녀들 중 하나에게 함께 다가가 그녀의 손에 음식을 건네주었다.

"자, 우리는 너에게 좋은 일을 하고 있다. 하지만 아직은 음식을 먹지 말아라. 너의 자매에게 똑같은 행동을 보여주거라."

수녀는 당황했지만, 옆에 있는 자매에게 순순히 음식을 전달했다.

"다음은 네 차례다." 마틸다가 그녀에게 말했다. "계속해서 다른 사람에게 좋은 일을 하여라. 음식은 충분하니 말이다!"

그렇게 마틸다와 잇파트가 접시와 찻잔을 한 명에게 주자, 그녀는 다른 수녀에게 전달했고, 그와 같은 행동을 원을 그리며 모두가 음식을 전달받을 때까지 이어졌다.

"모두에게 좋은 일이 일어났느냐?" 마틸다가 물었다.

"네! 네!" 수녀들이 다 같이 대답했다.

"그것 보아라! 왜 모두에게 좋은 일이 일어났는지 알겠느냐?"

"왜입니까? 왜입니까?" 그들은 질문에 대해 똑같은 질문으로 답했다.

"왜냐하면 만약 다른 사람에게 좋은 일이 일어나게 해주면 그 좋은 일은 너희에게 반드시 돌아오게 되어 있기 때문이다. 알겠느냐?"

"알겠습니다, 알겠습니다!" 수녀들이 고개를 끄덕이며 대답했다.

"그러면 이제 마음껏 먹거라!"

◆ 꿈속의 연극

마틸다와 잇파트를 포함한 모두가 음식을 먹기 시작했다. 그들이 한참 식사를 하고 있을 때, 마틸다가 다시 모두에게 말했다.

"이제 비교를 한번 해보자꾸나. 서로에게 나쁘게 대한다면 어떤 일이 생기는지 한번 보아라."

그녀는 수녀 한 명을 골라 약하게 그녀의 머리를 때렸다.

"자, 내가 너에게 나쁜 짓을 했다. 아프지는 않지만 기분이 썩 좋지는 않을 것이다. 그렇지?"

"네." 그녀가 대답했다.

"그러면 이제 네가 자매에게 똑같은 행동을 해보아라. 그리고 그 사람이 옆 사람에게 똑같이 해서 원을 그려 돌아오도록 할 것이다."

수녀들은 열심히 서로 서로의 머리를 때렸고 차례가 지나갈수록 강도가 점점 세지자 마틸다가 겨우 그들을 멈출 수 있었다.

"그만! 그만! 이제 멈추거라! 모두에게 나쁜 일이 일어났느냐?"

"네! 네!" 수녀들이 다 같이 대답했다.

"왜 나쁜 일이 생겼느냐?"

"왜입니까? 왜입니까?"

"왜냐하면 다른 사람에게 나쁜 짓을 하면 그것 역시 너희에게 반드시 돌아오기 때문이다. 알겠느냐?"

"알겠습니다, 알겠습니다!" 그들이 대답했다.

"너희도 보다시피 좋은 일은 물론 나쁜 일도 자기 자신에게 돌아온다. 여기에서 어떤 결론을 낼 수 있겠느냐?"

"어떤 결론이요?"

"내가 이미 너희에게 말하지 않았느냐. 다른 사람에게 나쁘게 대해서는 안 된다고 말이다. 다른 사람에게 좋게 대해야 한다. 알겠느냐?"

"알겠습니다, 알겠습니다!"

"그리고 마지막으로, 서로에게 사지를 하는 방법을 알려주겠다. 그렇게 하겠다고 약속했으니 말이다. 그것을 원하느냐?"

"원합니다! 원합니다!"

"거기 너," 마틸다가 수녀 한 명을 향해 말했다. "너의 자매의 뺨에 입술을 갖다 대어라. 그리고 그 자매는 똑같은 행동을 다른 자매에게 할 것이다. 그렇게 해서 원을 그려 한 바퀴 돌아올 것이다. 시작!"

마틸다와 잇파트는 그들이 새로운 것을 경험하는 것을 잠시 지켜보았다. 그들은 그 행동을 마음에 들어하는 것 같았다. 차례가 지나면서 그들이 또다시 너무 몰입한 나머지 두 마나는 그들의 행동을 겨우 멈출 수 있었다.

"이제," 마틸다가 큰 소리로 말했다. "좀 전에 한 행동을 다시 반복할 것이다. 마나가 계속 마나로 있으려면 무엇을 해야 하느냐?"

"다른 사람들에게 좋은 행동을 해야 합니다!" 수녀들이 다 같이 외쳤다.

"그러면 만약 다른 자에게 나쁜 행동을 하면, 그 마나는 무엇이 되겠느냐?"

"글램록이 됩니다!"

"글램록이 되고 싶으냐, 아니면 마나가 되고 싶으냐?"

"마나요! 마나요!"

"좋다!" 마틸다가 오래된 과제를 해결하기라도 한 듯 개운해진 기분으로 말했다.

"하지만 이것이 전부가 아니다." 잇파트가 덧붙였다. "마나는 또 무엇을 하느냐?"

"원하는 것을 하나요?" 이미 똑똑해진 마나-리사가 물었다.

"자기 자신이 원하는 것을 한다." 잇파트가 그녀의 말을 바로잡았다. "너, 마나-리사는 무엇을 하겠느냐?"

그녀는 잠시 생각에 잠겼다. 그녀의 얼굴에 그림자가 드리워지는 것 같았다.

"저는 꿰매겠습니다!" 그녀가 밝은 목소리로 말했다.

나머지 수녀들은 행복에 겨운 그들의 자매를 부러운 눈으로 바라보았다.

"우리는요? 우리는 무엇을 하나요?"

"너희가 다 같이 하는 것이 아니라 각자가 하는 것이다!" 잇파트가 다시 그들을 바로잡았다.

"자기 자신에게, 자기 자신에게 물어보아라!" 마틸다가 그 옆에서 덧붙였다.

"너, 마나-타샤!" 잇파트가 다른 수녀에게 말을 건넸다. "자기 자신에게 물어보아라. 너는 무엇을 하겠느냐?"

"저는 무엇을 하나요?"

"너 자신이 직접 대답해야 한다!"

"저는 닦겠습니다." 그녀는 처음에는 확신이 없는 보였지만 점점 확신에 찬 듯 대답했다. "저는 닦겠습니다! 그것이 제가 원하는 것입니다!"

"그리고 너, 마나-벨라는 무엇을 하겠느냐?"

"저는 무엇을 할 수 있을까요? 저는 치웁니다! 제가 원하니까요!"

"그리고 너, 마나-리나는?"

"저는 요리를 하겠습니다! 제가 원해서요!"

"그리고 너, 마나-타나는?"

"저는 돌보겠습니다! 제가 원해서요!"

그렇게 모든 수녀가 차례대로 질문에 대답했고 모두가 자신의 일을 찾은 것처럼 보였다. 어느새 태양이 뉘엿뉘엿 지고 있었다. 메타현실에서의 힘들고 정신없는 하루가 또 끝을 향해가고 있었다. 드디어 마틸다와 잇파트가 이 이상한 세계의 원주민들에게 이 세계에 대해서 무엇을 알고 있는지 물어볼 차례가 되었다.

"자, 자매들이여," 그들을 향해 마틸다가 입을 열었다. "이제 너희 세계를 찾아오는 외부인들을 잡아먹으려고 달려들지 않기를 바란다."

"그러지 않을 것입니다! 그러지 않을 것입니다!" 그들이 외쳤다.

"그러면 그들에게 어떻게 하겠느냐?"

"그들에게 좋은 행동을 할 것입니다!"

"브라보! 하지만 나와 마나-파타도 다른 세계의 사람들이다. 우리는 이곳을 떠나야 한다."

"안 됩니다, 안 됩니다!" 수녀들이 외쳤다. "마나들은 이곳에 남아 주세요!"

"우리는 떠나야 한다." 잇파트가 말했다. "이곳은 우리가 있을 곳이 아니다. 그래도 너희는 우리 없이 잘 지낼 것이다. 음식도 있으니 말이다. 이 돌무덤이 너희에게 음식을 줄 것이다. 마나리나, 음식을 어떻게 받는지 아느냐?"

"압니다, 압니다!"

"각자 할 일도 가지고 있다." 마틸다가 말했다 "계속해서 할 일이 생길 것이다."

"생길 것입니다!"

"예전에 너희가 글램록이었을 때는 무엇을 했느냐?" 잇파트가 물었다.

"우리는 헛소리를 읽었습니다!"

"설마 그게 다인 것이냐? 항상? 그것만 했느냐?"

"항상, 그것만 했습니다."

"그들의 꿈은 반복되고 있었던 거야." 잇파트가 마틸다에게 속삭였다. "관찰자가 없으면 전부 움직임 없이 잠잠해지는, 멈춰진 화면과 똑같은 거야."

"그래, 여기에서 유일하게 달라질 수 있었던 것은 이곳에 오는, 꿈꾸는 자였을 거야." 마틸다가 잇파트에게 대답했다.

"도대체 이 도시는 무엇이냐?" 그들에게 마틸다가 물었다. "이 도시는 언제, 누구에 의해 세워졌지?"

"저희도 모릅니다." 수녀들이 대답했다. "이 도시는 항상 이 자리에 있었습니다."

"그렇다면 너희는? 자기 자신을 어떻게 기억하고 있느냐? 어디에서 이 모든 것이 시작된 것이냐?"

"저희도 기억이 안 납니다. 저희는 항상 있었습니다. 그리고 이 모든 것이 항상 이곳에 있었습니다."

"똑같은 것들이, 전부 똑같이 이 자리에 있었다는 말이냐?"

"똑같은 것들이, 전부 똑같이 이 자리에 있었습니다."

"틸리, 관찰자가 없다면 메타현실의 개별적인 섹터는 그렇게 될 수밖에 없어." 잇파트가 말했다. "영화의 한 조각에서 일어나는 것과 똑같아. 촬영된 그 모습 그대로 존재하는 거지. '영원함'과 '찰나'는 이곳에서 같은 개념을 가지는 거야."

"그렇다면 그들에게 뭔가를 물어봐도 답을 얻을 수 없겠구나." 마틸다가 말했다. "잠깐! 그들은 글램록들이었는데 이제는 수녀가 되었잖아! 그렇다면 우리가 다른 영화 필름으로 이동했다는 말일까?"

"그럴 수 있지."

"하지만 어떻게 이런 일이 일어난 거지? 그들은 글램록으로서 잠들어 있었지만 수녀로서 잠에서 깨어난 건가?"

"그래. 어떤 의미에서는 우리가 그들을 깨웠다고 보면 돼."

"그렇다면 그들의 입장에서는 다른 꿈에서 깨어난 건가?"

"그들은 지금도 잠들어 있는 등장인물들이지만 다른 꿈을 꾸게 된 거지."

"그러면 지금 우리에게 일어나고 있는 일들에 변화를 만들기 위해서는 어떻게 해야 하는 거지?" 마틸다가 물었다.

"잠깐." 잇파트가 뭔가 깨달은 듯 말했다. "설마 우리가 잠에 들었다가 다시 깨어나야 한다고 말하려는 거니? 하지만 그건 이미 해봤잖아."

"한 번 해봤지. 그리고 그때는 멈췄던 꿈이 재생됐어. 그러면 우리가 이미 재생되고 있는 꿈속에서 잠들었다가 정신을 차리면 어떤 일이 일어날까? 뭔가가 바뀌어 있지 않을까?"

"알 수 없는걸. 하지만 지금 우리 상황에서는 다른 선택의 여지가 없을 것 같아."

"그 말은 한번 시도해야겠다는 뜻이네."

그러는 사이 수녀들은 부지런히 움직이며 모든 그릇을 돌무덤 안으로 치우고 돌아와 자신의 마나들을 흥미로운 눈빛으로 바라보며 무리 지어 앉아 있었다.

"자, 그럼, 자매들이여." 마틸다가 그들에게 말했다. "오늘 하루가 저물었다. 너희도 잠을 자느냐?"

"네, 잡니다!" 그들이 대답했다.

"그리고 잠에서 깨어나면 똑같은 일들이 또다시 되풀이되는 것이냐?"

"네, 새로요!"

"음, 이제는 모든 것이 바뀌어 있을 것이다. 더 좋은 일이, 더 기쁜 일이 생길 것이다. 어쩌면 내일은 나와 마나-파타도 이곳에 왔던 다른 사람들처럼 이곳에 없을지도 모른다."

"안 됩니다. 그러기를 원하지 않습니다! 마나들은 이곳에 남아주세요!"

"아쉬워하지 말아라, 자매들이여!" 잇파트가 그들을 달랬다. "어쩌면 우리가 돌아와 다시 만날 수도 있겠지."

"그렇다-그렇다!" 마틸다가 외쳤다. "반드시 다시 돌아와 너희를 인도해줄 것이다! 하지만 우선은 이 현실에서 어떻게 이동하는지 먼저 알아내는 것이 좋겠구나."

"마나들은 알아낼 것입니다! 마나들은 똑똑하니까요!" 수녀들이 말했다.

"너희에게 줄 선물이 있다." 마틸다는 두 팔을 들어 올리고 선언했다. "이곳에 항상 별이 있기를!"

그러자 이제까지 텅 비어 있던 어두컴컴한 하늘에 금방이라도 알록달록하고 아름다운 별들이 쏟아질 듯이 빛나기 시작했다. 수녀들은 감탄해서 넋을 놓고 별을 바라봤다. 심지어 잇파트도 감탄했다.

"정말 대단해, 틸리!"

"자매들이여, 이제 작별할 시간이다!" 마틸다가 말했다.

"잘 있거라, 친구들이여, 또 만나기를!" 잇파트가 그들에게 손을 흔들었다.

수녀들은 서로 눈빛을 교환하더니, 미리 약속하기라도 한 듯 몸을 숙이며 다 같이 말했다.

"감사합니다, 마나-티다! 감사합니다, 마나-파타! 감사합니다!"

그러고는 각자의 집을 향해 흩어졌다.

◆◆◆

"물어볼 게 하나 더 있어, 파티." 마틸다가 단둘이 남게 되자 입을 열었다. "어쩌면 제일, 아주 제일 중요한 문제일지도 몰라."

"어떤 질문이니, 틸리?"

"만약 우리가 잠들면 다른 세계에서 깨어나지는 않을까?"

"지난번에 잠들었을 땐 깨어났을 때도 함께였잖아."

"첫 번째로, 동시에 깨어난다고 해도 함께 있는 것은 아닐 수도 있고, 두 번째로, 그때의 꿈은 멈춰 있었잖아. 하지만 이제는 어떻게 될까?"

"모르겠어. 하지만 왜인지 모르게 우리가 함께할 수 있다는 생각이 들어. 우리는 지금도 꿈의 세계에 있잖아. 사람들이 자신의 꿈으로 향하는 출발 지점인 현실이 아니라."

"어젯밤에 꿈을 꿨니?"

"아니."

"나도야. 하지만 그래도 두려워! 우리 직전에게 물어보는 게 어때?"

"오, 대답해줄지 의심스럽지만, 알겠어, 해보자." 잇파트가 동의했다. "이봐, 직전! 여기에 있느냐?" 그녀가 하늘을 향해 외쳤다. 하늘에서는 여전히 바람이 불고 사방에서 속삭임이 들려왔다.

"나는 항상 모든 곳에 있다… 항상 모든 곳에 있다…"

"하나만 물어보겠다!" 마틸다가 외쳤다. "금방 사라지지만 말아다오! 답을 알려달란 말이다! 제발! 우리가 지금 잠들면 헤어지지는 않을지 말이다! 과연 우리가 함께 깨어날 수 있느냐?"

"그대들은 함께 깨어날 것이다… 함께…" 속삭임이 대답했다.

"그러면 하나만 더 알려다오!" 잇파트가 물었다. "우리가 물질세계로 돌아갈 수 있느냐? 돌아갈 수 있다면, 그게 언제가 되겠느냐?"

"모든 것에는 때가 있으니… 때가…" 바람이 속삭였다.

"그러면 하나만 더 알려줘, 우리가 똑같은 세계로 돌아갈 수 있을까?" 마틸다가 외쳤다. "제발! 우리는 계속 함께하고 싶다고!"

"바람이 부족하다… 부족하다…" 직전이 속삭이더니 사라지기 시작했다.

"그러면 뭘 더 해야 하지? 뭘?" 마틸다가 직전을 향해 외쳤다. 하지만 그녀는 끝내 대답을 들을 수 없었다.

"거봐, 여전하지." 잇파트가 말했다. "항상 대답보다 많은 질문만 만들고 사라지지."

"중요한 것은 우리가 함께 깨어날 거라고 대답했다는 거야." 마틸다가 말했다.

"맞아, 그렇다면 얼른 자자, 틸리. 너무 피곤해!"

"나도. 얼른 자자."

마틸다와 잇파트는 돌무덤 안으로 들어가 옷을 갈아입지도 않은 채 침대로 쓰러졌다.

"옷을 벗지 않을 거야, 틸리." 잇파트가 말했다. "앞으로 깨어날 때까지는 시간이 너무 부족해."

"맞아, 나도 마침 그렇게 생각하던 참이었어." 마틸다가 대답했다. "하지만 그래도 두려워, 파티. 우리 침대를 붙여서 손잡고 자자."

"그래."

그들이 침대를 붙이고 눕자마자 돌무덤의 지붕이 투명해지며 쏟아질 듯 수많은 별이 떠 있는 하늘이 보였다. 마틸다와 여사제는 아무 말 없이 그 별들을 바라보았다. 그들에게는 말할 기운도 남아 있지 않았던 것이다. 잠시 후 그들은 잠에 빠졌다.

◆ 야옹이

　야수는 젖 먹던 힘까지 다해서 달리고 있었다. 그는 의사 무리를 따돌리기 위해 도시의 좁은 길만 골라서 달렸다. 어떻게 된 일인지 그는 예전처럼 지금의 시대에 다시 태어난 자신의 여자를 어깨 위에 둘러메고 안간힘을 다해 도망치고 있었다. 다만 그녀는 이제 가죽이 아니라 문명 시대의 사람들이 입을 만한 옷을 입고 있었다. 야수의 모습도 그가 한때 동굴에서 살았을 때의 털이 북실북실한 모습에서 눈에 띄게 달라진 차림새였다.

　이제 그는 어깨에 닿는 밤색 머리를 가진 잘생긴 청년이 되어 있었다. 그는 큼직한 금색 단추들이 달린 검은 실크 프록코트와 검은 실크 바지를 입고 있었고, 하얀 셔츠에는 화려한 가슴 장식이 달려 있었다. 예전 모습에서 유일하게 남은 것이라고는 슬퍼 보이는 큰 눈망울과 점잖은 수트에 전혀 어울리지 않는 털이 북실북실한 모카신이었다. 눈을 씻고 찾아봐도 그의 얼굴에서 야수와 닮은 구석이라고는 찾아볼 수 없었지만, 어딘지 모르게 비슷해 보이는 인상이 느껴졌다. 그 덕분에 그를 아는 사람이라면 달라진 모습을 보고도 확실하게 그가 야수라고 알아볼 수 있었을 것이다.

　하지만 그때 야수는 정작 본인조차 자신의 여자를 어디로 데려가고 있는지 알지 못했다. 왜 데려가는지는 확실하게 알았다. 왜냐하면 그녀는 위험에 처해 있었고, 그 위험을 제거하지 못한다면 그녀를 납치해서 위험으로부터 멀리, 아주 멀리 데려가야만 했기 때문이다. 게다가 지금 그의 여자는 아주 오래전 그랬던 것처럼 발을 버둥거리지도 비명을 지르지도 않았다. 오히려 지금의 그녀는 아주 잔잔한, 심지어는 기분이 좋은 듯한 소리를 내고 있었다. 마치 고양이가 가르릉대는 듯한 소리였다.

'이상하군, 그녀가 내는 소리인가?' 야수는 생각했다. 그런데 그의 머릿속에 이런 생각이 떠오르자마자 그녀가 갑자기 사람의 목소리로 크고 느릿하게 "야-아-아-오-오-옹!" 소리를 냈다.

그때 야수는 자신이 여자를 옮기고 있었던 것이 아니라 표범만한 크기의 거대한 고양이를 둘러메고 달리고 있었다는 사실을 알고 화들짝 놀랐다.

그렇다. 정말 놀라운 일이었다. 하지만 정작 그 자신이 몇 분 전에 털북숭이 야수에서 지금의 모습으로 변해버린 마당에 그것이 뭐가 그렇게 놀라운 일이었겠는가. 야수 청년은 여인을 둘러멘 채 멈추지 않고 계속 달렸다.

바로 그때, 그녀의 울음소리를 들었는지 골목과 언덕과 틈새에서 그 지역에서만 볼 수 있는 독특한 무늬의 고양이 여러 마리가 뛰어나와, 정신없이 울어대며 야수를 뒤쫓기 시작했다.

그렇게 모든 고양이 무리가 거리를 따라 달렸다. 야수를 쫓는 과정에서 그들의 숫자는 조금씩 불어났으며, 끊임없이 "야옹-야옹!" 하고 울었다. 야수의 등에 있는 거대한 고양이도 그들을 따라 "야옹-야옹!" 하는 소리를 냈다.

술래잡기가 얼마나 더 이어졌는지는 모르겠지만 얼마만큼 달리자 야수 청년은 작은 광장에 들어서서 고양이를 땅에 내려놓고 다시 원래의 모습인 털북숭이 야수로 변했다. 그 주변에 모여 있던 고양이들은 눈앞에 펼쳐진 광경을 보고 깜짝 놀라 그 자리에서 굳어버렸다. 야수는 그런 그들을 향해 "어-어-어-훙!" 하고 울부짖었다.

고양이들이 "야옹-야옹!" 하고 울며 사방팔방으로 흩어졌다. 오직 그만의 거대한 고양이만 꼬리로 자신의 몸을 감싸고 고양이 특유의 미소만 잔잔하게 띤 채 앉아 있었다. 그리고 그 고양이는 만족스러운 듯 "가릉-가릉!" 하는 소리를 내고 있었다.

◆◆◆

한편 여의사와 간호사들과 '뚜껑원정대'는 납치범이 골목 뒤로 사라지고 나서야 어안이 벙벙한 상태에서 겨우 정신을 차릴 수 있었다.

"이게 다 어떻게 된 일이-야-아!" 의사가 울부짖었다.

"비상!" 노란 잠수함이 외쳤다.

"지원!" 오렌지 암소가 외쳤다.

"중대 일어서! 비상! 비상!" 아디야 그린이 외쳤다.

"당장 타! 당장!" 의사가 명령했다. "저놈을 쫓아가요!"

간호사들은 무슨 말을 웅얼웅얼하더니 응급차에 몸을 욱여넣었다.

"얼른 그들을 쫓아가시죠!" 아디야가 몽둥이를 뒷바퀴에 고여두며 외쳤다.

"얼른 그들을 잡아서 치료해야 해요!" 잠수함이 닻을 근처의 울타리에 걸어두고 뒤에서 구급차를 두 팔로 꽉 잡으며 외쳤다.

"자, 얼른 저 미치광이를 쫓아갑시다!" 암소가 차 앞에 뛰어들며 외쳤다.

"자, 저 미쳐버린 새디스트를 쫓아갑시다!" 아디야가 두 팔을 흔들며 외쳤다. "빨리 갑시다, 뭘 꾸물대는 겁니까!"

오직 싸움꾼 브룬힐다만이 침착함을 유지하고 주변을 두리번거리면서 귀를 쫑긋 세우고 있었다. 한편 구급차는 그 자리에서 출발하지 못하고 제자리에서 공회전만 하고 있었다.

"도대체 왜 출발이 안 되는 거야?" 여의사와 간호사들이 차에 무슨 문제가 있는지 확인하기 위해 밖으로 뛰쳐나왔다.

잠수함은 빠르게 옆으로 비켜섰고 아디야는 손을 바지 주머니에 찔러 넣은 뒤 시치미를 뗐다.

"아이고, 이렇게 황당한 일이 있을 수가!" 그가 외쳤다. "선생님의 차 바퀴에 정체를 알 수 없는 나무가 버티고 있네요. 바로 이 나무토막이 선생님께서 응급 치료를 성공적으로 제공하시는 데 방해가 되고 있었습니다!"

"그 테러 도구는 당신들 도둑 무리가 가지고 온 거잖아요! 당신들도 저놈과 한패죠?" 의사가 원정대원들을 매섭게 노려보며 말했다.

간호사 중 한 명이 바퀴 아래에서 몽둥이를 빼냈고 다른 한 명은 허리춤에서 수갑을 꺼냈다.

"무슨 말씀을 그렇게 하십니까!" 아디야가 말했다. "우리는 각종 불법적인 활동들에 대한 법의 승리에 아주 큰 관심을 가지고 있으며 책임 있는 사회 구성원 전체의 완쾌를 바란다고요.”

"입만 살아 나불거리는 짓은 그만하죠!" 의사가 외쳤다. "도대체 그의 정체가 뭐고 무슨 목적으로 우리의 환자를 납치했는지 한번 설명해보는 게 어때요?”

"존경하는 선생님," 아디야가 말을 꺼냈다. "이미 저희가 밝힌 바와 같이 우리는 보름 동안 적십자의 직원이 될, 아니 더 정확히 말씀드리자면, 인턴이 될… 에-에, 정확히 말하자면 새로운 발견과 다양한 질병 치료를 위한 다양한 방법 연구에서 인턴으로 참여하는 연구자가 되는 영광을 누렸습니다. 과연 어떤 이유로 우리를 지도하여 주셨는지는 저희도 잘 모르겠지만 저희도 추측과 본능의 혼란스러운 암흑 속에서 길을 잃었습니다. 하지만 이성적으로 생각해보았을 때 가장 가능성이 높은 제안들 중 하나가 이겁니다.”

"그 사기꾼은 당신들 무리와 같이 왔다고요! 아주 위험하고 사랑에 빠진 미치광이예요!" 의사가 참지 못하고 고함을 쳤다. "당신들도 그와 한패거나 그보다 더 고약해요. 당신들 모두가 사랑에 빠진 미치광이들이죠!”

"실례합니다만 선생님, 저희가 예의 바른 모습을 보여준 것에 대해 저희에게 알려지지 않은 의학 지식을 알 수 있도록 허락해주신 것은 다름 아닌 선생님이었습니다. '사랑에 빠진 미치광이'라는 용어의 깊은 뜻은 무엇인지 저희에게 알려주실 수 있겠습니까? 또는 '에로틱한 몽상가'나 '사랑의 탐구자'라거나 '로맨틱한 간청자'라고 말씀하시려던 것이 아닌지요?”

"우리는 간청자들 따위에게는 눈곱만큼도 관심 없어요. 우리의 전문은 사랑에 빠진 환자들이라고요. 그리고 사랑에 빠진 미치광이 라는 것은 가장 위험한 수준의 질병이에요. 그래, 귀염둥이 같으니, 또 말을 돌리려고 하고 있군요!"

"전혀 귀엽지 않은 방법으로 말이죠! 전혀요. 우리는 그저 알고 싶은 것뿐…"

"됐어요, 여러분과 이렇게 한가하게 담소나 나눌 때가 아니란 말 이에요!"

"하지만 저는 우리 동료의 돌발 행동의 동기에 대해 아직 해명한 바가 없다는 말입니다. 그렇다면 이 해명은 다음번으로 미루어야겠 군요."

"간단하게 하세요!"

"간단하게 말씀드리자면, 이 말씀의 실질적인 의미는 바로 이겁 니다. 우리의 동료는 원래 선생님의 환자와 그렇게 열렬한 사랑에 빠져버려 그 사랑을 이루려는 것이 아니라, 너무 열정적인 자연과학 자이기 때문에 끓어오르는 열의를 이기지 못하고 선생님의 의료 분 야의, 소위 말하는, 승리의 영예를 훔쳐내서 그것을 통해 그의 가설 에 따르면 어떻게 환자를 가장 빠르게 치료할 수 있을지…"

"그래서 우리가 그 사기꾼을 잡아와서 연구하려는 것이에요." 의 사가 아디야의 말을 가로채며 말했다. "그만! 다들 차에 타요. 갑시 다!" 그녀가 간호사들에게 명령했다.

"우리는 전부 찬성이에요!" 브룬힐다가 드디어 입을 열었다. 그리 고 그녀는 뭔가를 암소의 귀에 속삭였다. "적극적으로 협조하죠!"

"그래요, 그래요! 저희가 물심양면으로 과도하게 협조하겠습니다!" 아디야가 외쳤다.

"제가 하늘로 올라가서 어느 쪽으로 가면 되는지 보고 올게요."
암소가 날개를 펼치며 제안했다. "그들이 어디로 향했는지 위에서는
더 잘 보일 테니까요."

"그래요. 여러분의 드론을 한번 띄워보시죠." 의사가 동의했다.
"얼른 그를 쫓아가야 하니까요."

응급차는 큰 소리를 내며 부릉거리기 시작했고, 사이렌이 켜졌
다. 그것은 무시무시한 소리를 내며 야수가 사라진 방향을 향해 내
달렸다. 그리고 암소는 실제로 야수가 도망친 방향과 다른 쪽으로
그들을 유인하기 위해 하늘로 날아올랐다.

◆◆◆

야수는 우두커니 서서 거대한 고양이를 바라보고 있었고 고양이
는 앉아서 그를 바라보고 있었다. 그녀는 아주 특이한 종이었다. 반
짝이는 검은 털은 윤기가 흘러 더욱 고급스러워 보였고, 네 발에는
장갑 모양의 흰색 무늬가 있었으며, 풍성한 붉은색 꼬리에는 흰 점
박이 무늬가 있었다. 그와 똑같은 색깔의 붉고 흰 무늬가 귀에도 있
었다. 특이했지만 아름다운 고양이었다.

그들은 아무 말도 하지 않은 채 서로를 한참 동안 바라봤다. 그
러다 약속이라도 한 듯 동시에 사람의 모습으로 변했다. 야수는 다
시 청년이 되었고, 고양이는 여인이 되었다. 그는 자신의 여자를
바라보았다. 이 모든 변화의 과정에도 그 둘은 조금도 놀라지 않는

듯했다.

"너니?" 그가 물었다.

"저예요." 그녀가 대답했다.

"나를 알아봤어?"

"네, 주인님."

"어떻게 여기에 있는 거야? 이곳에서 뭘 하고 있었어?"

"모르겠어요. 그냥 이곳에 있었어요. 그게 다예요. 주인님은요?
주인님은 어떻게 이곳에 왔나요?"

"나도 모르겠어. 너는 기억이 나니?"

"기억나요."

"평생 동안 후회했어. 그리고 아직도 후회하고 있어. 네게 모질게
군 것에 대해서."

"괜찮아요, 주인님. 제가 잘못한걸요. 그래서 벌을 받은 것이랍
니다."

"나도 벌을 받은 거야. 아무도 나를 사랑하지 않아. 너는 무슨 벌
을 받은 거니?"

"저는 모두의 사랑을 받아요. 그다음 버림받죠."

그들은 잠시 아무 말도 하지 않았다.

"너도 모습이 변하니?" 야수가 물었다. "언제? 어떻게?"

"고통을 받거나 고통받기를 멈췄을 때 모습이 변해요." 그녀가
대답했다. "저는 버림받았을 때 여자로 변해요. 하지만 누군가가
저를 거둬줬을 때면 고양이로 변해요. 하지만 평소에는 이런 모습
이죠."

그녀는 말을 끝내자마자 야수의 눈앞에서 여자도, 고양이도 아닌 그 사이 어디쯤의 모습으로 변했다. 이제 그녀는 팔의 중간까지 내려오는 검은 모피코트와 검은 바지를 입고 있었다. 그 옷은 먼 옛날 야수가 동굴에서 살고 있었을 때 그녀를 위해 만들어준 옷과 비슷했다. 그녀는 숱이 많은 흑발이었고, 발에는 흰 장화를 신고 있었으며, 손에도 흰 장갑을 끼고 있었다. 매력적인 얼굴에서는 어딘지 고양이를 보고 있는 듯한 느낌이 들었다. 그 밖에도 그녀의 등 뒤에는 밝은 빨간색에 흰 점이 찍힌 풍성하고 부드러운 꼬리가 위로 솟아 살랑거리고 있었다. 그녀가 고양이의 모습이었을 때 귀와 꼬리에 있었던 무늬와 똑같았다. 그것을 제외한 모든 부분은 아름다운 여인의 모습이었다.

◆◆◆

야수 청년과 고양이 아가씨가 전혀 다른 모습으로 변해 길가의 벤치에 앉아 있을 때 브룬힐다와 아디야와 잠수함이 그들을 발견했다. 그들은 숨을 헐떡거리며 달려와 아무 말 없이 호흡이 진정될 때까지 둘을 바라보기만 할 뿐이었다. 미치광이 여의사의 구급차 사이렌 소리가 먼 곳 어딘가에서 시끄럽게 소리 내며 지나가고 있었다. 암소가 그들의 추적을 성공적으로 따돌린 것 같았다.

"드디어 찾았구나." 브룬힐다가 정적을 깨뜨렸다. 여왕은 야수에게서 눈을 떼지 못했다. 그의 새로운 모습이 꽤 흥미로운 듯했다.

"제가 끈질기게 울려 퍼지는 고양이 울음소리를 대수롭지 않게 여겨야 한다고 이제까지 줄곧 주장해왔던 게 확실히 옳았던 것 같습니다." 아디야가 말했다.

"이건 완전한 가면무도회 축제예요!" 잠수함이 외쳤다. "아니면 축제 같은 가면무도회인가요?"

"야수야, 우리를 소개해주겠느냐?" 브룬힐다가 야수에게 말했다.

"저의 여자입니다." 야수가 의자에서 일어서며 자신의 여자를 가리켰다. "언젠가 있었던 저의 여자예요. 그리고 이 사람들은 내 친구들이야." 그가 그녀에게 말했다. "브룬힐다 여왕님, 아디야 그린, 그리고 노란 잠수함."

"나의 여왕님이라고 말하려는 것을 잊은 것 같구나." 브룬힐다가 질투하듯 야수의 여자를 노려보며 말했다. "정말 네가 맞느냐?"

"네, 저의 여왕님. 접니다. 저의 모습이 많이 변했지요. 왜인지는 잘 모르겠습니다. 이미 여러 번 있었던 일입니다."

"그렇다면 너는 누구니? 이 모든 기적 중에서도 가장 신비로운 기적아?" 아디야가 여자를 향해 말했다.

"저는 야옹이예요." 그녀가 의자에서 일어서며 말했다.

"그녀도 모습이 변해요." 그녀를 대신해 야수가 설명했다.

"너는 나비니? 아니면 고양이니? 기적 중에서도 가장 신비스러운 기적아?" 아디야가 물었다.

"야옹거리는 것을 보시다시피 저는 나비이기도 하고 고양이이기도 해요." 고양이 아가씨가 대답하고는 자신의 모습을 뽐내며 이곳저곳으로 돌아다녔다.

"그렇군." 여왕이 무심하게 말했다. "그 전에는 무엇이었느냐?"

"한때는 여자였고, 한때는 고양이였고, 다시 여자가 되었다가 다시 고양이가 되었습니다. 그것도 여러 번을요."

"그렇다면 모두의 사랑을 듬뿍 받았겠구나?" 브룬힐다가 계속해서 관심을 가지며 말했다.

"그렇지 않습니다. 처음에는 사랑받지만 그다음에는 버림받지요."

"그런데 무슨 일이 있었던 것이냐? 어째서 그 구급차에 갇혀 있었던 거지?"

"저는 또 버려졌습니다."

"누가 너를 버린 것이냐?"

"제 짝이었던 고양이입니다."

"더 자세히 말해보아라."

"그는 아주 위엄 있고 풍성한 콧수염과 꼬리를 가진 줄무늬 고양이었어요! 진정한 수컷 고양이였죠! 제 주변을 어슬렁거리는 그 모습은 너무나 인상적이었어요. 그의 꼬리로 제 귀를 간질이는 느낌이란! 그리고 얼굴을 나의 목에 부비적거리는 느낌이란! 가르릉거리는 소리도 너무나 매혹적이었죠! 그리고 저는 그렇게 야옹을 빼앗겨버렸답니다.

우리는 사이 좋게 야옹 야옹 살았지만, 그가 저에게서 도망치는 일이 점점 많아졌어요. 그는 웬 고양이 강도단과 어울리더니 불법 거래를 하며 돈을 벌었죠. 그리고 그를 고양이 감옥에 잡아넣기 위해 고양이 경찰들이 뒤쫓기 시작했어요. 그는 숨어서 지냈고, 어쩌다 한 번 겨우 볼 수 있을 뿐이었어요. 제 앞에 마지막으로 나타났던 것은 모든 짐을 챙겨서 야옹혼을 해야겠다고 말했을 때였어요. 왜냐하면 저를 볼 수 없다고요."

"어떻게 너를 볼 수 없다는 말이니?" 잠수함이 말했다.

"저도 똑같은 말을 했어요. 어떻게 저를 볼 수 없다는 말인가요? 여러분께서 한번 보세요. 제가 이렇게 잘 보이지 않나요?"

야옹이는 마치 동물이 앞발을 움직이듯 두 팔을 움직이고, 모두의 눈앞에서 자신의 모습을 뽐내며 한 바퀴 돌았다.

"오 그럼, 네가 잘 보이고말고!" 잠수함이 말했다.

"맞아요! 제가 잘 보인다는 건 아주 분명한 사실이죠. 그런데 그는 저를 버렸어요. 이렇게 나를 야옹신하다니!"

"그러는 너는 그의 털을 쓰다듬으며, '수컷 고양이야, 그곳에 가지 마, 감기 걸릴라'라고 말한 적이 있니?" 머리 위 어딘가에서 갑작스럽게 누군가의 목소리가 들려왔다. 암소가 하늘에서 쿵 떨어졌다.

"어휴, 겨우 따돌리고 숨었네! 저 위에서 네 이야기의 뒷부분만 들었는데, 방해할 수가 없어서 버티고 있었지."

"어머, 실례지만 당신은 누구죠?" 야옹이가 깜짝 놀라며 말했다.

"우리 친구인 오렌지 암소야." 야수가 말했다.

"그녀가 의사 무리를 따돌렸어!" 잠수함이 덧붙였다.

"안녀-엉!" 암소가 미소 지으며 말했다.

"왜 그런 질문을 하셨나요? 저는 야옹이예요. 안녕하세요." 야옹이가 말했다.

"물론 내가 틀릴 수도 있지만, 야옹이는 자기 자신만 생각할 줄 알기 때문에 버려지는 것 같아." 암소가 대답했다.

"아니에요, 맞는 말이에요! 어떻게 아셨어요? 저는 실제로 그런

단점을 가지고 있어요. 저는 너무 고양이 중심적인 것 같아요." 야옹이가 야수를 바라보며 말했다. "그래도 고치려고 노력 중이에요."

◆◆◆

그러는 사이 멀리에서 희미하게 들리던 사이렌 소리가 점점 가까워지기 시작했다.

"어머, 그 미치광이 의사의 구급차가 오고 있어요!" 잠수함이 외쳤다. "이제 어떡하죠?"

"어딘가로 몸을 숨겨야 해." 암소가 제안했다.

"하지만 영원히 숨어 있기만 할 수는 없어." 브룬힐다가 말했다.

"저 때문에 여러분이 곤란해졌네요." 야옹이가 말했다. "이제 더이상 도망치지 마세요. 제가 해결할게요."

"어떻게 할 생각이야?" 야수가 물었다.

"이제 원래 모습이 돌아왔으니 그들에게 맞설 수 있어요."

"어떻게 할 생각이야?" 아디야가 물었다. "난 개인적으로 더 이상 저들에게 궤변을 펼치지 못할 것 같아."

"그 누구도 해치도록 내버려두지 않겠어, 심지어 나도 해칠 수 없을걸!" 야수는 아디야에게서 몽둥이를 낚아챘다.

"친구! 가장 최근에 우리 대화의 중심이 되기도 했던 그 도구는 너의 세련된 외모에는 안 어울려." 아디야가 지적했다.

"만약 힘으로 문제를 해결할 수 있었다면 이미 오래전에 모든 문제가 해결됐겠지." 여왕이 치마를 들어 올려 번쩍이는 칼을 드러내며 말했다. "하지만 그렇게 하도록 내버려둘 수 없다. 더 큰 문제들이 생겨버릴 테니."

그들이 미처 동의하기도 전에 골목 뒤에서 구급차가 나타났고 '끼익!' 소리를 내며 그 자리에 멈췄다. 하지만 사이렌 소리는 여전히 시끄럽게 울리고 있었다. 구급차에서 의사가 뛰어내리더니 양 허리에 손을 얹고 말했다.

"자! 이제야 찾았군, 이 미치광이 사기꾼 같으니!"

"저희도 마침 선생님께 기쁜 소식을 전하려고 했는데 말입니다. 환자들이 회복되고 있다고 합니다." 아디야가 도망자 둘을 가리키며 말했다. "선생님의 도움이 어찌나 신속하고 효과가 빠른지, 환자들이 선생님의 사이렌 소리를 듣자마자 갑작스럽게 갑자기 치료되기 시작했습니다."

의사는 눈을 가늘게 뜨며 입술을 삐죽거렸다.

"귀엽기는, 일부러 그렇게 애쓸 것 없어요." 그녀는 손짓을 보내 사이렌을 끄라는 신호를 보냈다. "저절로 치료되는 환자는 없어요. 반드시 치료를 받아야 하죠. 정해진 방식대로 말이에요! 그러니 여러분의 동물원 친구들은 얼른 치료를 받아야 한다고요!" 그녀가 그림처럼 꼼짝 않고 서 있는 간호사들에게 고개를 끄덕여 신호를 보냈다. "저 둘을 잡아요!"

야수는 몽둥이를 더 세게 잡고 야옹이 앞에 섰다.

"아, 그래!" 의사가 외쳤다. "반항하겠다, 이거죠! 그러면 도움을 요청해서 여러분 일당 모두를 전부 데려가도록 하겠어요!"

"잠깐만요," 야옹이가 야수의 등 뒤에서 나왔다. "여러분의 야옹야기에 대해 이미 펜을 들었어요. 한번 청산을 시작해볼까요?"

의사에게서 예전과 같은 당당함이 사라지더니 갑자기 얼굴이 창백해졌다.

"이게 어떻게…? 도대체 왜…?" 그녀는 비틀거리며 겨우 목소리를 냈다. "당신은 누구인가요?"

"저는 작가예요." 야옹이가 대답했다. "제가 여러분의 이야기를 쓰면 여러분은 곧 사라질 거예요."

"작가…! 작가다…!" 먼저 침묵을 깬 것은 간호사들이었지만, 그들은 속삭이며 조심스럽게 목소리를 냈고, 겁에 질려 뒷걸음질 치고 있었다.

"아이, 왜 진작 말하지 않았어요!" 의사가 빠르게 톤을 바꿨다. "그래서 몸은 좀 나아졌나요? 우리는 어떻게 하면 선생님을 도울 수 있을지 내내 생각하고 있었답니다! 선생님의 안색이 정말 불행해 보였거든요!"

"그랬나요?" 야옹이가 꼬리를 잡고 빙글빙글 돌리며 무심하게 물었다. "아니요, 저는 아주, 야옹스럽게 행복하답니다."

"그래요? 뭔가 착오가 있었던 것 같네요. 하지만 이해해주세요. 빚을 졌잖아요! 우리는 환자들을 행복한 상태로 이끄는 일을 하고…"

"저는 글을 쓰고 등장인물을 없애는 일을 하고 있죠. 그러니 처리를 한번 시작해볼까요?"

"아니요, 아니요, 무슨 말씀이세요! 선생님께서 확실히 좀 나아지신 게 보이네요! 저희는 할 일이 좀 많아서, 그럼 이만!"

의사와 간호사들은 허둥지둥 차에 탔다.

"미치도록 감사합니다!" 아디야가 그들의 뒤통수에 대고 외쳤다.

여의사는 그를 잠시 흘겨보더니 문을 쾅 닫았다. 구급차는 '끼익!' 소리를 내며 황급히 그 자리를 떠났다.

◆ 당신은 자신을 아나요?

미치광이 여의사의 구급차가 시야에서 사라지자마자 원정대원들은 야옹이를 둘러싸고 질문을 퍼붓기 시작했다.

"기적 중의 기적 같은 네가 이미 놀라운 일들을 수없이 겪어 더 이상 놀라울 것도 없는 나조차도 놀라게 했다는 사실을 인정하지 않을 수가 없구나." 아디야가 근엄하게 말했다.

"어떻게 한 거야?" 암소가 물었다.

"뭘 한 거야?" 잠수함이 물었다.

"글을 쓰고 등장인물을 삭제하는 일을 한다니, 그게 무슨 말이냐?" 브룬힐다가 물었다.

"작가가 된 이후로," 야옹이가 대답했다. "책에 쓰인 것들이 자주 현실이 된다는 사실을 알게 되었어요. 지금의 현실에서는 무엇을 쓰든 거의 모든 것이 이루어지죠."

"지금의 이 현실이 뭐지?" 브룬힐다가 물었다.

"여러분은 이곳의 사람들이 아닌가요? 정말 모르는 거예요?" 야옹이가 놀라워하며 물었다. "아, 내가 무슨 말을 하는 거야! 야옹연히 여러분은 이곳 사람들이 아니겠죠. 그렇다면 여러분은 어디에서 왔나요?"

이 질문은 모든 원정대원을 당황하게 했다.

"그게 무슨 말이야, 우리가 어디에서 왔냐니? 우리가 어디에서 왔지?" 잠수함이 혼잣말을 했다.

"음, 우리는 우리가 온 곳에서 왔지…." 암소가 말했다.

"아디야, 우리가 어디에서 왔는지 말해보아라." 브룬힐다도 질문을 듣고 할 말을 잃었지만, 그녀는 그 사실을 드러내고 싶지 않았다.

"분명히 우리는 그곳에서 왔지요." 아디야가 알 수 없는 제스처를 해 보이며 말했다. 그도 역시 당황한 상태였다.

"주인님," 야옹이가 야수에게 말했다. "주인님은 말해줄 수 있나요?"

"그렇기도 하고 아니기도 해." 야수가 생각에 잠긴 채 말했다. "우리는 우리의 머리 위로 드리워진 뚜껑의 정체를 밝혀내기 위해 원정길에 나섰어. 하지만 뭔가 이상해…. 우리가 어디에서 출발했는지 기억이 나질 않아. 마치 머릿속에 안개가 끼어 있는 것 같아."

"아마도 우리 중에는 그 질문에 대답할 수 있는 자가 아무도 없는 것 같다." 브룬힐다가 말했다. "지금 우리가 서 있는 이 땅과 무슨 관련이 있는 것 같구나. 야옹아, 네가 우리에게 알려주겠느냐?"

"저조차도 우리가 지금 어디에 있는지, 제가 어떻게 이곳으로 왔는지 전혀 기억이 나질 않아요." 야옹이가 대답했다. "제가 유일하게 아는 것은 이 세계가… 뭔가 진짜가 아닌 것처럼 느껴진다는 것이에요."

"진짜가 아니라는 것이 무슨 말이지?" 그녀의 말을 듣고 모두가 놀랐다.

"음, 뭔가 야옹스러운 것이… 어떻게 말해야 할까… 마치 인형극 속에 들어온 듯한 기분이 들어요. 이 세계가 그 자체의 모습으로 존재하는 것이 아니라, 마치 다른 뭔가가 이 세계를 진짜인 것처럼 느껴지도록 연기하고 있는 것 같아요. 그리고 이곳의 사람들도 진짜가 아니라 인형 같다는 느낌이 들어요."

"인형 같다는 말이 무슨 말이냐?" 브룬힐다가 물었다.

"말 그대로예요. 그들은 자기 자신을 모르고 있어요."

"모른다고? 어떻게 그럴 수 있지?" 잠수함이 놀라워하며 물었다.

"그냥 몰라요. 외부의 어떤 것이 그들을 여기저기 끌고 다니는 것 같아요. 인형 극장의 꼭두각시들도 똑같이 자기 자신을 모르죠. 야옹, 물론 몰라요. 그들은 보통 사람들과 똑같이 행동하지만 그들을 가만히 보고 있으면 뭔가가 이상해요. 이성이 있는 듯하지만 완전히 의식이 있진 않아요. 여러분도 아마 눈치채셨을 거예요."

"오, 맞아." 아디야가 말했다. "뭔가를 눈치챘지. 짐작은 하고 있었는데 말이야. 더 정확히 말하자면 그들 입장에서 봤을 때 그들의 의견이 완전히 부재한다는 것을 확인할 수 있었지. 그리고 그 말도 맞아. 그들은 제정신인 것 같은데도 쉽게 속여넘길 수 있어. 가끔은 어려울 때도 있지만 말이야."

"바로 그거예요!" 야옹이가 동의했다. "그들은 의식을 가지고 있지 않아요! 제가 작가가 아니었다면 저도 그들을 상대할 때 애를 먹었겠죠. 하지만 이제는 그들이 사람이 아니라 등장인물들이라는 것을 알고 있어요. 상상이 되나요? 마치 어떤 작가가 그들을 생각해낸 것처럼 말이에요. 참고로 저는 이곳에서 제가 만들어낸 등장인물들을 만난 적이 있어요. 아주 충격적인 경험이었죠! 이 이야기는 다음에 제가 꼭 말씀드릴게요."

"이런 말을 하기엔 조심스럽지만," 암소가 끼어들었다. "야옹아, 내 생각에는 너도 조금 이상한 것 같아. 너도 그 사실을 알고 있니?"

"이것들 말씀이신가요?" 야옹이가 자신의 귀와 꼬리를 만지며 말했다.

"그뿐만이 아냐. 너의 말투가 조금 특이한 것 같아. 미안하지만, 아주 흥미로운 습관을 지니고 있지."

"말투와 습관이 완전히 야옹스럽다는 것은 알고 있어요. 하지만 어쩔 수 없어요. 제 본성이 그런 것이니까요."

"본성에 관한 건 건들지 않는 편이 좋겠구나." 브룬힐다가 말했다. "본성은 우리 모두가 가지고 있는 것이다. 완곡하게 말하자면, 그래서 모든 개인이 특별해 보이는 것이지. 그보다 그 사람들이 왜 자기 자신을 모르는지에 대해서 좀더 자세히 설명해주겠느냐?"

"말씀드렸던 것처럼 그들은 무의식의 상태에 있는 것 같습니다. 생각을 하는 것처럼 행동하고는 있지만 실제로는 자기 자신을 의식하지 못하고 자기 자신이 무엇을 하는지조차 분명히 파악하지 못하죠. 마치 누군가에게 조종당하는 꼭두각시처럼 말이에요."

"아주 이상하구나."

"이상할 뿐 아니라, 소름이 끼칠 정도예요. 그래서 '여러분은 자기 자신을 알고 있나요?'라고 이곳의 모든 사람에게 물어봤어요."

"왜 그런 질문을 하려고 하지?"

"의식을 가진 사람을 한 명이라도 찾기 위해서요."

"그래서 찾았느냐?"

"아니요, 이곳에는 그런 사람은 없어요. 여러분이 처음이죠."

"그러면 그들은 뭐라고 대답하느냐?"

"아무것도 대답하지 않았어요. 어떻게든 대답을 피하려고만 하죠. 때로는 몹시 안절부절못하기도 하고 화를 내기도 해요."

"그러면 왜 우리에게는 그런 질문을 하지 않았지?" 브룬힐다가 불안함을 감추지 못한 채 질문을 계속했다.

"여러분은 자기 자신을 알고 있지 않나요? 저는 여러분이 이곳의 사람들과 다르다는 것을 한눈에 알아차렸어요. 게다가 주인님을 오래전부터 알고 있었고요."

"그 사실이 가장 불안하다. 솔직히 말하면 나도 왜인지 너의 질문에 대답할 수 없구나."

"무슨 말씀이신가요? 어떻게 모를 수가 있죠?" 야옹이는 너무 놀라 입을 다물지 못했다.

"아디야, 말해보아라. 너는 너 자신을 알고 있느냐?" 브룬힐다가 물었다.

"폐하, 등장인물과 똑같이 행동하게 될까 두렵지만, 솔직히 말씀드리면 저 또한 대답하기를 회피하고자 합니다."

잠시 침묵이 흘렀다. 항상 청산유수처럼 말을 쏟아내던 아디야조차도 처음으로 할 말을 잃어 난처해진 듯했다.

"그 말은 대답을 할 수 없는 사람이 나 혼자가 아니라는 뜻이구나. 그러면 잠수함아, 너는 너 자신을 알고 있느냐?"

"어떻게 제가 저 자신을 모를 수가 있죠? 당연히 저는 저 자신이 누군지 알죠!"

"그러면 말해보아라."

"저는 노란 잠수함이에요!"

"그게 끝이냐?"

"아, 끝인 것 같아요…. 어떻게 이럴 수 있죠?"

"너는, 암소야?"

"생각하고 있습니다."

"잠깐, 잠깐! 지금, 지금 기억이 날 것 같아요!" 잠수함이 호들갑을 떨더니 아무 말 없이 생각에 잠겼다.

암소도 충격을 받은 듯 멍해졌다. 그러자 바로 그때 또 다른 변화가 나타났다. 다만 이번에는 잠수함과 암소에게 생긴 변화였다. 모두가 지켜보고 있는 가운데 암소는 붉은 머리를 가진, 매력적인 모습의 통통한 여인이 되었고 무릎까지 내려오는 오렌지색 드레스에 조잡스러운 구두를 신고 있었다. 그녀의 목과 팔에 걸린 큼직한 파란색 비즈 목걸이와 팔찌가 유난히도 눈에 띄었다. 그녀의 날개는 자취도 없이 사라졌다. 반면에 잠수함은 노란 수트를 입은 백치미 넘치는 금발 머리의 아가씨가 되었다. 그녀가 신고 있던 노란색 장화는 여전히 그대로였다. 갓 변신한 두 여인은 눈이 휘둥그레 해져서는 자기 자신의 모습 이곳저곳을 살펴보았다. 물론 다른 사람들도 마찬가지였다. 비록 외모는 완전히 달라졌지만 한눈에 봐도 그들은 오렌지 암소와 노란 잠수함이었다.

"자." 모두가 침묵하는 가운데 브룬힐다가 말을 꺼냈다. "이제 우리 중에는 모습이 변하는 사람이 넷이나 된다. 축하한다."

"어머! 뭔가 말로 표현할 수 없는 일이 저에게 생겼어요!" 잠수함이 외쳤다. "저 좀 꼬집어주세요!"

아디야는 그 말을 듣자 조금도 망설이지 않고 곧바로 그녀의 부탁을 들어줬다.

"아야!"

"네가 부탁한 거잖아. 정말 다행스럽게도 아까보단 조금 나아 보이는군. 또 누구 꼬집혀야 하는 사람? 아마도 저 자신인 것 같네요."

"저는 왜인지 모르겠지만 그렇게 놀라진 않았어요." 암소가 말했다. "저 자신에 대해 뭔가를 알고 있었던 것 같아요⋯. 아니면 알고 있다고 생각했어요⋯. 아직도 확실히 아는 것은 아니지만요."

"알겠다는 말이냐, 모르겠다는 말이냐?" 브룬힐다가 그녀에게 물었다.

"아니요, 아직은 알겠다고 확실하게 말씀을 못 드리겠습니다. 과거는 기억이 나질 않고, 현재는 이해를 할 수가 없어요."

"그렇다면 야수야, 이번에는 너에게 묻겠다. 너는 너 자신을 알고 있느냐?"

"그렇기도 하고, 아니기도 합니다, 나의 여왕님." 마침내 야수가 이제까지 지켜오고 있던 침묵을 깨고 말을 꺼냈다.

"우리는 이미 너에게서 그와 똑같은 대답을 들은 적이 있다. 도대체 네가 말하는 '그렇기도 하고, 아니기도 하다'는 말이 무슨 뜻이냐?"

"저는 인생에서 이미 수없이 많이 변신해왔습니다. 저는 그 모습 전부를 기억하고 있지만 지금은 마치 새로 태어난 것 같은 느낌이 듭니다. 아니, 더 정확히 말하자면 새로 태어난 것이 아니라, 새로 나타난 듯한 느낌입니다. 아주 이상한 느낌이에요. 저 자신을 알 것 같으면서도, 동시에 모르겠습니다."

"그렇다면 나머지 분들에게 묻겠어요. 여러분은 자기 자신을 어떻게 느끼고 있나요?" 야옹이가 말했다.

"나는 깨끗한 백지가 된 기분이다." 여왕이 말했다. "내가 유일하게 알고 있는 사실은 내가 여왕 브룬힐다라는 사실뿐이고, 그것 말고는 나 자신에 대해서 아무것도 알 수가 없구나. 심지어 언제부터 그것을 몰랐는지 언제 그런 일이 일어났는지도 기억이 나질 않는다."

"그렇죠! 저도 그래요!" 잠수함이 외쳤다. "마치 지금 막 이곳에 나타난 기분이에요. 그런데 어디에서 왔는지는 모르겠어요."

"저는 그저 제가 저라는 사실밖에 모르겠어요." 암소가 말했다. "그 외에는 아무것도 모르겠어요."

"그러면," 브룬힐다가 말했다. "정리해보자. 우리가 누구고 어디에서 왔는지는 모른다. 하지만 왜 왔는지는 알고 있지. 우리의 목표는 뚜껑이다. 맞느냐?"

"네, 네!"

"우리는 그것이 무엇인지 그리고 왜 그곳에 나타났는지 밝혀내려고 한다. 그리고 우리 중 셋은 변신을 경험했지. 내가 제대로 알고 있다면 예전의 모습 그대로 남아 있는 것은 오직 나와 아디야뿐이다. 내 검을 포함한 모든 것은 전부 제자리에 있지."

그녀는 치마 아래 숨겨둔 검을 더듬어보았다. 여왕은 거친 천으로 만든 중세 시대의 드레스를 입고 있었고, 황갈색의 머리카락은 하나로 땋아 있었으며, 머리에는 납작한 금색 머리띠가 둘러져 있었다. 아디야도 전부 그대로였다. 슈렉과 같은 녹색 피부에, 똑같은 색깔의 헐렁한 로브를 입고 있었다. 겉으로 보기만 하면 '미개인'이 그에게 딱 맞는 말이었다. 그가 미개인과 다른 유일한 점은 눈이 오나 비가 오나 늘 선글라스를 끼고 다녔다는 것이다. 잠수함은 원정길 내내 그에게 이렇게 쏘아붙이곤 했다. "멍청아, 선글라스를 벗어! 태양이 뚜껑에 가려져 있는데 그걸 뭐 하러 쓰니!" 그러면 아디야는 이렇게 대답하곤 했다. "나의 눈빛은 통찰력이요, 빛 한 줄기 통하지 않는 어둠 속에서 방황하는 너희를 눈멀게 할 것이다". "네가 그걸 쓰니까 얼간이 같아 보이잖아!" "하지만 아주 권위 있는 얼간이지. 그걸 잊지 말라고" "그런 바보 같은 후드는 도대체 왜 계속 입고 다니는 거니? 오쇼를 따라 하기라도 하는 거니?" "혹자는 유순하게 대답할 것이다. 나와의 약속은 기적 같은 계몽의 빛을 비춰줄 것이고 너희에게 크나큰 영광이 될지어다!" "제기랄!"

"아디야, 너의 그 말재주는 아직도 남아 있느냐?" 그에게 브룬힐다가 물었다.

"제 말재주로 희망을 불어넣을 수도 있지요, 폐하."

"그러면 됐다. 한 가지 중요한 질문이 있다. 우리가 자기 자신에 대해 아직 모르는 것을 알아내려면 어떻게 해야 하느냐?"

"하지만 저는 여러분을 알고 있는걸요!" 야옹이가 말했다.

"어떻게? 어디에서?"

"여러분의 이야기를 읽었습니다. 폐하, 폐하는 살아 있는 전설이에요. 암소와 잠수함도 아주 유명하고요. 제 주인님과는 원시 시대부터 알아왔어요. 오직 한 분, 존경하는 아디야 님만 제가 이제까지 알아올 영광을 누리지 못했죠."

"그건 내가 너무나 훌륭한 나머지 명성이 나를 제대로 따라오지 못했기 때문이지." 아디야가 힘주어 말했다.

"그렇다면 결론은, 우리도 진짜가 아니라는 말인가?" 브룬힐다가 물었다.

"아니에요, 여러분이 진짜라는 사실은 아주 야옹명해요!" 야옹이가 대답했다.

"하지만 너의 논리대로라면 우리가 등장인물이 되는 것이 아니냐?"

"여러분은 진짜예요. 자기 자신에게 질문을 할 수 있고, 자기 자신을 의식하고 있으니까요! 다시 말하자면 '나는 나다'라고 말을 할 수 있기 때문이죠. 그 말은 여러분이 등장인물이 아니라 진짜 사람이라는 뜻이에요."

"그렇다면 이곳의 등장인물 말이다, 네가 그들에 대한 이야기를 쓰면 그들이 사라진다고 말했던 것이 기억난다. 어떻게 그런 일이 있을 수 있지?"

"아주 간단해요. 그들의 모습을 책으로 쓰면 그들은 물질화돼요. 그리고 이야기가 전개되면서 그들을 지우면 그들은 삭제되고 연극 무대에서도 사라지죠. 이곳에는 그런 야옹기한 일이 생겨요."

"신기하다!" 잠수함이 외쳤다. "그러면 우리도 삭제할 수 있니?"

"어머, 어떻게 그런 생각을 할 수 있나요! 저는 여러분에게 아주 큰 호의를 가지고 있답니다! 오히려 저는 여러분의 원정대에 저를 끼워 달라고 부탁하고 싶어요. 저도 그 뚜껑 때문에 무척 걱정되니까요."

"그러면 뚜껑이 사라지게 되는 이야기를 그냥 쓰면 되는 것이 아니니?" 암소가 물었다.

"이미 시도했지만 실패했어요. 현실에 관해 쓰는 것은 등장인물에 관해 쓰는 것보다 훨씬 복잡하니까요. 그러면 저를 받아주시는 것인가요?"

"물론이지, 나비야, 야옹아! 너를 우리 원정대원으로 받아들이겠어. 우리의 나비 야옹이가 되어주렴." 아디야가 말했다.

"아디야, 언제부터 네가 그런 결정권을 가지게 되었느냐?" 브룬힐다가 반대했다.

"폐하, 저는 그저 폐하의 명령만 기다리고 있을 뿐입니다."

"나의 여왕이시여," 야수가 대화에 끼어들었다. "저도 부탁드립니다."

"저도요!" 암소가 말했다.

"저도요!" 잠수함이 말했다.

여왕은 생각에 잠겼다.

"제가 분명 도움이 될 거예요!" 야옹이가 계속 부탁했다. "예를 들어 여러분의 고양이 첩자가 될 수도 있어요!"

"뭐, 뭐?" 브룬힐다가 물었다.

"고양이 은신술을 할 수도 있고 고양이 은둔 작전을 할 수도 있어요. 고양이 정찰을 할 수도 있고 필요하다면 심지어 고양이 죽음에 다다르게 할 수도 있어요."

"고양이 죽음이라니 어떻게 말이냐?" 브룬힐다가 웃음을 터뜨렸다.

"음, 죄송해요. 감쪽같이 숨거나, 당황하게 하거나, 설득하거나 얼빠지게 만들 수도 있어요."

"너의 능력을 의심하는 것이 아니다. 그저 그것이 우리를 향해 사용되지 않아야 할 뿐이다. 특히 '얼빠지게' 만든다고 불리는 그 능력 말이다." 브룬힐다가 야수를 흘겨보며 말했다.

"무슨 말씀이신가요! 그건 당연하지 않나요! 저의 주인님은 제가 여러분께 해를 끼치지 않을 것이라는 사실을 잘 알 거예요. 저는 심지어 저의 등장인물을 삭제할 때도 꼭 필요한 경우에만 그렇게 해요. 그렇지 않은 것은 저의 전문가 정신이 절대로 용납할 수 없어요! 하물며 진짜 사람에 대해서는 말할 것도 없죠."

"그러면 여왕님께서는 어떤 결정을 내리시겠습니까?" 야수가 물었다.

"그래, 야옹이를 받아들이기로 한다." 여왕이 말했다.

"만세!" 암소가 소리쳤다.

"만세, 만세!" 잠수함이 소리쳤다.

"원정대원이 된 것을 환영해." 아디야가 말했다.

"고맙습니다!" 야옹이가 기뻐하며 말했다. "아주 야옹스러운 일이에요! 저를 버리지만 말아주세요. 알겠죠?"

"그래, 버리지 않을게." 야수가 그녀에게 약속했다.

"이제 앞으로 어떻게 해야 할지에 대해 생각해야 한다." 브룬힐다가 말했다.

"폐하, 제가 감히 제안을 하나 해도 괜찮겠습니까?" 아디야가 말했다.

"말해보아라."

"시작하기에 앞서 잠깐 원기를 북돋는 것이 좋을 것 같습니다."

"이 근처에 카페를 하나 알고 있어요." 야옹이가 말했다.

"그곳으로 안내하거라."

그렇게 그들은 야옹이를 따라나섰다.

♦ 비현실적인 현실

야옹이는 행렬의 선두에 서서 꼬리를 살랑거리고 '앞발'을 가볍게 흔들며 고양이 행군을 이끌었다. 야수는 그녀의 옆에서 나란히 걷고 있었다.

"그러니까, 이런 모습이 되었다는 말이지? 그때 이후로 정말 많이 변했구나."

"주인님도요."

"나는 옛날에 있었던 일과 지금 일어난 일들 때문에 조금 어색하기도 해."

"저도요, 주인님."

"하지만 예전처럼 나와 말하고 있잖아. 말도 별로 없고 예전과 같은 말투로."

"주인님에게만 예전 그대로의 모습으로 남아 있는 거예요."

"그래도 우리는 이제 달라. 둘 다 많은 일을 겪었겠지, 아마도."

"네, 할 이야기가 아주 많은 것 같군요."

"언젠간 그 얘기를 할 때가 오겠지."

"암소야, 날개 없이 지내니 어때?" 잠수함이 물었다. "어머, 너를 암소라고 불러도 되니? 너의 새로워진 모습을 보니 뭔가 어색하게 느껴지는구나."

"그러는 너의 이름은? 잘 어울리는 것 같니?" 암소가 대답했다. "네가 잠수함이 아니라면 누구겠어?"

"맞아, 나는 잠수함이야!"

"그러면 나도 암소야. 그런데 우리도 우리 자신이 누구인지 모른 다면 어떻게 서로를 부를 수 있을까? 그리고 날개 말이야. 내가 다시 원래 모습으로 돌아갈 수 있을 것 같다는 생각이 왜인지 모르겠지만 아주 강하게 들어. 어떻게 돌아갈지는 모르겠지만, 그냥 그럴 수 있겠다는 생각이."

"나도 그런 느낌이 들어. 우리가 원할 때마다 변신할 수 있는 방법을 배우면 좋을 텐데."

"야수야," 브룬힐다가 물었다. "너도 다시 털북숭이 야수로 돌아갈 수 있을 것 같으냐?"

"그러길 바라십니까, 여왕님?"

"아니다, 계속 지금의 모습으로 남아 있거라."

"명령대로 하겠습니다, 여왕님."

"남아 있어, 남아 있어!" 잠수함이 외쳤다.

"우리도 야수 네가 그렇게 잘생긴 모습이 될 것이라고는 상상도 못했어." 암소가 덧붙였다.

"너희도 아주 괜찮아졌는걸. 물론 예전에도 괜찮았지만."

"오! 우리 과묵한 친구의 입술 틈으로 새어 나온 그 '괜찮다'는 말은 아주 세련된 칭찬으로 들리는군." 아디야가 말했다.

"고마워, 고마워!" 암소와 잠수함이 새침하게 말했다.

"제 주인님은 예전에도 썩 괜찮았어요." 야옹이가 끼어들었다.

"우리가 동굴에서 함께 살았을 때, 주인님의 가장 처음 외모 말이에요. 주인님, 저도 그때 괜찮았나요?"

"그래, 야옹아." 야수가 특유의 과묵한 말투로 대답했다.

"그러면 지금은요? 지금은요?" 야옹이가 멈추지 않고 물었다.

"지금도 그래, 야옹아. 그런데 나를 왜 '주인님'이라고 부르는 거야?"

"다른 어떤 말로도 부를 수 없으니까요! 이 호칭이 익숙해진걸요! 저는 이런 고양이주의자이니까 말이에요."

이 '고양이주의'라는 말이 무엇을 의미하는지는 아무도 이해할 수 없었지만 그들에게 그 뜻은 아무래도 중요하지 않았다. 이미 그들은 '카페'라는 간판이 걸려 있는 건물을 향해 다다르고 있었기 때문이었다. 카페 손님들은 마치 서로를 이미 알고 있지만 모르는 시늉을 하듯 경계심 가득한 눈빛으로 원정대원들을 흘끗거리거나 잠시 동안 그들을 빤히 바라보다가 하던 일을 계속했다. 누군가는 음식을 먹고, 누구는 음료를 마셨으며, 그러면서도 중간중간 이방인들을 바라보며 그들끼리 수군거렸다.

우리의 원정대원들은 빈 테이블과 인원수만큼의 의자를 찾아 잠시 앉아서 주변 환경과 다른 손님들을 구경하며 너무 티 나게 두리번거리지 않으려고 애쓰고 있었다. 그들을 힐끔거리는 눈빛에 특이한 점은 없었지만, 카페 손님과 그들을 둘러싼 환경 속에는 뭔가 이상한 점이 있었다. 뭔가 어색한 점이라고도 말할 수 있겠다. 정확히 어떤 점이 어색했는지 원정대원들은 알 수 없었다. 왜냐하면 그 눈빛이 그렇게 오래 지속되지는 않았기 때문이다. 바로 그때 한눈에 보기에도 불친절해 보이는 카페 점원이 원정대원의 테이블을 향해 다가왔다.

그 점원은 파란 유니폼과 '더 필요한 것은 없나요?'라는 큰 글씨가 쓰인 하얀 앞치마를 입고 있었다. 그녀는 한 손에는 메모지를, 다른 한 손에는 왜가리를 들고 다녔다. 왜가리는 그녀의 손에 부리가 잡혀 있었기 때문에 점원이 이끄는 대로 발을 동동거리면서 순순히 따라다니는 것 외에는 할 수 있는 것이 없었다.

우스꽝스러운 모습으로 테이블 앞에 나타난 점원은 무관심하게 질문을 툭 던졌다.

"머드리까여?"

"실례합니다만, 이곳에 머드리까를 위해 온 것이 아니라 허기를 좀 채우려고, 조금 과장되게 말하자면 성찬을 들고자 해서 왔습니다." 아디야가 말했다.

"그래서 물어보잖아요. 아직은 예의 바르게요. 머드리까여?"

"세상에, 아직이라고?" 손님들이 놀라워했다.

바로 그때, 중남미 스타일의 외투를 어깨에 걸친 신사가 원정대의 테이블을 향해 뛰어들었다. 아마도 그들이 카페 점원과 나누는 대화를 엿듣고 있었던 모양이다. 물론 진짜 신사들은 그런 무례한 행동을 하지는 않지만 말이다. 그러고는 불쑥 말했다.

"내가 몇 마디 덧붙일게요! 만약 온두라스에 가본 적이 있다면 그곳에서는 전혀 예의를 갖출 필요가 없죠!"

하지만 카페 점원은 귀찮게 덤벼드는 모기를 쫓아내듯이 손에 들고 있던 메모장을 신사의 코앞에 펄럭거렸고 신사는 원래 있던 자리로 돌아갔다.

"알겠어요." 야옹이가 말했다. "저는 야옹 카페인 없는 야옹 커피 하나 주세요."

"호-호!" 아디야가 외쳤다. "그렇다면 저는 알코올 없는 술 한 잔 주시죠."

"저는 밀키웨이 빼고 우유 주세요." 암소가 농담했다.

"저는 물병 빼고 물 주세요." 잠수함이 농담했다.

"저기," 점원이 대답했다. "저희는 커피는 없고 그 외에 손님들이 말씀하신 음료도 없어요."

"어떻게 커피가 없을 수 있어요?" 야옹이가 놀라워하며 말했다. "이름이 '카페'잖아요?"

"바로 그거죠." 점원이 받아쳤다. "이곳의 이름이 '커피'였다면 커피를 팔았겠죠. 하지만 여기에는 '카페'라고 써 있잖아요."

"그러면 뭐가 있죠? 카페요?" 야옹이가 물었다.

"손님도 잘 아시겠지만 그런 음료는 없어요." 점원이 한심하다는 듯 말했다. "대신 저희 카페의 시그니처 칵테일은 어떠신가요?"

"그 안에는 뭐가 들어 있죠?"

바로 그때 원정대원의 테이블로 한 여인이 뛰어들었다. 깃털이 달린 긴 목도리를 두르고 머리카락은 잔뜩 헝클어진 모습의 귀부인이었다. 그녀는 미친 사람처럼 흥분해서 소리 지르기 시작했다.

"이 칵테일은 성스러운, 그야말로 성스러운 음료예요! 이 칵테일을 너무나 사랑해요! 정말이지 최고의 맛이죠! 최고의 맛이에요!"

하지만 점원은 또다시 귀찮다는 듯 귀부인에게 메모지를 휘저었고 귀부인은 원래 있던 자리로 돌아갔다.

"주문하시겠어요?"

"존경하는," 아디야가 말했다. "에-에-에, 실례지만 성함이…"

"스테어디스요." 점원이 거만하게 대답했다.

"아하… 알겠어요. 우리는, 소위 말하는, 선생님께서 제안하신 음료를 한번 도전해보죠."

"알겠어요," 스테어디스가 말했다. "적어둘게요."

그녀는 주머니에서 연필을 꺼내 왜가리의 부리에 끼우고는, 그것을 손으로 꽉 눌러 메모지에 '칵테일'이라고 주문을 받아 적으려고 낑낑댔다. 왜가리는 고통스럽게 울부짖었지만 그렇다고 저항을 하지도 못했다. 원정대원들은 깜짝 놀라 아무 말도 못하고 그 모습을 전부 지켜보기만 할 뿐이었다. 마침내 아디야가 결심한 듯 질문을 했다.

"실례합니다만… 에-에-에, 존경하는 스테어디스 씨, 왜 그 새를 그렇게 고통스럽게 하는 거죠?"

"그래야 하니까요." 점원이 날카롭게 대답한 뒤 자신의 앞치마를 가리켰다.

"뭐라고요?" 아디야가 깜짝 놀라 선글라스도 벗은 채 눈썹을 치켜올렸다.

"계속 반복하느라 지겹고 질려버린 질문이 여기에 있어요. 직접 읽으세요."

테이블에 앉은 원정대원들은 이미 불쾌해질 만큼 불쾌해져 고함을 칠 준비가 되어 있었지만, 아디야가 그들을 막아서며 말을 꺼냈다.

"존경하는 스테어디스님, 괜찮으시다면 저희가 우선은 메뉴를 좀 봐도 되겠습니까?"

"없어요. 이 카페에는 메뉴 같은 건 없어요."

"어떻게 메뉴가 없어요? 그러면 주문을 어떻게 하나요?"

"주문을 하든가요. 하기 싫으면 안 하는 거죠. 그리고 특별한 주문을 위해서 가격표가 있기는 해요."

"특별한 주문이 뭔가요?"

"저절로 생길 거예요. 그때가 되면 특별한 주문이 뭔지 알게 되겠죠."

"알겠어요. 그러면 다시 말씀드릴게요. 그 칵테일에 한번 도전해 보죠."

점원은 대꾸조차 하지 않고 몸을 돌려 왜가리를 끌고 바를 향해 다가갔다. 그녀가 멀어지자마자 원정대원의 테이블로 운동복을 입은, 나이보다 젊어 보이는 노인이 다가와 외쳤다.

"자네들은 도전적인 사람들이군! 내가 한눈에 알아봤어! 그러니 자네들과 달리기를 한판 해야겠어! 지금 당장!"

"무슨 달리기를 말씀하시는 거죠?" 아디야가 모두를 대신해서 물었다. 다른 대원들은 몹시 당황한 나머지 할 말을 잃었기 때문이었다.

"경주 말일세! 경주! 활기를 북돋워주는 달리기 말이야! 허들이 있어도 좋아! 아니, 허들이 있으면 더 좋지! 아주 훌륭한 효과를 낼 수 있으니 말이야! 지금 당장! 지금 당장!"

"내가 한마디 덧붙이죠!" 조금 전의 신사가 다시 끼어들었다. "반드시 온두라스에 가보세요! 온두라스에 아직 안 가봤어요? 아주 정열적인 나라예요! 그곳에선 비행기에서 곧바로 여권을 빼앗아 감옥으로 처넣고 그런 다음에야 조사를 진행하죠! 지금 당장이라도 그곳에 갈 수 있어요! 지금 당장!"

"그보다 달리기를 먼저 해야 하네! 지금 당장! 아주 활기찬 달리기 말일세!" 노인도 질세라 목소리를 높였다.

"다들 잠깐만요!" 목도리를 두른 귀부인도 끼어들었다. "이 친구들이 반드시 칵테일을 마셔봐야 해요! 아주 특별한 음료죠! 최고예요! 최고라고요!"

잠시 동안 실랑이가 이어지자, 여왕이 자리에서 벌떡 일어나 무시무시한 눈빛으로 그들을 쏘아보더니 아무 말 없이 그들에게 당장 물러나라는 듯한 위엄 있는 손동작을 보였다. 그들은 말다툼을 계속하며 조금의 지체도 없이 여왕의 명령에 따랐다. "최고예요! 최고예요! 온두라스! 달리기!" 하지만 각자의 테이블로 돌아가 자리에 앉았을 때에는 어떻게 된 일인지 다시 조용해졌다.

오래 지나지 않아 친애하는 스테어디스가 한 손에는 여섯 잔의 기다란 유리잔이 올려져 있는 쟁반을 들고, 다른 한 손에는 여전히 불쌍한 왜가리를 끌고 왔다. 그녀는 컵을 모두에게 나누어주고는 왜가리를 손에서 놓지 않은 채 쟁반을 빙글빙글 돌리기 시작했다.

유리컵에는 초록색의 음료가 들어 있었는데 그 안에는 여느 칵테일 잔처럼 빨대와 작은 우산과 오렌지 한 쪽이 꽂혀 있었다. 하지만 그런 익숙한 장식 이외에도 칵테일에는 또 하나의, 좋게 말하자면, '뜻밖의 데코레이션'이 장식되어 있어 원정대원들을 충격에 빠뜨리게 했다.

그 장식은 다름 아닌 개구리였다. 살아 있는 개구리가 유리컵의 가장자리를 붙들고 앉아 있었던 것이다. 개구리들은 다들 마치 무슨 말을 하려는 것처럼 입만 벙끗거리고 있었다. 그들은 다른 손님들의 테이블에도 똑같은 음료가 놓여 있다는 사실을 이제야 알아차렸다.

"죄송하지만." 아디야가 겨우 정신을 차리며 물었다. "이건 도대체 왜 있는 거죠?"

"개구리의 앞발에는 갈퀴가 달려 있으니까요." 점원이 대답했다. "칵테일을 젓는 데 딱이죠."

"개구리의 앞발로 칵테일을 젓는다고요?" 아디야가 놀라움을 감추지 못하고 외쳤다. 예전에 이미 놀랄 대로 놀라서 더 놀랄 것도 없다고 자찬을 늘어놓던 그가 말이다. "그냥 숟가락을 가져다주시면 더 간단하지 않을까요? 개구리도 물론 사랑스러운 양서류지만 이 녀석들은 물갈퀴가 부드러워서 칵테일을 젓는 용도로는 적합하지 않아요. 심지어 살아 있잖아요!"

"그러면 뭐, 구워드려요? 직접 구우시던가요!"

"그런데 죄송하지만 이 칵테일을 저을 필요가 있는 건가요? 그 점에 대해서는 어떻게 생각하세요?"

옆 테이블에서 좀 전의 신사와 귀부인과 노인이 귀중한 조언을 한 마디씩 건네고자 끼어들려고 했지만 여왕이 엄격한 제스처로 그들을 멈췄다.

"칵테일은 마시기 전에 반드시 저어야 해요." 점원이 딱 잘라 말했다. "이 카페 규칙이 그래요. 손님들은 그걸 알아야 하고요. 손님들은 이방인이니 좀 봐드릴 수 있겠지만요. 딱 봐도 이곳 출신이 아니라는 것이 보이네요." 그녀가 조금은 부드러워진 말투로 말했다.

"오, 제발 봐주세요!" 아디야는 더 이상 점원의 성질을 건드리지 않기 위해 장황한 연설을 그만하기로 결심했다.

"그보다 더 쉬운 것은 없죠. 테이블에 이쑤시개가 세팅되어 있는 것이 안 보이시나요? 이쑤시개로 개구리의 배를 간지럽히면 개구리가 발을 허우적거릴 거고 그러면서 칵테일을 저을 거예요."

"놀랍네요! 굉장하군요!" 아디야가 외쳤다.

나머지 대원들은 그저 잠자코 있을 뿐이었지만 표정을 보면 아주 불쾌한 심리상태라는 것을 알 수 있었다. 여왕은 이미 머리끝까지 화가 나 금방이라도 고함을 칠 것 같았고 지금 당장이라도 자리를 박차고 일어나 떠날 준비가 되어 있었다. 하지만 암소가 그녀의 귀에 속삭였다.

"폐하, 조금만 더 참는 것이 좋을 것 같습니다. 조금 뒤에 어떤 일이 일어날지 흥미롭군요."

"존경하는 스테어디스 씨," 아디야가 말을 이었다. "우리가 무엇을 더 주문할 수 있을지 알려주실 수 있나요?"

"그러는 게 좋겠군요. 배운 내용을 익히도록 하세요." 점원이 자신의 앞치마를 가리키며 관대하게 대답했다. "주문하셔도 돼요."

"뭘요? 정확히 뭘 말하는 거죠?"

"다시 한번 말하지만 주문하기 싫으면 나가세요. 원하는 것이 있으면 그걸 주문하면 되고요."

"하지만 여기에서 뭘 파는지 알 수 없는데 우리가 뭘 원하는지 어떻게 알 수 있죠?"

"주문하겠다는 거예요, 말겠다는 거예요?" 점원이 다시 짜증스럽게 말했다.

"야옹! 할게요." 야옹이가 모두를 대신해서 대답했다.

"그러면 주문받을게요."

점원은 익숙한 움직임으로 주머니에서 연필을 꺼내 그것을 왜가리의 주둥이에 끼운 뒤 주문서에 '주문'이라고 적기 시작했다.

"실례지만 질문이 또 하나 있습니다." 아디야가 말했다.

"하세요."

"왜 주문을 받을 때 그렇게 복잡하게 하죠? 새가 여기에서 왜 필요한가요?"

"맞아요. 아주 야옹스러워요!" 야옹이가 동의했다.

"왜냐하면 새에게 밥을 그냥 줄 수는 없으니까요! 새도 밥값을 해야죠."

"선생님, 뭔가 크게 오해하시는 것 같습니다. 새는 선생님께 아무 필요도 없는걸요. 만약 그 새를 놔주신다면, 그 새는 알아서 먹이를 잡아먹으면서 살아갈 거예요." 아디야가 말했다.

"이제야 손님 자신만의 바람을 찾았군요." 점원이 활기를 찾으며 말했다. "그렇다면 제가 이 새를 놓아주기를 요구하는 건가요?"

"그렇게 요구했다고 인정하지 않을 수 없군요."

"그러시죠. 가격표에 따라 돈을 내시면 왜가리를 풀어드릴게요."

점원은 테이블에 웬 종이를 던져놓고는 손가락으로 한 숫자를 가리켰다.

"정말인가요?" 아디야가 또다시 놀랐다. "이런…"

그는 주머니에서 지갑을 꺼내 가격표에 쓰인 액수만큼 돈을 세어 점원에게 내밀었다. 그녀는 돈을 받고 마침내 새를 놓아주었다. 왜가리는 부리를 열었지만 그 자리에서 움직이지 않고 있었다.

"새야! 자, 개구리를 받아." 아디야가 칵테일 잔에서 개구리를 집어 왜가리의 열린 부리 속으로 넣었다. "이제 너는 자유야!"

새는 개구리를 삼키고 날개를 펼치고는 서두르듯 출구를 향해 달려갔다. 마침 그 문은 활짝 열려 있었다.

"또 다른 특별한 바람이 있으면 얼마든지 말씀하세요." 점원이 말하고는 다른 주문을 받기 위해 테이블에서 멀어졌다.

드디어 방해를 받지 않는 상태가 되자 원정대원들은 안도의 한숨을 쉬었다.

"브라보, 아디야!" 잠수함이 외쳤다.

"아주 잘했어." 야수가 말했다.

"나라면 이런 방법은 생각조차 못했을 거야." 암소가 말했다

"특별한 바람이라고요? 저런 식으로 손님들에게서 돈을 야옹야옹 뜯어가는 거예요!" 야옹이가 외쳤다.

"그럴지도 모르지." 아디야가 말했다.

"야옹아, 이곳에 와본 적이 정말 없느냐?" 브룬힐다가 물었다. "이 카페를 알고 있다고 말하지 않았느냐?"

"카페가 있다는 것만 알았지 한 번도 와본 적은 없어요."

원정대원들은 칵테일에는 손도 대지 않았지만 머지않아 점원이 다시 나타났다. 그녀는 텅 빈 식기들을 가져와 테이블에 세팅하고는 기다리는 듯한 자세로 그들을 기다렸다.

"또 무슨 특별한 주문이 있나요?"

"아직은 없어요." 아디야가 말했다. "주문이 생각나기를 그저 기다리고 있을 뿐이에요."

"손님들 앞에 있잖아요."

"이 그릇이요? 텅 비어 있는걸요?"

"주문이 나왔어요. 뭘 더 기다리는 거죠?"

"아니, 괜찮으시다면 뭘 좀 먹고 싶은데요."

"그러면 그렇게 행동하세요."

"어떻게요? 텅 빈 것을 먹으라고요?"

"그렇게 행동하라니까요."

이미 놀라는 것에 지쳐버린 아디야는 시늉이라도 해보자는 생각으로 포크와 나이프를 집어 그릇에 갖다 댔다. 그러자 그릇 위에는 아디야가 가장 좋아하는 음식인 커다란 고기 한 덩이가 나타났다. 그는 고기를 조금 썰어 맛을 보고 삼키고는 선글라스를 벗고 모두를 바라보았다. 그의 눈빛엔 많은 의미가 담겨 있었다. 나머지 대원들도 그를 따라 접시를 보니 그 안에는 각자가 원하는 음식이 담겨 있었다. 그들은 할 말을 잃은 채 그저 열중해서 음식을 먹기 시작했다. 점원은 천정을 향해 눈을 굴리며 손가락을 관자놀이에 가까이 대고 돌리더니 몸을 돌려 테이블에서 멀어졌다.

"굉장하군요." 식사가 끝나고 나서야 아디야에게 드디어 할 말이 떠오른 듯했다. "하지만 뭔가를 마셨다면 괜찮을 것 같은데 말입니다."

"시그니처 칵테일을 맛보고 싶다고 생각하는 건 아니지?" 잠수함이 의아한 듯 그에게 물었다. "여기에서는 그 외에 다른 음료는 없다고."

"아니, 나의 제안을 한번 확인해보고 싶어."

그는 점원을 불렀다.

"선생님, 빈 컵을 여섯 잔만 가져다주시겠습니까?"

그녀는 콧방귀를 뀌더니 잠시 멀어졌다가 쟁반을 들고 나타났다. 그녀는 아무 말도 하지 않고 손님들의 앞에 각각 잔을 하나씩 놓아주더니 몸을 일으켜 세워 손을 허리에 얹었다. 아디야는 유리컵을 집어 조심스럽게 입술을 갖다 대고 조금 마시는 시늉을 해보았다. 유리컵에는 아디야가 평소에 단숨에 들이켜버리곤 하던 맛있는 음료가 채워져 있었다. 나머지 친구들도 그를 바라보다가 그의 행동을 똑같이 따라 했다.

"감사드립니다." 아디야가 말했다.

"고마워요!" 잠수함이 덧붙였다.

"이제 계산서를 주세요." 브룬힐다가 말했다.

점원이 계산서를 가져오자 여왕은 원정대원들이 입에 대지도 않은 칵테일을 포함한 모든 음식값을 군말 없이 냈다. 이번에는 특별히 놀랄 만한 일 없이 모든 계산 절차가 끝나가는 듯했고, 남은 것은 오직 자리에서 일어나 카페에서 나가는 것뿐이었다. 그때 야옹이가 앞발로 원정대원들에게 멈추라는 손짓을 보였다. 그리고 점원을 향해 자신의 오래된 질문을 던졌다.

"혹시 당신은 당신 자신을 알고 있나요?"

"무슨 말을 하고 싶은 거죠?" 점원이 긴장하며 말했다.

"당신은 누군가의 역할을 연기하고 있는 것인가요, 아니면 누군가 당신의 자리에서 당신의 역할을 연기하고 있는 것인가요? 어떻게 생각하죠?"

"저를 모욕하려는 것 같군요."

"무슨 말씀이에요! 그저 물어보고 싶은 것뿐이에요. 당신은 정말로 당신 자신이 맞나요?"

"아닌 것 같은데요, 저를 모욕하려는 속셈을 제가 모를 줄 아세요?"

"그런 의도는 조금도 없었습니다, 선생님." 아디야가 덧붙였다. "우리는 그저 궁금했을 뿐입니다. 선생님께 깊은 존경을 가지고 있었기 때문입니다."

"저도 절대로 모욕하고자 하는 뜻은 없었어요. 괜찮아요, 전부 특별한 주문과 관련된 일이니까요. 우리는 손님들의 모든 주문을 이루어드리려고 노력하고 있답니다. 여기에 가격표가 있으니 한번 살펴보세요."

그들은 다양한 욕설과 그 옆에 각각의 가격이 써 있는 가격표를 흥미롭게 들여다보았다.

"다만 이 점도 미리 말씀드려야겠네요. 제가 무례하게 반응하는 것에 대해서도 여러분은 값을 지불해야 해요. 그것도 저희 서비스에 해당하고 가격도 전부 이 가격표에 따라 부과되죠."

"우리는 그러지 않을 거예요, 존경하는 스테어디스 님." 야옹이가 확실하게 말했다. "우리는 야옹을 다해 선생님을 대하고 있으며, 선생님을 불쾌하게 만들 생각이 전혀 없어요! 그저 '나는 나다'라고 말씀하실 수 있는지 궁금할 뿐이에요!"

"그런 모욕은 가격표에는 없지만 지금 추가하죠." 점원이 결심한 듯 연필을 꺼내 들었다.

"그런 것이 아니에요! 이건 모욕하려는 것이 아니라고요! 우리 놀이를 해봐요. 우리가 한 명씩 '나는 나다'라고 말하면 마지막으로 선생님이 똑같은 말을 하는 거예요. 그게 다예요!"

점원은 아까보다 더 긴장하는 듯했다. 하지만 원정대원들은 그녀가 미처 정신 차릴 틈도 없이 '나는 나다'라고 차례대로 한 명씩 말하기 시작했다. 하지만 그 원이 전부 완성되기 전에 믿을 수 없는 일이 일어났다. 점원이 말을 하기 위해 입을 연 순간 그녀가 그 자리에서 꼼짝도 못하고 굳어버린 것이다. 그녀의 얼굴과 두 손은 밀랍으로 덮여버렸고, 말 그대로 밀랍으로 만든 인형처럼 변해버렸다.

그 모습을 본 원정대원들도 깜짝 놀라 그 자리에서 돌처럼 굳어버렸다. 그들은 멍한 상태에서 겨우 벗어나 주변을 두리번거렸다. 카페 안에는 온통 똑같은, 움직이지 않는 사람들로 가득했다. 사람들의, 아니, 마네킹들의 얼굴은 생명이 없는 창백한 색깔이었고, 그들의 몸은 움직이다가 갑자기 멈춰버린 것처럼 부자연스럽게 멈춰 있었다.

원정대원들은 이제껏 봐왔던 그 어떤 것들보다도 지금 이 순간이 가장 충격적이었다. 그들은 당황하여 이 테이블에서 저 테이블로 돌아다니며 마네킹들의 피부를 만져보았다.

"이봐!"

하지만 마네킹들은 그렇게 말하면서도 그 뒤로 아무런 반응을 보이지 않았다. 카페 밖의 거리에서도 똑같은 장면이 펼쳐졌다. 모든 차와 행인들이 그 자리에 멈춘 것이다. 주변의 모든 것은 생명이 없는 연극처럼 멈춰 있었다. 이 세계에서 생명이 있는 존재는 오직 대원들뿐이었다.

◆ 미치광이 작가

"어머, 이게 도대체 무슨 일이야! 어머, 이게 도대체 무슨 일이야! 어머, 무슨 일이 일어나는 거야! 어머, 무슨 일이 일어나는 거야!" 잠수함이 시끄럽게 외쳤다.

"여러분 중 누구라도 지금 이 상황과 비슷하기라도 한 것을 본 적이 있나요?" 암소가 물었다.

"모든 전생을 통틀어 이런 것은 본 적이 없어." 야수가 대답했다.

"야옹! 이 세계는 진짜가 아니라고 제가 말씀드렸죠! 이곳의 사람들도 진짜가 아니라 마치 인형 같았어요!" 야옹이가 말했다.

"조금 이상하긴 해도 방금까지는 진짜였다고." 아디야가 말했다. "그리고 우리가 먹은 음식조차도 천연이었다고 내 뱃속의 음식이 말해주고 있어."

"야옹아, 네가 약속했던 것처럼 너의 질문이 그들을 살해한 것 같구나."

"제가 아니라 우리가 그들을 살해한 거예요!" 야옹이가 반대했다. "그 일이 어떻게 일어났는지 한번 생각해보세요. 우리가 한 명씩 차례대로 '나는 나야'라고 말한 직후에 그들이 야옹해버린 거예요."

"완곡하게 말해서 야옹해버린 거지." 아디야가 말했다. "정확히 말하면 그들은 마네킹으로, 그들과 똑같이 생긴 밀랍의 인형으로 변해버린 거야."

"그 말이 맞아. '당신은 자기 자신을 알고 있습니까?'라는 야옹이의 질문은 여기에서 아무 상관도 없어." 야수가 자신의 여자친구를 대신해서 말했다. "야옹이가 그 질문을 했을 때 점원이 당황하는 것 말고는 아무 일도 일어나지 않았어. 그녀는 그 질문의 의미를 이해하지 못하는 것 같았어. '나는 나다'라는 말의 뜻 자체를 이해하지 못하기도 했고."

"오! 나의 친구, 이렇게 자세히 설명해주는 것을 내가 생전 들어본 적이 없는데 말이야." 아디야가 말했다. "그리고 자네가 한 말에는, 어딘가, 어딘가, 어딘지는 모르겠지만, 이 수수께끼를 풀 수 있는 열쇠가 숨겨져 있어."

"맞아요!" 야옹이가 외쳤다. "왜 그들은 그 질문을 들었을 때 제대로 이해하지 못하는 것일까요? 그리고 왜 그들은 '나는 나입니다'라는 가장 기본적인 문장조차 소리 내서 말하지 못하는 걸까요?"

"하지만 야옹아," 브룬힐다가 말했다. "너는 점원을 완전히 궁지로 몰아넣은 질문을 하나 더 했었다. 그 질문의 의미는 나조차도 곧바로 이해하기 힘들었지. '당신은 누군가의 역할을 연기하고 있습니까, 아니면 다른 누군가가 당신의 자리에서 당신의 역할을 연기하고 있습니까? 어떻게 생각하십니까?'라는 질문을 기억하느냐? 그건 무슨 뜻이었지?"

"제가 처음부터 말씀드렸던 것처럼 이 모든 사람들을 보고 있자면 그들은 자기 자신의 의지대로 움직이는 것이 아니라 누군가, 또는 무엇인가가 그들을 꼭두각시같이 조종하는 것처럼 보였습니다."

"정말 흥미로운 질문이야, 아주 철학적이기도 하지." 아디야가 말했다. "우리가 그 질문에 대한 대답을 찾으면 이 사람들의 정체가 무엇이며 이곳에서는 어떤 일이 일어나고 있는 것인지 알아낼 수 있을 거야. 하지만 내가 한마디 덧붙이자면 이 질문은 현실의 그 어떤 사람에게든 할 수 있을 것 같아."

"아디야, 만약 네가 그런 질문을 받았다면 어떻게 대답했을 것 같니?" 잠수함이 물었다.

"오, 나는 아주 깊은 생각에 빠졌겠지. 그 질문에 어떻게 대답했을지 확신할 수가 없어."

"그렇다면 야옹아, 너는 자기 자신을 꼭두각시라고 생각하지 않는 것이냐?" 브룬힐다가 물었다. "아니, 너를 화나게 하려는 것은 아니다. 물론 너는 꼭두각시가 아니라 진짜겠지. 그저 네가 왜 이곳에 있는지 이해할 수가 없어서 묻는 것이다. 너는 어떻게 이곳에 왔고, 어디에서 온 것이냐?"

"알지도 못하고, 기억하지도 못합니다. 여러분도 어쩌다 이곳으로 오게 되었는지 알지도, 기억하지도 못하지 않습니까?"

"철학과 기억에 대해 담소를 나누고 있을 때가 아니에요." 암소가 말했다. "중요한 것은, 우리가 '나는 나다'라고 한 명씩 차례대로 말하고 나니 모든 것이 멈춰버렸다는 사실이에요."

"하지만 왜지?" 잠수함이 외쳤다. "정확히 무슨 일이 일어난 거지? 어머, 여기 봐, 이건 뭘까?"

잠수함은 점원 마네킹의 뒤에서 뒤통수에 뭔가 머리를 땋아놓은 듯한 모양의 다발을 발견했다. 그 다발은 하얀빛으로 빛나고 있었는데, 그 빛은 너무나 희미했기 때문에 자세히 보지 않는다면 그것이 있다는 사실을 눈치채기 힘들 것 같았다. 잠수함은 점원의 땋은 머리를 만져보았지만 그녀의 손은 그것을 그저 통과할 뿐이었다. 아마도 그 다발은 에너지의 흐름인 것 같았다. 하지만 그보다 더 놀라운 점은 그 에너지 다발이 날개뼈 사이의 지점에서 끝나며, 그 지점에서 가느다란 파란 불빛이 나와 땅으로 곧바로 떨어지고 있다는 점이었다. 그러면서도 그 불빛은 바닥을 뚫고 들어가듯 아무런 광점을 남기지 않았다. 불빛 아래에 손을 갖다 대도 그 빛은 손바닥에 아무런 흔적을 남기지 않았고 마치 아무 장애물도 없는 듯 손바닥을 뚫고 지나갔다.

원정대원들은 나머지 마네킹들을 관찰하기 시작했다. 파란 불빛으로 이어지는 땋은 머리는 모든 마네킹이 공통적으로 가지고 있었다. 그들은 서로 서로를 바라보았다. 여왕의 진짜 땋은 머리를 제외하면 그들은 살면서 단 한 순간도 그것과 비슷하게 생긴 것을 본 적이 없었다.

"어떻게 이런 것이 있다는 사실을 바로 알아채지 못했을까?" 암소가 놀라워하며 물었다.

"그들이 갑자기 멈췄다는 사실과 밀랍 같은 얼굴에 너무 놀라서 다른 것은 알아차릴 틈도 없었던 것 같아." 아디야가 대답했다.

"그렇다면 이 빛나는 다발들은 그들이 마네킹이 된 다음에야 생겼다는 말이니?" 잠수함이 물었다.

"야옹! 그들이 살아 있을 땐 그런 것은 없었어요. 제 꼬리를 걸고 맹세할 수 있어요!" 야옹이가 말했다. "그 전에도 있었다면, 분명 제가 그것을 봤을 거예요. 이 스테어디스가 우리의 주변을 계속 움직이고 있었으니 제가 못 봤을 리가 없어요."

"알겠다. 그러면 이건 어떤 의미를 가지고 있는 것이냐?" 브룬힐다가 물었다.

"나의 여왕이시여, 저는 감히 추측조차 할 수가 없습니다." 야수가 대답했다.

"저조차도 그렇습니다." 아디야가 더 이상 무슨 말을 해야 할지 모르겠다는 듯 말했다.

"그러면 이제 어쩌죠?" 잠수함이 물었다.

"가자, 도시를 좀 돌아다니며 살펴보는 것이 좋겠다." 여왕이 말했다.

그들은 밖으로 나와 거리를 따라 걸었다. 주변의 모든 집과 사물의 모습에는 이상하다고 할 만한 것은 조금도 찾을 수 없었다. 오직 나뭇잎들만 미동도 없이 가만히 매달려 있을 뿐이었다. 바람도 불지 않고 그 어떤 움직임도 없었으며, 오직 쥐 죽은 듯한 정적만이 공간을 가득 메우고 있었다. 거리에서 마주치는 모든 '지나가는' 마네킹들도 똑같은 특징 — 빛나는 땋은 머리와 그로부터 땅까지 이어지는 파란 불빛 — 을 가지고 있었다.

하지만 원정대원들이 조금 더 걸어가자 이상하다는 말로는 부족할 정도로 괴상한 물체가 나타났다. 그것은 웬 직사각형, 아니, 더 정확히 말하자면 50센티미터 두께의 까만 띠가 테두리에 둘려진 구조물이었다. 그것의 모서리는 땅이든, 하늘이든 시야를 온통 가릴 정도로 길게 뻗어 있었다. 가만 보니, 구조물의 가장자리를 둘러싸고 있는 것은 검은 띠가 아니라 길을 가로막는 모든 것들을 잘라버리는 텅 빈 공간이었다. 땅 밑으로는 끝없는 구덩이가 펼쳐져 있었고, 위쪽과 양옆 공간에는 암흑이 입을 쩍 벌리고 있었다. 그것으로 인해 잘린 모든 사물과 공간의 조각들은 완전히 잘려 허공 속으로 버려지는 것 같았다.

원정대원들은 팔이든, 머리든, 신체 중 그 어떤 부분도 구조물의 선을 넘지 않게 하려고 최대한 조심하면서 텅 빈 공간 속에 무엇이 있는지 들여다보려고 했다. 하지만 그 속에는 아무것도 보이지 않았다. 아디야가 돌멩이를 집어 그 속으로 던져보니 그것은 그저 텅 빈 공간으로 사라지며 아무 소리도 내지 않았다. 직사각형을 보고 난 그들은 도저히 아무 말도 할 수 없었다. 머리로 이해할 수 있는 범주 외의 것들을 보게 되면 할 말이 전혀 없어지기 마련이다. 우리의 원정대원들에게도 똑같은 상황이었다. 그들은 불안감에 휩싸여 아무 말도 못하고 있었다. 그러던 중 가장 먼저 용기를 낸 것은 야수였다. 그는 나뭇가지를 들고 조심스럽게 그것을 텅 빈 공간 속으로 찔러 넣었다. 나뭇가지에는 아무 일도 생기지 않았다. 구멍이 그다지 깊지 않다는 것을 확인한 야수는 큰마음을 먹고 그 빈 공간을 건너뛰었다. 그 공간은 폭이 그렇게 넓지 않았기 때문에 그는 큰 어려움 없이 건너편으로 넘어갈 수 있었다. 그것을 본 나머지 대원들도 용기 내어 그의 행동을 따라 했다.

그들은 다시 원래의 자리로 돌아와 안도의 한숨을 쉬었다. 그들은 다시 구조물을 자세히 살펴보고는 흥미로운 점을 발견했다. 주변에 있는 모든 건물을 잘라낸 텅 빈 공간은 그것을 완전히 먹어 치워

버리지 않고 그 부분을 어둠 속에 보관하고 있었던 것이다. 사물의 잘려나간 부분을 다시 이어 붙이면 원래의 완전한 상태가 될 정도로 말이다. 다시 말해서, 구조물 안에 있는 공간의 조각들은 버려지는 것이 아니라 잘린 상태로 보관되는 것이었다. 물론 이런 현상을 알아냈다고 해서 그 구조물의 정체가 밝혀진 것은 결코 아니긴 했지만 말이다.

뭐, 어쩔 수 없는 일이었다. 원정대는 앞으로 계속 걸어나갔다. 그때 어디선가 소음과 비명이 들려오기 시작했다. 그들은 소리가 들려오는 쪽으로 곧바로 몸을 돌렸다. 한 블록을 건너가니 작은 광장이 나왔다. 광장의 가장자리에 서점이 하나 있었고 광장에는 사람들이 어슬렁거리고 있었다. 그것도 살아 있는 사람들이.

어떤 사람들은 서점으로 들어가 오래 걸리지 않아 그곳에서 책을 한 권 사 들고 뛰쳐나왔다. 다른 한 무리의 사람들은 추격자로 보이는, 아주 불쾌한 인상을 풍기는 사람으로부터 도망치려고 노력하며 광장을 이리저리 뛰어다니고 있었다. 그 추격자는 머리가 부스스하게 헝클어지고 뭔가에 대단히 짜증이 난 상태였는데 두 손에 책을 한 무더기 들고 있었다. 그는 도망치는 사람들을 쫓으며 무섭게 소리쳤다.

"너희 모-오-두에 대해서 쓰겠어-어! 감히 내 책을 읽을 생각은 꿈도 꾸지들 말라고! 절대로 허락하지 않을 테니! 발행본 전부를 내가 깡그리 사버릴 거야!"

그는 희생양 중 한 명을 뒤쫓아가 몸싸움 끝에 겨우 그녀에게서 책을 빼앗았다. 하지만 그녀는 포기하지 않고 날카롭게 비명을 지르며 다시 서점으로 뛰어들어갔다. 뚜껑원정대의 등장에 관심을 가지는 사람은 아무도 없었고 비명과 소음이 뒤엉킨 술래잡기는 지칠 줄 모르고 계속되었다. 한편, 혼란스러운 와중에도 움직이지 않는 마네킹들이 있었다. 도무지 이해할 수 없는 일이었다. 왜 어떤 사람들은 살아 있고 어떤 사람은 멈춰버린 것일까?

"야옹! 그가 누군지 알겠어요!" 야옹이가 외쳤다! "제가 만들어낸 인물이에요!"

"네가 만들었다고?" 나머지 대원들이 놀라며 물었다.

"네, 제 책에서 나온 인물이에요. 저 사람은 작가인데 정상이 아니죠. 그리고 저 사람들은 그의 독자들이에요."

"그래, 그렇다면 조금은 이해가 가는군." 아디야가 말했다. "왜 그들이 살아 있는지 말이야! 그럼 지금까지 봐온 것들을 종합하면 네가 만들어낸 인물들은 너의 것이고, 네가 살아 있기 때문에 그들도 살아 있다는 말이 되겠네."

"그렇게 되겠네요. 저 사람들 이외의 모든 등장인물은 제가 만들어낸 인물이 아니기 때문에 마네킹이 되어버렸고요. 그래도 왜 이런 일이 생겼는지는 모르겠지만 말이에요."

"야옹아, 그러면 너의 작가와 한번 대화해보도록 하여라." 브룬힐다가 제안했다. "그가 여기에서 무엇을 하고 있는지에 대해서 말이다."

원정대는 미치광이 작가에게 다가가 그를 둘러쌌다.

"저기요, 잠시만요. 실례합니다만 뭘 좀 여쭤볼게요." 야옹이가 그에게 말했다.

"독자들인가요?"

"아니에요, 아니에요. 그건 절대 아니에요."

"그러면 말해봐요. 단, 빨리하세요."

"그 책이 무엇에 관한 책인지 말씀해주실 수 있나요?"

"현실이 어떻게 만들어졌는지에 관한 책이에요."

"현실이 어떻게 만들어졌는데요?"

"그걸 내가 어떻게 알아요?"

"그걸 모르면 어떻게 책을 쓸 수 있죠?"

"이야기가 저절로 써져요. 나는 그저 자판을 두드릴 뿐이고요. 다른 질문 있어요? 난 시간이 없어요! 나는 시간이 아주, 아주 부족하다고요!" 작가는 이미 인내심을 잃은 나머지 소리를 질러대고 있었다.

"잠깐, 잠깐만 기다려주세요!" 야옹이가 계속했다. "그러면 독자들에게 왜 책을 읽지 말라고 하시는 거죠?"

"이 병균 같은 것들이 현실이 어떻게 만들어졌는지 알지 못하게 하기 위해서요. 그것을 알게 된 다음에는 더 이상 흥미를 가지지 않을 테니까요. 그러면 더는 책을 읽으려고 하지 않을 거예요."

"하지만 작가님이 아예 책을 읽지 못하게 하잖아요!"

"그래서 읽지 못하게 하는 거죠. 책을 읽고 싶은 마음을 계속 가지도록 하려고요."

"네, 아주 독특한 이유네요. 제가 보기에, 선생님은 작가라는 직업에 대해 아주 모순적이기까지 한 태도를 가지고 계신 것 같습니다." 아디야가 끼어들었다. "선생님의 책을 잠깐 봐도 될까요? 우리는 독자가 아니니까요."

"그러세요. 하지만 책을 드리는 건 아니에요. 거기 서!" 미치광이 작가가 자리에서 펄쩍 뛰며 서점에서 뛰쳐나오는 여자를 쫓아가며 외쳤다.

작가는 독자의 책을 움켜쥐고 그것을 빼앗으려고 한바탕 씨름을 벌였다. 독자는 끈질기게 반항하며 비명을 질렀다. 그런 그들을 야수가 막아섰다.

"잠깐만요, 선생님, 아가씨에게 그런 식으로 대하면 안 돼요." 야수가 직접 책을 빠르게 낚아채 책장을 넘겨보았다. 하지만 그곳에는 아무것도 써 있지 않은 텅 빈 종이만 있을 뿐이었다.

"전부 백지잖아요!" 야수가 놀라며 말했다. "완전히 텅 비어 있어요!"

"저 녀석들은 텅 빈 페이지에서도 뭔가를 알아낼 방법을 찾는다고요!" 작가가 소리쳤다. "나는 사람들에게 최소한의 정보를 주려고 애쓰고 있는데 말이에요!"

"하지만 더 줄일 수도 없을 것 같은데요!"

"그것참, 잘된 일이네요. 그럼 이제 방해하지 마세요." 작가는 또다시 독자들과 술래잡기를 시작하려고 했지만 원정대원들이 그를 철저하게 막아서고 있었다.

"폐하." 암소가 브룬힐다에게 속삭였다. "살아 있는 사람들에게서는 빛이 나오는 땋은 머리가 보이지 않는다는 사실을 눈치채셨습니까?"

"그래." 여왕이 대답했다. "하지만 우리가 알고 있던 마네킹들도 멈추기 전에는 그것이 보이지 않았다. 그래서 저 작가에게 뭔가 좀 물어보고 싶구나."

"선생님." 그녀가 작가에게 말했다. "살아서 움직이는 사람들이 있는 동시에 다른 사람들은 마네킹처럼 가만히 서 있는 것이 이상하지 않나요?"

"도대체 어떤 마네킹을 말하는 거죠?" 작가가 성난 목소리로 물었다.

"저 마네킹들이요. 보세요." 브룬힐다가 가장 가까이에 있는 마네킹을 가리켰다. "이게 뭔지 설명해주실 수 있나요?"

"뭘 설명한다는 거예요?"

"이 마네킹은 왜 꼼짝하지 않고 가만히 있을까요?"

"그게 누군데요? 어디에 서 있는데요?"

"여기 있잖아요." 여왕이 그를 마네킹 가까이로 인도했다. "그리고 저쪽에도 또 하나가 있죠. 저쪽에도요."

"도대체 뭘 하려는 속셈이죠? 무슨 마네킹이 있다고 그러는 겁니까!" 작가는 진심으로 당황하여 말했다.

"흐-음." 이번엔 여왕이 당황했다. "야옹아," 그녀는 야옹이에게 말했다. "질문을 하겠느냐?"

"해보겠습니다. 하지만 이번에는 살해되지 않았으면 좋겠네요."

"한번 보도록 하지. 어찌 되었든 그는 우리에게 아무 이득도 되지 않으니."

"알겠습니다. 혹시 자기 자신을 알고 있습니까?" 야옹이가 넋이 조금 나가 있는 작가에게 물었다.

"그럼요! 그 누구도 나보다 나를 더 잘 아는 사람은 없어요!" 그는 확신에 찬 목소리로 대답했다.

"그러면, 선생님은 선생님이라는 말입니까?"

"질문이 이해가 안 되는데요."

"'나는 나다'라고 말할 수 있습니까?"

"질문이 이해가 안 되는데요." 작가는 매우 당혹스러워했다.

"이런 놀이를 해보죠. 지금부터 우리 모두가 '나는 나다'라고 한 명씩 차례대로 말할 거예요. 그다음에는 선생님이 그 말을 똑같이 따라 해주시면 돼요. 그러면 놀이가 끝나요."

"질문이 이해가 안 되는데요." 작가가 똑같은 말을 반복했지만 원정대는 그 말을 무시하고 '주문'을 외우기 시작했다. 원이 거의 완성되어가자 야옹이가 작가에게 말했다.

"이제 선생님의 차례입니다. 당신은 당신인가요?"

"질문이 이해가 안…" 작가는 말을 채 끝내기도 전에 몸을 바르르 떨기 시작하더니 멈춰버렸고, 그의 피부는 밀랍으로 변해버렸다. 갑자기 정지해버린 영화 속 장면처럼, 이제까지 그 옆을 뛰어다니고 있다가 멈춰버린 독자들에게도 똑같은 일이 생겼다. 그리고 모두의 뒤통수에는 땋은 머리가 빛나기 시작했다.

"이거 보세요. 이 사람들도 살해되었어요." 야옹이가 슬퍼했다.

"두려워할 것 없다." 여왕이 말했다. "왜인지는 모르겠지만 전부 일시적일 뿐이라는 예감이 드는구나. 또 사라질 것이다. 게다가, 이 마네킹들이 살아 있을 때 어차피 우리에게 아무 도움도 못 주지 않았느냐."

"그나저나 책의 제목은 무엇입니까?" 아디야가 물었다. "자, 한번 봅시다. '트랜스리얼리티 서핑'. 무슨 말을 하려고 했던 걸까요?"

"잘 모르겠는데." 암소가 말했다. "페이지가 전부 비어 있잖아."

"안 돼요, 더 이상 안 되겠어요! 이 모든 것들이 너무 야옹스러워요!" 야옹이가 외쳤다. "제가 이해할 수 있는 범위 밖이라고요!"

"제가 상상할 수 있는 범위 밖이기도 하네요." 야수가 덧붙였다.

"제 머릿속에 담을 수 있는 범위 밖이기도 해요." 잠수함이 말하고는 그녀가 가장 자주 하는 질문을 했다. "이제 어떡하죠?"

"계속 가보자." 여왕이 말했다.

그들은 걸어가던 길을 계속 따라 걸었다. 어차피 그곳에서 다른 곳으로 방향을 바꾸는 것은 아무 의미도 없었기 때문이다. 하지만 그렇다고 해서 그 뒤에 일어난 사건도 못잖게 당황스러울 뿐이었다. 그들은 또다시 검은 구조물과 마주쳤다. 하지만 이제는 이미 과감하게 빈 공간으로 건너뛰어 계속 앞으로 걸어나갔다. 그들은 틈틈이 멈춰버린 마네킹들을 보았고, 그들 중 일부는 놀랍게도 이미 예전에 만난 적이 있는 사람들이었다. 하지만 그 이후에는 그들이 지금까지 겪어왔던 일들보다 더욱 놀라운 일들이 생겼다. 그들이 앞으로 계속 걸어나가자 좀 전에 보았던 카페가 다시 나타난 것이다. 카페를 나선 이후로 단 한 번도 방향을 바꾸지 않고 계속 직진만 했는데도 말이다.

뭐, 그래서 그 카페로 다시 들어가는 방법 외에는 별다른 수가 없었다. 그들이 카페로 들어섰을 때 펼쳐진 풍경은 다시 그들에게 가벼운 충격을 일게 했다. 카페의 분위기는 여전히 똑같았고 마네킹도 여전히 멈춰 있었지만 그들의 포즈가 분명히 달라져 있던 것이다. 큰 차이는 없었지만, 분명 뭔가 변해 있는 것이 확실했다. 서로에게 별다른 질문은 하지 않은 채 원정대원들은 서둘러 출구로 향했고 다시 그 거리로 나가 예전처럼 똑같은 방향을 향해 걸어갔다.

그들은 호기심과 조바심을 느끼며 걸음을 재촉했고 머지않아 세 번째로 구조물을 지나 서점이 있는 광장에 다시 도착했다. 다만 이번에는 술래잡기가 아니라 미치광이 작가를 중심으로 우리가 이미 본 적이 있는 마네킹들이 광장을 가득 채우고 있었다. 그들의 포즈도 전부 완전히 달라져 있었다.

"이해할 수 없군요." 아디야가 말했다. "저 마네킹들이 아주 느리게 움직이고 있는데 우리가 그걸 눈치채지 못하는 것 아닐까요? 한번 지켜봅시다."

원정대원들은 벤치에 앉아 마네킹들을 주시하기 시작했다. 하지만 그들은 조금도 움직이는 것 같지 않았다. 대원들은 낙담하고 지쳐버려 오랫동안 말없이 앉아 있었다. 마침내 아디야가 말을 꺼냈다.

"딱 한 가지 머릿속을 떠나지 않는 수수께끼가 있어요. 정말 말도 안 되지만 이것 말고는 설명할 방법이 없는 것 같군요."

"불안하게 하지 마!" 잠수함이 외쳤다. "그거 말고도 이미 끔찍한 일들이 많이 일어났다고!"

"한번 말해봐!" 암소가 말했다. "이곳에서 우리가 겪은 일들보다 더 말도 안 되는 일이 뭐가 있겠어?"

"우리가 어디에 있는지 혹시 여러분은 알고 있나요?"

"우리가 어디에 있는데? 어디에?"

"영화의 장면 속에 있어요."

"무슨 영화의 장면? 어떻게 그게 가능하지? 왜?" 모든 원정대원들이 질문을 쏟아냈다. 오직 여왕만이 차가울 정도로 평정심을 유지하며 침묵을 지키고 있을 뿐이었다.

"더 정확히 말하면 멈춰버린 영화 필름 속에 있는 것이죠." 아디야가 계속했다. "영화 필름을 보신 적이 있나요? 그것은 여러 개의 개별적인 프레임으로 이루어져 있어요. 프레임은 아무 무늬 없는 줄무늬로 나누어져 있고요. 프레임이 지나가면 지나갈수록 눈치채기는 힘들지만 변화가 일어나죠. 지금 우리가 존재하는 영화 필름이 멈춰버리고 그 속의 모든 인물들이 멈춰버린 것처럼 말이에요. 그러나 우리는 이 속에서 살아 숨 쉬고 있죠. 이제 이해가 되시나요?"

나머지 원정대원들은 넋이 나간 채 입을 다물지 못하고 있었다. 오직 여왕만이 이성을 차리고 말했다.

"네 말이 맞다. 어떻게 그런 일이 일어났는지는 알 수 없지만, 그 말이 맞는 것 같구나."

"그러면 미치광이 작가와 그를 따르는 독자들은?" 암소가 물었다. "왜 그들은 프레임 속에서 움직일 수 있었던 거지?"

"그건 설명할 수 없어." 아디야가 말했다. "하나의 영화가 다른 영화 속에서 재생될 수도 있나 봐. 하지만 그게 그렇게 중요한 것은 아니지. 여러분! 이제 한번 맞춰보세요. 어떤 질문이 가장 중요할까요?"

"어떤 질문? 어떤?"

"바로 '어떻게 하면 이 영화를 다시 재생시킬 수 있는가'예요."

◆ 변신

우리의 주인공들에게 뭔가 믿을 수 없는, 심지어 도저히 불가능한 일이 일어나고 있다는 사실을 생각해보면, 이 모든 이야기가 지어낸 이야기일지도 모른다는 의심이 들 것이다. 하지만 전혀 그 사실을 의심할 필요가 없다. 첫째로, 지성은 새로운 것을 만들어낼 수 없기 때문이다. 둘째로, 독자 여러분은 판타지 소설의 주인공들이 그들이 겪은 일에 놀라고, '믿을 수 없는 일'이라고 말하는 것을 본 적이 있는가?

실제로 이 책에서는 현실이 '알 수 없는 모습을 가지고 있다'고 서술되고 있다. 아니, 더 정확히 말하자면 우리가 인식하지 못하는 현실의 한 측면에 대한 이야기인 것이다. 믿을 수 없는 일이라고 해서 그것이 불가능한 일이라는 것을 뜻하지는 않는다. 심지어 불가능한 일이라고 해도 그것이 완전히 불가능한 일이라고 단언할 수는 없을 것이다.

어떤 것이 원칙적으로 가능한 일인지, 어떤 것이 불가능한 일인지 권위를 가지고 선언하기에 인간은 그를 둘러싼 세계에 대해 알고 있는 것이 너무나도 적다. 이미 익숙해진 선입견을 벗어던진다면, 우리는 우리가 가지고 있는 상식과 전혀 맞지 않는 일들이 가득한, 아주 이상한 세계에 살고 있음을 알 수 있다. 예를 들어 우리가 우주에 대해 무엇을 알고 있을까? 사실 우리가 알고 있는 것은 아주 적다.

우리가 관찰할 수 있는 우주는 120억 광년 전의 모습이다. 천문학적인 단위이다. 그 전후에 대해서는 아무것도 알 수 없다. 그다음엔 뭐가 있다는 말인가? 우주의 나머지 부분에 대해서는 오직 추측만 할 수 있을 뿐이다.

어찌 됐건 우리에게 알려진 사실에 따르면, 우주는 140억 년 전에 탄생했다. 지금 우리가 관찰할 수 있는 지점보다 한참 과거의 일이다. 물론 만약 '모든 것이 한 점에서 시작되었다'고 주장하는 빅뱅 이론이 올바른 이론이라는 가정하에 말이다.

천문학적인 범위를 넘어서면 몇십억 광년인지 모를 만큼 멀리 떨어진, 보이지 않는 은하계가 끝없이 펼쳐져 있다. 하지만 그것을 넘어서면 또 무엇이 있을까? 무한한 공백? 과학자들에게는 오직 보잘것없을 정도로 작은 현실의 일부만 보인다는 사실을 감안하면, 그럴 가능성은 매우 적다는 생각이 들지 않는가? 그러니 그곳에는 여전히, 끝없는 무지無知만 펼쳐져 있다고 생각할 수밖에 없다.

지구에 있는 모래알 전체의 개수는 우주에 있는 별의 숫자보다 적다. 그리고 모래알 하나를 구성하고 있는 원자의 수는 모든 별들의 숫자보다 많다. 모래알 속에는 원자의 우주 전체가 담겨 있는 것이다. 원자 속에 존재하는 우주의 숫자는 셀 수도 없을 정도다. 왜냐하면 모래알 속을 향하는 것도 지구의 바깥을 향해 이동하는 것만큼이나 먼 거리를 이동해야 하기 때문이다.

자, 이 모든 것을 알고 나니, 우주에 대해서, 아니, 실제에 대해서 우리의 지성이 무엇을 알고 있다고 말할 수 있는가? 심지어 실제도 현실의 한 측면에 불과하다. 현실에는 과거에 있었던 일, 현재 일어나는 일, 일어날 수 있었던 일들이 포함된다. 따지고 보면, 과거에 있었던 일과 일어날 수 있었던 일들은 메타현실에 포함되며, 현재 일어나는 일은 실제에 포함되는 것이다. 하지만 메타현실과 현실 사이에는 근본적으로 어떤 차이가 있다는 말인가?

우리의 주인공들은 꿈의 세계와 난데없이 나타난 알 수 없는 세계 사이에 어떤 차이점이 있는지 이해할 수 없었다. '불가능한 일'이 메타현실 속에서 일어나고 있으니 말이다. 하지만 실제에서 그런 일이 일어날 수 없다고 누가 감히 단언할 수 있겠는가? '가능하고 불가능한 것'은 오직 지성의 관점에서 나누어지는 것이다. 그리고 '현실적이고 비현실적인 것'은 이미 다른 문제다. 그것은 지성과는 아무런 관련이 없으니 말이다.

◆◆◆

우리는 사제 잇파트와 디바 마틸다를 돌무덤 안에 잠든 채로 내버려뒀지만, 그들이 깨어난 곳은 이미 다른 공간이었다. 다른 말로 하면 그들의 기준으로는 '불가능한' 상태에서 깨어난 것이다.

"틸리, 이게 뭐야, 너의 꿈이니?" 잇파트가 외쳤다.

"뭐, 뭐? 무슨 말이야…" 마틸다가 아직 잠에서 덜 깬 상태로 말했다.

"우리가 지금 너의 꿈속에 있는 거냐고? 잠들 때 무슨 생각을 한 거야?"

"기억이 안 나. 여기가 어디지?"

"나는 그릇 안에 있어. 너는 어디에 있니? 뭐가 보여?"

"어머, 나도 그릇 안에 있는 것 같아. 파티! 무슨 일이 일어나고 있는 거야?"

"너같이 더할 나위 없는 대식가의 꿈속이지! 그게 바로 지금 일어나는 일이야!"

"왜?"

"왜냐하면 내 머릿속에선 이런 생각이 떠오르지 않았을 테니까. 우리가 지금 뭐가 된 건지 혹시 모르겠니?"

"우리 지금 뭐가 된 거야?" 마틸다가 아직도 잠에서 완전히 깨지 못한 채 중얼거렸다.

"나는 할바야!"

"너 미쳤구나!"

"너는? 네 모습을 봐봐!"

"울랄라, 파티! 나는 쿠키야!"

실제로 테이블이 그들의 시야에 들어왔고, 머리 위에서는 조명이 비추고 있었다. 테이블 위에는 두 개의 그릇이 놓여 있었는데, 그중 하나에는 다이아몬드로 가장자리가 장식된 할바가, 또 다른 그릇에는 분홍색 리본을 묶어놓은 쿠키가 놓여 있었다. 그 둘을 제외하면 테이블 위에는 아무것도 없었다.

"아하하하!" 마틸다가 바보같이 웃었다.

"지금 이 상황이 재미있니?" 잇파트가 그녀에게 소리 질렀다. "축하해! 리본 맨 과자야!"

"너도 축하해, 옷깃이 달린 울퉁불퉁한 할바야! 아―하―하―하!"

"그래도 나는 맛있어!"

"내가 더 맛있어!"

"아니야, 내가 더 맛있어!"

"아니야, 나야!"

두 친구는 갑자기 경쟁하듯이 대화하며 말다툼하기 직전까지 다다랐다. 마치 제정신이 아닌 것 같았다. 물론 제정신인 상태이기는 했지만 평소와는 조금 달라 보였다.

"알겠어, 파티. 좀 진정해야겠어. 지금 어떤 느낌이 느껴지니?"

"나는 할바고, 바삭바삭하게 부서지고, 부스러기를 사방에 날려서 엉망으로 만드는 것을 좋아해."

"나는 동글동글한 쿠키야. 버터를 넣은 반죽으로 만들었고 머리 위엔 설탕과 호두 토핑이 올려져 있지."

"나는 할바야!"

"나는 쿠키야!"

"나는 할바라고!"

"나는 쿠키라고!"

"이제 그만해!" 잇파트가 멈췄다. "틸리, 우리 뭔가 이상해진 것 같아. 뭔가 의식을 잃어버린 느낌이 들어."

"나도 뭔가 의식이 희미해진 것 같아." 마틸다가 대답했다. "어떻게 이런 모습이 된 거지?"

"네 꿈속에 들어왔다고 했잖아, 이 돼지야!"

"왜 네 꿈이 아니라 내 꿈이야?"

"아마도 내가 잠들기 전에 네가 먼저 잠에 빠진 것 같아."

"그러면 여기에서 어떻게 나가지? 다시 잠들면 될까?"

"분명히 다른 방법이 있을 거야. 이곳에서 이동하는 방법을 익혀야 해. 잠드는 것은 통제하기가 힘드니 말이야."

"이미 손잡이를 사용해서 '목적지'를 머릿속에 떠올리며 이동하는 방법을 시도해본 적이 있잖아." 마틸다가 말했다. "그때 완전히 납작하게 눌렸었고. 기억 안 나?"

"그건 그 돌무덤 안에서 일어났던 일이지." 잇파트가 대답했다. "그곳에서는 뭘 시도하든 과장된 효과를 내잖아."

"그렇다면 지금 우리는 어디에 있는 거지?"

"알 수 없어. 심지어 내가 지금 있는 이 그릇 속에서도 아무것도 보이지 않아. 하지만 그 돌무덤이 아니라는 것은 확실해."

"거울 앞에서 이동하려고도 시도해봤지만 그 거울은 마치 화면처럼 우리에게 영화를 보여주기만 했어."

"그 거울은 그랬지. 맞아, 그것은 다른 방식으로는 작동하지 않아."

"그리고 멈춰버린 꿈을 재생시키는 것도 시도해봤지만 그때는 잠들지 않았기 때문에 실패했어. 그래도 다시 한번 잠드는 것을 시도해볼까?"

"서둘러야 해, 틸리!" 잇파트가 갑작스럽게 외쳤다. "누군가 나를 먹으려고 하고 있어!"

그때 누군가의 손에 들려 있는 숟가락이 할바의 한 조각을 떼어 내 위로 올렸다.

"파티, 무슨 일이야!" 마틸다가 외쳤다.

"나를-나를!" 잇파트가 다시 외쳤다. "먹으려고-먹으려고 하고 있어!"

"파티, 얼른 손잡이를 활성화시켜 우리를 이곳에서 빠져나갈 수 있게 해줘!"

"한번 해볼게. 적어도 이곳에서 나갈 수 있어야 해."

"우리 둘의 모습을 동시에 상상해야 해! 우리가 동시에 도망칠 수 있도록 말이야! 너도 잡아 먹히기 전에 말이야-아!"

"잠깐-잠깐!"

다시 할바를 먹기 위해 하늘에서 숟가락이 내려왔다.

"파티, 서둘러!"

바로 그때 그들을 둘러싼 공간이 빠르게 회전하기 시작하더니 작은 점이 되며 사라지고 이어서 반대 방향으로 회전하며 심해가 나타났다. 마틸다와 잇파트는 어느새 깊은 바닷속에 있었다. 저 멀리 어딘가에 산호초가 있는 것을 보니 암초가 있는 것 같았다. 그리고 그곳에서 투명하게 빛나는 물과 알록달록한 물고기들이 온통 헤엄치고 있었다.

"파티, 괜찮아?" 마틸다가 가장 먼저 건넨 질문이었다.

"그런 것 같아." 잇파트가 대답했다.

"이번엔 우리를 어디로 보내버린 거야? 우리가 왜 바닷속에 있는 거니?"

"미안해, 갑자기 일어나버린 일이야. 왜인지 바다가 가장 먼저 떠올랐거든."

"세상에! 해변도 아니고 말이야! 이제 이곳에서 어쩌지?"

"그래도 금방이라도 잡아 먹힐 수도 있는 쿠키보다는 훨씬 낫잖아."

"이곳에서는 우리를 먹을 수 있는 것이 없잖아? 어머, 그런데 우리가 어떻게 여기에서 대화를 나누고 숨을 쉬고 있는 거지?" 마틸다가 질문을 퍼부었다.

"그러면 쿠키였을 때는 어떻게 대화하고 어떻게 숨을 쉬었겠니, 틸리? 우리는 꿈의 세계에 있어. 설마 잊은 거야?"

"오, 내가 쿠키였을 때는 아무렇지도 않았어! 하지만 지금은 뭔가 완전히 특별해진 기분이야!"

마틸다는 자기 자신을 둘러보고는 지느러미를 가볍게 흔들어보고, 꼬리를 흔들어보고, 아가리를 한번 뻥끗거려보고, 큰 이빨을 딱딱거렸다. 아마도 자신의 모습에 만족한 것 같았다. 하지만 잇파트는 새로운 모습에 도저히 적응할 수 없어 아가리를 다물지 못한 채 눈이 휘둥그레져서는 친구를 바라보고 있을 뿐이었다.

"틸리! 세상에, 우리가 도대체 뭐가 된 거니?"

"파티, 우리는 물고기야! 큰 물고기가 된 거라고! 바라쿠다♦ 물고기가 된 거야! 이런 물고기를 수족관에서 본 적이 있어."

"그러면 이건 나의 꿈이니, 아니면 너의 꿈이니?"

"모르겠어. 어떻게 된 건지는 모르겠지만 어쩌면 우리 둘의 꿈인지도 몰라."

"우리는 아직 이동하는 방법을 완전히 익히지 못했어. 오, 이건 좋지 않은데."

♦ 아열대나 열대 바다에서 서식하는 어류. 어종에 따라 몸길이가 50센티미터에서 2미터에 달하기도 하며, 아래턱이 아주 크고 포악한 성격이다. 역주.

"뭐 어때, 파티! 우리 헤엄치자! 언제 이런 기회가 또 오겠어? 너 자신을 한번 봐. 너 정말 근사해 보여! 심지어 너의 옷깃도 그대로 남아 있잖아."

"그리고 너에겐 리본이 남아 있네."

실제로 잇파트의 지느러미 바로 뒤에는 다이아몬드가 박힌 테두리 장식이 있었다. 반면에 마틸다의 꼬리에는 분홍색 리본이 달려 있었다.

"누군가 우리를 잡아먹을 수 있을까?" 잇파트가 물었다.

"아니, 우리를 잡아먹을 수 있는 물고기는 없어. 우리가 모두를 잡아먹을 뿐이지. 우리보다 작은 모든 물고기들을 말이야!"

"자! 그럼 배를 좀 채워볼까! 하마터면 잡아먹힐 뻔한 위기를 넘기고 나니 나도 누군가를 마음껏 먹고 싶어지는걸."

"그러자!"

잇파트 물고기는 주위를 둘러보기 시작했고 마틸다 물고기는 살금살금 기회를 엿보다가 친구의 뒤로 다가가 꼬리를 물었다.

"앗, 이 계집애! 나를 물었어!" 잇파트가 말하고는 장난꾸러기 친구를 뒤쫓았다.

"참을 수가 없었어, 파티-이-이!" 마틸다는 리본을 휘날리며 재빠르게 달아났다.

그렇게 쫓고 쫓기다가, 그들은 작은 물고기들을 사냥하며 헤엄쳤다.

"나 없이 누구를 그렇게 삼키고 있는 거야?" 잇파트가 물었다.

"뭐, 내가 누구를 삼킬 때마다 네게 보고해야 하니?" 마틸다가 대답했다. "앙!"

"당연하지, 콩 한 쪽도 나눠 먹어야 하는 것 아니겠어?"

"너같이 욕심 많은 물고기와 어떻게 음식을 나눠 먹니?"

"저기 봐, 돌 틈에 낙지가 있어. 맛있을 거야!"

"낙지는 건들지 마, 낙지는 착하다고! 저쪽으로 가보자, 저기에 멍청해 보이는 청어 무리 보여? 저것들을 사냥하는 거야!"

"그러자!"

바라쿠다 물고기 두 마리는 청어 떼에게 다가가 배불리 먹고 조금 쉬기 위해 모랫바닥에 내려앉았다.

"이제 어떻게 하지, 파티?"

"즐거운 시간을 보내긴 했지만, 이곳에서 벗어나야지. 이곳은 우리가 있을 곳이 아니야."

"그래도 꽤 즐겁게 헤엄치고 사냥했잖아! 이곳에 언젠가 다시 돌아올 수 있겠지?"

"틸리, 우리는 물질세계로 돌아가야 해. 그 사실을 잊어선 안 된다고."

"하지만 어떻게?"

"노력해야지. 이동하는 방법을 익혀야 해. 이제 네 차례야. 우리를 익숙한 환경으로 이동시켜줘."

"누구에게 익숙한 환경을 말하는 거니? 너와 나는 완전히 다른 세계에서 살아왔잖아."

"적어도 네게만이라도. 중요한 것은 우리가 우리 자신의 마네킹에 들어가도록 주의를 기울여야 한다는 거야. 안 그러면 또다시 전혀 상상조차 할 수 없는 모습으로 변해버릴 거라고."

"그래. 알겠어." 마틸다가 말했다. "우리의 마네킹으로 돌아가야 해. 우리의 마네킹으로. 우리의 마네킹으로…"

그러자 주변을 둘러싸고 있던 물이 거대한 소용돌이의 모습으로 빙글빙글 돌며 한 점으로 사라지더니 다시 반대 방향으로 돌아 다른 장소가 되었다.

조명이 백화점의 내부를 은은하게 밝히고 있었다. 늦은 밤이었고 주변에는 아무도 없는 것 같았다. 쇼윈도 너머에는 플라스틱으로 만든 하얀 마네킹 두 개가 서 있었다. 그것들은 다른 여느 마네킹들처럼 최근에 가장 유행하는 여성복을 입고 있었는데 딱 두 가지 특이하게 구분되는 특징이 있었다. 한 마네킹은 목 부분에 다이아몬드가 촘촘하게 박혀 있었고 다른 마네킹은 허리에 커다란 분홍 리본을 달고 있다는 사실이었다.

♦ 마네킹들의 행진

백화점 내부에는 쥐 죽은 듯한 정적이 흘렀다. 암흑이 원형의 갤러리를 가득 메우고, 쇼윈도 너머의 두 마네킹에게만 희미한 조명이 비출 뿐이었다. 반짝반짝 빛나는 옷깃이 달린 어두운 드레스를 입고 모자를 쓴 마네킹이 잠깐 움직이더니 고개를 옆으로 돌려 친구 마네킹을 향해 말했다. 플라스틱으로 만든 하얗고 차가운 얼굴은 말을 하는 도중에도 아무런 표정 변화가 없었다.

"마틸다! 우리를 어디로 보내버린 거야?"

수트 정장을 입고 등 뒤의 리본을 삐딱하게 맨 두 번째 마네킹이 팔다리를 조금 움직이더니 몸을 돌려 똑같이 차가운 얼굴로 대답했다.

"파티! 잠깐 실수했어. 우리의 마네킹에 들어갈 수 있도록 노력했지만 결국 이렇게 되어버린 거야."

"지금 우리는 뭐야? 어디에 있는 거니?"

"우리는 마네킹이야. 말 그대로지. 옷 가게인 것 같아."

마틸다와 잇파트는 진열대에서 내려와 선반과 옷걸이들을 따라 둘러보았다. 두 마네킹의 얼굴에는 아무런 움직임이 없었지만 그럼에도 그들은 계속 움직이고 말할 수 있었다. 정말 이상하고 소름 끼치는 장면이었다.

"우와, 이거 괜찮은데! 한번 입어봐야겠어!" 마틸다가 옷걸이에 걸려 있는 수트를 들춰보며 말했다.

"틸리! 그럴 때가 아니야!" 잇파트가 그녀를 따라다니며 말했다. "우리의 원래 모습으로, 정상적인 모습으로 돌아가야 해."

"나는 지금도 정상적인 모습이야. 너무 정상적이라고 할 수 있지! 그러니까 소비자들이 구경하면서 나를 보고 부러워하는 것 아니겠어?"

마틸다는 아무 관심도 없다는 듯 옷과 원피스를 구경하기 시작했다. 그러자 그 행동에 전염이라도 되듯 잇파트도 똑같이 행동하기 시작했다.

"너는 사람들의 부러움을 받겠지만 나는 찬양을 받을 거야!" 잇파트는 자신이 쓰고 있던 부티 나는 모자를 고쳐 쓰며 말했다. "자, 내가 어떤지 한번 봐봐!"

"왜 나보다 더 예쁘게 차려입은 거야?" 마틸다가 갑자기 공격적으로 대답했다. "난 네가 싫어!"

"아, 그러셔?" 잇파트가 마틸다를 밀었고 마틸다는 넘어지면서 옷걸이를 넘어뜨렸다.

그녀는 자리에서 일어나며 잇파트를 향해 달려들어 그녀의 드레스를 마구 찢기 시작했다. 잇파트도 질세라 마틸다의 옷을 마구 헝클어뜨렸다.

"내 리본에 손이라도 대봐, 이년아!" 마틸다가 외쳤다.

"다이아몬드가 잔뜩 달린 내 드레스가 더 멋지다고!" 잇파트가 더 큰 목소리로 말했다. "너는 나를 따라오려면 한참 멀었어, 멍청아!"

"네 팔을 부러뜨려놓겠어!"

"그러면 나는 네 목을 비틀어버릴 거야!"

잇파트는 정말로 마틸다의 머리를 비틀어버렸고 결국 마틸다의 머리는 떨어져 바닥을 데굴데굴 굴러갔다. 반면 마틸다는 안간힘을 써서 잇파트의 팔을 꺾었다. 그들은 자신이 잃게 된 것에는 조금도 신경 쓰지 않고 똑같이 격분하며 서로를 고통스럽게 하고 있었다. 하지만 그들의 분노는 생겨났을 때와 마찬가지로 갑작스럽게 사라졌다.

"됐어, 승리 따위는 필요 없어." 잇파트가 갑자기 침착해진 목소리로 말했다.

"관계가 그렇게 가치 있는 것이라면 그것을 지키는 것은 더 중요하겠지." 머리가 사라진 마틸다가 마찬가지로 침착한 목소리로 말했다.

"그래, 그 어떤 싸움에서의 승리도 좋은 관계보다 소중할 수는 없어."

"너에겐 내가 있고 나에겐 네가 있으니 말이야."

"미안해. 자, 내가 네 머리를 제자리에 끼워줄게. 너 마치 새 마네킹 같다."

"나는 네 팔을 원래대로 돌려줄게. 훨씬 낫네."

그들은 화해의 의미로 서로의 옷매무새를 바로잡아주었다. 어차피 옷이 갈기갈기 찢겨버렸기 때문에 아무리 옷을 바로잡아줘도 소용없었지만 말이다.

"증오는 아주 좋은 감정이야. 무관심과 냉담함이 나쁜 감정이지." 잇파트가 계속했다.

"맞아, 증오는 짱이야." 마틸다가 동의했다.

"너를 증오한다는 말은 네게 무관심하지 않다는 뜻이야. 그 말은, 네가 어떻게 되든 상관없지 않다는 말이지."

"우리 세계의 작가 한 명이 이런 말을 한 적이 있어. '사랑할 줄 모르는 사람은 증오할 줄도 모른다'라고."

"맞아, 나는 너를 증오하며 사랑해."

"나도 너를 사랑하며 증오해."

"뭐?" 잇파트가 다시 흥분했다. "나를 증오한다고?"

"아니, 나는 너를 증오하지 않아." 마틸다가 언성을 높였다. "너를 처음 보자마자 죽여버렸어야 했어!"

"그 첫 만남이 바로 지금이야! 머리를 또 뜯어줄까, 이 못생긴 계집애야?"

"아니, 이제 내가 네 대가리를 뜯어놓을 차례지!"

"아니, 이 못생긴 게!"

그들은 다시 서로에게 달라붙었고 뒤엉킨 상태로 바닥에서 엎치락뒤치락하며 비난을 퍼부었다. 하지만 또다시 갑자기 모든 행동을 멈췄다.

"파티, 우리 도대체 뭘 하고 있는 거야?" 마틸다가 정신을 차렸다.

"사랑에서 증오까지는 오직 한 발자국 차이야, 틸리." 잇파트가 말했다.

"증오에서 사랑까지도 한 발자국 차이지. 하지만 우리에게 왜 증오감이 필요한 거지?"

"모르겠어. 우리가 잠시 이성을 잃었었나 봐."

"맞아, 뭔가가 이상했어."

그들은 환상에서 깨어나듯 잔뜩 놀라 헝클어진 모습으로 자리에서 일어났다.

"부디 네가 지금 너의 모습 이대로 남아 있기를 바라. 그리고 나 또한 나의 모습 이대로 남아 있고." 잇파트가 말했다.

"나는 그저 우리가 다시는 이렇게 싸우지 않았으면 좋겠어." 마틸다가 말했다.

"정확히 말하자면 서로가 서로에게 계속해서 뭔가를 요구하지 않았으면 좋겠어."

"그리고 기다리고."

"네가 이런 모습으로 남아 있기를 허용할게."

"나도."

"너는 자유롭고 나도 자유로워."

"우리는 자유롭고 우리는 함께야."

"너에겐 내가 있고, 나에겐 네가 있어."

"나는 네가 필요하고, 너는 내가 필요해."

잇파트는 침묵했다.

"아니면 필요 없나?" 마틸다가 긴장했다.

"아니, 도대체 왜 너는 내가 바라는 방식대로 행동하지 않는 거니?" 잇파트가 벌컥 화를 냈다.

"그러는 너는 왜 내가 말하는 대로 행동하지 않니?"

"네가 이렇게 굴면 난 네가 필요 없어!"

"저리 꺼져, 나도 더는 네 꼴도 보기 싫어!"

그들은 다시 서로에게 달려들 준비를 하고 있었다. 하지만 잇파트가 갑자기 정신을 차리고 고개를 흔들었다.

"일리트! 정신 차려!"

"지금 나를 뭐라고 불렀어?"

"너의 두 번째 이름을 기억해!"

"나는 일리트야. 너는 타프티고. 너는 타프티야! 나는 일리트고! 우리에게 도대체 무슨 일이 일어난 거지?"

"자꾸만 잠이 들고 있는 거야. 마네킹의 꿈에 빠져들어 우리 자신을 잊어버린 거지. '나는 나다!'라고 자기 자신에게 말해봐."

"나는 나다!" 마틸다가 외치며 마찬가지로 꿈에서 깨어났다. "파티! 정말 끈질긴 꿈이었어!"

"맞아. 마치 우리를 빨아당기는 것 같았어." 잇파트가 말했다. "의식이 갑자기 안개처럼 희미해지며 멀리 사라졌던 것 같아. 의식을 잃어버려서는 안 돼!"

"그런 일이 일어났다는 게 믿기지 않아! 좀 전의 우리는 마치 괴물들 같았어! 소름 끼칠 정도로!"

"꿈에 연결되면 그런 일이 일어나지. 특히 타인의 꿈일 경우엔 더 그래. 자기 자신에 대해 완전히 잊어버리는 거야. 하지만 나도 그런 정신 나갈 정도의 무의식 상태는 경험해본 적이 없는걸."

"맞아. 완전히 내가 아닌 다른 사람이 된 것 같았어! 꿈도 나의 꿈이 아니었고. 마치 내가 다른 사람의 몸속으로 들어간 느낌이었어. 아니면 다른 사람이 나의 몸에 들어왔던 걸까? 단 한 번도 다른 사람의 꿈속에 들어가본 적이 없는데."

"아니, 있었어-있었어!" 잇파트가 반대했다. "쿠키가 되었다가 물고기가 되었던 일을 벌써 잊은 거야?"

"어머, 그래!" 마틸다가 문득 깨달았다. "나는 쿠키가 되고, 네가 할바가 되었을 때 뭔가 아무 생각도 나지 않고 바보가 된 기분이었어! 하지만 마네킹은 원래 생각이 없지! 그러니 아주 악하고 말이야!"

"그보다는 냉담한 것에 가깝지."

"하지만 왜 악해진 거지? 마네킹이 그렇게 악할 것이라고는 상상도 못했는데. 그런데 우리 자신이 마네킹처럼 되어버렸어!"

"그래, 우리가 물고기였을 때는 주변 환경에 적응을 더 잘했어. 우리 자신의 모습을 닮아 있었지."

"그중에서도 마네킹이 가장 둔한가 봐. 마네킹에서 빠져나오길 정말 다행이야!"

"아직은 빠져나오지 못했어, 틸리. 우리는 그들의 영화와 그들의 역할에서 나온 것뿐이지. 하지만 아직도 그들의 몸속에 있다고."

"어머, 그러네!" 마틸다가 다시 문득 알아차렸다. "이 육체에서 얼른 빠져나와서 우리 자신의 마네킹으로 들어가야 해! 그러지 않으면 의식이 다시 기회를 엿보다가 잠에 빠지려고 할 거야."

"잠에 빠지면 안 돼! 생각해봐. 자기 자신을 통제하는 것이 무슨 뜻이지?"

"자기 자신을 통제한다는 것은 자신의 주의를 통제하는 거야."

"또?"

"네가 무슨 일을 할 때 자기 자신에게 질문을 해야 해. 너 스스로 그 일을 하는 것인지, 아니면 무언가에게 조종당해서 그 일을 하는 것인지."

"맞아. 주의가 시나리오에 조종당하면 너는 꿈에, 영화에 연결될 거야. 우리는 영화에 연결돼서 자기 자신을 잃었지. 이제 영화 장면 속에서 정신을 차리려면 자기 자신의 주의를 가지고 자기 자신에게 돌아가야 해."

"그만, 파티, 나 완전히 깨어났어!" 마틸다가 말했다. "이제 네가 우리를 이동시켜줄 차례야."

"내 생각에 지금 우리에게 가장 필요한 것은 우리의 육체로, 우리 의 마네킹으로 들어가는 거야."

"그러면 이곳에 계속 있지 말고 우리의 육체로 얼른 돌아가자."

"그래, 거기에만 집중할게." 잇파트가 말하고는 자신만의 마법의 동작을 보였다. 고개를 숙이고 살짝 몸을 굽히고는 두 손이 어깨에 닿도록 팔꿈치를 구부리며 외쳤다.

"우-우-우-울---**라!**"

그러자 두 마네킹은 두 명의 우아한 여인들로 변신했다.

여인 한 명은 목둘레에 다이아몬드가 가득 박힌, 발목까지 내려 오는 어두운 푸른색 벨벳 드레스를 입고 있었다. 얼굴은 제사용으 로 보이는 무시무시한 핏빛 분장이 그려져 있었고 푸른색 눈 아래 에는 흰색 반점들이 찍혀 있었다. 그녀의 흑발은 깔끔한 단발이었 다. 비록 잔인해 보였지만 그럼에도 그녀는 우아하고 아름다운 여 사제였다.

다른 여인은 어두운 초록색 점프수트를 입고 분홍색의 높은 플랫 폼 구두를 신고 있었다. 얼굴에는 파란 분장이 그려져 있었고 헝클어진 머리는 밝은 하늘색이었다. 허리에는 커다란 분홍색 리본이 매여 있었다. 그녀는 진정한 디바였다. 혹은 살아 있는 거대한 랄라 인형이었다. 그녀도 마찬가지로 아름다웠지만 전형적인 미인의 모습이 아닌 특별한 아름다움이었다.

검은 머리의 붉은 사제와 금발의 푸른 디바는 거울을 들여다보고는 그들이 그렇게 기다리고 기다리던 원래의 모습을 되찾은 것에 이루 말할 수 없이 기뻐했다. 사제는 큰 소리로 웃으며 그 자리에서 빙글빙글 돌았고 디바는 손뼉을 치며 제자리에서 뛰었다.

"파티! 다시 우리의 모습으로 돌아왔어!" 마틸다가 외쳤다. "헬라!"

"이것 봐! 내 구두도 다시 돌아왔어!" 잇파트가 외쳤다. "전부 제자리로 돌아왔어!"

그렇게 그들은 잠시 동안 기쁨을 만끽했다. 하지만 갑자기 뭔가에 대해 기억이 되살아난 듯 갑자기 아무 말도 하지 않았다. 그들은 지금 그들이 어디에 있는지 잊고 있었던 것이다. 마틸다와 잇파트는 서로를 살펴본 뒤, 말없이 진열대 위에 올라 아직은 바깥으로 나갈 엄두도 못 내며 유리 너머로 주변을 두리번거렸다.

갑자기 사방에서 커다란 음악 소리가 들려오고 모든 쇼윈도의 마네킹들이 살아나 자신의 자리를 박차고 나가더니 알록달록한 군중이 되어 갤러리로 쏟아져 나왔다. 그들은 춤을 추며 이리저리 방향을 바꾸고 갤러리 곳곳을 행진했다. 희미한 어둠이 내려앉은 백화점 내부는 이제 음악과 춤으로 가득 차 완전히 다른 분위기가 되었다.

I got the eye of the tiger, a fighter,

Dancing through the fire,

Cause, I am a champion and you're gonna gear me roar!

Louder, louder than a lion,

Cause, I am a champion and you're gonna hear me roar!

O-o oh, oh, oh, o-o! O-o oh, oh, oh, o-o!

O-o oh, oh, oh, o-o!

You're gonna hear me roar.♦

하얀색, 검은색, 베이지색… 다양한 색깔의 마네킹들이 한자리에 모여 있었다. 가발을 쓴 마네킹도 있었고 가발이 없는 마네킹도 있었다. 얼굴은 아무런 표정이 없었고 표정의 변화도 없었다. 비키니를 입혀놓은 마네킹은 머리도 팔도 다리도 없었으며, 반바지를 입혀놓은 마네킹은 상체가 없었다. 하지만 몸의 일부가 없다고 해서 그 마네킹이 춤 동작을 따라 하는 데에 문제가 있는 것은 결코 아니었다. 비록 보기에는 소름 끼쳤지만 말이다.

마네킹의 행진을 보고 있자니 오싹한 느낌이 들었다. 그들이 춤추는 모습은 흘러가는 듯한 자연스러운 모습이 아니라 기계들이 딱딱하게 끊어 움직이는 듯한 모습이었기 때문에 더욱 그랬다. 마틸다와 잇파트는 가만히 서서 이 모든 움직임을 지켜봤다. 그리고 그들의 존재를 드러내지 않기 위해 미동도 하지 않았다.

♦ '케이티 페리'의 노래 〈Roar〉의 가사.

노래가 끝나고 음악이 잠잠해지자 마네킹들은 움직임을 멈추고 원래 있던 자리로 흩어지기 시작했다. 대부분의 마네킹이 옷 가게로 들어갔다. 일부는 점원의 모습으로 계산대 뒤에 서기도 했고, 일부는 손님이 되어 옷을 고르거나 입어보고 있었다. 또 일부는 카페로 갔다. 일부는 테이블에 앉아 뭔가를 마시거나 먹는 시늉을 하고 있었고, 다른 일부는 그런 그들에게 서빙을 하고 있었다. 또 다른 마네킹들은 오락실로 들어가서 게임을 했다. 일부는 포켓볼을 치고, 일부는 볼링을 쳤다. 나머지는 갤러리를 걷고 있었다.

"파티, 저 마네킹들이 사람들을 따라 하고 있어!" 마틸다가 속삭였다. "우리가 백화점에 있을 때 하는 행동과 완전히 똑같아. 믿어지니?"

"조용히 해, 움직이지 마." 잇파트가 그녀에게 대답했다. "조금만 더 지켜보자."

그 외에도 마네킹들은 잠시 멈춰서 서로 대화를 나누기도 했다. 그들은 서로를 향해 고개를 돌려 알아들을 수 없는 말을 큰 목소리로 속삭였고, 그러면서도 그들의 얼굴과 입술은 움직이지 않고 있었다. 그래서 이해할 수 없는, 알아들을 수 없는 단어들이 불협화음이 되어 사방에서 들려오다가 잠시 조용해졌다가 또다시 커지곤 했다.

"파티, 무슨 수를 써야 할 것 같아." 마틸다가 참지 못하고 말했다. "동상처럼 이곳에 계속 가만히 서 있기만 할 수는 없잖아."

"알겠어." 잇파트가 말했다. "한번 나가보자."

그들은 진열대에서 내려와 상점의 출구로 향했다. 다른 마네킹들이 어떻게 반응할지 상상조차 할 수 없었기 때문에 그들의 움직임은 아주 조심스러웠다. 실제로 그들이 갤러리로 들어서자마자 모든 마네킹이 갑자기 말을 멈추고 그 자리에서 굳어버렸다. 그들은 두 친구가 나타난 곳을 향해 일제히 몸을 돌렸고, 한눈에 보아도 적대적으로 보이는 모습으로 그들을 향해 움직이기 시작했다.

마틸다와 잇파트는 힘껏 내달렸다. 완전히 침묵을 유지하고 있던 마네킹들은 그들을 향해 느릿느릿 걸어가며 힘껏 손을 뻗었다. 상체가 없거나 다리가 없었던 마네킹들도 똑같이 두 친구를 향해 걸어갔다.

"파티, 도대체 저 마네킹들이 우리에게서 뭘 원하는 걸까?" 마틸다가 물었다.

"모르겠어!" 잇파트가 계속 달리며 대답했다.

"만약 저 마네킹들이 우리를 잡으면 어떻게 될까?"

"확인해보지 않는 게 좋겠어!"

"방법을 찾아야 해! 원으로 돌며 뛰어보자!"

마네킹이 사방에 있었기 때문에 그들은 끊임없이 달려야 했다. 두 친구가 어딜 가든, 생명은 없지만 살아난 마네킹들이 그들에게 덤벼들었다. 마틸다와 잇파트는 추격자들로부터 요리조리 몸을 피하며 갤러리에서 벗어나려고 애썼지만 도무지 밖으로 나가는 출구를 찾을 수 없었다. 그 악몽은 끝나지 않을 것처럼 보였다.

바로 그때 상황이 갑자기 역전되었다. 마네킹들은 마치 약속이라도 한 듯 갤러리의 한 가운데에 길을 터놓고 그 양옆으로 갈라섰다. 그러고는 팔을 벌리고 원을 좁혀오기 시작했다. 이제 마틸다와 잇파트에게는 도망칠 틈이 없었다.

그때 잇파트는 벽에 난 작은 틈을 발견했다. 그녀는 마틸다를 끌고 그곳을 향해 내달렸다.

"틸리, 멈춰!" 잇파트가 갑자기 속삭였다. 그리고 그녀 자신도 꼼짝 않고 멈춰 섰다.

마틸다는 아무것도 묻지 않고 잇파트를 따라 했다.

그것을 본 마네킹들은 갑자기 당황하기 시작했다. 그들은 고개를 돌리고는 정확하지 않은 발음으로 그들끼리 뭐라고 소곤거렸다. 아마도 그들이 쫓아가던 목표가 사라졌다고 생각하는 것 같았다. 마네킹들은 장님처럼 두 팔을 앞으로 쭉 뻗은 채 사방으로 정신없이 움직이기 시작했다. 그들은 마틸다와 잇파트가 그저 그 자리에 멈춰선 줄도 모르고, 그들의 근처를 지나가기도 하고 탐색을 계속하며 각자의 자리로 돌아갔다.

"틸리, 그들은 우리가 움직이지 않으면 우리를 볼 수 없는 것 같아!" 잇파트가 속삭였다.

"맞아!" 마틸다가 숨죽여 말했다. "어떻게 그런 기발한 생각을 한 거야?"

"그냥 본능적으로 행동한 거야. 순간적으로."

"이제 어떻게 하지? 이동할까?"

"아니, 뭔가 다른 것을 시도해보고 싶어."

사제가 눈을 감고 뭔가에 집중한 다음 다시 눈을 떴더니…

갑자기 주변의 모든 것이 멈췄다. 그들의 옆을 지나치던 마네킹들의 형상은 정지된 화면처럼 멈춰버렸다. 공간 전체가 말 그대로 멈춰버린 것이었다. 어디에서 나타난 것인지 알 수 없는, 공중에서 멈춰버린 작고 빛나는 눈송이들이 그 사실을 말해주고 있었다.

먼저 정적을 깬 것은 마틸다였다. 그녀는 눈앞에 펼쳐진 상황에 넋을 놓은 채 물었다.

"파티, 도대체 어떻게 한 거야?"

"영화를 멈췄어." 잇파트도 가만히 움직이며 말했다.

"어떻게?"

"아주 쉬워. 내 손잡이를 활성화시켜 내 주변의 모든 것이 멈춰버리는 장면을 상상했어."

"그러면 마네킹들의 영화는 멈췄지만, 그 속에 있는 우리는 멈추지 않은 거야? 이곳에서 우리는 자유롭게 거닐 수 있는 거고? 멋지다!"

두 친구는 틈을 찾아 빠져나와 갤러리 안을 조금 걸었다. 마네킹들은 꼼짝도 하지 않고 멈춰 서 있었다.

"우리에게도 비슷한 일이 일어난 적이 있었지." 잇파트가 말했다. "기억나? 꿈이 멈춰서 글램록들이 그 자리에서 멈춰버렸을 때 말이야."

"그건 조금 달랐어." 마틸다가 말했다. "그들은 적어도 미세하게 움직이기는 했어. 아주 천천히 움직였을 뿐이지. 시간에 어떤 속임수가 있었던 거야."

"지금도 똑같을 수도 있지. 다만 그때는 이 눈송이가 없었어… 앗! 이것 봐, 이게 뭘까?"

잇파트는 근처에 있는 마네킹을 가리켰다. 그 마네킹의 뒤통수에서는 머리를 따놓은 것과 비슷하게 생긴 다발이 달려 있었다. 그 다발은 하얗게 빛나며 마네킹의 날개뼈 사이 부근까지 길게 늘어져 있었고, 그 끝에서는 바닥을 향해 수직으로 떨어지는 파란빛이 나오고 있었다. 다른 마네킹들에서도 똑같은 장면을 볼 수 있었다. 심지어 신체 중 일부가 없는 마네킹에서도 말이다. 그들의 땋은 머리는 등이나 허리에서 시작되고 있었다.

"파티!" 마틸다가 흥분하며 외쳤다. "너에게도 똑같은 것이 있어!"

"뭐? 나에게도?" 잇파트가 화들짝 놀라며 말했다. "오, 세상에! 너도야!"

그들은 빛나는 땋은 머리가 그 둘 모두에게 있다는 사실을 알아차렸다. 똑같이 수직으로 바닥을 향해 빛을 비추는 땋은 머리였다. 잇파트는 갑자기 무언가로부터 자극을 받은 듯 소리쳤다.

"틸리, 기억났어, 틸리!"

"뭐?"

"너의 주의는 지금 어디에 있니?"

"뭐?" 마틸다가 당황스럽다는 듯 똑같은 질문을 되풀이했다.

"너의 주의를 돌려봐야 해! 얼른 자기 자신에게 말해. '나는 나다!'"

"나는 나다." 마틸다가 말했다.

"나는 나다!" 잇파트가 반복했다.

그때 두 친구의 땋은 머리가 비추고 있던 파란 불빛이 사라지고, 오직 빛나는 땋은 머리만 그 자리에 남아 있었다.

"이제 알겠어, 기억이 돌아왔다고!" 잇파트가 다시 외쳤다.

"뭐? 기억해냈어?" 마틸다가 외쳤다.

"우리 등 뒤에 있는 손잡이가 뭔지 기억났어!"

◆ 카라밀라의 마라빌라

　우리가 마지막으로 '뚜껑원정대'를 보았던 것은, 영화 필름이 멈춰버리고 미치광이 작가와 그의 독자들이 광장에서 다 같이 멈춰버린 것을 보고 넋을 놓아버렸을 때였다.

　"이제 우리는 어쩌죠?" 노란 잠수함이 평소와 똑같은 질문을 했고 얼마 지나지 않아 스스로 대답했다. "만약 우리가 모든 것이 멈춰버린 프레임까지, 아니, 그보다 조금 전의 프레임까지 필름을 따라 거꾸로 거슬러 올라간다면 어떻게 될까요?"

　"그래, 그것도 재미있겠군." 아디야 그린이 말했다. "하지만 더 재미있는 것이 무엇인지 알아? 멍청한 금발 머리에서 어떻게 이렇게 기발한 생각이 나왔느냐는 거야."

　"네가 우리 중에서 가장 똑똑하다고 하지만 뭐, 별거 없네!" 잠수함이 그에게 대답했다.

　"정말 야옹미롭네요." 야옹이가 말했다. "예전의 프레임에는 뭐가 있다고 생각하시나요? 우리가 그곳에서 자기 자신을 만나게 될지도 모르잖아요?"

　"그럴 수도 있고 아닐 수도 있겠지." 오렌지 암소가 말했다. "만약 아디야가 옳았고 우리가 멈춰버린 영화 프레임 속에서 살아 있는 채로 움직인다면 우리는 영화에서 나온 것이기 때문에 과거의 프레임으로 돌아간다고 해도 우리를 만나지 못할 거야."

"우리가 그곳에서 우리 자신을 만난다면 뭔가 앞뒤가 맞지 않겠지." 야수가 말을 꺼냈다.

"하지만 영화가 멈추기 전의 프레임들 속에서 우리 자신을 찾지 못한다면 그것도 앞뒤가 맞지 않을 거야. 왜냐하면 우리가 그곳에 있었던 것은 사실이니까." 암소가 말했다.

"어쨌든 뭔가 앞뒤가 맞지 않는 일이 일어난다면 어쩌면 그때는 영화가 재생될지도 모르지." 아디야가 말했다. "우리는 세 개의 프레임을 지나쳐왔어. 그 말은 지금으로부터 네 번째 전의 프레임으로 돌아가야 한다는 말이지."

"가자." 브룬힐다가 짧게 명령했다.

원정대원들은 매우 지친 몸을 이끌고 프레임을 거슬러 되돌아갔다. 그들은 프레임 사이의 간격 세 개를 건너 영화가 처음으로 멈춰버린 프레임에 도착했다. 그들은 다시 카페 안을 들여다봤다. 모든 것이 그 전과 똑같았다. 마네킹들이 똑같은 포즈로 움직이지 않고 있었다. 마침내 그들은 네 번째 띠를 건넜다. 이 프레임에도 변한 것은 아무것도 없었다. 마치 사진을 보는 것처럼 아무것도 움직이지 않았다. 우리의 주인공들은 실제로 그들이 거대한 사진 촬영지 속에서 헤매고 있는 것 같다는 느낌을 떨쳐내지 못했다. 모두에게 불쾌하게만 느껴지는 이상한 느낌이었다.

그러나 그때 갑자기 공간이 살짝 움직이면서 가벼운 바람이 일었다. 나무에서는 나뭇잎이 부스럭거리기 시작했고, 마네킹들이 살아나 조금씩 움직이고, 도로의 차들이 자리에서 움직이는 듯한 소리가 들려왔다. 모든 움직임이 처음에는 느린 속도로 시작되었다가 잠시 뒤 점점 빨라져 원래의 속도대로 움직이고 있었다.

"저런!" 목소리를 낸 것은 오직 잠수함뿐이었다.

나머지 대원들은 다 같이 안도의 한숨만 내쉴 뿐이었다.

"이제 '살해'는 더 이상 없을 것이다. 아주 극적인 상황이 아니라면 말이다." 브룬힐다가 말했다.

"물론이죠!" 야옹이가 동의했다.

대원들은 광장으로 나왔다. 그곳에는 드물게 지나가는 사람들을 제외하면 아무도 없었다. 그리고 서점은 문이 닫혀 있었다. 그들은 한 블록을 지나 이미 익숙해진 카페의 앞에 멈춰 섰다.

"한번 들여다볼까요?" 아디야가 제안했다.

카페 안을 들여다보니 그곳에는 손님들이 모두 떠나 있었고, 청소부가 의자를 치워가며 바닥을 닦고 있었다. 좀 전에 카페에서 보았던 점원이 대원들에게 다가가 설명했다.

"영업 끝났어요! 또 주문을 하고 싶으신가요? 내일 또 오세요."

"그래요?" 아디야가 모두를 대신하여 대답했다. "알겠어요. 감사합니다, 안녕히 계세요."

그들은 몸을 돌려 밖으로 나왔다.

"세상에! 아무 일도 없었다는 듯이 말하네요!" 잠수함이 놀라워하며 말했다.

"그러게. 마치 아무 일도 일어나지 않았다는 것처럼. 아니면 아무것도 기억하지 못하는 것처럼." 암소가 말했다.

"영화가 앞으로 빠르게 감겨버렸네요." 야옹이가 말했다.

"뒤로 감기지 않은 것이 다행이군." 야수가 말했다.

그들은 어느새 해가 졌다는 사실을 깨달았다.

"어디든 가서 쉬어야 할 것 같아요." 암소가 말했다.

"저희 집에 여러분을 초대했으면 하지만," 야옹이가 걱정스럽게 말했다. "워낙 좁은 데다 특별히 야옹하게 해놓지 않아 여러분이 불편해하실까 걱정돼요."

"걱정하지 마, 야옹아. 우리는 호텔을 한번 찾아볼게." 암소가 그녀를 진정시켰다.

"그러면 저도 여러분과 함께 가겠어요." 야옹이가 말했다. "저쪽에 게스트하우스가 있었던 것 같아요."

멀지 않은 곳에서 풍선과 리본, 그리고 작은 전구로 화려하게 꾸며진 저택 하나가 대원들을 유혹하는 듯이 밝은 빛을 내고 있었다. 앞문 위로 큼직하게 '빌라 마라빌라'라고 쓰인 네온사인이 번쩍였다.

그들이 다가가 종을 울리자 자동으로 문이 열렸다. 대원들은 게스트하우스 안으로 들어가 거대한 테이블과 그에 뒤지지 않는 화려한 의자들이 중앙에 있는 큼직한 홀에 들어섰다. 그곳의 천정에는 어마어마하게 화려한 샹들리에가 빛나고 반대쪽 벽에는 벽난로가 따스한 빛을 내고 있었으며, 난간이 달린 목재 계단이 2층을 향하고 있었다.

바로 그 2층에서 구슬 장식과 주름 장식이 달린 화려한 드레스를 입은 중년의 여성이 위엄 있는 모습으로 천천히 대원들에게 다가왔다. 50센티미터 정도 길이의 곱슬머리는 그녀가 입은 드레스나 그 외의 어떤 것들보다도 화려했다.

"정말 화야옹하네요!" 야옹이가 터져 나오는 감탄을 참지 못하고 말했다.

"쉬!" 암소가 그녀에게 조용히 하라는 신호를 보냈다. "모든 것이 위엄 있고 인상적이야."

"이건 화야옹이 아니라 의식을 위해 거행되는 앙투라지♦죠!" 중년의 여성이 목소리를 높여 말했다. "저는 빌라 마라빌라♦♦의 주인인 카라밀라예요."

브룬힐다가 앞으로 나섰다.

"안녕하세요, 부인의 숙소에서 하룻밤 묵어갈 수 있을까요?"

"여러분은 성대한가요?"

"네?" 여왕이 질문을 이해하지 못하고 되물었다.

"굉장히요!" 아디야가 뭔가를 눈치채고 재빠르게 대답했다. "자, 여기는 우리의 고양이인 야옹이입니다."

그는 야옹이를 앞으로 밀며 옆으로 물러섰다. 야옹이는 앞발을 들어 올리고 꼬리를 부풀린 채 얼굴을 찌푸렸다.

여주인은 야옹이의 주변을 돌며 주의 깊게 그녀를 살폈다. 그녀는 야옹이를 보고는 만족한 것 같았다.

"네, 여러분은 성대하네요. 그러면 저, 친애하는 카라밀라가 우리 빌라 마라빌라에 오신 여러분을 놀라울 정도로 환영합니다!" 그녀는 모든 단어의 뜻을 부풀리기 위해 애쓰며 우렁찬 목소리로 말했다. "저를 따라오세요, 오세요!"

♦ Entourage: 주요 인물의 수행단, 주위 사람들, 측근 등을 의미하는 불어. 역주.
♦♦ Maravilla: 평범하지 않고 놀라운, 기적적인 일을 의미하는 스페인어. 역주.

친절한 카라밀라는 테이블을 향해 다가간 뒤, 행진하는 듯한 발걸음으로 그것의 주변을 돌았다. 원정대원들은 순순히 그녀를 따라했다.

"아주 웅장한 왈츠군요!" 친절한 카라밀라가 말했다. "그러면 테이블에 앉아주시기 바랍니다. 앉으세요!"

대원들은 하나둘씩 테이블에 앉았고 여주인은 팔꿈치를 굽힌 채 그 모습을 지켜보았다. 브룬힐다는 난로의 바로 옆인, 테이블의 가장 끝부분에 앉았다. 그리고 그녀의 양옆으로 나머지 대원들이 나란히 앉았다. 그러나 야수는 어디에 앉을지 혼란스러웠다. 여왕의 옆에 앉을 것인가, 야옹이의 옆에 앉을 것인가? 그는 그 어느 쪽에도 해당하지 않는, 암소와 잠수함의 사이에 앉았다.

"훌륭한 균형이군요!" 친절한 카라밀라가 만족한 듯이 말했다. "아주 화려해요! 그러면 슬픔은 잠시 옆으로 치워두고 계속하기를 부탁드립니다! 저는 여러분께 공기처럼 가볍고 간단한 저녁을 내올 것입니다!"

"이 감사함을 어떻게 해야 말로 표현할 수 있을지 모르겠군요, 친애하는 카라밀라 부인. 이렇게 저희를 환대해주셔서 말입니다!" 아디야가 말했다.

여주인은 머리가 헝클어지지 않을 정도로만 고개를 숙이고, 팔꿈치를 굽힌 채 어깨를 살랑살랑 흔들며 계단 위로 사라졌다. 또다시 의미를 알 수 없는 문장이 그녀의 입에서 흘러나왔다.

"공식적인 유행입니다!"

"음, 아디야!" 암소가 말했다 "드디어 너의 말재주에 딱 맞는 말동무를 찾은 것 같네."

"조용히 하여라, 우리 목소리를 들을 수 있다." 브룬힐다가 대원들에게 명령했다.

"어머, 정말 이상한 사람이네요!" 잠수함이 조용히 외쳤다.

"그래도 내 생각엔 우리가 카페에서 봤던 점원처럼 거칠고 직설적으로 말하는 것보다는 저 부인처럼 약간 거만한 듯하면서도 예의 바른 편이 나은 것 같아." 아디야가 쏘아붙였다.

"야옹 괜찮아요. 아직까지는 큰 문제가 없으니까요." 야옹이가 말했다.

"야수야, 내 옆에 앉아줄 수 있겠느냐?" 여왕이 나무라듯이 말했다. 물론 옛날이었다면 절대로 그녀가 이런 바람을 가지지는 않았겠지만 말이다.

"아니면 제 옆에 앉으세요, 주인님." 야옹이가 끼어들었다.

"죄송합니다, 나의 여왕님. 그리고 야옹이 너에게도." 야수가 변명했다. "저는 아직 저의 새로운 모습에 완전히 적응하지 못했습니다. 그래서 조금 불편한 듯하군요."

"저에게 이런 크나큰 영광을 나눠주시어 깊이 감사드릴 따름입니다." 아디야도 끼어들었다.

(그는 브룬힐다의 오른쪽에 앉아 있었다. 그리고 암소는 그녀의 왼쪽에 앉아 있었다.)

"상관없다." 브룬힐다가 말했다.

그러는 사이 친절한 카라밀라가 더 이상 손님들을 기다리게 할 수는 없다는 듯 금세 돌아왔다. 그녀는 납작하고 넓은 접시들을 가져와 의식을 거행하듯 그것들을 손님들의 앞에 하나씩 놓아주었고, 테이블은 접시들로 빈틈없이 꽉 찼다. 그런 다음, 가벼운 간식과 과자를 접시의 어마어마한 크기에 대조될 정도로 조금씩, 그러나 다양하게 날랐다. 테이블 위에는 놓인 음식만큼이나 다양한 커틀러리가 놓여 있었다. 그녀는 마지막으로 큼직한 주전자와, 그와 대조되는 자그마한 찻잔들을 내왔다.

"세기의 콘서트입니다!" 사랑스러운 카라밀라가 음식을 전부 내온 뒤 당당하게 외쳤다. "우리 빌라 마라빌라에서는 전부 놀랍고 감탄스러운 것들뿐이랍니다!"

"정말 그렇군요, 카라밀라 부인." 아디야가 똑같이 당당하게 말했다. "부인께서 차려주신 테이블은 머리가 아찔할 정도로 화려해서 눈이 멀어버릴 것 같습니다!"

"아주 화려하죠." 카라밀라가 너그럽게 말한 다음, 또다시 알 수 없는 말을 하며 손님들이 편하게 식사할 수 있도록 자리를 피해주려고 했다.

"찰나의 영향!"

"죄송하지만 무엇에 영향을 미친다는 건가요?" 여주인이 자리를 뜨기 전에 잠수함이 호기심을 견디지 못하고 물었다.

여주인은 몸을 돌려 놀랍다는 목소리로 대답했다.

"그야 당연히 무사태평에 대한 영향이죠!"

"그렇다면 누가 영향을 준다는 말이에요?" 도대체 무슨 말인지 조금이라도 더 이해할 수 있지 않을까 하는 희망에 잠수함이 다시 한번 물었다.

"영적인 것들이요!" 친절한 카라밀라는 손님들이 그런 기본적인 사실도 모른다는 점에 당혹스러워하며, 마치 모욕을 당했다는 듯이 불쾌한 말투로 외쳤다. "여러분이 이렇게 감동적일 정도로 철학적인 대화에 관심이 없다면 음식보다는 과제를 드리는 것이 낫겠군요."

"실례지만 어떤 과제를 말씀하시는 거죠?" 잠수함이 당황하며 물었다.

"자, 과제를 드리겠습니다. 꿈의 부피를 되돌려놓으세요."

"아니에요-아니에요. 대단히 감사합니다, 친애하는 카라밀라 부인." 암소가 끼어들었다. "우리는 부인께서 주시는 음식이 더 좋아요!"

"그렇군요!" 친절한 카라밀라가 외치고는 더 이상 덧붙이지 않고 몸을 돌려 손님들로부터 멀어졌다. 천만다행이었다.

뚜껑원정대는 서둘러 식사를 시작했고, 만족스럽게 배를 채웠다. 여주인의 특이한 행동에도 불구하고 그들은 그곳에서 편안하고 안락한 시간을 보낼 수 있었다. 게다가 카라밀라 부인은 아주 친절했으며, 손님들과 억지로 붙어있으려고 하지 않고 볼일이 있다며 자리를 비워주었다. 그 덕에 우리의 친구들은 마침내 편안하게 대화를 나눌 수 있었다.

"자, 이제 우리는 어떡하죠?" 잠수함이 물었다.

"무슨 뜻이야?" 야수가 물었다.

"문제의 의미는 이해가 되는데," 아디야가 대신 말을 꺼냈다. "이제 뚜껑 문제 말고도 또 다른 수수께끼가 생겼네요. 바로 영화 장면이죠."

"그리고 왜 그 영화 장면이 멈추는지도요." 암소가 덧붙였다.

"그리고 마네킹들이 가지고 있던, 머리를 땋아놓은 것 같이 생긴 빛나는 다발과 그것으로부터 땅으로 이어지던 파란 불빛은 무엇인지도요." 야옹이가 덧붙였다. "그런 것은 제 평생 본 적이 없어요."

"가장 중요한 것은 지금 이곳이 어디인지 밝혀내는 것이다." 브룬힐다가 말했다.

"또 다른 질문은 지금 이 세계가 환상인지 아니면 정말 진짜인지예요." 아디야가 덧붙였다.

"정말 우리가 다른 세계에 와 있는 거야?" 잠수함이 물었다. "사실은 우리의 세계가 맞지만 이곳에서 뭔가 나쁜 일이 일어나고 있는 일어나고 있는 것이라면? 뚜껑은 우리 세계에서 나타났잖아."

"하지만 우리 세계에서 현실이 멈춘 적은 한 번도 없었어." 암소가 말했다. "그리고 지나갈 수 없는 이상한 사물을 마주친 적도 없었고. 바다가 출렁이던 보이지 않는 벽 기억나?"

"야옹이도 이곳의 현실이 뭔가 이상하다고 했어." 야수가 말했다.

"야옹아, 너도 그 물건을 보았느냐?" 여왕이 물었다.

"어떤 물건에 대해 말씀하시는지 잘 모르겠습니다, 폐하." 야옹이가 대답했다.

"그 말은, 너는 그곳에 가본 적이 없다는 뜻이겠지. 이곳에서 지낸 지 오래되었느냐?"

"아니요, 오래되지 않았어요. 하지만 어떻게 이곳에 왔는지 기억이 나질 않아요."

"그렇다면 그 외에는 이곳에 대해 어떤 것을 알고 있느냐?"

"제가 이미 말씀드린 것 말고는 없어요. 이 세계는 마치 진짜가 아닌 것 같고, 사람들도 진짜가 아니라는 사실 말이에요. 한마디로 인형극 같아요. 어떤 고양이론에도 맞지 않아요."

"그리고 책에 쓰이는 내용에 따라 이곳의 인물들이 나타나거나 사라질 수 있다고도 하지 않았느냐?"

"네, 이곳에서는 무엇을 쓰든 그것과 정확히 일치하는 일이 일어나요. 하지만 오직 뚜껑 문제만 곧바로 해결되지 않았죠. 왜인지 모르겠지만 뚜껑에는 영향을 미치는 것이 완전히 불가능해 보였어요."

"다른 한편으로는 이곳에 사는 사람들이 이상하게 행동한다는 것 외에는 모든 것이 현실적으로 느껴집니다." 아디야가 말했다. "예를 들어, 음식도 아주 현실적이지 않습니까."

"꿈을 꾸고 있을 때도 마찬가지로 뭘 먹든지 현실처럼 느껴지니까." 암소가 말했다.

"뭐야, 그럼? 지금 이것이 우리의 꿈속이라는 말이니?" 잠수함이 물었다. "하지만 그 누구도 꿈을 꾸면서 동시에 그 속에 존재할 수는 없잖아?"

"그러면 이 꿈은 우리들 중 누군가 한 명의 꿈일지도 몰라." 야수가 제안했다.

"훨씬 낫네!" 잠수함이 외쳤다. "그러니까 네 말은, 네가 지금 꿈을 보고 있고 그 속의 나는 진짜가 아닌 데다가, 그저 잠들어 있을 뿐이라는 거니?"

"꿈속의 모든 인물은 진짜가 아니지. 꿈을 꾸고 있는 그 사람조차도." 암소가 말했다.

"아니, 그건 전부 말도 안 되는 소리다." 여왕이 말했다. "그래도 우리가 지금 어디에 있는지는 분명하게 해야 한다. 우리의 세계에 있는 것이 아니라는 사실은 분명하다."

"저의 세계도 아니에요!" 야옹이가 말했다. "제가 다시 한번 말씀 드리지만, 이 세계는 진짜가 아니에요! 그리고 그것은 야옹명한 사실이에요! 야옹하기 힘들겠지만 말이에요!"

"그리고 반드시 필요한 것이 하나 있어요!" 잠수함이 덧붙였다. "바로 자기 자신을 기억해내야 한다는 사실이에요!"

그 말을 들은 대원들은 골똘히 생각에 잠겼다.

"맞아, 우리의 여왕님께서 말씀하셨던 것처럼 마치 백지가 된 기분이야." 아디야가 침묵을 깨고 말했다.

"나는 야수가 말했던 것처럼 새로 태어난 느낌이야." 암소가 말했다. "게다가 나는 더 이상 오렌지 암소가 아니라 뜬금없이 붉은 머리의 통통한 여자가 되었지."

"그리고 나는 놀랍게도 더 이상 잠수함이 아니라 금발 머리의 여자가 되었어." 잠수함이 덧붙였다.

"그리고 털북숭이 야수는 더 이상 털이 북실북실한 야수가 아니라 흥미로운 외모를 가진 신비스러운 청년이 되었다." 여왕이 덧붙였다.

"과찬이십니다, 나의 여왕이시여." 야수가 고개를 숙였다.

"음, 그리고 저의 야옹에 대해서는 이미 말씀드렸던 적이 있죠." 야옹이가 덧붙였다.

"내가 이해하기로는, 우리가 그 물체를 만난 다음부터 우리 자신을 기억하지 못하게 된 것 같구나." 브룬힐다가 말했다. "여러 가지

추측이 있겠지만 내 생각은 그렇다."

"그런 것 같습니다." 아디야가 동의했다. "그래도 우리는 우리 자신을 희미하게라도 알고 있습니다. 완전히 잊은 것이 아니지요."

"맞아." 암소가 말했다. "예를 들어, 나는 아디야가 가장 똑똑하고 이성적이며, 브룬힐다 여왕님은 가장 용감하고 판단력이 뛰어나시다는 것을 알고 있지."

"암소는 가장 예의 바르고 잠수함은 가장 생각이 가벼워." 아디야가 말했다.

"생각이 가벼운 것이 아니라 쉽게 생각하는 거야!" 잠수함이 쏘아붙였다. "그저 너와는 다르게 쉬운 방법으로 생각을 하는 것뿐이라고, 잘난 철학자 양반!"

"알겠어, 그렇다고 치지." 아디야가 다시 동의했다. "나는 금발 머리와는 두 번 다시 입씨름을 하지 않겠어."

"우리의 야수는 가장 거칠지. 적어도 지금은 정반대의 모습이지만." 암소가 덧붙였다. "그리고 야옹이는… 아마도 가장 세련됐을 거야."

"가장 야옹련됐죠!" 야옹이가 기뻐하며 말했다.

"우리는 우리 자신을 알면서 동시에 모르고 있구나." 여왕이 말했다.

"간단히 말하면 우리가 지금 어디에 있으며 어떻게 하면 이곳을 빠져나갈 수 있는지 확실하게 해야겠군요." 아디야가 모든 내용을 정리했다. "그러면 우리 자신에 대한 기억이 되살아나겠죠."

"집으로 돌아가지 않아도 되는 걸까?" 잠수함이 물었다.

다시 모두가 침묵했다.

"우리가 집으로 돌아갈 수 있을까?" 모두가 생각만 하고 차마 말로는 꺼내지 못했던 질문을 암소가 말했다.

"어디로 가야 하는지 아시나요?" 야옹이가 물었다. "저는 몰라요."

"저는 심지어 그 물체로 어떻게 돌아갈 수 있는지도 기억이 나질 않습니다." 아디야가 말했다. "기억하시는 분이 계신가요?"

아무도 대답을 하지 않았다.

"나도 지금은 도움이 되어줄 수가 없어." 암소가 말했다. "이제 날개도 없는걸."

"무슨 뜻이지?" 브룬힐다가 물었다. "우리가 이곳에 무엇 때문에 왔느냐? 빈손으로 돌아가려고? 처음부터 있었던 일을 생각해보는 것이 좋을 것 같구나."

대원들은 여왕의 말에 동의하고, 그렇게 하기로 했다.

그때 친절한 카라밀라가 때마침 등장하겠노라고 선언했다.

"혹시 희망이나 바람이나 의지가 있을까요?" 그녀가 말했다.

"때마침 의지를 표명하고자 하고 있었습니다, 친애하는 카라밀라 부인." 이번에도 아디야가 모두를 대신해서 말했다. "첫 번째로, 이렇게 환대해주신 점에 대하여 감사드리고자 하며, 두 번째로 감히 요청하고자 하는 것이 있습니다. 저희가 매우 지쳐 있어서, 괜찮으시다면 휴식을 좀 취했으면 합니다."

"그렇다면 현금이 혹시 있으실까요?" 친절한 카라밀라가 물었다.

"얼마인가요?" 브룬힐다가 물었다.

사랑스러운 카라밀라는 넓은 치마에 달려 있는 고급스러운 주머니에서 작은 종잇조각을 꺼냈다. 그러고는 등을 돌렸다가 점잖게 종잇조각을 여왕에게 건넸다. 여왕은 종잇조각을 펴보고 말했다.

"좋아요." 그리고 그녀는 필요한 액수를 세어 여주인에게 건넸다.

"자, 그러면 저희 빌라 마라빌라에서 승자에게 어울릴 만한 커다란 침대를 여러분의 작은 휴식을 위해 선사할 것입니다! 저를 따라오시기 바랍니다! 따라오세요!" 친절한 카라밀라가 큰 소리로 외치고는 계단을 따라 원정대원들을 2층으로 안내했다.

실제로 그곳엔 승자에게나 어울릴 법한 큼지막한 침대들이 있었다. 거대한 철제 침대에는 화려한 매트리스와 시트가 말끔하게 정리되어 있었고, 그 위에는 크고 작은 베개들이 작은 피라미드를 이루고 있었다. 빌라 마라빌라에는 호실이 겨우 다섯 개뿐이었기 때문에, 그리고 암소와 잠수함이 "우리는 둘이 지내도 괜찮아요. 심지어 그쪽이 우리에게는 더 편해요"라고 말했기 때문에, 그 둘은 같은 호실에서 묵었다. 그리고 나머지 대원들에게는 각각 호실이 하나씩 배정되었다. 모두가 만족스럽게 하룻밤을 묵을 수 있었다. 그렇게 하루가 나쁘지 않게 마무리되었다.

◆ 야수의 꿈과 깨어남

야수는 잠들지 못하고 오랫동안 뒤척였다. 그는 단 하루에 일어났던 여러 가지 사건들과 그의 갑작스러운 변신으로 인해 머릿속이 아주 복잡했다. 결국 그는 뒤척이다 지쳐 복도로 나왔다. 그곳에는 남자 화장실과 여자 화장실이 각각 하나씩, 총 두 개의 화장실이 있었다. 마침 여자 화장실에서 암소가 나왔다.

"왜 그래, 잠이 안 오니?" 그녀가 말했다.

"응, 머릿속이 복잡해서 잠을 잘 수가 없어. 그리고 꿈 때문에도 편하게 잘 수도 없고." 야수가 대답했다.

"그래? 무슨 꿈이니?"

"똑같은 꿈이 계속 반복돼." 웬일인지 야수가 그녀에게 자신의 꿈에 대해 털어놓기 시작했다. "낯선 여자들이 꿈속에서 계속 나타나. 한 명일 때도 있고, 한꺼번에 여러 명이 나올 때도 있어. 나에게 다가와서는 멸시하는 눈으로 바라보기만 해."

"왜 낯설다는 거야, 그게 무슨 말이니?"

"그 여자들은 그들이 내 것이 아니라는 사실을 자꾸만 강조하려고 해."

"너에게 필요한 사람들이니?"

"물론 아니지!"

"그런데 그들이 계속 와서 바라보기만 한다는 거니?"

"그뿐만이 아니라 뭔가 말하려고 해."

"어떻게? 더 얘기해봐."

야수는 자신의 꿈 이야기를 시작했다.

낯선 여인이 야수에게 다가와 말한다.

"나는 네 여자가 아니야."

"그래?"

"그래."

"그러면 가."

그래서 그녀는 떠났다.

그녀는 왜 야수에게 다가와서 왜 그런 말을 했을까?

이번엔 다른 여인이 야수에게 다가와 허리에 손을 얹고 야수를
바라본다.

"뭘 그렇게 봐?" 야수가 그녀에게 묻는다.

"난 너에게 흥미 없어."

"왜 그런 말을 하지?"

"그냥."

"그러면 저리 가."

"다시 돌아와서 지켜볼 거야."

그리고 그녀는 떠났다.

이번엔 낯선 여인들이 한꺼번에 다가와 가슴 앞에 팔짱을 끼고
아무 말 없이 야수를 지켜본다.

"왜 왔어? 왜 아무 말도 안 해? 뭘 그렇게 봐?"

"우리는 네가 싫어."

"그게 다야?"

"그게 다야."

"그러면 가."

"다음번에 다시 돌아와서 똑같은 말을 해줄 거야."

그리고 그들은 떠났다.

암소는 야수의 꿈 이야기를 듣고 매우 놀랐지만 아주 주의 깊게 그의 이야기를 들었다.

"그런 꿈을 꾸는 이유가 뭐지? 왜 이 모든 일이 일어나는 걸까?" 그녀가 물었다.

"왜냐하면 내가 벌을 받고 있으니까." 야수가 대답했다.

"뭐 때문에?"

"그야 물론 내가 나쁘기 때문이지."

"말도 안 되는 소리! 너는 나쁘지 않아. 오히려 너는 착한 야수야."

"아니야, 나는 나빠. 아무도 나를 좋아하지 않고, 아무도 나를 사랑하지 않을 거야. 나는 그런 벌을 받고 있으니까."

"정말 엉뚱하고 터무니없는 콤플렉스를 가지고 있구나! 내가 강조하지만 모두가 너를 좋아하고 좋아해왔어. 예전의 모습이었을 때도. 하물며 지금의 모습으로는 더욱 그렇지. 지금 두 명이나 네게 관심이 있다는 것을 알기는 하니?"

"어떤 두 명?"

"왜 그래, 정말 모르는 것처럼! 여왕님과 야옹이잖아."

"그래도 믿기지가 않는걸."

"못 믿기는! 아무도 너에게 벌을 주지 않았어. 네가 너 자신에게 벌을 준 거야. 그건 그저 너의 선택이고, 네가 이제껏 그 선택을 버리지 못하고 살아온 거라고!"

"그런데 왜 나에게 화를 내는 거야?"

"네게 화를 내는 것이 아니야. 그런 생각을 했다는 사실에 대해 혼 좀 나야겠어! 나와 잠수함이 너를 혼내주겠어. 반드시! 지금은 가서 잠이나 자. 그리고 그 여자들을 영영 쫓아내기나 하라고!"

"하지만 어떻게 쫓아내지? 어차피 다시 되돌아올 텐데."

"그들이 다시 돌아오면 그냥 그들에게 대답해. '그래서 뭐?'라고."

"알겠어, 해볼게."

야수와 암소는 각자의 방으로 돌아갔다. 야수가 잠이 들었을 때 낯선 여인들이 다시 그에게 다가와 말했다.

"우리는 너에게 아무런 흥미가 없어. 우리는 네가 싫어. 그리고 우리는 너의 것이 아니야."

그래서 야수는 그들에게 말했다.

"그래서 뭐?"

"네가 무슨 수를 써도 우리는 네 것이 되지 않을 거야."

"그래서 뭐?"

"'그래서 뭐'라니? 노력하지 않을 거야?"

"안 할 거야."

"그러면 간다."

"그러면 가."

"영영 가버린다. 간다?"

"가, 저리 가라고."

그래서 그들은 떠나갔고, 야수는 마음이 한결 가벼워졌다.

◆◆◆

아침이 되자 모든 '뚜껑원정대' 대원들은 잠에서 깨어나, 깨끗이 씻은 뒤 거실의 테이블에 모였다.

"그래서 너의 여인들이 또 찾아왔니?" 암소가 귓속말로 물었다.

"응, 평소처럼 또 왔지." 야수가 대답했다.

"그래서? 말했어?"

"네가 말한 대로 했어. 그랬더니 놀라며 가버리더군."

"거봐! 이제 더 이상 돌아오지 않을 거야."

"그러길 바라야지."

잠시 뒤 친절한 카라밀라가 평소처럼 말끔하고 당당한 모습으로 거실에 등장해 위엄 있게 외쳤다.

"저희 빌라 마라빌라에 오신 귀빈 여러분을 웅장하고 특별하게 환영합니다!"

"저희도 고개 숙여 친애하는 카라밀라 부인께 진정한 아침 인사를 드립니다!" 아디야가 그녀에게 대답했다.

"좋은 아침입니다!" 모두가 말했다.

"아침은 좋거나 나쁠 수 없어요. 그것은 그냥 존재할 뿐이죠. 항상 그래왔어요." 친절한 카라밀라가 말했다. "잠자리는 어땠나요, 친애하는 손님 여러분?"

"네, 덕분에 잘 잤어요, 감사합니다." 모두가 대답했다.

"잠은 잘 잘 수도 없고, 그로 인해서 감사할 일도 아니죠. 그저 잠이 드는지 들지 않지만 있을 뿐이에요." 친절한 카라밀라는 냉정할 정도로 단호했다. "이제 우리 빌라 마라빌라에서는 여러분이 그토록 기다리던 아침식사를 대접해드리려고 합니다!" 그녀는 몸을 돌려 두 팔을 들어 올리고 팔꿈치를 굽힌 우스꽝스러운 모습과 함께 멀어졌다.

"우리의 피글라-마라비글라!"

"우리의 피글리나-마라비글리나!" 카라밀라가 문 뒤로 모습을 감추자 암소와 잠수함이 목소리를 낮추어 그녀를 따라 했다.

"네, 우리의 피글랴-마라비글랴!"

"우리의 피글리나-마라비글리나!"

"그렇게 비웃어야겠니?" 아디야가 그들을 비난했다. "그러면 안 되지."

"친애하는 아디야 님, 우리는 빌라 마라빌라를 비웃는 것이 아니라 농담을 하려는 것뿐입니다." 암소가 아디야의 말투를 흉내 내며 말했다.

"아, 하세요, 하세요."

"이곳은 아주 근사하군요!" 잠수함이 말했다.

"맞아요!" 암소가 말했다.

"이곳은 야옹해요!" 야옹이도 함께했다.

"우리 문제에 대해 의논을 좀 해볼 시간이다." 브룬힐다가 모두에게 말했다.

"어떤 계획을 가지고 계십니까, 폐하?" 아디야가 정중하게 물었다.

"우선은 카라밀라 부인에게 이곳에 대해 무엇을 알고 있는지 물어봐야 할 것 같구나."

"의미가 있을까요? 이 도시의 사람들처럼 부인도 제정신이 아닌 것 같습니다."

"그나저나 이 도시의 이름이 뭘까?" 잠수함이 물었다. "야옹아, 이곳에 살고 있는 거 맞지?"

"폼포니우스예요." 야옹이가 말했다.

"오호호, 이름도 그 특징만큼이나 사치스럽군." 아디야가 말했다.

"어떤 특징을 말하는 거니?" 암소가 물었다.

"모두들 자기 자신에 대해 뭔가가 있다고 생각하고 있지만 사실은 전부 의식이 없다는 사실 말이야."

"야옹확해요!" 야옹이가 동의했다. "여러분도 보시다시피 그들에게는 자기 자신만의 자아가 없어요. 그래서 그들은 이성도 없지요. 여러분은 어떤 도시에서 왔나요?"

질문이 끝나자 어색한 침묵이 이어졌다.

"야옹아, 또 시작이구나!" 암소가 말했다. "우리가 말했잖니. 우리가 이곳에 온 뒤로 기억력이 이상해졌다고 말이야."

"아, 기억났어!" 야수가 외쳤다.

"뭐가? 뭐가 기억났니?" 모두가 기대감에 부풀어 물었다.

"우리는 어떤 도시에서 온 것이 아니야. '젤란디아'˚라는 나라에서 왔어."

"어머, 그래! 어머, 정확해!" 잠수함이 놀라워했다.

"어떻게 내가 그걸 기억 못할 수 있지?" 암소도 놀라워하며 말했다. "맞아, 우리는 여왕님이 다스리던 젤란디아라는 왕국에서 왔어."

"그래, 이제 기억이 나는구나." 브룬힐다가 말했다.

"저는 그런 왕국에 대해 들어본 적이 없어요." 야옹이가 말했다.

"어떻게 그럴 수 있지? 우리가 그곳에서 왔는데 말이야! 우리는 누군가 만들어낸 인물이 아니라고!" 암소가 다시 놀라며 말했다. "아주 이상하네! 하긴, 놀라울 것도 없지. 우리에게 일어난 모든 일은 놀랍고 이상하다는 말로는 부족할 정도였으니까."

"이곳의 인물들을 가만히 보면 '우리가 꿈속에 있는 것이 아닐까?' 하는 의심이 들어." 야수가 말했다. "그렇기 때문에 우리가 기억의 일부를 잃어버린 거지. 그래서 우리 자신을 알고 있으면서도 동시에 모르는 거야."

"하지만 지금 우리는 잠들어 있지 않잖아!" 잠수함이 의문을 가졌다. "우리가 잠들어 있지 않다는 사실을 나는 정확하게 알고 있는걸!"

"이젠 아무것도 모르겠구나." 여왕이 말했다. "어쨌든 카라밀라 부인에게 물어볼 필요는 있다고 생각한다."

그때 친절한 카라밀라가 쟁반에 음식을 가지고 다가왔다.

"자, 이제 여러분을 아침식사 할 것입니다!" 그녀가 선언했다.

"우리를요?" 손님들이 일제히 놀랐다.

"네, 여러분이 제 아침식사의 대상이니까요."

"하지만 카라밀라 부인!" 격하게 반대한 것은 아디야였다. "그보

♦ 이 지명은 존재가 확실하게 증명되지 않은 대륙의 이름을 포함하여 여러 가지 지리적 의미를 담고 있다.

다도 우리는 완전한 의식을 가진 주체들인걸요!"

"하지만 나와 관련된 일이 된다면, 다시 말해 나의 아침식사와 관련된 일이 된다면, 여러분은 객체입니다." 여주인이 식탁 위에 접시를 늘어놓으며 계속 주장했다.

"친애하는 카라밀라 부인, 부인과 입씨름할 수는 없지요." 아디야가 동의했다. "마침 객체 얘기가 나왔으니 말인데, 하나 여쭤보고자 하는 것이 있습니다. 하늘을 덮었던 뚜껑에 대해서 뭔가 아시는 것이 있나요?"

카라밀라가 갑자기 긴장했다.

"정확히 어떤 것이 알고 싶으신 거죠?"

"뚜껑 때문에 저희가 고민이 이만저만이 아닙니다. 그래서 그것이 어디에서 왔는지, 어떻게 하면 없앨 수 있을지 알아내려는 목표를 가지고 있습니다."

"그게 정말인가요, 나의 손님들?" 카라밀라가 시치미 떼는 것을 금세 멈추더니 잠에서 깨어난 듯이 활기를 되찾았다. "아, 여러분 같은 사람들을 제가 얼마나 오래 기다렸는지 몰라요!"

"왜죠, 친애하는 카라밀라 부인?"

"그냥 카라밀라라고 불러도 좋아요!" 여주인이 호칭을 바로잡은 뒤 아까보다도 더욱 정성스럽게 손님을 대접하기 시작했다. "얼른 드세요, 드세요, 여러분! 주전자만 가져온 다음 전부 말씀드릴게요!"

◆ 비과학적인 자연

카라밀라는 차를 가져와 손님들과 함께 테이블에 앉았다.

"자, 여러분, 뚜껑이 어디에서 왔는지 알고 싶다고 하셨죠?"

"네, 네! 알고 싶어요!" 모두가 대답했다.

"그러면 드시면서 들으세요."

과장된 말투와 행동은 더 이상 카라밀라에게서 눈을 씻고도 찾아볼 수 없었다. 그녀는 평범한 사람처럼 손님들을 대했고 의식을 가진 사람처럼 보였으며, 그녀에게서 살아 숨 쉬는 듯한 지성이 느껴지기도 했다.

"뚜껑은 우리 과학자들이 태양으로부터 이 세계를 덮기 위해 열심히 연구한 결과 생긴 거예요. 그들의 '과학적으로 엄격하게 검증한 바'에 따르면 태양은 자연과 환경과 건강을 파괴할 정도로 해롭다고 해요."

"도대체 그런 결과는 어디에서 갑자기 나온 거죠? 언제부터 태양이 피해를 주기 시작했다고 해요?" 원정대원들로부터 질문이 쏟아져 나왔다. "왜 그런 결과를 낸 거죠?"

"그냥 그렇게 결정해버렸어요. 최근에 사람들의 건강이 눈에 띄게 나빠졌고 환경도 더러워졌고 날씨는 오락가락해졌죠. 그래서 과학자들은 이 모든 것이 태양 때문이라고 말했어요. 태양에서 복사열이 더 많아졌기 때문이라고 주장한 거예요."

"저런, 저런! 그렇다면 환경 오염도 태양 때문에 생긴 거라고 주장하나요?"

"그들의 말에 따르면 그래요." 카라밀라가 계속했다. "만약 태양이 해로운 복사열을 내뿜는다면 우리도 태양을 향해 똑같이 해로운 에너지를 보내야 한다고 그들은 주장했어요. 그들이 내세운 논리에 따르면 어떤 행동은 반드시 반작용을 낳게 되고 반작용은 그 행동을 억압하게 될 거라나요."

"그래서 그들은 어떻게 했죠?"

"과학자들은 아카데미에서 '전자 텔레그래프'라고 불리는 기계를 개발했어요. 그것은 하늘에 떠 있는 태양을 향해 강력한 전자파를 쏘는 기계였죠."

"태양에 영향을 가할 수 있는 에너지를 만들어내는 것은 불가능하다고 생각합니다만." 영리한 아디야가 말했다. "그만큼의 에너지를 만들어낼 수는 없을 테니까요."

"태양에는 영향을 미치지 못했지만 대신에 부작용만 만들었죠. 대기에 뚜껑처럼 생긴 물체가 생긴 거예요."

원정대원들은 분노가 섞인 탄식을 쏟아냈다.

"누가 그들에게 그렇게 할 권리를 줬답니까?"

"우리 세계에서 과학의 권위는 확고하고 부동적이라고 여겨져요." 카라밀라가 말했다.

"음, '전기'까지는 이해하겠어요. 하지만 왜 '텔레그래프'가 필요하죠?" 아디야가 물었다.

"과학자들은 명령을 보내야만 태양에 영향을 줄 수 있다고 생각했기 때문이에요."

"어떻게요?"

"그거야 뭐 간단해요. 바로 모스 부호죠."

아디야의 눈이 휘둥그레졌다.

"바보들인가요?"

"제가 판단할 일은 아니었어요." 카라밀라가 대답하고는 자초지종을 설명하기 시작했다.

◆◆◆

어느 날 과학자들은 학술회의를 위해 테이블 앞에 모였다. 그들 중 하나가 발언권을 얻어서, 연단으로 나와 짧지만 묵직한 연설을 했다.

"자, 우리에게 뭔가 이상한 일이 생겼습니다." 그가 말했다.

테이블에 앉아 있던 그의 동료들은 그의 말에 동의하는 듯한 박수로 화답했다. 박수 소리가 멎자 발표자는 고개를 숙여 인사했고 연단에서 내려와 자리로 돌아갔다. 그리고 의장이 다시 마이크를 잡았다.

"자. 논문의 과학적 패러다임은 확실하지만, 과학에 따르면 연구 대상을 확실하게 해야 합니다. 여러분이 과학적으로 엄격하게 확인한 결과는 무엇입니까?"

"패션은 아닙니다."

"패턴도 아닙니다."

"바톤도 아닙니다." 과학자들이 말했다.

"과학적으로 말씀해주시기 바랍니다." 의장이 그들을 지적했다. "여러분이 학술회의에 자리하고 있다는 사실을 잊지 마시길 바랍니다."

"어떤 점에서는 악화되었습니다." 발언이 계속되었다.

"전보다 현저히 악화되었습니다."

"과거 일련의 상황에서는 지금보다 나았습니다."

"일정 부분에서도 지금보다는 괜찮았습니다."

"지금은 넓이가 불충분합니다."

"깊이도요."

"그렇다면 과학적 결론을 종합해보지요. 전체적으로 봤을 때 비과학적으로 변했습니다. 맞습니까?"

"네, 맞습니다! 뭔가 비과학적으로 변했습니다!"

"다음. 우리의 시각이라는 프리즘을 통해 결론을 도출하며 현 상황의 원인을 깊이 분석해보도록 하겠습니다." 의장이 계속했다.

"원인은 확실하진 않지만 분명합니다." 과학자들 중 하나가 권위 있는 목소리로 말했다. "전부 다 태양 때문입니다."

"네, 그 사실을 인정하는 것조차 입 아프지만 전부 태양 때문이라는 사실은 맞습니다." 만만치 않게 권위 있는 목소리로 다른 과학자가 말했다.

"그렇다면 그것을 뒷받침할 수 있는 과학적 근거에는 어떤 것이 있으며, 그것이 잘 지켜지고 있습니까?"

"그것은 엄격하게 과학적인 가설입니다."

"아니에요. 그건 과학의 모순입니다."

"아니에요. 그건 과학 이론이에요. 우리는 합당한 근거에 기초하여 전부 태양의 탓이라고 가정하고 있습니다."

"그렇군요. 마지막 제안이 훨씬 더 과학적으로 들리는군요. 하지만 과학적인 순서에 따라 작디작은 설명이라도 제시하셔야 할 것 같습니다. 적어도 상상력을 동원해서라도요."

"태양은 만물의 머리 위에 위치하고 있습니다. 그 말은 모든 것에 대해 잘못이 있다는 말이지요." 한 명이 제안했다.

"옳소! 옳소! 진실로 과학적인 진실입니다!" 나머지 과학자들이 맞장구쳤다.

"훌륭한 과학적 결론이군요!" 의장이 결론을 내렸다. "정말 천재적이라고 말하지 않을 수가 없습니다. 이 결론에 '과학적 발견' 지위를 붙이는 데 찬성하시는 분 계신가요?"

과학자들이 당황하기 시작했다.

"확실히 위대한 발견이라는 데에는 의심할 나위가 없습니다." 과학자들 중 한 명이 용기 내어 말했다. "하지만 무엇에 의해 그것이 확실해진 거죠? 우리 모두에 의해서가 아닙니까! 전부에 의해서요! 어떤 한 개인에 의해서가 아니라 한 집단에 해당하는 우리 기관이 이런 발견을 탄생시킨 것입니다."

"아주 타당한 결론이네요. 이곳에 계신 모든 과학자 여러분이 과학 연구에 참여했기 때문에 모든 분들이 또 다른 박사 학위를 받게 될 것입니다. 맞습니까?"

"네! 옳습니다!" 나머지 과학자들이 열정적으로 동의했다.

"그러면 이제 태양에 과학적인 영향을 미쳐야 합니다." 의장이 이어갔다. "그것이 우리의 의무입니다. 과학적 제안을 가지신 분?"

"과학 실험을 진행해야 합니다."

"과학을 증명할 수 있도록 해야 합니다."

"그걸 어떻게 하죠? 어떻게요?"

"과학적으로요."

"그러면 과학적으로 하려면 정확히 어떻게 해야 하나요?"

"그건 중요치 않아요. 우리가 뭘 하든 전부 과학적이니까요. 과학이 곧 우리 자신입니다."

"존경하는 동료 여러분, 진실로 과학적인 우리의 토론이 아주 내실 있고 건설적인 방향으로 흘러가고 있습니다. 하지만 밀도 있는 과학적 탐구의 결과로 혁신적인 영향을 미칠 수 있는, 우리의 노력에 걸맞은 결과물이 탄생해야 합니다. 우리가 소위 말하는 '발광체'의 붕괴를 위한 발명품에 확실한 영향을 미치도록 말입니다."

"존경하는 의장님, 존경하는 동료 여러분," 과학자들 중 한 명이 모두에게 말했다. "제 천재적인 지성은 저에게, 우리 과학자들이 비과학적인 자연에 영향을 미치기 위해 과학적으로 개발해낸 발명품이자 강력하고 전 지구적인 수단인 텔레그래프가 바로 그 결과물이 될 수 있을 것이라고 말하고 있습니다."

"네, 전적으로 동의합니다!" 동료 과학자들이 크게 외쳤다. "옳은 말씀입니다. 아니, 그것이 정답입니다!"

그렇게 그들은 아주 중요한 '과학 실험'을 준비하게 되었다. 물론 실험을 위해서는 준비할 것이 많았기 때문에 시간이 조금 걸렸다.

아직 자연이 과학보다 더 높은 위치에 있는 것이 아닐 때 결단력 있고 확실하게 행동해야 했다. 물론 그런 일은 절대로 일어날 수 없는 일이긴 하지만 말이다.

과학 실험은 언제나 그랬듯이 과학 실험실에서 진행되었다. 실험실은 드넓은 홀로 곳곳에 다양한 보조 기구가 있었는데, 정중앙에는 관과 케이블과 신기한 부속품이 이리저리 연결된 거대한 기계가 자리 잡고 있었다.

기계의 조종석에는 빛나는 작업복을 입고 안테나가 달린 헬멧을 쓴 오퍼레이터가 앉아 있었는데 그의 주위에는 셀 수 없을 정도로 많은 버튼과 조명들이 있었다. 조금 높은 곳의 밀폐된 유리 벙커 안에서 의장이 지시를 내리고 있었다. 그 외에도 수많은 동료 과학자들이 모여 의장과 함께 잔뜩 심각한 표정을 짓고 실험 과정을 주시하고 있었다.

"준비!" 의장이 마이크에 대고 외쳤다. "과학 실험 시작!"

"텔레그래프 준비 완료!" 오퍼레이터가 대답했다.

"주목! 텔레그래프… 전송… 포맨드!"

"포맨드 체제를 시작합니다!"

"체제 유지! 둑 전체를 개방해!"

"네! 둑 전체 개방!"

"전송! 태양, 태양! 여기는 지구다! 참을 수 없다! 열 전송을 제한하라! 열 전송을 제한하라!"

"포맨드 전송!"

"방향은 태양의 중심축이 있는 곳으로 한다!"

"축을 향해 방향을 돌린다! 포맨드 전송!"

그다음 귀가 먹어버릴 정도의 '빠지직!' 하는 굉음이 어디에선가 들리고 주변의 모든 것이 흔들렸다. 진동은 갑자기 잦아들더니 마침내 멈췄다. 과학자 팀도 놀라움과 당황스러움에 입을 다물지 못하고 그 자리에 얼어붙었다.

"모니터 표시화면 표시!" 의장이 명령을 내렸다.

거대한 화면 속에서 하늘이 눈부신 빛을 내고 있었다. 아니, 더 정확히 말하자면 그것은 예전에는 하늘이었지만 이미 변해버린 다른 뭔가였다. 태양을 가리는 무겁고 짙은 색의 뚜껑이 이제 하늘 위로 드리워져 있었던 것이다.

이제 막 일어난 일에 도무지 어떤 반응을 보여야 할지 몰라서 과학자들 중 그 누구도 섣불리 말을 꺼내지 못했다. 그러다 마침내 과학자 한 명이 말을 꺼냈다.

"자, 우리가 태양을 축소했을 뿐 아니라… 저렇게 되었습니다."

"맞아요, 그 말이 맞습니다!" 나머지 과학자들이 외쳤다.

"그리고 그것이 옳습니다!"

"과학이 입증되었다!"

"하지만 가장 중요한 것은 바로 우리가 인류를 구원했다는 사실이죠!" 의장이 결론을 냈다. "자연에 대한 과학의 압도적인 승리에 대해 모두 축하드립니다!"

"과학-실험-기록!" 모두가 입을 모아 한 자 한 자 또박또박 외쳤다. "과학-실험-기록!"

◆◆◆

"이렇게 된 거랍니다. 손님 여러분." 카라밀라가 이야기를 마쳤다.

"카라밀라, 이렇게 자세한 내막을 어떻게 알게 되셨어요?" 여왕이 물었다.

"제가 직접 그 아카데미에 있었으니까요. 저는 이런 추한 행동을 반대한 유일한 과학자였고 그 죄로 결국 아카데미에서 추방당했죠."

"그런 일이 있었군요!"

"그러면 그들은 계속해서 '텔레그래프'로 대기를 괴롭히고 있는 것인가요?"

"네, 아무도 모르게요."

"그러면 사회나 정부나 평론가들의 반대는 없나요?"

"정부는 그런 외부 요인의 영향에 이목을 집중시켜 자기들이 사회를 쥐락펴락하는 문제에만 관심이 있지요. 사회는 그런 정부에 눈이 멀어 아무것도 제대로 보지 못하고요. 평론가들은 그저 의식을 가진 개인에 불과해요."

"그렇다면 부인께서는 이곳의 사회가 잠들어 있다고 생각하시나요?" 질문이 계속 이어졌다.

"짙은 어둠 속에서 영영 깨어날 수 없는 상태가 되었죠." 카라밀라가 대답했다.

"우리도 마치 꿈속에 있는 듯한 기분을 받았어요."

"네? 여러분도요?" 카라밀라에게서 갑자기 활기가 느껴졌다. "그저 비유적으로 인류가 잠들어 있는 것만이라고는 할 수 없는 것 같

464

아요. 인류는 항상 잠들어 있었고 앞으로도 절대로 깨어나지 못할 거예요. 하지만 문제는 다른 곳에 있죠. 꿈과 생시 사이에 차이가 있는지 말이에요."

"카라밀라! 무슨 말을 하시는 거예요?" 잠수함이 외쳤다. "부인이 무슨 말을 하는지조차 모르겠어요. 난 뭔가 이해할 수 없는 말을 들으면 온몸이 간지러워요!"

"조용히 해, 가만히 있어." 암소가 그녀를 제지했다. "네가 이해를 못하는 게 한두 번 일어나는 일이니?"

"네, 친애하는 카라밀라. 저희는 최근에 뭔가에 대한 기억을 갑자기 잃어버렸습니다." 아디야가 말했다.

"정말로 그랬습니다. 그런데 꿈과 생시 사이의 차이점이라니 무슨 말씀인가요?" 야수가 물었다.

"그 둘 사이에는 실질적인 차이는 없다는 거예요. 아카데미에서 일하면서 저는 오랫동안 이 문제에 대해 연구했지만 명쾌한 해답을 찾을 수가 없었죠. 그건 높은 차원에서 이상한 문제예요. 하지만 아무도 그 문제에 의미를 두지 않아요."

"저는 의미를 둬요!" 잠수함이 외쳤다. "하지만 이해가 안 돼요…. 그 문제에 대해 고민하기 시작하기만 하면 머리가 아파져요! 그 질문을 떠올릴 때마다요! 우리가 지금 잠들어 있는 걸까, 아닐까? 하지만 우리는 잠들어 있는 것이 아닌데?"

"우리는 잠들어 있지 않아." 아디야가 그녀를 달랬다.

"하지만 왜 이런 믿을 수 없는 일들이 일어나는 걸까요? 마치 꿈처럼요!"

"저도 여러분과 같은 느낌이에요. 꿈에서 정신을 차렸더니 주변에는 온통 이상한 등장인물들뿐이고 현실에서는 뭔가 이상한 일들이 일어나고 있죠." 카라밀라가 동의했다.

"아하! 부인도 그들을 등장인물들이라고 부르시는군요!" 야옹이가 기뻐하며 말했다. "그들의 행동 중 어떤 점이 이상하다고 생각하시나요?"

"그건 설명하기가 좀 어려워요." 카라밀라가 생각에 잠겼다. "사람들이 마치 현실을 스스로 판단하지도 못하고 뭔가에 조종당하는 것처럼 느껴질 때가 많아요. 그리고 그들이 누군가의 인물인 것을 어렴풋이 의심은 하고 있는데 그것을 인정하기는 싫어하는 것 같아요."

"브라보!" 야옹이가 외쳤다. "가장 핵심을 말씀하셨어요! 그리고 그들에게 직접적으로 물어보면 꼭 그 질문에 대답을 피하곤 하죠."

"어떤 질문을 말씀하시는 거죠?"

"야옹아!" 여왕이 금지한다는 듯한 제스처를 보였고 야옹이는 앞발로 입을 막았다.

"아니, 정말로요. 어떤 질문을 말씀하시는 건가요?"

"카라밀라는 그 질문을 할 수 있을 것 같다는 생각이 드네요." 야수가 말했다. 여왕은 카라밀라를 바라보더니 야옹이에게 고개를 끄덕여 신호를 보냈다.

"부인은 자기 자신을 알고 있나요?" 야옹이가 물었다.

"물론이죠. 저는 저인걸요." 카라밀라가 차분하게 대답했다.

"만세, 만세, 만세!" 잠수함이 외쳤다.

모든 대원이 환호성을 질렀다.

"뭐가 그렇게 기쁜 거죠?" 카라밀라가 물었다.

"최근에 의식과 자각을 가진, 그러니까 '사람'을 본 것은 처음이에요. 바로 부인이죠." 아디야가 모두를 대신하여 대답했다.

"그래요? 저는 제가 드디어 의식을 가진 사람들을 만났다는 기분이 들어요…. 어머, 인물이라고 말할 뻔했네요. 하지만 저도 인물이 뭔지에 대해서는 완전히 확실하지는 않아요. 여러분은 어떤가요?"

모두 서로를 바라봤지만 아무 말도 하지 않았다.

"여러 가지 일들을 겪어온 이후로 우리도 아무것도 확신하지 못하겠어요." 암소가 정적을 깨고 말했다.

"어떤 일을 겪었죠, 손님 여러분?"

그렇게 대원들은 카라밀라 부인에게 이 이상한 현실 속에서의 여정에 대해 설명하기 시작했다. 거울 같은 물체, 환상적인 변신과 미쳐버린 인물들, 멈춰버린 영화 장면들과 많은 머리가 달려 있던 멈춰버린 마네킹들에 대해서 말이다. 카라밀라는 호기심이 넘치는 표정으로 그들의 이야기를 들었다.

◆ 현실의 층

　원정대원들이 이야기를 모두 마쳤을 때, 카라밀라는 팔꿈치를 테이블 위에 올리고 두 손으로 턱을 고인 채 잠시 생각에 잠겨 있었다.

　"여러분, 모든 것이 아주 충분히 일어날 수 있을 것 같으면서도 믿을 수 없는 일이네요." 마침내 그녀가 입을 열었다. "다만 이 이야기는 다른 누구에게도 하지 마세요. 저 이외의 다른 사람은 아무도 믿지 않을 거예요."

　"오, 친애하는 카라밀라, 믿어주기를 바라지도 않아요." 아디야가 말했다. "그런데 왜 우리를 믿는 거죠? 그리고 왜 우리의 이야기가 충분히 일어날 수 있을 것 같다고 생각하시나요?"

　"어떤 현실에서는 상상조차 할 수 없는 것으로 받아들여지는 일들이 다른 현실에서는 충분히 가능한 일이 될 수 있답니다."

　"다른 현실이라니 그게 무슨 말이에요?" 호기심 많은 잠수함이 물었다.

　"예를 들어 꿈처럼요."

　"뭐, 꿈은 알겠어요. 꿈은 진짜가 아니니까요!"

　"그러면 여러분이 지금 존재하고 있는 현실은 진짜라고 확신하고 있나요?"

　"물론이죠! 이 테이블은 단단하잖아요. 우리도 모두 살아 있고 깨어 있기 때문에 서로를 만질 수 있죠."

"꿈에서도 마찬가지로 모든 것이 실물처럼 느껴지고 전부 만질 수 있다고 여겨지는걸요. 그러면 진짜 현실과 가짜 현실은 뭐가 다른 거죠?"

"그거야 물론!" 잠수함이 멈추지 않았다. "우리는 진짜 현실에서 살고 있고, 꿈은 잠들었을 때 보는 것이죠!"

"여러분은 똑같이 꿈에서도 잠들 수 있어요. 그리고 꿈속에서도 꿈을 꿀 수 있고요." 카라밀라가 대답했다. "그러면 첫 번째 꿈이 진짜 꿈이고 두 번째 꿈은 진짜가 아닌, 삽입된 꿈인가요?"

"음, 잘 모르겠어요…."

"저는 이 현실이 진짜인지 확신할 수가 없어요." 야옹이가 말했다 "이곳의 사람들은 너무 인형처럼 보여요. 물론 카라밀라, 당신만 빼고 말이에요. 심지어 제가 책을 쓰며 만들어낸 인물들도 이곳에서 만났어요. 놀랍지만 그것이 사실인걸요!"

"이곳의 현실이 영화 필름처럼 멈출 수 있다면 그것을 진짜라고 여기기는 힘들지요." 브룬힐다가 말했다.

"하지만 현실에서 어떤 것이 진짜인지 알아낸다는 것은 원래 불가능한 일이 아닌가요?" 카라밀라가 말했다.

"어머, 또 무슨 말을 하는 거예요, 카라밀라?" 잠수함이 불안해했다.

"저는 그저 진짜 현실이라는 것이 뭔지 모르겠어요. 알 수가 없어요. 여러분은 아시나요?"

"카라밀라 부인의 질문에 대해 도저히 뭐라고 대답해야 할지 모르겠네요!" 암소가 말했다.

"그리고 저는 뭐라고 용기를 내야 할지 모르겠어요!" 잠수함이 덧붙였다.

"누군가 잠에 빠지면 그 사람은 다른 현실로 이동해요. 그러다 잠에서 깨면 이 현실로 돌아오죠. 그렇다면 그는 어떻게 이 현실로 오게 되었을까요? 그가 처음 태어났을 때 말이에요. 그리고 어디에서 온 것일까요? 예를 들어 그가 죽으면 돌아갈 그 현실에서 온 것일지도 몰라요. 그렇다면 그 현실에는 어디에서 간 걸까요? 그러면 이 현실들 중 어떤 것이 진짜일까요? 꿈과 생시, 저쪽에 있는 세계, 또는 그 세계의 뒤에 있는 세계 중에서 말이에요. 그렇게 무한하게 계속되지 않을까요?"

카라밀라가 말을 끝내자 모두 말없이 생각에 잠겼다.

"분명한 것은 모든 현실을 진짜라고 여겨야 한다는 것입니다." 아디야가 먼저 침묵을 깼다. "아니면 전부 가짜라고 여기거나요. 관점의 차이죠."

"아니면 현실은 여러 개가 아니라 양파처럼 여러 개의 개별적인 층으로 이루어진 단일한 것이라고 여길 수도 있어요. 여러분은 잠에 들고, 깨어나고, 죽거나 태어나며, 꿈을 꾸는 형태로 층 사이를 이동하는 거죠." 카라밀라가 말했다.

"그러면 그 안에 들어 있는 것들의 가장 최초는 무엇이고 어디에 있죠?" 야수가 물었다. "저는 제 전생을 전부 기억하고 있어요. 하지만 그것이 어떻게 시작되었는지는 단 한 번도 본 적이 없었어요."

"저도 마찬가지예요." 야옹이가 말했다. "저의 변신은 마치 꿈에서 생시로, 또는 그 반대로 이동하는 것 같았어요. 제 야옹신은 그랬죠."

"저도 그랬어요." 암소가 말했다. "아주 갑작스러운 변신이었죠."

"저도요!" 잠수함도 공감했다.

"최초는 창조자의 손안에 있어요." 카라밀라가 말했다. "현실이 가진 모든 비밀과 함께 그의 손안에 들어 있죠. 현실은 정말 이상한 물건이에요. 모두가 현실의 무대를 보는 데 익숙해져 있지만 백스테이지를 들여다봐야 한다는 것을 생각하는 사람은 드물죠."

"저희에게 중요한 문제는 '우리가 어떤 현실에 있느냐'입니다. 우리의 현실인지, 아니면 다른 누군가의 현실에 있는지 말이죠." 아디야가 말했다.

"하지만 뚜껑은 우리의 현실에서 나타났잖아." 암소가 말했다.

"그러면 뚜껑이 지금 이 현실에서 우리의 현실로 스며들었을 수도 있지 않을까?" 야수가 제안했다.

"의문스러운 의문이 또 하나 있어요!" 잠수함이 덧붙였다. "어떻게 집으로 돌아가죠?"

"카라밀라, 좀 전에 말씀드렸던 그 거울 같은 물체를 본 적이 있나요?" 아디야가 물었다. "그것에 대해서 뭔가 좀 아시는 것이 있나요?"

"네, 본 적 있어요." 카라밀라가 대답했다. "그것은 두 세계의 경계이거나 현실의 두 가지 측면을 나누는 경계인 것 같네요. 그 이상은 저도 말씀드릴 수 있는 것이 없어요. 우리의 과학으로도 아직은 그 현상을 설명하지는 못하니까요."

"아, 여러분의 과학이란!" 야옹이가 외쳤다. "여러모로 야옹 모독이에요!"

"야옹이는 신성 모독을 말씀드리고자 했던 거예요." 암소가 설명했다.

"맞아요, 여러모로 추하기도 하고요!"

"카라밀라, 그 물체가 있는 곳으로 가려면 어느 쪽으로 가야 하나요?" 잠수함이 물었다. "무슨 일이 일어났는지, 우리는 우리가 어떻게 이곳에 왔고 어디에서 왔는지 기억할 수가 없어요. 하지만 그 물체를 다시 보면 기억할 수도 있을 것만 같아요."

"남쪽이요. 지금 이 거리가 마침 남쪽을 향하고 있어요. 빌라에서 나가서 왼쪽으로 가세요." 카라밀라가 대답했다.

"하지만 어떻게든 먼저 뚜껑의 정체를 밝혀야 한다." 여왕이 선언했다. "카라밀라 부인, 뚜껑이 하늘을 가렸다는 사실에 정말 아무도 불안해하지 않던가요? 이건 정말 큰 재앙인걸요."

"이미 말씀드렸던 것처럼 누구나 변화하는 환경에 적응하는 것처럼 모두가 그 뚜껑에도 적응했어요. 그리고 아무도 그것이 바뀌기를 원하지 않아요." 카라밀라가 대답했다. "심지어 이곳에서는 비행기도 운항을 멈췄어요. 하지만 모두들 뚜껑은 아무 문제 없고, 원래부터 있어야 할 자리에 있다는 듯 행동하고 있죠."

"그러면 이곳에도 공항이 있고 어딘가로 비행을 할 수도 있기는 하다는 말인가요?"

"예전엔 그랬죠. 하지만 지금은 안 돼요. 지금은 다들 기차를 타고 다녀요."

"그러면 그 사이비 과학자들은 그들이 모든 것을 망쳐놓았다는 사실을 모르나요?"

"그들은 이제 뚜껑이 완전히 무해하고, 인체에 이로울뿐더러 심지어는 필요하다는 과학적 근거를 연구하고 있어요."

"그러면 우리가 할 수 있는 것은 전혀 없는 건가요?" 브룬힐다가 질문을 계속했다.

"저에게 아이디어가 하나 있기는 해요." 카라밀라가 말했다. "여러분을 옵저버 위원회의 사절단 자격으로 아카데미에 파견하는 거예요. 여러분께서 그들에게 뚜껑 프로젝트를 그만두고 대기로 에너지를 전송하는 것을 멈춰야 한다고 말씀하세요."

"하지만 카라밀라," 아디야가 놀라움을 감추지 못하고 말했다. "우리는 외모가 너무 눈에 띄어서 공식적인 기관의 소속이라고 말해도 그들이 믿지 못할 것이라는 생각이 듭니다만."

"누구라도 여러분의 말을 믿도록 만들어줄 문서를 하나 조작해드릴게요. 저를 따라오세요, 따라오세요, 나의 손님들!"

여주인은 거친 금속과 튜브가 어지럽게 연결된 복잡한 기계가 있는 서재로 손님들을 안내했다. 카라밀라가 기계의 전원을 작동시키자 기계에서 시끄러운 기계음이 나며 불이 번쩍번쩍하게 들어왔다.

"이건 제가 직접 개발한 서류 조작 기계에요!" 그녀가 말했다. "이걸로 그 어떤 증명서나 문서를 조작할 수 있어요. 이곳의 관료주의는 잠들어 있는 우리의 사회가 무지한 만큼이나 심각하거든요. 그래서 이 기계가 삶을 훨씬 편리하게 하죠."

"훌륭한데요!" 아디야와 나머지 대원들은 모두 감탄했다.

카라밀라가 버튼 몇 개를 누르고 손잡이를 움직이니 기계의 액정에 '옵저버 위원회'라는 글자가 번쩍였다. 기계가 덜컹거리더니 그 속에서 삐걱거리는 소리가 나기 시작했다. 그리고 잠시 후 완성된 서류가 나왔다. 그리고 회사 문서로 보이는 종이에 이런 문구가 인쇄되어 있었다.

'해당 증명서는 이를 제출한 자가 최고 옵저버 위원회 회원이며, 권한을 가진 사절단을 구성하거나 해체할 수 있는 권한을 가진 해당 담당자로부터 공식적인 해당 권한을 부여받았음을 증명함.'

"카라밀라." 아디야가 궁금하다는 듯 말을 꺼냈다. "지적하려는 것은 아니지만 이 증명서가 정확히 어떤 권한을 부여한다는 것이죠? 그리고 어떤 담당자에게 이것을 제출해야 하는 건가요?"

"거기에 이미 쓰여 있어요. '해당 권한을 부여받으며, 해당 담당자에게'라고요." 카라밀라가 말했다

"그걸로 충분한가요?"

"충분해요. 공무원들이 보기에 가장 적합한 언어로 쓰여 있다는 것이 가장 중요한 거죠."

"만약 가짜라는 것이 밝혀지면 어떻게 되나요?" 여왕이 물었다.

카라밀라가 잠시 생각했다.

"저번에 그랬던 것처럼 영화를 멈출 수 있나요?"

"그거야 야옹연하죠!" 야옹이가 대답했다.

"그러면 잘 들으세요. 전자 텔레그래프에는 자멸 기능이 있어요. 컨트롤기의 오른쪽을 보시면 유리 안에 'PSE'라고 쓰인 빨간 손잡이가 보일 거예요. 현실을 멈추고 나서 유리를 깨고 그 손잡이를 끝까지 돌리세요. 그러면 자멸 프로그램이 실행될 거고 그 과학 기계라는 물건은 전부 불타버릴 거예요."

"카라밀라, 그런데 'PSE'가 무슨 뜻인가요?" 아디야가 물었다.

"'The End of Science Experiment'의 약자예요."

"그런데 왜 P로 시작하죠?"

"과학자들은 'End'라고 하지 않고 'Pend'라고 말하거든요. 그게 더 과학적으로 들린다네요."

"야옹엔드!" 야옹이가 외쳤다. "우리가 꼭 야옹엔드를 시킬게요!"

"조심하세요." 카라밀라가 말했다. "마지막 단계까지 전부 끝나면 최대한 빨리 도망치세요. 영화가 다시 재생되면 그들이 경보음을 울리고 여러분에게 포위망을 칠 거예요."

"걱정하지 말아요, 카라밀라." 여왕이 말했다. "전부 알려주신 대로 할 수 있을 거예요. 정말 고마워요."

"고마운 건 제 쪽이죠, 나의 손님들! 성공을 빌어요!"

카라밀라는 그들에게 아카데미로 가는 길을 알려준 다음 현관까지 안내했다.

"모든 것이 끝나면 반드시 돌아와서 전부 말씀드릴게요." 잠수함이 카라밀라에게 약속했다.

"꼭 기다리고 있을게요, 나의 손님들!"

◆ 환견과핵자

그렇게 뚜껑을 해치우겠다는 원대한 목표를 품은 우리의 '뚜껑원정대'는 결의에 찬 원정길을 다시 시작했다. 행렬의 맨 앞에는 비가 오나 눈이 오나 걸치고 다니던 헐렁한 후드와 선글라스 차림이었던 녹색 피부의 아디야 '그린'이 걸어가고 있었다. 그가 가지고 왔던 몽둥이는 보이지 않았다. 왜냐하면 몽둥이는 이제 더 이상 필요하지 않다며 그가 빌라 마라빌라에 두고 왔기 때문이다.

두 번째로 브룬힐다가 걸어갔다. 그녀는 거친 천으로 만든 중세시대 스타일의 드레스를 입고 붉은 머리를 하나로 길게 땋아 내린 모습이었다. 머리에는 황금 머리띠를 쓰고 치마 아래에는 칼을 숨기고 있었다.

그녀의 뒤를 오렌지 암소가 따르고 있었다. 그녀는 사랑스러운 통통한 얼굴에 붉은 머리카락을 가지고 있었으며, 무릎까지 내려오는 오렌지색 드레스에 까맣고 조잡스러운 구두를 신은, 완전히 새로운 모습을 하고 있었다.

그다음으로 노란 잠수함이 뒤를 따랐다. 그녀는 금발 머리로 생각이 아주 가벼워 보인다는 인상을 풍겼으며, 노란색 수트 정장을 입고 오렌지색 부츠를 신은, 역시나 완전히 달라진 외모를 하고 있었다.

그 뒤에는 여자이기도 하면서 고양이기도 한 야옹이가 걸어갔다. 숱이 많은 헝클어진 머리카락에 검은 모피코트와 바지를 입고 흰 장화와 장갑을 끼고 있었으며, 풍성하고 부드러운 꼬리와 머리에 귀가 달린 신기한 모습이었다.

행렬의 맨 뒤를 따라가는 것은 야수였다. 지금의 그는 훤칠한 외모에 크고 우수에 찬 눈, 어깨까지 내려오는 밤색 머리를 가지고 있었다. 그는 큼직한 금색 단추와 눈처럼 하얀 소매와 빛나는 가슴 장식이 달린 검정 벨벳 수트를 입고 있었지만, 이상하게도 신발만큼은 전혀 어울리지 않는, 털이 복슬복슬한 모카신을 신고 있었다.

한눈에 봐도 범상치 않은 외모를 가진 이 원정대는 호화로운 고층 건물 앞의 광장에 도착했다. 건물의 간판에는 큰 글씨로 '과핵 아캐데미'라는 이름이 쓰여 있었다. 그중에서 '과핵'의 'ㅒ'라는 글씨는 최근에 교체했는지 나머지 글씨들보다 반들반들했다.

건물 안으로 들어서자 위압감이 느껴질 정도로 천장이 높은 홀이 원정대원들을 맞이했다. 그것의 웅장한 크기에도 불구하고 건물 안은 후덥지근했고 낡은 책 냄새가 났다. 한쪽 벽에는 건물 밖에 걸려 있는 간판과 비슷한 글씨체로 만들어진 '관래국'이라는 글씨들이 기대어 있었다. 바닥에는 낡은 마루가 걸음을 옮길 때마다 삐걱거렸다. 넓은 계단이 위층으로 이어지고 있었으며, 계단에는 카펫이 비뚤게 깔려 있었다. 그리고 계단의 바로 앞에는 여기저기 금이 가고 칠이 전부 벗겨진 테이블이 놓여 있었다. 그 테이블에 두꺼운 안경을 쓰고, 낡은 양복에 토시를 한 왜소한 노인이 두 손을 모은 채 출입구를 향해 앉아 있었다.

"어디로들 가시나? 이곳에 와서는 안 되네!" 그는 방문객들에게 방문 목적을 묻지도 않고 다짜고짜 고함을 쳤다.

야옹이가 앞으로 나서서 앞발을 테이블에 두고 살짝 숙여 인사한 뒤 가르릉거렸다.

"가르르-능합니다!"

노인은 두 눈이 휘둥그레졌지만 재빨리 옷매무새를 정돈하고 다시 할 말을 했다.

"자네들은 누구인가? 이곳에 와서는 안 되네! 이곳은 과핵을 연구하는 곳이야!"

"야옹아!" 암소가 그녀를 진정시켰다.

야옹이가 표범과 같은 눈빛으로 노인을 맹렬하게 쏘아보자 아디야가 야옹이를 뒤로 제지하고는 직접 노인에게 다가가 말했다.

"선생님, 저희는 공식 임무를 부여받고 과학 아카데미에 왔습니다. 저희는…"

"과학이 아니라 과핵일세!" 노인이 검지를 위로 올리며 아디야의 말을 끊었다. "그것이 더 듣기에 더 고급스럽지 않나?"

"네, 물론입니다." 아디야가 놀라 안경을 벗으며 말했다. "저희는 과학자 선생님들께…"

"이곳에서는 다르게 부른다네. 과학자가 아니라 훨씬 높아 보이는 이름이지. 바로 환견과핵자라고! 그리고 이제는 아캐데미가 아니라, 관래소라네. 저 간판이 보이나? 간판을 바꾸려고 하고 있다네."

"실례지만 이유를 여쭤봐도 될까요?" 아디야가 물었다.

"왜냐하면 과핵은 연구하는 것이 아니라 '관리'해야 하는 것이라고 판단했기 때문이지."

"그러면 모든 것에 대한 연구를 끝냈다는 말씀인가요?"

"바로 그거지! 우리는 과핵에 대한 모든 것을 알고 있다네!"

"그러면 그것을 어떻게 관리하실 계획이십니까?"

"그야 우리가 내키는 방식대로지. 물론 모든 것이 엄격히 과핵적이어야 하지만 말일세."

"네, 그 말이 맞네요, 심지어 옳으신 말씀이십니다." 아디야가 말했다. "그런데 저희가 과학자… 죄송합니다. 환견과핵자분들을 좀 뵙고자 하는데요."

"안 되네. 그들이 좀 바빠서 말이야."

"무슨 일로요?"

"생각하는 일로 바쁘다네."

"무엇에 대해서요?"

"과핵에 대해서지!" 노인이 검지를 위로 올리며 대답했다.

"이미 모든 것을 알고 있다면서 뭘 더 생각해야 하죠?"

"우리는 모든 것뿐 아니라 그보다 더 큰 것을 알고 있다네."

"모든 것보다 더 큰 것이요?"

"그래. 하지만 그것들을 전부 분류화해서 원칙화를 만들어내야 하지."

"목록을 만든다, 이 말씀이죠?"

"바로 그걸세. 아주 복잡한 작업을 해야 하지. 무엇이 과핵적인지, 무엇이 과핵적이지 않은지 구분해서 분류화한다는 말이야."

"그건 무엇을 기준으로 하죠?"

"아주 간단해. 뭔가가 과핵적으로 설명되지 않는다면, 그것은 과핵적이지 않다는 뜻이지. 뭔가 우리가 이해할 수 없다면 그건 과핵적이지 않은 것으로 분류하면 되는 거고."

"하지만 설명할 수 없는 일이 일어났다고 하더라도 그에 대해 과핵적으로 설명이 되지 않는다고 해서 일어나지 않은 일이 되는 것은 아니지 않나요?" 아디야가 의문을 제기했다.

"자, 그럼 얼른 이곳을 떠나주게! 이곳은 과핵을 하는 곳이라고! 자네들에겐 도대체 뭐가 있단 말이야?"

"저희도 과핵 문제를 가지고 왔어요!" 암소가 끼어들었다. "아주 과핵적인 가설을 가져왔습니다. 그래서 개인적으로 선생님께 그것을 제안하고자 해요."

"어떤 제안이지? 그리고 왜 하필 나에게?"

"왜냐하면 선생님이야말로 과핵 발전의 주역이라는 것을 단번에 알아차렸으니까요!"

"그래, 가져왔다는 그 가설이 뭔가?" 노인은 조금 부드러워진 목소리로 물었다.

"음, 예를 들어 고대 문명 중 어느 지점에서 과핵이 생겼는지와 같은 문제예요. 고대 문명이었다면 발전이 되지 않은 상태였을 테니 말이에요"

"그렇다면 그 어떤 과핵도 그 당시에는 있을 수 없었겠지." 노인이 관대하게 미소 지으며 말했다. "과핵은 오직 우리에게만 있다네!"

"그러면 고대 문명에서 전해져오는 무덤과 글씨와 그림과 유물들은 어떻게 설명할 수 있죠?"

"다시 한번 말하지만 과핵적 관점에서 설명할 수 없는 것들은 비과핵적이라고 보면 된다네."

"선생님 말씀에 전적으로 동의합니다! 하지만 엄격하게 과핵적으로 우리의 가설을 증명한다면 전부 과핵에 포함시키실 수 있을 것 같아요."

대원들은 암소가 도대체 무슨 꿍꿍이를 가지고 있는 것인지 알 수가 없어 그저 서로 눈빛만 교환할 뿐이었다. 바로 그때 암소는 갑자기 예전의 날개 달린 오렌지색의 암소의 모습으로 변신했다. 그녀는 날개를 펄럭이며 공중으로 날아올라 외쳤다.

"옛날 아주 먼 옛날, 그 어떤 과핵도 존재하지 않았을 때 소들이 바다에서 나와 사람들에게 글자와 천문학과 그 외 여러 가지 과핵을 알려주었습니다! 그런 다음 소들은 다시 바다로 돌아가고, 사람들은 끝이 보이지 않는 경계까지, 그리고 경계가 보이지 않는 끝까지 과핵을 연구하고 발전시켰고, 그 결과 무한하고 끝없는 완벽한 과핵이 탄생했습니다!"

늙은 환견과핵자는 생전 처음 보는 광경에 눈이 휘둥그레져 넋을 놓고 멍하니 암소를 바라보기만 했다. 하지만 암소가 땅으로 내려와 다시 통통한 여자로 돌아오자 그는 정신을 차리고 엄격하게 말했다.

"내가 지금 보고 들은 것은 불가능한 일이라네. 왜냐하면 그건 비과핵적이니 말이야."

"하지만 두 눈으로 직접 보시지 않았습니까." 아디야가 지적했다.

"보이는 것을 믿으면 안 돼. 과핵적으로 입증해야 하지." 그가 대답했다.

"그러면 한번 과핵적으로 엄격하게 입증해보세요." 암소가 말했다. "그러면 이 가설이 과핵적 발견이 될지도 모르죠."

"그래, 내가 그것을 해낸다면 과핵적 발견이 될 거야!" 노인이 잠시 생각한 뒤에 동의했다.

"물론이죠! 선생님이 아니라면 아무도 해낼 수 없을 거예요!"

"그러면 난 지금 당장 가서 논문을 써야겠어." 그가 갑자기 부산을 떨며 급하게 자리를 떠나려고 하더니 뭔가를 문득 알아차린 듯 돌아왔다.

"그렇다고 하더라도 자네들은 이곳에 와서는 안 되네. 이곳은 과핵을 하는 곳이니 말이야!"

"죄송하지만 그런 권한은 누구에게 있죠?" 아디야가 물었다.

"내가 바로 과핵 관리인일세!"

"저희는 옵저버 위원회 위원들로서 관련된 일 문제로 이곳에 왔기 때문에 저희도 마찬가지로 과핵과 직접적으로 관련이 있습니다."

"우리도 우리들만의 위원회와 위원들이 있어. 필요하다면 우리가 직접 하나를 더 만들었으면 만들었지 자네 같은 외부인들을 들이지는 않았을 거라고!"

"네, 하지만 저희는 해당 담당자와 기타 담당자들의 권한을 제거할 수 있는 특별한 권한을 부여받은 권한 대행들입니다. 따라서 저희는 선생님께 부여된 과핵 관리인 권한을 중단하려고 합니다. 선생님께서는 이제 자유롭게 과핵적 지식의 바다로 깊이 빠져드실 수 있습니다. 자, 한번 보세요."

아디야는 노인에게 종이를 내밀었다. 노인은 동의하기 싫다는 듯

꼼꼼하게 문서를 읽었다.

"저런, 나는 오랫동안 과학적 지식의 바다로 빠져들지 못했는데."

"이제부터 빠져드시면 되죠. 그러면 저희를 그 환견과핵자들에게 안내해주시기 바랍니다."

"최고 환견과핵자는 지금 바쁘다네. 그는 아주 중대한 과핵 실험을 하고 있기 때문이지."

"마침 잘됐네요. 그러면 저희도 거기에 참관하겠습니다."

"정 그렇다면… 무슨 일이 생기면 자네들이 책임지기로 하고." 마침내 노인이 고집을 꺾고 대원들을 계단 위로 안내했다.

그들은 카라밀라의 설명을 듣고 이미 어느 정도 익숙해진, 전기 텔레그래프가 놓여 있는 과학 실험실로 향했다. 오퍼레이터가 컨트롤러 앞에 앉아 이따금 이 버튼과 저 버튼을 누르곤 하는 것을 보니 기계는 아주 훌륭하게 작동하고 있는 것 같았다. 그 밖에도 빛나는 작업복에 흰 가운을 입은 사람들이 이곳저곳에서 분주히 움직이고 있는 것을 보니 아주 중요한 일을 준비하고 있음을 짐작할 수 있었다. 대원들은 모든 실험을 지휘하는 의원들과 환견과핵자들이 모여 있는 유리 벙커로 올라갔다.

"자네들은 누군가? 이곳에 와서는 안 되네! 이곳은 과핵을 하는 곳이라는 말일세!" 의장이 고함을 쳤다.

"저희는 옵저버 위원회에서 왔습니다." 아디야가 문서를 내밀며 말했다. "지켜보며 참석하고, 참석하며 지켜볼 수 있는 권한을 위임받았죠."

"자, 그럼 보시게. 다만 방해해서는 안 되네. 지금 아주 중요한 실험을 하고 있으니 말이야."

의장은 실험에 너무나 열중하고 있어 대원들과 실랑이할 겨를도 없는 듯했다.

"자. 주목! 모두 제자리로!" 그가 마이크에 대고 외쳤다. "발명 실험스 시작!"

작업복과 가운을 입은 사람들은 좀 전보다 더 분주히 움직였다.

"준비!" 의장이 이어서 지시했다. "검열… 관리… 펀트롤!"

사람들은 더욱 분주하게 움직였지만 알고 보니 정작 그들이 향했던 곳은 통제기와 모니터 앞에 있는 각자의 자리였다.

"기기 전체 펀트롤 대기 완료!" 오퍼레이터 중 한 명이 또랑또랑한 목소리로 보고했다.

"실험스를 위해 특별 표본스를 가져오시게!" 의장이 다시 명령을 내렸다.

그러자 문이 열리고 하얀 방사능복을 입은 사람이 실험실로 들어왔다. 그는 거대한 장화와 장갑을 끼고 눈에 작은 유리창이 달린 헬멧을 쓰고 있었다. 그는 손을 앞으로 쭉 내민 채 쥐 한 마리의 꼬리 끝을 잡고 있었다.

"차단 컨테이너 투입!" 의장이 명령했다.

두 번째 문이 열리고 똑같은 옷을 입은 다른 한 사람이 앞으로 뻗은 두 손에 냄비를 들고 왔다.

"항예방 뚜껑 투입!"

그러자 세 번째 문이 열리고 그곳에서 세 번째 조수가 손에 냄비 뚜껑을 들고 들어왔다.

"전부 주목! 뚜껑 모형 제작!"

우주복을 입은 조수 세 명이 서로를 향해 몸을 돌리고 칼 같은 동작으로 냄비 안에 쥐를 넣고 뚜껑을 닫았다.

"자연의 본성 준비!" 그다음 명령이 울려 퍼졌다.

원정대원들은 이제야 실험실 한가운데의 받침대 위에 전자레인지가 있다는 사실을 깨달았다. 세 명의 조수들이 받침대로 다가서더니 그들 중 한 명이 전자레인지 문을 열었고 다른 한 명이 쥐가 든 냄비를 그 속에 넣고 문을 닫았다.

"자연의 본성 자극!"

조수 한 명이 전자레인지의 콘센트를 꽂았고 두 번째는 시간을 설정했으며 세 번째는 손가락을 뻗어 '조리 시작' 버튼을 누를 준비를 했다.

"자, 카운트다운 시작!" 의장이 위엄 있게 외쳤다.

실험실에 있는 모든 사람이 모니터로 일제히 시선을 돌린 채 잔뜩 긴장했다. 아마도 실험 장면을 숨죽여 지켜보는 듯했다.

"여러분의 야옹이 스튜가 곧 폭발하겠는데요." 모두의 기념비적인 순간을 야옹이가 방해했다.

"쉬!" 환견과핵자들이 그녀에게 조용히 하라는 손짓을 했다.

"모두 나의 포맨드에 따라!" 의장이 외치더니 카운트다운을 시작했다. "9, 8, 7, 6, 5, 4, 3, 2, 1, 0… 발사!"

조수가 전자레인지의 '조리 시작' 버튼을 눌렀고, 세 명 모두 그것을 들여다보며 결과를 숨죽여 기다렸다. 전자레인지는 '윙-' 하는 소리를 내더니 그 속에서 번쩍번쩍하는 빛을 내면서 연기를 내뿜기 시작했다. 그러더니 결국 폭발하여 조각조각 나버렸다. 실험실에 있던 사람들은 본능적으로 몸을 숙였고 다행히 아무도 다친 사람은 없었다. 그러나 놀랍게도 냄비도 마찬가지였다. 그것은 뚜껑이 닫힌 채 조수가 놓아둔 그 자리에 상처 하나 없이 그대로 놓여 있었다.

"과핵 결과 확인!" 잠시 동안의 정적을 뚫고 의장이 지시했다.

조수들은 받침대의 전자레인지에 다가갔다. 그중 한 명이 쥐가 들어 있는 냄비를 꺼내고 다른 한 명이 쥐를 꺼냈다. 쥐는 조금도 다치지 않고 멀쩡히 살아 있었다.

"과핵이 자연을 이겼습니다! 실험스가 성공적으로 끝난 것을 다들 축하드립니다." 의장이 발표했다. 그러자 우레와 같은 박수가 터져 나왔다.

"발견 실험스는 우리의 뚜껑이 유해하지 않을뿐더러 항보호적이라는 것을 입증했습니다! 이제 이것은 과핵적으로 엄격히 입증된 사실입니다!"

"그리고 저희도 옵저버 위원회를 대표해서 실험스가 성공적으로 끝난 것을 축하드립니다." 아디야가 말했다. "이제 위원회에서 위임받은 권한에 따라 과핵 실험을 성공적으로 종료하겠습니다."

"종료라니 무슨 말인가?" 의장이 깜짝 놀라며 물었다.

"들으신 그대로입니다. 이 실험스의 성공적인 종료를 선언하며 과핵 실험을 폐지하겠습니다. 이제 전자 텔레그래프를 꺼셔도 됩니다."

"하지만 최고 옵저버 위원회가 지시하기를…"

"그 위원회는 최고지만 저희는 최최고입니다."

"하지만 우리에게는 과핵이 있단 말일세!"

"저희에게는 권한이 있습니다." 아디야가 증명서를 환견과핵자의 코앞에 들이밀었다.

그는 잠시 동요하는 듯하더니 단호한 목소리로 말했다.

"아니, 우리는 실험스를 종료할 수 없네. 우리에게는 과핵이 있단 말일세!"

"왜 여러분은 자연에 대해 뭔가 영향을 미치려고만 하고 자연과 조화를 이루며 사는 방법은 배우려 하지 않나요?" 여왕이 끼어들었다.

"그게 무슨 말인가? 이해할 수 없네."

"이곳은 여러분의 세계고 여러분은 그 속에서 살고 있어요. 왜 여러분은 그 세계를 자꾸만 바꾸려고 하죠? 왜 그것을 못살게 굴고, 헤집고, 변화시키고, 바꾸려고 하는 건가요?"

"'왜'가 어디에 있나? 결과적으로는 우리가 자연을 이기기 위해서 그러는 거라고!"

"왜 자연을 이겨야 하죠? 왜 이 세계 속에서 그냥 조화롭게 공존하면 안 되는 건가요?"

"왜냐하면 우리가 자연보다 더 똑똑하고 우리가 더 좋은 것을 만들어내니까!"

"그러면 여러분은 자연과 이 세계가 어떻게 생겼는지에 대해 전부 아시나요?" 아디야가 손을 내저으며 플랜B를 실행하려고 했지만 브룬힐다는 물러서지 않았다.

"그야 물론 우리는 과핵에 대해 이미 모든 것을 알고 있다네!"

"그러면 선생님의 과핵에 따르면 도시 외곽에 있는 거울 같은 물체에 대해서 뭐라고 설명하실 건가요?"

"어떤 물체를 말하는 거지?"

"통과할 수 없는, 보이지 않는 벽 말이에요!"

"아, 그건 과핵이 아닐세!" 환견과핵자가 미소 지으며 말했다.

"하지만 그것은 선생님이 전부 알고 있을 이 세계의 일부잖아요. 그러면 그 거울을 어떻게 설명하실 거죠?"

"아주 간단하다네. 그곳엔 아무 물체도 없는 거야."

"그곳에 버젓이 있는데 어떻게 없다는 말이에요?"

"우리는 그것을 설명할 수 없다네. 그러니 그 물체는 있을 수 없어. 만약 그 물체가 있을 수 없는 물체라면 어떤 결론이 나오겠나?"

"어떤 결론이죠?"

"그것이 존재하지 않는다는 것이지!"

"폐하," 암소가 브룬힐다에게 속삭였다. "이 환견과핵자와 대화를 나눠봤자 아무것도 달라지지 않을 것 같습니다. 이제 영화 필름을 멈추실 시간입니다."

하지만 잠수함이 갑자기 대화에 끼어들었다.

"저를 잘 보세요!" 그녀가 외치고는 모든 사람이 지켜보는 가운데 노란 부츠를 신은 예전의 노란 잠수함으로 변신했다. "이런 일도 있을 수 없는 일인가요?"

환견과핵자는 당혹스러워 했지만 재빨리 이성을 되찾고 똑같은 말을 반복했다.

"물론이지. 있을 수 없는 일일세!"

"하지만 선생님도 두 눈으로 똑똑히 보셨잖아요! 저는 만화 속 캐릭터가 아니라 진짜로 존재한다고요!" 잠수함이 말하고는 환견과핵자를 닻으로 찔렀다.

하지만 그는 꼼짝도 하지 않고 조금 전의 말을 되풀이할 뿐이었다.

"그건 있을 수 없는 일이야! 왜냐하면 과핵적으로 그런 일은 있을 수 없으니까!"

"야옹! 선생님은 선생님의 고양이론뿐 아니라 선생님 자신에 대해서도 아무것도 몰라요!" 야옹이가 끼어들었다.

"자, 나는 이런 비과핵적인 대화를 계속하는 것을 거부하겠어."

"이런 고물 덩어리들을 개발하기 시작한 것은 선생님이에요. 그러고는 자기 자신을 잊어버리셨죠." 야옹이가 계속했다.

"하지만 우리는 저런 기계가 반드시 필요하다고! 저게 없이는 살 수 없다네!" 환견과핵자가 조금 전까지와는 다르게 질문을 주의 깊게 듣다가 그에 맞게 대답하기 시작했다.

"네, 선생님들은 그 기계들이 없으면 살 수 없어요." 야옹이가 최면을 걸듯이 그를 뚫어지게 응시했다.

"맞아, 우리에게 반드시 필요하다고."

"대답해보세요. 선생님은 선생님 자신을 알고 있나요?"

"내가 나를 아냐고?"

"'나는 나다'라고 말할 수 있나요?"

"뭐…라고 말할 수 있냐고?"

"이제부터 저희가 '나는 나다'라고 차례대로 말할 거예요. 그다음에 선생님께서 그 문장을 똑같이 말해주세요."

원정대원들은 환견과핵자를 둘러싸고 주문을 외울 준비를 하기 시작했다. 어떤 질문도 필요하지 않았다. 원으로 선 대원들이 모두 그 문장을 말하자 환견과핵자는 온몸이 밀랍이 되어 굳어버렸다. 그 주변의 모든 사람도 똑같이 굳어버렸다.

야수는 조금도 망설이지 않고, 환견과핵자들이 만들어낸 끔찍한 기계로 곧장 달려가 재빨리 제어기에서 'PSE'라는 글씨를 찾아서 유리를 깨뜨리고 빨간 레버를 끝까지 돌렸다.

"이제 도망치자!" 여왕이 외치자, 대원들은 아카데미의 출구를 향해 부리나케 달려나갔다.

◆ 현실의 이면

잠수함은 나머지 원정대원들을 겨우 뒤따라가며 노란색 장화를 신은 발을 열심히 종종거리고 있었다. 그녀는 만화영화 속 캐릭터 같은 원래의 모습으로 돌아온 상태였다.

"기다려요, 저는 여러분만큼 빨리 달릴 수 없다고요!"

대원들은 기억을 겨우 더듬어가며 아카데미의 기다란 도로를 따라 건물 바깥을 향해 달려갔다. 영화는 그들에게 이미 익숙해진 모습으로 멈췄지만 이번에는 예전과 다르게 뭔가 이상했다. 공중에는 마치 떨어지고 있는 눈송이들처럼 작고 빛나는 송이들이 떠 있었다. 아마도 현실만 멈춘 것이 아니라 공간 자체가 멈춰버린 것 같았다. 그리고 주변의 사물들이 마치 이 세계의 것이 아닌 것처럼 어딘가 부자연스러워 보였다.

하지만 대원들이 거리로 나왔을 때 그들의 눈앞에는 믿을 수 없는 장면이 펼쳐졌다. 지표면 전체가 투명해져 발밑으로 시커먼 낭떠러지가 입을 크게 벌리고 있었으며, 저 먼 밑바닥에는 끝이 보이지 않는, 수없이 많은 길이 빛을 내며 나란히 깔려 있었다. 그 길들은 마치 영화 필름처럼 여러 개의 프레임으로 나뉘어 있었다. 발아래에 펼쳐진 무시무시한 절벽의 바닥에 깔려 있는 영화 필름 중에서도 유독 하나가 다른 것들보다 빛나고 있었다.

대원들은 갑작스럽게 펼쳐진 풍경에 화들짝 놀라서 다리에 힘이 빠져 결국 무릎을 꿇고 제자리에 주저앉았다. 잠수함은 깜짝 놀라 다시 금발의 아가씨가 되었다. 현실에서 일어난 뜻밖의 변신에 한 번 놀라고 그녀 자신의 모습에 다시 한 번 놀란 잠수함이 갑자기 야옹이의 말투로 외쳤다.

"야옹막이야! 이 모든 게 완전히 야옹막이라고! 완전-아주 완전!"

"완전한지 아닌지는 모르겠지만 야옹이같이 정확합니다!" 야옹이가 말했다.

"우주같이!" 암소가 덧붙였다.

"천문학적으로!" 아디야가 덧붙였다.

다만 여왕과 야수만이 침착함을 잃지 않고 아무 말도 없이 주변을 살폈다. 그들은 대원들 중에서도 가장 먼저 두 발로 일어섰다.

"저것 보세요. 우리 모두가 이상해진 것 같지 않나요?" 야옹이가 외쳤다. "우리 모두에게 땋은 머리가 생겼어요! 저도 있나요? 저에게도 생겼나요?"

모두가 서로를 바라보았다. 실제로 그들의 뒤통수에서 땋은 머리같이 생긴 빛나는 다발이 길게 내려오고 있었다. 멈춰버린 마네킹들이 가졌던 것과 똑같았지만 끝에서 파란 불빛만 나오지 않을 뿐이었다.

"이상해진 것이 아니야. 야옹아." 아디야가 말했다. "하지만 네 말이 맞는 것 같아. 이상한 물건이 생겼어. 너를 포함한 모두에게 말이야."

"하지만 아무것도 느껴지지 않는걸!" 잠수함이 자신의 뒤통수를 더듬으며 말했다.

"나도." 암소가 말했다.

"이번엔 마네킹들의 땋은 머리를 한번 보세요!" 야옹이가 다시 외쳤다.

대원들은 이제야 그들의 옆에서 반쯤 걸음을 옮기다가 멈춰버린 행인이 있다는 사실을 눈치챘다. 그의 땋은 머리끝에서는 절벽 아래의 빛나는 도로를 향해 가파르게 떨어지는 파란 불빛이 나오고 있었다. 똑같은 광경이 또 한 명, 두 명에게서 보이더니 광장에 있는 모든 마네킹에게서 보이는 것이었다. 멈춰버린 마네킹들은 마치 땅 아래에서 멈춰버린 영화 필름과 빛으로 연결되어 있는 것 같았다.

"이건 뭐지?" 잠수함이 외쳤다. "현실이 어떻게 만들어졌는지 우리에게 보여주는 걸까요?"

"현실의 진짜 모습이 우리 앞에 펼쳐졌다는 느낌이 나에게도 강하게 드는군." 아디야가 말했다.

"야옹아, 이곳의 사람들이 모두 인형 극장의 꼭두각시 같다고 했던 너의 말을 확실하게 보여주는 것 같아." 암소가 말했다.

"정확히 말하면 영화 속에서 살고 있는 등장인물들이 맞겠구나." 여왕이 바로잡았다.

"우리는 아니에요!" 야옹이가 말했다. "우리의 야옹 머리는 아무것에도 연결되어 있지 않네요. 완전히 우리의 것이죠!"

"그래서 우리가 이 영화를 멈추고 살아 있는 상태로 이곳에서 움직일 수 있는 거야." 아디야가 설명했다.

"맞아! 우리는 멈춰버린 영화 속의 살아 있는 사람들이야!" 잠수함이 외쳤다. "굉장해!"

"그렇다면 우리는 이곳에서 산책을 하고 있고 저들은 살고 있다는 뜻이 되겠네요." 야수가 말했다. "그들은 이곳에서 살고 있고 우리는 이곳에서 산책을 하고 있는 거였어요. 재미있는 사실이네요."

"또 하나 궁금한 것이 있어요. 이 세계가 멈춰버린 것일까요, 아니면 우리가 존재하고 있는 이 영화만 멈춰버린 것일까요?" 암소가 물었다.

"우리가 이 세계 전체를 멈춰버렸을 리는 없다." 여왕이 대답했다.

"우리가 본 것에 따르면 영화는 국소적이고 여러 가지 중의 한 부분이 되는 것 같아." 아디야가 말했다. "우리가 카페에서 처음으로 현실을 멈췄을 때 미치광이 작가와 그의 추종자들이 있었던 현실의 영화는 그대로 재생되고 있었던 것처럼 말이야."

"이 눈송이들이 허공에 멈춰 있는 것을 보면 지금은 아마 이곳의 모든 영화가 멈춰버린 것 같아요. 예전에는 이런 눈송이가 없었잖아요." 야옹이가 말했다.

"눈송이뿐만이 아니야." 아디야가 말했다. "저기에 있는 빛나는 도로들이 바로 영화 필름들인 것 같습니다. 그리고 지금 우리가 보고 있는 현실은 저 필름을 영사기에 비춘 것이고요. 그래서 저 사람들 모두가 움직이지 않고 서 있는 것입니다."

"하지만 이 땋은 머리들은 뭐지?" 잠수함이 물었다. "그리고 왜 이 머리는 예전에는 없다가 이제야 생겨났을까?"

"나의 여왕이시여," 야수가 여왕에게 말했다 "여왕님은 이미 한 갈래로 땋은 머리가 있는데, 원래의 땋은 머리와 새로 생긴 빛나는 땋은 머리가 서로 일치하지 않습니다. 빛이 나는 머리는 끝부분이 날개뼈에서 한 뼘 정도 떨어져 있군요."

"무슨 일이 있었든 간에 아직은 우리에게 일어나는 일들과 현실에 대해 아무것도 설명할 수 없다." 브룬힐다가 대답했다. "우선은 영화 필름이 다시 재생되기 전에 얼른 도망쳐야 한다."

"어쩌면 도망칠 필요가 없을지도 모릅니다." 아디야가 제안했다. "환견과핵자들이 깨어나면 무엇을 볼까요? 우리가 갑자기 사라진 것을 보겠죠. 즉, 우리는 그곳에 있었지만, 갑자기 사라진 겁니다."

"그 말이 맞아요. 그들의 관점에서는 이 모든 일이 비과핵적이라고 생각할 거예요!" 암소가 눈치채고 말했다.

"그리고 비과핵적이라면 그것은 일어날 수 없는 일이죠!" 잠수함이 외쳤다. "그 말은 우리가 없었다는 말이 되는 거고요!"

"그렇게 간단한 문제가 아니다." 여왕이 말했다. "중요한 것은 그들이 과핵 기계가 망가졌다는 사실을 알아차릴 것이라는 사실이다. 누가 그것을 망가뜨렸겠느냐? 우리 말고는 그럴 만한 사람이 없지. 우리가 사라졌기 때문에 그 사실을 단번에 알아차릴 것이다. 괜히 불길한 일이 일어나게 하지 말고 얼른 이 '범죄 현장'에서 도망치는 것이 좋을 것 같구나."

"옳은 말씀입니다, 폐하." 야옹이가 말했다. "얼른 이곳에서 야옹쳐야 해요."

"하지만 어디로요?" 잠수함이 물었다. "우리의 빌라 마라빌라로 가면 될까요?"

"아직 그곳은 위험하다." 여왕이 대답했다. "우리 모두를 잡는다면 카라밀라가 혐의를 받게 될 것이다. 우선은 도시 속 어딘가에 몸을 숨기고 상황을 지켜보는 것이 낫겠구나."

"좋습니다. 앞으로 무슨 일이 생길지는 알 수 없는 일이니까요."
아디야가 말했다.

"저쪽에 시청 탑이 있군요. 주변을 살펴보기에 좋은 장소인 것 같
습니다. 저쪽에 가는 것은 어떨까요?" 야수가 제안했다.

"하지만 저 안으로 어떻게 숨어 들어가지?" 잠수함이 물었다.

"그거야 간단하지!" 암소가 대답했다. "영화 필름이 멈춰 있고 모
든 사람이 마네킹이 되어 있는 동안은 원하는 곳은 어디든 자유롭게
갈 수 있어."

"가자." 여왕이 말했다.

그들은 신속히 광장을 가로질러 시청 탑의 계단을 따라 꼭대기로
올라갔다. 그곳에는 전망대와 시계와 종이 있었다. 도시를 한눈에
볼 수 있는 곳이었다. 아니, 더 정확히 말하면 그것은 한 도시의 모
습이 아니라 동서남북 모든 방향으로 한 도시의 복제품들이 여러 개
늘어서 있는 모습이었다.

위에서 내려다본 주변의 풍경에는 마치 체스판 같은 줄이 그려져
있었다. 그 체스판의 한 줄에 있는 칸들을 가만히 보니, 네모 한 칸
에 두어 개의 구역이 자리 잡고 있으며 그다음 칸에도 똑같은 그림
이 반복되는 모습을 볼 수 있었다. 그 칸들의 사이마다 대원들이 좀
전에도 본 적이 있었던 직사각형 모양의 검은 구조물이 자리 잡았고
그 구조물은 낭떠러지 아래의 빛나는 길들과 연결되어 있었다.

체스판은 멀어질수록 경계가 모호해졌기 때문에 어디에서부터
어디까지가 한 칸인지 구분할 수 없는 상태가 되었다. 전체적인 모

습을 보면 모든 칸이 그 옆의 칸들과 자연스럽게 이어지고 있었기 때문에 모든 것이 자연스러운 하나의 환상을 보고 있는 느낌이었다. 거울 속에 비친 똑같은 장면의 여러 복제품이 크기만 작아지면서 무한함 속으로 반복되고 있는 광경이 먼 곳에서는 마치 완전한 하나의 도시를 이루고 있는 것 같았다. 그리고 그 모습은 땅 아래에 있는 영화 필름들이 영사기에 비춰지며 만들어낸, 아주 복잡하게 구성된 홀로그램을 연상시켰다. 그와 대조적으로 하늘은 그저 칙칙한 뚜껑의 표면으로 빈틈없이 가려져 있었다.

원정대원들은 어떤 것이 원본이고 어떤 것이 그림자인지 알아내기 위해 애썼지만 환상과도 같았던 그 장면 속에서 도저히 알아낼 방법이 없었다. 그들은 이해할 수 없는 것을 이해하려는 노력을 그만두고는, 무슨 말을 해야 할지 몰라 풀이 죽어버렸다. 게다가 그들은 자기 자신이 다른 현실 속에서 실루엣만 잘라내어 이 현실에 옮겨놓은 것처럼, 그래서 아무런 움직임도 없는 사진 속에서 자신만 움직이고 있으며 그들을 둘러싼 이 현실이 가짜 같고 환상 같다고 생각했다.

정적 속에서 영원처럼 느껴지는 긴 시간이 흐른 것 같았다. 바로 그때 갑작스럽게 모든 것이 움직이기 시작했다. 가벼운 바람이 불기 시작했고 주변의 소음이 다시 들려왔으며, 발밑의 영화 필름들이 움직이기 시작했다. 제일 먼저 중앙에 있는 필름이 움직이기 시작하더니 그것을 따라 나머지 필름들도 점차 빨라지며 재생된 것이다. 빛나는 눈송이들은 공기 중으로 사라지고 지표면은 점점 탁해지더니 결국 땅 밑이 보이지 않게 되었다. 체스판은 흐려지면서 격자무늬가 서서히 사라지고 모든 홀로그램은 스르르 흘러내려 하나의 익숙한 현실이 되었다. 광장의 마네킹들은 분주히 움직이며 아무 일도 없었다는 듯 움직이던 발걸음을 다시 재촉했다. 영화가 재생된 것이었다.

그때 아카데미 쪽에서 '우지직' 하는 소리가 들리더니 짧은 섬광이 번쩍였다. 그리고 생전 처음 보는 밝은 태양 빛이 공간 전체를 가득 채우기 시작했다. 위를 올려다보니 하늘을 가리고 있던 뚜껑은 마치 그것이 원래부터 없었다는 듯 사라지고 있었다.

◆ 의도의 땋은 머리

우리가 지난번 여사제 잇파트와 디바 마틸다를 남겨두었던 백화점에는 무거운 정적과 말 그대로의 '마비 상태'가 공간을 짓누르고 있었다. 왜냐하면 그 공간은 마네킹들이 허공에서 정지돼버린 빛나는 눈송이들과 함께 여러 가지 부자연스러운 포즈를 취한 채 사진처럼 멈춰버렸기 때문이다.

이런 그림은 아무 소리도, 움직임도 없는 곳을 표현하기 위한 삽화로 사용되기에 딱 적합했을 것이다. 긴장감이 극도로 치달았던 지난번처럼 한자리에서 빙글빙글 돌며 큰 소리로 웃고 있는 한 여자의 실루엣과, 두 팔을 허우적거리고 앞뒤로 왔다 갔다 하며 무슨 말인가 외치고 있는 다른 여자의 형상이 아니었다면 말이다.

"파티! 좀 진정하라고! 도대체 뭘 기억해낸 건지 얘기 좀 해줄래?"

잇파트는 갑자기 모든 행동을 멈추더니 그 자리에서 우뚝 멈춰섰다. 그리고 아주 심각한 얼굴로 마틸다를 응시했다.

"파티, 무섭게 또 왜 그래!"

하지만 사제는 잠시 뒤 다시 활기를 띠며 미소 지었다.

"틸리, 우리가 등 뒤에 있는 손잡이를 뭐라고 부르는지, 그리고 그것을 어떻게 사용하는지 생각났어!"

"그럼 얼른 말해봐!" 마틸다가 궁금해서 도무지 참을 수 없다는 듯이 말했다.

"이건 우리 몸에 남아 있는 흔적기관인데 마치 땋은 머리처럼 생긴 에너지 다발이야. 평소에 땋은 머리는 눈에 띄지 않지만 영화가 멈췄을 때는 그것이 보이게 돼. 보여?" 잇파트가 마틸다에게 옆모습을 보여주며 말했다. "네 머리에도 똑같은 것이 달려 있어!"

"등 뒤에 뭔가… 뭔가 나른한 느낌이 느껴지기 시작했다는 것을 알고 있기는 했어…." 마틸다는 두 손으로 뒤통수를 더듬었지만 아무것도 손에 잡히지 않았다. "그런데 막상 만져보면 아무것도 느껴지지 않는걸." 그녀가 놀라며 말했다.

"땋은 머리는 만질 수 없어." 잇파트가 대답했다. "있는 듯, 없는 듯, 몸의 가짜 기관처럼 느낄 수밖에 없지. 사람들이 팔을 절단하고 난 뒤에도 팔이 있다고 느끼는 것과 똑같아. 너는 등 뒤에 무슨 느낌을 가지기라도 했지만, 나는 아무 느낌도 들지 않았어. 그 느낌 자체를 잊고 있었지. 그런데 지금은 드디어 기억해냈어! 나의 땋은 머리가 느껴진다고!"

"하지만 나는 네가 말한 그런 감각은 느껴지지 않는데." 마틸다가 말했다. "정확히 말하면 등 뒤에 집중할 때만 어떤 느낌이, 뭔가가 있다는 느낌이 들 뿐이야."

"바로 그 감각이야!" 잇파트가 외쳤다. "바로 그렇게 느끼는 거야! 땋은 머리는 거기에 주의를 기울일 때만 활성화되는 거야. 그럴 땐 등에서 살짝 올라가기도 하지. 보여?" 잇파트는 마틸다에게 다시 자신의 땋은 머리를 보였다. "여기에 집중했더니 조금 올라갔지. 하지만 집중하기를 그만두면 다시 내려가는 거야."

"그렇구나." 마틸다가 말했다. "봐봐. 내 것도 똑같니?"

"응, 너도야! 아주 잘하네! 이제 왜 리본이 사실은 아무 상관도 없는 거였는지 알겠지?"

"대신 나의 리본이 많은 머리를 느끼는 방법을 알려줬잖아!" 마틸다가 설명했다 "앞으로도 계속 이 리본을 매고 있을 거야."

"그래, 꼭 그렇게 해." 잇파트가 동의했다. "리본이 없는 너의 모습을 상상할 수가 없어, 틸리치카, 랄라! 틸리치카-틸리치카, 라알-라!"

"좀 그만해, 파티! 그런데 많은 머리는 왜 활성화되는 거고, 왜 필요한 건지 알려줄래?"

"왜냐고? 그걸 인제 와서 묻는 거니? 그야 당연히 현실을 통제하기 위해서지! 이미 우리는 우리의 많은 머리를 사용해오고 있었잖아, 그것이 뭔지 알지도 못했지만 말이야."

"그래, 영화 필름도 멈추고, 이동도 하고, 먹을 것도 구했지. 그런데 그게 전부 이 많은 머리 덕분이었다는 말이야? 심지어 처음 글램록들과 마주쳤을 때도 많은 머리가 내 생명을 구했어!"

"거봐! 그리고 네가 처음으로 그들의 우두머리인 글래모르크와 만났을 때 어떻게 했어? 기억해봐!"

"'나의 모든 일이 잘 풀릴 것이다. 끝' 하고 생각했지."

"사실은 네가 많은 머리를 느끼고 의도를 선언한 거야. 네가 현실을 선택한 거라고! 네가 죽는 결말이 나오는 그 영화 필름에 남아 있는 것이 아니라 너 자신의 다른 현실을 선택한 거지."

"정말로 현실을 선택할 수 있다는 말이니?" 마틸다가 놀라워하며 물었다.

"틸리, 우리가 이 대화를 한두 번 나눴니!" 잇파트가 외쳤다. "우리가 사건의 흐름을 바꿀 수 있다고 말했던 것 기억나?"

"응, 그때 등장인물들에 영향을 미치려고 하면 안 되고, 그저 그들을 통제하는 시나리오를 바꾸는 것만 가능하다고 말한 적이 있었지."

"더 정확히 말하자면 시나리오 자체에도 영향을 미치려고 해서는 안 돼."

"그러면 도대체 뭘 바꾸려고 해야 하지?"

"다른 시나리오가 펼쳐지는 영화 필름이지!"

"파티, 처음부터 자세하게 설명해줄래? 다른 현실을 선택하기 위해서는 어떻게 해야 하는지 말이야."

"전부 아주 간단해. 맑은 머리에 집중한 다음 그것에서 주의를 놓치지 않은 채 생각과 말과 형상으로 네가 현실에서 이루어지길 바라는 장면을 상상하는 거야. 다른 말로 너의 의도를 선택함으로써 현실을 선택하는 거지. 그다음에는 맑은 머리에서 감각을 놓아도 좋아. 다시 말해 비활성화한다는 말이야. 여기에 대해서 예전에도 말한 적이 있었지. 다만 맑은 머리의 존재에 대해서 몰랐다는 차이점만 있을 뿐."

"그렇게 하면 어떤 일이 생기는 거지? 다른 영화 필름으로 이동한다는 말이니?"

"역시 우리 똑똑한 마틸다! 현재의 영화 필름에서 시나리오를 바꾸는 것은 불가능할뿐더러 그렇게 할 필요도 없지. 너도 이미 알고 있는 것처럼 현실은 여러 가지 가능성을 가진 수많은 영화 필름들로 구성되어 있고 각각의 필름은 전부 다른 사건의 전개에 대한 시나리오를 담고 있어. 현재 영화 필름에는 없지만 다른 필름 어딘가에는 반드시 존재하는, 네가 필요로 하는 프레임을 땋은 머리로 비추면 네가 그 영화 필름으로 이동하는 거야. 그렇게 된다면 아직은 네 것이 아닌 그 프레임은 너의 실제가 되는 거야. 사람들이 소위 말하는 것처럼 상상할 수 있는 것은 실제가 될 수 있다는 말이지."

"그렇다면 현실을 바꾸기 위해서는 상상력에 땋은 머리를 더하라는 말이야?" 마틸다가 물었다.

"그건 아니야." 잇파트가 대답했다. "그저 상상한 것만으로는 부족해. 너의 확실한 의도, 즉 반드시 그렇게 될 것이라는 설정이 필요하지. 땋은 머리를 활성화시킨 다음 그것에서 주의를 놓지 않으면서 동시에 '나는 이것을 원한다'고 의도를 선언하는 거야. 생각으로 상상할 수도, 말이나 형상으로 상상할 수도 있지만 중요한 것은 확신에 찬 의도가 있어야 하고 그러면서 동시에 땋은 머리를 사용해야 하는 거지. 바로 이것이 비법이야. 너는 자유롭게 현실을 상상하고 선택할 수 있는 만큼 자유롭게 바꿀 수도 있는 거야."

"그게 정말이야?" 마틸다가 의심을 버리지 못하고 다시 물었다.

"네가 마치 구름처럼 자신의 꿈속에서 그저 이리저리 부유하기만 한다면 꿈은 실현되기가 힘들어. 하지만 땋은 머리와 의도를 사용한다면 그것은 거의 실현되지. 물론 항상 한 번에 성공할 수 있는 것은 아니야. 전혀 통하지 않을 때도 있어. 그건 전부 너의 선택이 얼마나 복잡한지 네가 땋은 머리를 얼마나 능숙하게 사용할 수 있는지에 달려 있어. 만약 실현되기 힘든 현실을 선택한다면 그건 목적이 달성된 영화 필름이 지금 네가 있는 영화 필름에서 꽤 멀리 떨어져 있다는 뜻이야. 그래서 그 영화 필름에 도달하기 위해서는 더 멀리 이동해야 한다는 뜻이지. 이루기 힘든 목표는 일반적으로 네가 하나의 영화 필름에서 다른 필름으로 이동하면서 목표에 조금씩 더 가까워지며 단계적으로 실현되는 거야."

"그러면 이 땋은 머리를 가지고 연습을 해야 한다는 말이니?"

"그럼! 내가 왜 땋은 머리를 흔적기관이라고 불렀겠니? 사람들이 이 기관을 사용하지 않아서 쇠퇴해버렸으니까 그런 이름이 붙은 거라고. 물론 사람마다 다르기는 해. 예를 들어 너와 나는 땋은 머리가 남들보다 더 큰 효과를 내지. 하지만 다른 사람들이라면 그 감각을 느끼기 위해 적잖은 훈련을 거쳐야 하기도 해. 그래서 더 자주 현실을 선택해야 한다는 거야. 꿈이 실현되는지 실현되지 않는지 불안해하며 현실에 뭔가를 기대하거나 바라지 말고 그저 너의 의도를 가지고 차근차근 현실을 선택하는 거지."

"파티! 완전히 다른 사고방식인데! 심지어 다른 존재의 방식이야! 이게 얼마나 기발한지 알고 있니? 말 그대로 외계의 세계관이라고! 우리의 것과는 완전히 달라! 사람들은 뭔가를 기대하고 기다리면서 사는 데에 익숙해졌잖아! 나무에서 갑자기 감이 떨어지기를 기다리지 않고 조바심내지 않으며, 기다리지 않아도 그저 현실을 선택하면 된다는 생각이 머릿속에 떠오르지도 않는 것 같아! 현실이 어떤 모습이어야 하는지 자기 자신이 결정한다니! 이게 얼마나 훌륭한지 알고 있니? 주의를 통제하는 것보다 훨씬 더 멋진 일이야! 네가 주의를 통제하는 것에 대해 설명해줬을 때 내가 얼마나 큰 충격을 받았었는지 기억해?"

"자-자. 틸리! 모든 것을 잘 기억하고 있는 거지?" 잇파트가 물었다.

"그렇고말고! 너를 너 자신으로 되돌리는 거잖아! 내가 한번 정리해볼게. 간단히 말하자면, 자기 자신을 위해 설정을 하는 거야. '무슨 일이 일어날 때마다, 또는 뭔가가 나를 힘들게 한다거나, 나 자신이나 현실에 뭔가 이상한 일이 일어나고 있다고 느껴질 때마다 정신을 차려야 한다'는 거지."

"그다음엔?"

"그다음에는 의식의 상태로 들어가 자신의 목격자를 깨우고 의식적으로 행동하기를 시작해야 해. 등장인물도, 관객도 아닌 의식을 가진 관찰자로서 말이야. 그러면 사건이 너를 통제하는 것이 아니라 네가 사건을 통제하게 되는 것이지."

"그러면 목격자가 왜 필요한지도 기억하니?"

"네 주의가 어디에 위치하고 있으며 누구의 통제를 받는지 관찰하기 위해서지. 너의 통제를 받는지 아니면 네가 속해 있는 영화 장면의 통제를 받는지 말이야. 자신의 주의를 통제할 수 있게 되면 자기 자신을 통제할 수 있게 돼."

"맞아." 잇파트가 말했다. "그래서 무슨 일이 일어나기만 하면 잠들거나 실신 상태에 빠지지 않고 반대로 깨어나는, 지금까지 해왔던 것과는 정반대인 습관을 들여야 해. 그리고 하나 더. 뭔가를 하고 있을 때 질문을 하는 것을 잊지 마. 네가 그것을 스스로 직접 원해서 하고 있는지 뭔가에 이끌려서 하고 있는 것은 아닌지 말이야."

"맞아, 그것도 기억나. 참, 하나 더 있어, 파티! 이제는 반대의 습관을 하나 더 들여야 한다고 하면 내가 정확하게 이해하고 있는 거니?"

"어떤 습관을 말하는 거니, 틸리-틸리?"

"현실에게서 뭔가를 기다리는 것이 아니라 내가 직접 현실을 선택해야 한다는 것 말이야."

"정말 똑똑하구나, 틸리!"

"아니야, 나는 아직도 네가 말해준 것 때문에 다시 충격에 빠졌어." 마틸다가 계속해서 감탄했다. "정말 외계에서 온 지식 같아!"

"아니야, 틸리. 너와 나는 분명히 같은 행성에서 왔어." 잇파트가 말했다. "나의 세계에도 네 세계와 똑같이 해와 달이 있어. 그저 우리의 세계는 시간상으로 멀리 떨어져 있을 뿐이야."

"그래도 너무나 멋진걸! 너는 그 지식이 있는 곳에서 태어나고 평생을 살아왔기 때문에 그 지식이 아무렇지도 않게 느껴지겠지. 비록 지금은 그중에 많은 부분을 잊은 상태이지만 말이야. 하지만 그건 일시적인 문제고, 금방 기억이 돌아올 거야. 하지만 내가 보기엔 그저 놀라울 뿐이야! 또 다른 훌륭한 거 기억 안 나, 파티?"

"기억나지!"

"그런데 왜 이게 흔적기관이 된 거니?" 마틸다가 물었다.

"먼 옛날, 창조주가 여러 가지 모습을 가진 사람들을 처음 만들었을 때 그 사람들은 현실을 통제할 수 있었어. 그야말로 많은 머리를 완벽하게 사용할 줄 알았던 거지. 하지만 시간이 흐르며 이 능력을 잃게 되었어. 왜일 것 같니?"

"왜?"

"자신의 영화에 빠져버렸거든. 마치 수족관 속의 물고기처럼 그저 자신의 현실 속에서 살아가기 시작한 거야. 사람들은 주의를 통제하는 것을 그만뒀지. 아주 중요한 건데 말이야. 그리고 주의를 통제하지 못하면 땋은 머리에 대해서도 잊게 돼. 왜냐하면 땋은 머리를 통제한다는 것은 주의를 통제한다는 전제 조건이 지켜졌을 때에만 가능한 거니까."

"'통제'한다는 개념은 단순히 '소유'하는 것과는 다르게 그것을 사용할 수 있다는 것을 의미해." 잇파트가 설명을 계속했다. "사람들이 현실을 통제하는 것을 그만두었을 때 그들의 의도는 꿈과 갈망으로 바뀌어버렸어. 하지만 너도 이제 알다시피 땋은 머리는 꿈과 바람이 아니라 의도를 사용해야 하는 도구라고."

"그런데 의도라는 게 뭔지 다시 설명해줄래?" 마틸다가 부탁했다.

"의도란 '어떤 일이 네가 상상한 그 방식으로 너에게 반드시 일어날 것이다. 끝' 하고 확실하게 설정해두는 거야. 어떤 일이 일어날지, 일어나지 않을지 원하고 갈망하는 것이 아니라 침착한 마음가짐으로 확실하게 설정하는 결단력 있는 상태를 말하지. 그 차이를 알겠니?"

"응, 알겠어. 침착한 마음가짐으로 확실하게 하는 결단력. 동요하지 않는 결단력이라고 할 수 있겠네."

"맞아. 그래서 우리의 손잡이는 바람의 땋은 머리가 아니라 의도의 땋은 머리야. 그 조건이 지켜졌을 때만 효과를 볼 수 있어."

"그러면 하나만 더 물어볼게, 파티." 마틸다가 계속했다. "옛날에는 사람들이 땋은 머리를 자유롭게 사용할 수 있었지만 시간이 지나고 그 능력을 잃어버렸다고 했지…. 하지만 너는 그 지식을 가지고 있잖아. 너희의 세계에서는 그 지식이 아직 존재한다는 말이니? 어떤 사람들을 말하는 거야?"

"우리의 문명이 시작되기 전에 우리보다 더 발전한 사람들이 있었어. 얼마나 많은 사람들이 있었는지는 모르지만 일정 수준을 넘어서고 나니 그들은 후퇴하기 시작했지. 어느 정도 계속되다가 후퇴하기를 멈추더니 다시 발전하기 시작했고, 다시 후퇴가 그 뒤를 이었어. 왜 이런 규칙이 생긴 건지는 잘 모르겠지만 그런 일이 있었지. 아마도 현실은 자기 자신을 독점하고 통제하는 것을 견딜 수 없었나 봐. 그래서 어떤 한계에 다다르게 되면 사람들을 잠들게 만드는 거지."

"어머, 우리의 문명은 조금 달랐어. 내가 보기에 우리 문명은 전혀 깨어나지 않는 것 같았거든. 깨어나려고 하지도 않으려는 것 같았고."

"우리도 아직은 발전하려면 한참 멀었어. 이제야 막 지식을 탐구하기 시작했지."

"그 지식은 어디에서 시작된 거니?"

"전부 위대한 창조주로부터 시작되었어. 하지만 그가 누구에게, 언제 오는지는 그것을 받도록 예정된 자가 얼마나 준비되어 있느냐에 따라 달라져."

"오, 파티! 모든 것이 아주 흥미로운 이야기지만 우선은 우리의 마네킹 이야기부터 해보자. 왜 그들도 똑 같은 머리를 가지고 있는 거지? 그들은 진짜로 살아 있는 사람들이 아니잖아. 그리고 왜 등 뒤에서 파란빛이 나오는 걸까? 우리도 깨어나기 전에는 똑같이 이런 파란빛을 가지고 있었을까?"

"그 파란빛의 용도가 뭐고 왜 있는지는 나도 자세히는 모르겠어. 하지만 뚫은 머리가 있다고 해서 그것의 주인이 뚫은 머리를 자유자 재로 사용할 수 있다는 것을 의미하지는 않아. 뚫은 머리에는 그 외의 기능이 있는 거지. 예를 들어 컨트롤 기능처럼 말이야."

"마치 헝겊 인형을 잡고 끌고 다닐 수 있는 손잡이 같은 거구나?"

"맞아."

"그렇다면 만약 뚫은 머리가 네 손안에 있다면 너는 너 자신의 것이 되고, 또 통제할 수 있다는 말이 되네. 하지만 그 손잡이가 만약 다른 사람의 손안에 들어간다면 너 자신을 소유하는 것이 아니라 누군가의 통제를 받게 된다는 말이겠네?"

"맞는 말이야, 마틸다! 바로 그렇기 때문에 자신의 주의를 가지고 통제하는 것이 중요하다고 하는 거야. 주의를 통제한다는 말은 뚫은 머리를 통제한다는 것이고, 나아가 자기 자신을 통제한다는 뜻이 되거든. 그런데 이 파란빛은 더 흥미로운 것 같아!"

"이건 뭘까, 파티?"

"한번 맞춰봐! 우리가 좀 전에 뭐에 대해서 말하고 있었지?"

"주의를 통제하는 것에 대해서. 왜?"

"관찰자들과 등장인물의 가장 중요한 차이가 무엇이었는지도 기억나니?"

"등장인물은 자기 자신이 잠들어 있고 그 사실을 모르는 데다가 꿈에 이끌려 다니지."

"맞아. 다른 말로 하면 영화가 너를 조종하는 거야. 영화가 너를 통제하는 거라고! 더 정확히 말하면 무엇이 너를 조종하는 건 줄 아니?"

"시나리오?"

"저 파란빛이 바로 등장인물을 영화 필름 속의 시나리오에 연결하는 매개체야."

"헬라! 이제 알겠어! 마치 꼭두각시의 줄 같은 거구나!"

"그러면 이제, 왜 그것이 우리에게도 있었지만 우리가 정신을 차린 다음에 사라졌는지 이해하겠니?" 잇파트가 물었다.

"그 빛은 우리가 주의를 원래 있어야 할 위치로 돌려놓으면서 사라진 거지!" 마틸다가 기뻐하며 말했다.

"그래! 주의를 자기 자신에게로 돌려놓은 순간에만 네가 자기 자신이라고 말할 수 있는 거야. 외부의 영화나 내부의 사고 지점에서 주의를 분리시켜서 말이지. 오직 그때만 '나는 나다'라고 말할 수 있는 순간이 되는 거야. 그때를 제외하면 모든 나머지 순간의 너는 의식이 없는 등장인물이고, 영화가 너를 조종하게 돼. 그것은 그 파란빛을 통해서 너의 땋은 머리를 잡고 너를 이리저리 조종하는 거야."

"네 말은, 내가 그 빛에서 자유로워지면 시나리오에서 자유로워지는 거고, 그러면 영화 속에서 자유롭게 돌아다닐 수 있다는 거니?"

"그것뿐만이 아니야! 그렇게 되면 너는 다른 영화를 선택하고 다른 영화 필름으로 이동할 수도 있게 되는 거야."

"우와, 파티! 정말 멋진데!"

"중요한 것은 꿈에서도 생시에서도 전부 똑같다는 거야. 그런 거지!"

"있지, 우리가 조금 전까지만 해도 서로를 죽일 듯 행동했다는 것을 생각하면 아직도 끔찍해! 나의 파티치카, 파티! 네가 없었다면 나는 이미 죽어버렸을 거야!"

"틸리-틸리. 나도 네가 없었다면 아무것도 할 수 없었을 거야!"

그들은 서로를 꼭 껴안았다.

"우리에게 일어났던 일은," 잇파트가 말했다. "주의가 아주 중요한 물건이라는 것을 증명하고 있어. 절대로 그것이 제멋대로 움직이도록 무관심하게 내버려둬서는 안 돼. 오랫동안 계속해서 주의를 의식의 중심에 붙들어둔다는 것은 불가능하지만, 적어도 최대한 자주 그것에 대해 기억하면서 주변의 사건에 뭔가 이상한 낌새가 보인다 싶은 순간 너 자신에게 돌려놔야 해."

"응, 이제 알겠어. 그런데 이 멈춰버린 공간을 어떻게 하면 좋지?" 마틸다가 물었다. "저거 봐, 눈송이들이 허공에 떠 있어."

"우리가 할 수 있는 일은 아무것도 없는 것 같아." 잇파트가 대답했다. "다른 영화 필름으로 이동해야지."

"그 마네킹들은 왜 사람들에게 그렇게 화가 나 있었을까? 그들이 우리를 잡았다면 어떻게 했을지 궁금해."

"글쎄, 그들의 뜻을 누가 알겠어."

"그러면 플라스틱 마네킹과 꿈속의 마네킹은 어떻게 다르지?"

"둘 다 그저 육체에 불과해. 현실 속에 영혼도, 의식도 없이 존재하는 형체 말이지."

"하지만 그들은 우리에게서 뭔가를 원하고 있었잖아. 그렇다면 그들에게 어떤 의식이 있다는 뜻 아닐까?"

"그건 의식이 아니라 시나리오가 어떤 주제에 따라 그들을 조종한 거야. 우리를 조종한 것처럼 말이야."

"그러면 그런 끔찍한 주제는 어디에서 나오는 거야?"

"일부는 우리의 잠재의식 속에 있는 공포심에서 나오지."

"그런데 글램록이 멈췄을 때는 그 어떤 많은 머리도, 파란 불빛도 보이지 않았어. 기억나?" 마틸다가 말했다. "그리고 시간이 지나서 우리가 그들의 이름을 기억해내도록 하며 의식을 일깨워줬을 때도 말이야."

"그때는 영화가 멈춘 것이 아니라 느려졌었지. 그래서 보이지 않았던 거야. 지금 의식에 대해 대화를 나누기엔 그것은 너무 복잡한 질문이야. 우리는 일단 영화가 멈춰 있는 사이에 이곳에서 도망쳐야 해."

"파티, 이제 우리 너의 세계로 가보자. 우리를 그곳으로 이동시켜 줄 수 있니?"

"알겠어, 한번 시도해볼게."

◆ 사원과 동상들의 도시

여사제 잇파트는 이미 익숙해진 몸짓으로 몸을 살짝 구부리고 고개를 숙인 다음, 팔을 어깨높이까지 올린 뒤 팔꿈치를 굽혔다가 펴면서 외쳤다.

"우-우-우-울---라!"

그러자 백화점의 갤러리가 흐려지더니 그 공간은 마틸다와 잇파트의 주변을 빙빙 돌다가 속도가 점점 더 빨라지면서 소용돌이쳤다. 그러다가 회전 속도가 점차 느려지더니 소용돌이가 반대 방향으로 돌면서 정지한 공간이 펼쳐졌고, 허공에서 검은색과 흰색의 돌로 만들어진 물체들이 서서히 실체화되었다.

그 공간은 점차 뚜렷해지다가 완전한 그림으로 완성되었다. 대부분 사원과 동상으로 이루어진, 흐릿한 어둠 속에 파묻힌 죽은 도시였다. 도시의 지표면은 마치 거대한 체스판 같았는데 검은 칸에는 흰색 동상이, 흰색 칸에는 검은 동상이 서 있었다. 동상의 크기는 사람 크기의 두세 배 정도 돼 보였다. 사방을 둘러보니 먼 곳에 회색의 승전문勝戰門과 버려진 작은 사원들이 보이고 넓은 광장의 한가운데에는 흰색 돌로 만든 기둥이 세워진 사원의 본당이 우뚝 솟아 있었다.

흑백의 장면 속에서 유일하게 선명한 색깔을 가지고 있던 마틸다와 잇파트만 유독 눈에 띄었다. 그들의 형체는 마치 거대한 건물들에 둘러싸인 미니어처의 실루엣 같았다. 두 친구는 조각상을 둘러보며 이곳저곳을 돌아다니기 시작했다.

"파티, 이게 너의 도시야?" 마틸다가 물었다. "너희 도시로 온 것 같기는 한데 그 아름답던 가로수길과 건물들과 식물들은 어디로 사라진 거니?"

"틸리, 이건 물질세계가 아니야." 잇파트가 대답했다. "우리는 아직도 메타현실 속에 있어. 봐봐, 그 어디에도 사람이 보이지 않잖아. 왜인지 모르겠지만 아직은 진짜 현실로 돌아오지 못한 거야."

"그러면 이제 어떻게 하지?"

"모르겠어. 일단은 좀 둘러보자."

"파티, 나 다시 눈물이 나올 것 같아! 이제 우리는 다시는 현실로 돌아가지 못하는 걸까?"

"자-자. 틸리-틸리!" 잇파트는 마틸다의 어깨를 감싸 안고 가볍게 다독였다. "너는 비록 랄라 인형이지만 정신을 차리고 있어야 해. 너의 주의에 대해서 잊지 마. 그저 영화 속에서 산책하고 있는 것뿐이라고 생각해. 알겠지?"

"알았어." 마틸다가 겨우 눈물을 참으며 우물거렸다. "그저 이 모든 악몽에 지쳐버렸을 뿐이야."

"우선은 나의 동상을 찾아보자." 잇파트가 제안했다. "재미있을 거야."

"그러자."

그들은 팔짱을 끼고 '타프티'를 찾아 나섰다.

"있잖아, 이 조각상들은 다 뭐야?" 마틸다가 물었다.

"음, 전부 과거의 위인들이면서 잊혀진 신들이기도 하지." 잇파트가 대답했다.

"왜 잊혀졌어?"

"왜냐하면 사람들은 자신을 지탱해줄 무언가를 찾기 위해 여러 가지 신들을 생각해내곤 하니까. 그래서 점점 더 많은 신들을 생각해내다 보면 오래된 신은 기억 속으로 사라져버리곤 하지."

"정말 사람들은 바보 같아."

"사람들이 바보 같은 것이 아니야. 그들은 그저 현실이 어떻게 만들어졌는지 알지도 못하고 그들 자신이 그 현실 속에서 신과 비슷하게 될 수 있다는 사실을 몰라서 그러는 것뿐이야. 아, 저기 봐. 저쪽에 나와 비슷하게 생긴 동상이 있어."

그들이 받침대 하나로 가까이 가보니 정말 그곳에 잇파트와 완전히 똑같이 생긴 복제품이 서 있는 것이 아닌가. 그것은 잇파트의 실제 키보다 두 배 정도 더 컸고 검은 화강암으로 만들어져 있었으며, 받침대의 아래에는 '타프티. 최고사제'라는 문구가 쓰여 있었다. 두 친구는 동상을 감상하고 동시에 벅차오르는 경외심을 느끼며 동상 주변을 한 바퀴 돌았다. 물론 잇파트는 예상했던 것보다 놀라울 만큼 침착하게 이 모든 상황을 받아들이고 있었다.

"나쁘지 않네." 그녀가 말했다.

"파티! 너 자신의 조각상을 보는 것이 정말로 아무렇지도 않아서 하는 말이야?" 마틸다가 놀라며 물었다.

"아하하!" 잇파트가 특유의 버릇대로 웃음을 터뜨렸다. "이건 묘비가 아니라 조각상이잖아! 심지어 이것이 묘비였다고 해도 상관없지. 실제로 나는 이렇게 멀쩡하게 살아있는걸!"

"너희 세계에서 탄생일과 사망일을 함께 적지 않는다는 게 천만다행이네."

"그러게, 다행이야. 마치 죽음은 없고 기억만 영원히 존재하는 것처럼 말이야. 하지만 너도 알다시피 죽음 따위는 존재하지 않…"

잇파트가 문장을 전부 끝내기도 전에 거대한 징 소리가 울려 퍼졌고 동상들이 움직이기 시작하며 받침대에서 내려왔다. 그들의 움직임은 거인들처럼 무겁고 느릿느릿했다. 실제로 거인이 맞았던 데다 돌로 만들어져 있기까지 했으니 말이다. 오직 한 동상만, 타프티의 동상만 받침대 위에서 꼼짝하지 않았다. 마틸다와 잇파트는 상황을 지켜보기로 하고 그 동상 뒤로 숨었다.

그때 흑백의 거인들은 동시에 움직여 바닥에 그려진 네모 칸을 따라 왼쪽이나 오른쪽을 향해 직선으로 움직이며 체스판의 배열을 갖춰나가기 시작했다. 그들 중 가장 큰 동상이 앞으로 나와, 아주 낮은 저음으로 외쳤다.

"고개 숙여 말씀을 받듭니다!"

"고개 숙여 말씀을 받듭니다!" 나머지 동상들도 우렁찬 목소리로 똑같이 반복했다.

그다음 그들은 일제히 돌아서서 사원을 향해 움직일 준비를 했다. 하지만 실제로 움직이지는 않았다.

"이봐!" 갑자기 잇파트가 그들을 향해 외쳤다. 그것을 본 마틸다는 화들짝 놀랐다.

"파티! 너 미쳤어?" 그녀가 받침대 뒤에 숨은 채 속삭였다. 하지만 잇파트는 이미 앞으로 나서서 가슴 앞에 팔짱을 끼고 당당하게 서 있었다. 마틸다는 친구를 혼자 둘 수는 없다는 생각에 하는 수 없이 그녀를 따라 똑같이 밖으로 나가야 했다.

"틸리," 잇파트가 그녀에게 속삭였다. "무슨 일이 일어나든지 두려워하지 마. 저 동상들은 우리에게 아무런 해도 끼치지 못해."

"그걸 네가 어떻게 아니?" 마틸다가 다급하게 속삭였다.

"내가 그렇게 결정했으니까."

석상들은 잠시 동안 한자리에 굳어 있다가 불청객의 목소리를 향해 일제히 몸을 돌렸다. 가장 큰 거인이 집게손가락을 뻗더니 천둥이 치는 것 같은 무시무시한 목소리로 말했다.

"무릎을 꿇거라, 죽음을 각오한 자들이여!"

"살아 있는 자들은 죽은 자들 앞에 나서서 무릎을 꿇어서는 안 될 것이다!" 잇파트가 엉뚱한 대답을 내놓았다.

거인은 불같이 화를 내며 거대한 손을 내밀어 사제를 잡으려고 했다. 하지만 그의 손은 마치 허공에서 허우적대는 것처럼 잇파트를 통과했다. 돌로 만든 거인은 영문도 모르고 잇파트와 마틸다를 잡으려고 애썼고 그러는 중에도 끊임없이 외쳤다.

"무릎을 꿇어라!"

"잠깐!" 잇파트가 그에게 대답하고 받침대에 기어올라 자신의 동상 옆에 올라서서 두 손을 허리에 얹었다. 반면에 마틸다는 너무나 두려운 나머지 그 자리에서 얼어붙어 꼼짝도 못하고 있었다.

그러나 잇파트의 모습을 보고 두려움에 얼어붙은 것은 이제 거인들이 되었다.

"최고사제 타프티!" 거인이 외치고는 다른 동상들과 일렬로 나란히 섰다. "불멸의 존재들 중에도 살아 있는 그분이 아닙니까!"

"고개를 숙여 말씀을 받듭니다!" 거인이 말하고는 무릎을 꿇고 고개를 숙였다.

"고개를 숙여 말씀을 받듭니다!" 다른 동상들도 똑같이 말하며 무릎을 꿇었다.

잇파트는 재단에서 내려와 자연스럽게 그에게 팔꿈치를 기댔다. 마침내 마틸다도 이성을 되찾고 친구에게 다가가 그녀의 옆에 섰다.

"너희는 불멸의 존재도 아니고 신도 아니지." 잇파트가 그들에게 말했다.

"왜입니까?" 거인이 고개를 들고 놀란 목소리로 물었다.

"너희는 돌 안에 영원히 갇혀 있는 존재 그 이상도 아니기 때문이다. 내 앞에서 무릎을 꿇고 있는 것 또한 불필요하다. 일어나거라."

동상들은 잠자코 잇파트의 말에 따랐다.

"그렇다면 저희를 인도해주십시오. 오, 위대한 사제여." 거인이 말했다. "최고의 사원으로!"

"내가 왜 그래야 하지?" 잇파트가 장난치듯 물었다.

"창조주께 인사드리기 위해서입니다!"

"알겠다." 잇파트가 특유의 말버릇대로 말했다. "가자."

"고개를 숙여 말씀을 받듭니다!" 동상들이 묵직한 목소리로 외친 뒤 일제히 움직여 두 사제의 뒤를 따랐다. 마틸다와 잇파트는 본당 광장의 한편으로 물러나 작은 목소리로 그들끼리 대화를 나누며 걸어갔다.

그들이 사원에 다다랐을 때 잇파트와 마틸다는 기둥 옆에 있는 계단을 따라 위층으로 이동했고, 거인들은 사원 옆의 1층에서 반원 형태로 줄지어 섰다. 그중 가장 큰 거인이 반원의 중앙으로 나와 열심히 외쳤다.

"오, 타프티 최고사제님, 예배를 거행하도록 허락해주십시오!"

"고개 숙여 말씀을 받듭니다!" 동상들이 일제히 외쳤다.

"무슨 예배를 말하는 것이냐?" 잇파트가 이해할 수 없다는 듯 물었다.

"창조주께 인사드리는 엄숙하고 성스러운 의식 말입니다!" 거인이 대답했다.

"지금부터 사원의 선택을 받은 자인 일리트가 너희에게 새로운 사실을 알려주려 한다." 잇파트가 비밀스럽게 말했다.

동상들은 초조해하며 꼼짝도 하지 않고 다음 말을 기다렸다. 그러자 마틸다가 앞으로 나서 머뭇거리다가 불쑥 던졌다.

"너희는 개뿔, 아무에게도 고개 숙일 필요 없다! 이상."

그리고 옆으로 물러섰다.

돌로 만든 거인들은 할 말을 잃어 입술을 잔뜩 오므리고 있었다. 잇파트는 두 팔을 들어, 그들에게 그 말이 맞으니, 인제 그만 양옆으로 물러나라는 제스처를 보였다.

"저희 말입니까?" 동상들 사이에서 놀라움이 섞인 목소리가 터져 나왔다. "개뿔, 필요 없다고? 개뿔? 개뿔이 뭐지?"

"'개뿔, 필요 없다'라는 말은 너희가 대관절 무엇 때문에 그렇게 해야 하느냐 말이다." 마틸다가 잇파트의 제스처를 따라 하며 말했다.

"무엇 때문에?" 동상들이 이해할 수 없다는 듯이 되풀이했다. "대관절 무엇 때문에 개뿔? 아니면 개뿔, 대관절 무엇 때문에? 대관절이 뭐지?"

"대관절이라는 말은 그 누구도 너희의 의식을 필요로 하지 않는다는 말이다." 마틸다가 그들에게 설명했다.

"이제 알겠습니다!" 거인이 말했다. "개뿔, 필요 없습니다! 고개 숙여 말씀을 받듭니다! 대관절 무엇 때문에!"

"대관절 무엇 때문에, 개뿔, 그럴 필요 없습니다!" 나머지 동상들이 열의에 찬 목소리로 반복했다. "고개 숙여 말씀을 받듭니다!"

"아니, 아직도 이해를 못했구나!" 잇파트가 끼어들었다. "도대체 왜 창조주에게 고개를 숙여야 한다고 생각하는 것이냐?"

"왜냐하면 그분은 전지전능하고 위대하시니까요!" 거인이 대답했다.

"그렇다면 너희가 노예라도 된다는 말이냐?" 잇파트가 물었다.

"아닙니다!" 동상들이 불만을 토하기 시작했다. "저희는 노예가 아닙니다! 노예는 저희가 아닙니다!"

"그러면 물고기인 것이냐?" 이번엔 마틸다가 진지한 목소리로 그들에게 물었다.

"아닙니다. 저희는 물고기가 아닙니다!" 그들도 아주 진지한 목소리로 대답했다.

"창조주가 너희에게 고개를 숙여야 한다고 말했느냐?" 잇파트가 그들에게 물었다.

"아닙니다, 그런 말씀은 안 하셨습니다." 동상들이 대답했다.

"너희는 그를 한 번이라도 본 적이 있느냐?"

"아닙니다, 본 적이 없습니다."

"그렇다. 그는 너희를 보는 것도, 너희와 말하는 것도 원치 않는다."

"왜입니까? 왜입니까?" 동상들이 진심으로 놀란 듯했다.

"왜냐하면 너희는 그의 계율을 그에게 고개를 숙이는 것으로 교묘하게 바꿨기 때문이다." 잇파트가 대답했다. "그리고 자만에 빠진 채 너희 자신을 성스럽고 불멸의 등급으로 격상시키지 않았느냐."

동상들은 당황스러워하며 잠시 말을 잇지 못했다.

"하지만 저희는 저희를 그분보다 낮은 위치에 두고 있습니다!" 거인이 말했다. "저희는 그에게 고개를 숙인단 말입니다!"

"왜 고개를 숙이는 것이 창조주에게 필요한 일이라고 생각하느냐?"

"왜냐하면 그는 위대하니까요!"

"거짓말! 뻔뻔한 거짓말을 하고 있구나. 창조주 앞에서 그런 말을 하는 것이 부끄럽지도 않으냐!"

"하지만 왜입니까? 왜 저희가 거짓말을 한다고 말씀하시는 것입니까?" 동상들이 또다시 매우 놀랐다는 듯이 물었다.

"왜냐하면 너희는 무엇이 그에게 필요한 일이고 무엇이 필요 없는지 건방지게도 너희 마음대로 결정했기 때문이다. 그리고 그런 기만에 이미 익숙해진 나머지 그걸 진실이라고 믿게 되었지."

석상들 사이에서 침묵이 흘렀다. 모두 할 말을 찾지 못했다.

"그러면 저희는 어떻게 해야 합니까, 타프티 님?" 거인이 물었다.

"주의는 기울이되 고개는 숙이지 않아야 한다.

찬양하지만 고개는 숙이지 않아야 한다.

고개를 숙이지 않고 창조주와 함께 창조를 해야 한다." 잇파트가 대답했다.

"하지만 저희가 어떻게 그분과 함께 창조를 할 수 있습니까?" 거인이 놀라워하며 물었다. "우리는 그분보다 낮은 존재가 아닙니까!"

"너희가 낮다고? 그것도 아주 건방진 생각이구나." 잇파트가 대답했다. "너희는 그와 동등하지 않지만 그렇다고 해서 그분보다 낮은 위치에 있는 것도 아니다. 창조주는 애초에 그의 모습을 본떠 그의 모습과 비슷하게 너희를 만들었다. 그가 왜 그렇게 했겠느냐?"

"저희가 그에게 고개 숙이도록 하기 위해서입니까?"

"다시 말하지만 '그의 모습을 본떠 그의 모습과 비슷하게'라고 했다. 왜 하필 이렇게 말했겠느냐? 아이들이 자신의 부모들에게 고개를 숙이느냐? 그들은 부모의 말을 듣고 그들을 존중한다. 고개를 숙여야 한다고 창조주 자신이 직접 결정했겠느냐? 아니다. 그는 그렇게 부질없는 것들을 결정하며 시간을 헛되이 보내지 않는다. 그는 창조한다. 너희와는 다르게 그는 할 일이 전혀 없는 존재가 아니란 말이다."

"반면 너희는 창조하지 않을 뿐 아니라," 잇파트가 계속했다. "계속해서 놀라고, 전쟁과 파괴를 만들어내기만 한다. 너희는 그에게 고개를 숙이면 더 깨끗한 양심을 가지고 전쟁터에 나가, 살생을 저지르고 뭔가를 파괴해도 면죄부를 받을 수 있다고 생각한다. 하지만 그것은 기만이고 거짓이다. 그래서 그분께서 너희 앞에 왕림하시지 않는 것이다."

"오, 위대하신 사제여, 그러면 저희는 어떻게 해야 합니까? 저희는 어떻게 해야 합니까?" 동상들이 물었다.

"내가 정말로 위대한지, 그리고 너희가 이제 어떻게 해야 할지 이제부터 말해주도록 하지. 나와 나의 조각상을 잘 보아라."

잇파트는 당황한 동상들의 눈앞에서 마법의 동작을 하며 '우-우-우-울---라!' 하는 주문을 외웠다. 그러자 그녀의 동상과 받침대가 광장에서 갑자기 사라졌다.

"이제 내가 너희에게 묻겠다. 내가 정말로 위대하다고 생각하느냐?"

"아닙니다." 그들이 대답했다. "하지만 위대하신 사제여, 방금 그건 어떻게 하신 것입니까?"

"위대하다는 것이냐, 아니라는 것이냐?"

"저희도 모르겠습니다." 동상들이 말끝을 흐렸다.

"사람 자체가 위대한 것이 아니라 그가 하는 일이 위대한 것이다. 이해하겠느냐?"

"어떻게 그렇습니까? 어떻게요?" 동상들이 이해하지 못하고 질문했다.

"창조하는 법을 익히면 알게 될 것이다."

"위대하신 사제여, 저희도 가르쳐주십시오!"

"또 시작이구나. 너희 세계에서는 노력하고 애쓸 필요가 없다는 것이 참 다행이구나. 너희는 의도를 만들어내고 그것이 이루어지도록 통제하면 된다. 어떻게 하는지 한번 보아라."

잇파트는 익숙하게 몸을 숙였다 펴면서 팔을 위로 들어 올리며 외쳤다.

"명령하노니 이루어지거라!"

그때 타프티의 동상이 서 있던 자리에서 화려한 분수대와 가장자리가 비취로 화려하게 모자이크 장식된 분수대가 솟아올랐다. 석상들은 깜짝 놀라 긴장하며 물었다.

"어떻게 한 것입니까, 위대하신 사제여?"

"너희도 똑같은 것을 할 수 있다." 잇파트가 그들에게 대답했다.

"다시 잘 보아라." 이번에는 마틸다가 신비스러운 창작 과정에 끼어들었다. 마틸다는 리본을 바로잡은 뒤, 똑같이 손을 뻗어 외쳤다.

"명령하노니 이루어지거라!"

그러자 지금까지 어둠이 드리워졌던 도시에 햇빛이 밝게 빛나고, 파란 하늘에는 세상의 모든 빛을 품은 무지개가 떴다.

"오, 위대한 사제 타프티 님이시여!" 동상들이 감탄하며 외쳤다. "오, 사원의 선택을 받은 위대한 자, 일리트 님이시여! 저희에게도 기적을 행하여주십시오!"

"아무런 기적도 없다." 잇파트가 말했다. "이제 너희가 직접 해보아라. 가서 너희가 할 일을 하면 된다. 각자가 어떤 것을 잘했는지 곰곰이 생각해보아라."

"저희가 뭘 해야 하는지 명령해주십시오, 위대한 사제여!" 거인이 물었다.

"우선은 이 '위대한' 받침대들을 없애고 그 대신 너희가 들어가 살 수 있는 아름답고 편안한 집을 만들어라. 그다음에는 도시 전체를 꾸미는 것이다."

"고개를 숙여 말씀을 받듭니다!" 거인들이 대답했다.

"뭐라고? 또 고집을 부리는구나!" 사제가 그들에게 쏘아붙였다. "분노하지 마십시오, 사제님." 그가 부탁했다. "전부 고치겠습니다. 저희가 직접 고치겠습니다."

거인은 받침대를 향해 몸을 돌려 두 팔을 뻗으며 큰 소리로 말했다.

"명령하노니 이루어지거라!"

드디어 나머지 동상들이 깜짝 놀라고 마틸다와 잇파트가 만족할 만한 일이 일어났다. 그가 성공한 것이다. 받침대들이 사라지고 그 자리에는 타프티의 실제 세계에서 본 것과 꼭 닮았지만 크기만 동상의 키에 맞도록 훨씬 커진 아름다운 집들이 나타났다.

"놀랍구나!" 잇파트가 외쳤다.

"브라보!" 마틸다가 외쳤다.

"오오오! 우우우!" 동상 무리가 외쳤다.

"다음은 누구냐?" 잇파트가 물었다. "용기를 내어라!"

무리에서 용감한 동상이 나와 두 팔을 내밀고 외쳤다.

"명령하노니 이루어지거라!"

그러자 체스판이 사라지고 그 자리에서 온갖 도로와 산책로들이 사방으로 뻗어 나갔다.

또 다른 한 명이 자원하여 앞으로 나왔다.

"명령하노니 이루어지거라!"

온 도로와 산책로와 광장에 나무와 온갖 식물들이 우거졌다.

그다음 여자 동상이 앞으로 나왔다.

"명령하노니 이루어지거라!"

그러자 이곳저곳에 알록달록한 꽃이 피었다.

그렇게 모든 동상이 차례대로 앞으로 나와 "명령하노니 이루어지거라!"라고 주문을 하고 모든 공간에 새로운 뭔가를 더했다. 그 결과 도시는 한때 거울 앞에 앉아 타프티의 세계를 지켜보던 마틸다가 그렇게 감탄해 마지않던 아름다운 공간이 되었다.

"자, 그럼 이제," 잇파트가 물었다. "이제부터는 어떤 슬로건을 사용해야겠느냐?"

"말씀을 듣고 찬양하며 창조합니다!" 대장 동상이 대답했다.

"말씀을 듣고 찬양하며 창조합니다!" 나머지 동상들이 일제히 외쳤다.

그들이 말을 마치자마자 사원에서 밝은 빛이 나오며 주변이 온통 환해지기 시작했다. 그 빛은 여러 가지 빛깔로 찬란하게 빛나며 잠시 동안 유지되었고, 그들은 모두 생전 처음 보는 신성한 현상에 매혹되어 말없이 바라만 보고 있을 뿐이었다.

"드디어 창조주가 너희에게 축복을 내려주시는 것이다!" 잇파트가 외쳤다.

거인들은 그들에게 은혜를 베풀어준 마틸다와 잇파트를 두 팔로 안아 들고 환호하며 도시의 거리를 따라 걸었다. 여사제 타프티와 사원의 선택을 받은 자인 일리트의 진정한 승리였다. 이후 그 사원의 이름은 그녀의 이름을 따 일리트가 되기도 했다. 물론 그들의 가장 위대한 행동은 조금 뒤에 일어날 것이기는 했지만 말이다….

아직 그들에게는 가장 중요한 과제가 하나 남아 있었다. 바로 메타현실에서 벗어나 진짜 현실로 돌아가는 것이었다. 하지만 언제 그 것이 가능할지는 아마도 오직 직전만이 알고 있을 것이다.

♦ 뚜껑 아래를 걷는 자들

"만세, 만세, 만세!" 잠수함이 외쳤다.

원정대원들은 손뼉을 치고 자리에서 뛰면서, 서로를 마구 껴안았다.

"과핵 기계의 자멸 기능이 과연 효과가 있었군요!"

"이제 과핵 실험은 완전히 마지막이 되었어요!"

"완전히, 아주 완전히!"

"완전한 야옹막이에요!"

"해피 엔딩이에요!"

"우리의 임무를 완수했어요!"

지상에 있는 사람들도 두 팔을 위로 번쩍 들고 환호성을 지르고 있었다. 시청으로 이어지는 모든 거리를 따라 사람들이 몰려나오기 시작했고, 머지않아 광장 전체가 기뻐하는 사람들로 가득 차기 시작했다. 시청의 발코니도 그런 사람들을 보기 위해 서둘러 나온 직원들로 가득 찼다. 그들 중 하나가 두 팔을 번쩍 들자, 사람들은 서서히 목소리를 낮췄다.

"존경하는 시민 여러분!" 그가 말했다. "우리 사회는 애통하게도 오랫동안 어둠 속에 갇힌 상태로 지내왔습니다! 하지만 우리 시는 손 놓고 있는 것이 결코 아니었습니다! 그리고 오늘, 드디어 그 뚜껑에 마지막이 도래했습니다!"

"시청에 영광을!" 군중 무리 중에서 누군가가 외쳤다.

"뚜껑에게 덮개를!" 나머지 사람들이 외쳤다.

그러는 사이 광장의 반대편에 있는 아카데미에서 환견과핵자들이 발코니로 우르르 몰려나오는 것이 보였다. 그들 중 가장 높은 위치에 있는 의장이 분노하며 시민들에게 말했다.

"존경하는 시민 여러분!"

모든 사람이 일제히 아카데미를 향해 몸을 돌렸다.

"여러분도 아시다시피, 과핵은 빛이며, 비과핵은 어둠입니다! 우리는 비록 암흑 속에서 길을 잃었으나 포기하지 않았으며, 저희 용감한 환견과핵자들은 빛이 보이는 터널의 끝을 찾아 끊임없이 노력해왔습니다! 그리고 이제, 과핵적 연구의 결과로 하늘에는 다시 과핵의 빛이 밝아왔습니다!"

"과핵에 영광을!" 무리 속에서 누군가가 외쳤다.

"덮개에 뚜껑을!" 나머지가 계속해서 외쳤다.

대원들은 무슨 일이 일어나고 있는지 알 수 없어 고개를 들어 위를 바라보았다.

"저 사람들이 무슨 말을 하고 있는 거야?" 잠수함이 물었다.

"그들 자신도 모르는 것 같은데." 아디야가 대답했다.

"그런데 우리의 야옹 머리가 사라졌다는 사실을 알고 계셨어요?" 야옹이가 물었다.

"아마도 땋은 머리는 영화가 멈췄을 때에만 보이는 것 같아." 암소가 추측했다. "그게 아니라면 다른 방법으로는 이해할 수가 없는걸."

"그러면 사람들에게는 꼭두각시의 실처럼 파란빛이 남아 있지만 보이지 않을 뿐이라는 말이니?" 잠수함이 물었다.

"아마도 그런 것 같구나." 여왕이 말했다.

"질문이 있습니다. 그 실을 그렇게 꽉 잡고 있는 것은 누구일까요? 영화 필름일까요, 아니면 최고 권력일까요?" 야수가 덧붙였다.

그때 다시 시장이 연설을 시작했다.

"존경하는 시민 여러분!" 그가 목청껏 외쳤다.

그러자 시민들은 또다시 일제히 시청을 향해 몸을 돌렸다.

"오직 사회의 이익만을 위해, 이익을 향해 시정을 행하면서, 우리는 어두운 흐름에 한 줄기 빛이 될 수 있도록 최선을 다했습니다! 저희는 밤낮으로 시민 여러분과 여러분의 복지만을 생각해왔습니다! 저희는 밤낮으로 작디작은 시청 자동차를 타고 다니며, 도시의 한쪽 끝에서 다른 한쪽 끝으로, 그리고 세 번째 끝으로 이동하며 동시에 급한 전화 연락도 멈추지 않았습니다! 그리고 저희의 운영 능력의 결과로 우리는 이 문제를 해결하는 데 성공했습니다. 드디어 성공했어요!"

"시청에 영광을!" 무리 중에서 누군가가 외쳤다.

"뚜껑에 덮개를!" 나머지 사람들이 외쳤다.

"존경하는 시민 여러분!" 또다시 환견과핵자 의장이 목소리를 높였다.

존경하는 시민들은 또다시 몸을 돌렸다.

"선진 과핵은 권위를 더욱더 깊고 넓게 발전시키며 대중의 전체적인 신뢰를 얻어왔다고 대단히 만족스럽게 말씀드릴 수 있겠습니다! 뚜껑을 에워싼 그것을 원래 있었던 곳, 그것이 암세포를 증식시키던 붕괴의 소용돌이 속으로 돌려보낸 과핵의 원동력은 과소평가할 수도, 과대평가할 수도 없습니다. 그리고 이제 그 혼란스러운 소용돌이 속에서 승리만을 가지고 돌아온 과핵의 능력과 경쟁력 모두가 결론적으로 입증된 것입니다!"

"실험-과핵-종양!" 발코니에서 환견과핵자들이 외쳤다.

"과학에 영광을!" 군중 속에서 다시 외침이 들렸다.

"덮개에 뚜껑을!" 사람들이 다시 외쳤다.

원정대원들은 전망대의 가장자리에서 물러나 동그랗게 모였다.

"뭐, 전부 확실해졌네요." 아디야가 말했다.

"뚜껑 아래에서 지냈던 사람들은 계속 그렇게 지내는 거야." 야수가 말했다.

"그래도 우리는 우리가 해야 할 일을 했어요." 야옹이가 말했다.

"이제 떠날 시간이에요." 암소가 말했다. "저들이 저렇게 계속 집회를 하고 있는 동안에는 아무도 눈치 못 채게 군중 속에 숨어들 수 있을 거예요."

"그런데 어디로 가지?" 잠수함이 물었다.

"먼저 카라밀라에게 갔다가 집으로 가는 것이 좋겠구나." 여왕이 대답했다.

"네, 훌륭한 생각이에요!" 잠수함이 외쳤다. "우리의 따뜻한 빌라 마라빌라로 가요!"

"우리의 친절한 카라밀라에게로요." 아디야가 덧붙였다.

◆ 살고 있는 자들 중에 살아 있는 자들

　광장의 이쪽과 저쪽에서 연설이 들려오고, 그와 함께 시민들은 이쪽저쪽으로 몸을 돌리며 그 연설을 듣고 있었다. 그러는 가운데 우리의 원정대원들은 눈에 띄지 않게 지상으로 내려와 작은 거리로 숨어들었다. 사실은 그들을 뒤쫓으려는 사람은 아무도 없었다. 몇 블록을 지나가자 그들은 빌라 마라빌라에 도착했고 그곳의 종을 울렸다. 카라밀라가 기쁨을 감추지 못하며 그들을 맞이했다.

　"아, 나의 손님들! 아, 나의 귀중한 손님들이네요! 성공했군요!" 그녀는 모두를 한 명씩 차례대로 포옹했다.

　예전의 화려한 헤어스타일은 이제는 보다 편리하고 우아한 스타일로 바뀌어 있었다.

　"친애하는 카라밀라, 저희에게 여러 가지를 알려주고 도와주시지 않았다면 저희는 아무것도 하지 못했을 겁니다." 아디야가 말했다.

　"세계는 누군가 구해주기를 원하지 않았던 것 같지만 그래도 우리가 세계를 구했어요." 잠수함이 말했다.

　"그리고 이제 온 야옹계가 기뻐하고 있고 축하하고 있어요." 야옹이가 말했다.

　"맞아요, 그런데 부인은 지금 광장에서 뭔가 상상할 수 없는 일이 일어나고 있다는 사실을 아시나요?" 암소가 말했다.

"알다마다요, 나의 손님들! 모든 시민들이 그곳으로 갔지만, 저는 여러분을 기다리고 있었답니다. 그리고 이렇게 만났네요! 잠시만요, 금방 음식을 내올게요. 제가 준비하는 동안 여러분은 이곳에 편하게 앉아서 잠시 쉬고 있어요!"

손님들은 거실의 테이블 앞에 앉았고, 여주인은 분주히 움직이기 시작했다.

"카라밀라, 우리 모두 감사한 마음뿐이에요." 브룬힐다가 말했다. "특히 뚜껑을 제거하는 데 도움을 주신 점에 대해서요."

"오히려 여러분이 아니었다면 제가 어떻게 했을지 상상조차 할 수 없는걸요!" 카라밀라가 기쁨을 감추지 못한 채 말을 이었다. "얼른 드세요, 드세요, 나의 손님. 이야기는 나중에 하고요!"

대원들은 기꺼이 카라밀라가 애정과 정성을 듬뿍 담아 대접한 여러 가지 음식을 먹었고 디저트를 즐기며 그들의 여정과 현실의 놀라운 변신에 대해 이야기할 수 있었다.

"그런데 카라밀라, 영화 필름이 멈췄을 때 어떤 것이 변했다는 사실을 못 느끼셨나요?" 여왕이 물었다

"아니요, 아무것도 멈추지 않았어요." 카라밀라가 대답했다. "모든 것이 평소와 똑같이 흘러갔는걸요."

"영화 속에서 멈춰버린 사람들은 그것이 멈췄는지 눈치채지 못하는 것 같습니다." 아디야가 말했다. "정지된 상태에서는 영원한 시간이 흘러간다고 해도요. 하지만 영화 필름이 재생되자마자 그 속의 삶은 아무 일도 없었다는 듯이 계속되죠."

"여러분이 말한 모든 것이 그저 놀라울 따름이에요!" 카라밀라가

외쳤다. "아마도 현실은 우리가 상상했던 것과는 전혀 다른 모습으로 생겼을지도 몰라요."

"만약 뚜껑이 아니었다면 우리도 그 사실에 대해서는 아무것도 모르고 살아갔을 거예요." 잠수함이 말했다.

"그리고 서로를 만나지도 못했을 거예요!" 암소가 덧붙였다.

"그리고 변신도 하지 못했겠죠." 야수가 말했다. "저는 계속 야수로 남아 있었을 거예요. 아마도요."

"죄송하지만, 저는 처음에 우리의 노력이 전부 부질없다고 생각했습니다." 아디야가 말했다. "우리가 그 망할 기계를 제거해버려도 그들이 그것을 다시 되살릴 거라고 생각했어요."

"이제는 복구하지 못할 거예요." 카라밀라가 말했다. "시청과 환견과학자들은 여론을 반드시 반영해야 하거든요."

"참 빨리도 그걸 알아냈네요!" 잠수함이 말했다.

"그러게 말이에요." 암소가 말했다. "그들이 말한 것처럼 '어두운 흐름 속에서 빛나는 한 줄기'를 가져다줘야 하는데도 말이죠. 실제로는 이 문장에서 형용사 두 개의 위치를 바꿔야 말이 될 만한 짓을 했네요."

"환견과학자들이 또 다른 지독한 기계를 발명할 거란 가능성도 잊어서는 안 돼요." 야옹이가 말했다. "그들에게 또다시 암세포 같은 것이 퍼져나가 또 다른 끔찍한 발명품이 나올 수 있죠. 그들은 무엇을 발명하든 폭탄 같은 것을 만들어요. 그건 단순히 야옹기어린 재앙일 뿐 아니라 진짜 고양이 테러가 될 거라고요!"

"그러면 우리가 또다시 세계를 구해야지!" 잠수함이 외쳤다.

"그럴 일은 일어나지 않을지도 몰라." 암소가 말했다. "사람들은 뚜껑 없이 더 잘 살 수 있다는 것을 깨달았고 깨끗한 하늘을 보며 진심으로 기뻐했잖아. 그러니 그들이 아주 의식이 없는 건 아닐 수도 있어."

"하지만 완전히 이해하지는 못했지. 뚜껑의 본질을 완전히 밝혀내지는 못했어." 야수가 지적했다.

"오, 맞아요. 안타깝게도 우리는 그러지 못했죠." 카라밀라가 동의했다.

"예전에는 우리 자신조차 완전한 의식을 가진 존재가 아니었어요." 잠수함이 말했다. "예를 들어 저와 아디야는 어떤 매머드를 잡으려고 했죠."

"자, 과연 그것에 대해 지금 얘기할 필요가 있을까!" 아디야가 불만스럽게 쏘아붙였다.

"우리는 전부 과거에 잠들어 있는 존재들이었다." 여왕이 말했다. "그런데 우리가 거쳐온 여정이 우리를 잠에서 깨어나게 했지."

"우리의 환상적인 변신도 그렇고요!" 잠수함이 외쳤다.

"변화도요!" 암소가 덧붙였다.

"나는 이제 요리조리 변신할 수 있어!" 잠수함이 말했다.

"나도." 암소가 말했다. "야수야, 너는 할 수 있니?"

"모르겠어." 그가 대답했다. "변신을 하고 싶은지도, 해야 하는지도 확실히 잘 모르겠어."

"야옹이는 아무런 변신을 하지 않아도 아주 보기 좋아." 아디야가 끼어들어 칭찬했다.

"야옹하죠! 야옹히 보이죠!" 야옹이가 기뻐하며 말했다. "주인님, 제가 정말 그렇게 보이나요?"

"그래, 야옹아. 그래 보여." 야수가 평소처럼 과묵하게 대답했다.

브룬힐다는 걷잡을 수 없이 드러나는 질투심을 겨우 참고 침착함을 유지하려고 애쓰며 둘을 바라봤다. 하지만 그녀가 사실은 전혀 침착하지 않다는 사실을 모두가 눈치채고 있었다.

"카라밀라, 왜 부인은 저희를 처음 만났을 때 그렇게… 음, 이상하게 행동하셨나요?" 암소가 화제를 전환하기 위해 물었다.

"그러면 꿈속의 인물들 사이에서 달리 어떻게 행동할 수 있었겠어요?" 카라밀라가 대답했다. "여러분이 뚜껑에 대해 이야기하기 전까지는 저도 여러분을 잠든 자들이라고 생각했어요. 여러분도 겉으로는 활기가 있는 것처럼 보이지만 실제로는 잠들어 있는 사람들을 대하는 것이 어떤 기분인지 직접 겪어보셨으니 잘 아시지 않나요?"

"맞아요. 정말로 꿈속에 있는 느낌이죠." 잠수함이 동의했다. "그것이 꿈이라는 것을 깨닫고 나면 그 속의 모든 등장인물이 비현실적으로 느껴지고, 사람이 아닌 등장인물들과 말하는 것처럼 그들과 대화하게 되면서 절제된 태도로 그들의 반응을 지켜보게 돼요."

"저는 어렸을 때 그와 비슷한 방법으로 인형들과 대화하곤 했어요." 여왕이 말했다.

"저는 개인적으로 곰 인형에 전문화했습니다." 아디야가 끼어들었다. "다만 그들은 그다지 사교적이지 않았어요."

"아하하!" 암소가 웃음을 터뜨렸다. "그래도 그 인형들이 네게 가장 충성스러운 말동무였을 거야!"

"그리고 영화 속에서도 꿈속과 똑같은 일들이 일어나는 것 같아요." 잠수함이 제안했다. "영화 장면 속에서 우리가 갑자기 정신을 차리고 영화 속 주인공들과 대화하려고 시도하면 어떤 일이 생기나요?"

"그들의 주제에 따라 그들의 게임을 함께 하게 될 확률이 높겠지. 단지 그들이 주어진 배역을 연기하고 있는 인물들에 불과하다는 사실을 인식하고, 너도 너의 배역을 연기한다는 사실을 알고 있으면서도 그것을 티 내지 않으려고 하면서 말이야." 암소가 대답했다.

"실제로 우리가 이미 시도한 거군!" 아디야가 말했다.

"그렇다. 이곳의 등장인물들과 대화하며 우리가 실제로 그렇게 했었지." 여왕이 말했다.

"높은 곳에서 아래를 내려다보니 확실하게 알 수 있었습니다." 야수가 말했다.

"그렇다면 살아 있는 사람들과 영화 속에서 사는 사람들 사이에는 어떤 차이가 있어요?" 잠수함이 물었다.

"영화 속에서 사는 사람들은 마치 꼭두각시 인형처럼 시나리오에 실로 연결되어 있어." 아디야가 대답했다. "하지만 우리는 실로 연결되지 않았기 때문에 이곳에서 살아 있는 상태로 자유롭게 돌아다닐 수 있는 거지."

"그러면 질문이 또 있어요. 우리는 영화가 멈춰 있을 때만 그 속에서 움직일 수 있나요?" 잠수함이 질문을 계속했다. "그러면 나머지 시간에는 우리도 실로 묶여 있나요?"

"아니요, 제 생각에는 그뿐만이 아닌 것 같아요." 야옹이가 대답했다. "우리는 '나는 나다'라고 말할 수 있는데 그들은 못하잖아요."

"다시 우리가 어디에 있느냐를 묻는 질문으로 돌아오는걸." 암소가 지적했다.

"그래도 우리는 진짜 현실에 있는 것이 아닌 것 같아요." 잠수함이 말했다.

"그러면 여러분이 보기에 저는 진짜인 것 같나요, 아닌 것 같나요?"

"카라밀라! 당연히 진짜죠!" 그녀에게 모두가 대답했다.

"그러면 우리의 오래된 딜레마로 돌아가보죠. 진짜 현실과 가짜 현실의 차이는 뭘까요? 여러분은 그 둘을 구분할 수 있나요?"

"진짜 현실은 멈추지 않아요."

"그것을 멈추려고 시도해본 적은 있나요?"

"카라밀라, 진짜 현실에도 이곳과 똑같은 영화 필름과 많은 머리와 파란 실이 있다고 말하고 싶은 건가요?"

"누가 알겠어요. 어쩌면 여러분이 언젠가 그 사실을 알아낼지도 모르죠."

잠시 침묵이 이어졌다. 모두가 '뚜껑원정대'의 임무가 완료되었으며 자신의 세계로 돌아가야 한다는 사실을 알고 있었다.

"그럼, 카라밀라, 그동안 전부 감사했어요." 여왕이 말했다.

"전부, 아주 전부요!" 잠수함이 덧붙였다.

"이제 집에 갈 시간이에요." 아디야가 말했다. "맞죠, 폐하?"

"그렇다." 여왕이 대답했다.

"카라밀라, 우리와 함께 가실 생각은 없나요? 아주 잠깐만, 놀러

오기라도요." 암소가 그녀에게 물었다.

"그러면 저도 무척 기쁘겠지만 저의 빌라 마라빌라를 어떻게 잠시라도 비우겠어요?"

"우리의 빌라 마라빌라를요!" 잠수함이 외쳤다. "이곳에서 머무는 것이 너무 좋아서 이곳을 떠나는 것이 슬퍼요. 게다가 부인과 이별하는 것도요."

"저의 집이 여러분의 집이죠, 나의 손님들!"

"제 성의 대문도 항상 부인을 위해 열려 있다는 사실을 기억해주세요." 여왕이 말했다.

카라밀라는 눈물 고인 눈으로 말없이 고개를 끄덕였다.

"그러면 야옹아, 너는 우리와 함께 갈 거니?" 야수가 물었다.

"저를 버리지 않으실 거라고 약속하셨잖아요?" 야옹이가 깜짝 놀라며 물었다.

"너를 버린다는 말이 아니야."

"그러면 저도 여러분과 함께 가는 게 야옹연하죠, 이곳은 제가 있을 곳이 아니에요."

대원들은 길을 떠날 준비를 하기 시작했다. 카라밀라는 두 눈에 눈물이 고인 채로 그들을 배웅했다.

"또 볼 수 있겠죠, 나의 손님들?"

"친애하는 카라밀라, 금방 또 볼 수 있을 거예요." 아디야가 약속했다.

"야옹연하죠!" 야옹이가 덧붙였다.

"우리는 반드시, 반드시 만날 수 있을 거예요!" 암소도 눈물을 참지 못하며 말했다.

"우리는 다시 카라밀라에게, 우리의 빌라 마라빌라에 돌아올 거예요!" 야수가 약속했다.

"당연하죠!" 잠수함도 약속했다.

"곧 다시 만납시다!" 여왕이 작별인사를 했다.

"기다리고 있을게요!"

◆ 모든 것은 이제 막 시작되었다

대원들은 카라밀라가 알려준, 거울이 있는 방향으로 나아갔다. 그들은 임무를 완수했다는 사실에 무척 기뻐하면서도 동시에 그들의 놀라운 여정이 전부 끝났다는 사실에 슬프기도 했다. 사실 그들은, 그들의 앞에 새로운 깜짝 선물이 있다는 사실을 상상조차 하지 못하고 있었다. 현실은 너무나도 예측하기 힘든 존재이기 때문에 그것으로부터 조금이라도 확실성을 기대한다는 것은 아주 순진한 생각이다.

뭐, 아직 우리의 여행자들은 한 치 앞도 모르기 때문에 가질 수 있는 행복감에 젖어, 어떻게 집으로 돌아갈지, 어떻게 축하할지, 평화와 조화 속에서 어떻게 다시 일상을 이어갈지에 대한 계획을 이미 세워둔 상태였다. 그도 그럴 것이, 그들은 여정에서 서로 아주 가까워졌던 것이다. 물론 최근의 사건이 너무나 빠르게 흘러가 개인적인 대화를 나눌 새도 없었긴 했지만 말이다.

그들은 도시를 벗어나서 거울 같은 물체를 향해 발걸음을 멈추지 않았다.

"그 알 수 없는 장소에 도착한다면 우리가 어디로 가야 할지 곧바로 알게 되었으면 좋겠네요." 잠수함이 말했다. "우리가 어디에서 왔는지 그곳에 있을 때만 해도 알고 있었잖아요."

"아가씨들의 희망은 항상 좋은 자양분이 되지." 아디야가 비유적으로 말했다.

"아니지, 아가씨들이 청년들의 희망에 좋은 자양분이 되는 거지." 잠수함이 받아쳤다.

"여러분이 서로 무슨 자양분을 주고받는지는 모르겠지만 여러분이 말하는 그 물체를 얼른 보고 싶어 못 견디겠어요." 야옹이가 말했다. "야옹인가요?"

"오, 맞아, 야옹아. 너무 야옹해서 너조차도 야옹할 거야." 아디야가 대답했다.

"정말 야옹스럽지." 암소가 말했다.

"야옹한 악몽 같지 않다면 말이야." 잠수함이 덧붙였다.

드디어 그들이 물체에 도착했다. 저번처럼 물체 속에는 멋진 푸른 바다와 해변의 수풀과 모래와 야자나무가 보였다.

"야옹! 너무 멋진 풍경이에요!" 야옹이가 감탄했다. "저 바다에 기꺼이 제 꼬리를, 아니 앞발을, 아니 온몸을 담글 수 있을 것 같아요!"

"서두르지 마, 야옹아." 야수가 그녀에게 경고했다. "풍경이 갑자기 다르게 변하는 것이 이상해 보이지 않아?"

야옹이는 당황했다. 실제로 그들이 가고 있던 그 길은 마치 도중에 두 개의 서로 다른 사진을 나란히 배치해둔 것처럼 갑자기 다른 풍경으로 바뀌었다.

"맞아요, 정말 야옹랍네요." 야옹이가 보이지 않는 벽을 어루만지며 말했다. "이게 뭔가요, 거울인가요?"

"그렇기도 하고 아니기도 하지." 아디야가 대답했다. "주변의 물체들이 거울처럼 완벽하게 비치는 것이 아니라 우리의 실루엣만 아주 흐릿하게 비치는 게 보여?"

"그리고 이 벽에는 끝도, 가장자리도 없네요? 확인해보셨나요?" 야옹이가 계속해서 물었다.

"아마도 거대한 모니터일 수도 있지만 그럴 가능성은 적어 보이고, 아니면 카라밀라가 제안했던 대로 두 세계나 현실의 두 측면 사이의 경계인 것 같구나." 브룬힐다가 말했다. "하지만 경계선을 찾지는 못했다."

"그래도, 완전히 야옹짓말 같아요!" 야옹이가 감탄하며 말했다. "또 다른 야옹 모독이거나요! 이것을 좀더 자세히 알아볼 수는 없나요?"

"이미 우리가 할 수 있는 것은 모두 해봤어." 아디야가 대답했다. "소위 이 물체는 자세히 연구할 수 있는 것이 아니라, 그저 존재하는 거야."

"우리의 환견과핵자들은 아마 반대로, 물체가 연구할 수 있는 대상이 아니라면 그것이 존재하지 않는다고 결론을 내렸겠지." 암소가 말했다. "아주 편리한 결론이야. 그렇지 않니?"

"어쨌거나 이곳에서 우리가 할 수 있는 일이 아무것도 없다면 집으로 가는 수밖에 없다. 적어도 지금 당장은 말이다." 여왕이 제안했다.

"제 생각엔 우리가 저쪽에서 이곳으로 왔던 것 같습니다." 암소가 가리켰다.

"저는 이쪽에서 온 것 같아요." 잠수함이 반대 방향을 가리켰다.

"우선은 저쪽으로 가볼까요?" 아디야가 또 다른 방향을 가리켰다.

"알겠다, 너의 천재적인 본능이 가리키는 방향으로 가보자." 여왕이 동의했다.

"폐하, 저의 본능은 반대로 너무 계몽적이고 분명합니다." 아디야가 그 특유의 말버릇으로 대답했다.

그래서 그들은 아디야가 가리킨 방향으로 향했다. 거울은 점점 멀어져 그들의 시야에서 사라졌다. 그들은 최대한 직진하며 앞으로 나아갔지만 얼마 지나지 않아 익숙한 풍경이 나타나기 시작했다. 출발했던 그 지점으로 되돌아온 것이다.

"자!" 여왕이 말했다.

"자!" 잠수함이 여왕을 따라 했다.

"우리가 빙 둘러 제자리로 돌아온 건가요?" 야옹이가 제안했다.

"그럴 리 없어!" 암소가 말했다.

"내가 방향 감각이 좋아서 아는데, 우리가 빙 돌아왔을 리가 없어." 야수가 말했다.

"그러면 다른 방향을 시도해보자." 여왕이 제안했다.

이제 친구들은 제일 처음 암소가 가리켰던 방향으로 갔다. 또다시 정확하게 앞으로만 걸어갔다. 잠시 후 멀리에서 도시의 윤곽이 점점 뚜렷해지는 것이 보였다. 좀더 가까이 다가간 그들은 하마터면 일제히 비명을 지를 뻔했다.

"폼포니우스!"

"우리 도시잖아요!"

"저기에 시청이 보이는데요!"

"어떻게 하죠?" 잠수함이 자신이 가장 많이 하는 질문을 했다.

"우선은 거울이 있는 곳으로 다시 돌아가보자." 여왕이 지시했다.

그들은 왔던 길을 다시 돌아가 원래의 출발점에 다다랐다. 보이지 않는 벽 뒤에는 예전처럼 파도가 부서지고 있었고 해변에 가득한 야자나무의 넓은 나뭇잎은 평화롭게 살랑거리고 있었다.

"제가 한번 하늘로 날아올라 주변을 살펴볼까요?" 암소가 제안했다.

"그렇게 하는 것이 좋겠구나. 착한 암소야." 여왕이 말했다.

암소는 주의를 집중해 예전의 날개 달린 오렌지 암소의 모습으로 돌아갔다. 암소는 날개를 활짝 펼쳐 나선을 그리며 재빠르게 공중으로 날아올랐다. 잠시 이곳저곳을 둘러본 암소는 안정적으로 착지하여 곧바로 사람의 모습으로 변신했다. 모두 질문이 가득한 표정으로 그녀를 바라보았다.

"폐하," 그녀가 여왕에게 말했다. "주변에는 도시 말고는 아무것도 특별한 것이 없었습니다. 하지만 저쪽에 어떤 작은 숲 같은 것이 보였습니다."

"맞아! 처음 이곳으로 오기 전에 나무가 듬성듬성 난 작은 숲을 지나왔었지!" 아디야가 기뻐하며 외쳤다.

"그러면 저쪽으로 가자." 여왕이 명령했다.

"제가 앞장서겠습니다." 야수가 말했다.

그리고 모두가 그의 뒤를 따랐다.

15분 정도 후에 그들은 작은 숲속으로 들어갔다. 그 숲은 매우 작았기 때문에 그곳에서 나오는 데에도 그다지 오래 걸리지 않았다. 이어서 수풀이 자란 언덕 지대가 이어졌다. 앞으로, 앞으로 계속 나아가던 친구들은 확실한 특징이 있는 풍경들이 예전의 모습 그대로 반복되고 있다는 사실을 눈치채고는 반대 방향으로 다시 돌아가야 한다는 예감을 느꼈다. 그들은 금세 거울 근처의 출발점으로 다시 돌아왔다. 멀리에서는 여전히 도시의 모습이 어렴풋이 보이고 있었다. 친구들은 지쳐 바닥에 앉으며, 어떻게 해야 할지 몰라 아무 말도 하지 못했다.

다만 유일하게 잠수함만이 가만히 있지 못하고 두 팔로 보이지 않는 벽을 더듬거리며 계속 돌아다닐 뿐이었다.

"도대체 이게 무슨 벌을 받고 있는 것이람!" 그녀가 중얼거렸다. "무슨 수가 있는 게 틀림없어! 누구 대답할 사람 없을까요?"

그녀가 말을 마치자, 갑자기 허공에서 희미한 속삭임 소리가 들려왔다. 그 속삭임은 마치 바람처럼 한쪽에서 다른 쪽으로 이동하면서 들려왔다.

"거기 누구 있어요?" 잠수함이 외쳤다.

"나는 직전이다… 직전이다…" 속삭임이 말했다.

"무엇의 직전이니?"

"시간의 직전… 시간의 직전…"

"어디에 있니?"

"나는 모든 곳에 항상 존재한다… 모든 곳에 항상 존재한다…"

"어머, 그럼 뭐 좀 알려줘! 가르쳐줄 수 있니?" 잠수함이 물었다. "지금 우리는 어디에 있는 거지? 그리고 이 보이지 않는 벽은 뭐고? 어떻게 하면 이곳에서 나갈 수 있는 거니?"

"질문이 너무 많다… 너무 많다…"

"어떻게 하면 집으로 갈 수 있는지만이라도 알려줘!"

"인조의 여인과 붉은 여왕을 찾아라… 그들이 도와줄 것이다…"

"어떻게? 그들을 어떻게 찾을 수 있지?"

"알게 될 것이다… 찾을 수 있을 것이다…"

"그러면, 하나만 더…"

하지만 바람의 속삭임은 갑자기 사라져 더 이상 소리가 들리지 않았다.

친구들은 잠시 아무 말도 하지 않고 있다가 놀란 눈으로 서로를 바라보기만 했다.

"시간의 직전?" 아디야가 정적을 뚫고 먼저 말을 꺼냈다. "이런 알 수 없는 것을 보았나."

"전부 제가 이해할 수 있는 범위를 넘어선 것 같아요." 암소가 말했다.

"저의 야옹력의 범위도요." 야옹이가 덧붙였다.

"그런데 그 인조의 여인과 붉은 여왕이라는 사람들은 누구지?" 야수가 물었다. "여러분 중 누구 한 명이라도 그들에 대해 들어본 적 있나요?"

하지만 다들 고개를 저을 뿐이었다.

"괜찮아, 어떻게든 알게 되고, 어떻게든 찾게 되겠죠!" 잠수함이 밝게 말했다. "직전이 약속했으니까요!"

"그를 믿어?" 아디야가 물었다.

"달리 선택의 여지가 있겠어?" 잠수함이 대답했다.

"그래도 뭔가 수확이 생겼구나." 브룬힐다가 말했다. "잠수함아,

너의 끈기 덕분에 적어도 힌트 하나를 얻을 수 있었다."

"감사합니다, 폐하. 역시 우리의 여왕님이세요. 하지만 지금은 다른 여왕을 찾으러 떠나야 해요. 붉은 여왕을요."

"그리고 여인도요. 인조의 여인이요."

"그건 무슨 뜻일까?"

"오호호," 암소가 심호흡을 했다. "이런데도 전부 끝났다고 생각하고 있었다니."

"아니, 모든 것은 이제 막 시작되었다." 여왕이 말했다.

♦아직 러시아어로만 서비스되고 있긴 하지만, 이 책과 트랜서핑 시리즈에 관해 더 자세히 알고 싶은 분들은 아래 주소의 SNS와 홈페이지를 방문해보시기 바랍니다.

♦타프티 유튜브 채널 bit.ly/tafti

♦타프티 인스타그램 instagram.com/tufti.itfut

♦타프티 페이스북 facebook.com/tufti.itfut

♦트랜서핑 교육센터 tserf.ru

♦ 편집 후기

이 두툼한 책에 글을 보태게 되어 송구스럽다. 물론 처음부터 예상은 했지만, 실제로 편집을 마치고 보니 만만찮은 분량에 새삼 의구심이 일었다. 전작들을 보면 바딤 젤란드는 수다스럽기는커녕 다소 아쉽게 느껴질 정도로 간결한 글쓰기를 하는 작가인데, 그만큼 그 자신도 이 이야기에 흠뻑 빠져서 써내려갔다는 뜻일까.

트랜서핑 1권이 국내에 번역 출간된 것이 2009년 2월이니 어느덧 10년이 지났다. 아무리 좋은 책이라도 기억 저편으로 잊히기 충분한 세월 동안 이 시리즈를 꾸준히 읽고, 실천하고, 전파해주신 국내의 트랜서퍼들에게 고개 숙여 고마움을 전한다.

우선 그동안 가장 많이 들어온 질문인 "왜 트랜서핑 시리즈 전체를 번역 출간하지 않나요?"에 대한 입장부터 말씀드리고자 한다. 《여사제 타프티》가 나오기 전까지, 즉 트랜서핑 시즌 1에 해당하는 원서는 총 열세 권이 출간되었다. 그 열세 권은 내용과 형식, 출간 시기를 따져 5+8의 구성으로 나눠볼 수 있는데, 본편에 해당하는 《Reality Transurfing》 Stage 1~5는 전부 국내에 출간되어 있다. Stage 1~3은 《리얼리티 트랜서핑》 1~3권으로, Stage 4~5는 합본되어 《트랜서핑의 비밀》이라는 한 권의 책으로 나왔다.

추가편에 해당하는 여덟 권의 원서 중에서는 《Space of Variations

Tarot Deck》만이 《트랜서핑 타로카드》라는 제목으로 국내에 출간되었다. 나머지 책들은 본편과 중복된 내용이 많아서, 독립된 책이라기보다는 일종의 별매판에 가까워서, 또는 바딤 젤란드가 직접 지은 책이 아니어서 검토 단계에서 멈춰졌다. 물론 여기에만 모든 걸 쏟아부을 수는 없는 출판사 내부의 사정도 있었다. 아쉬우시겠지만, 넓은 마음으로 양해해주시길 바란다.

아무튼 꽤 오랫동안 우리도 국내의 다른 트랜서퍼들과 똑같은 마음으로 신작 소식을 기다렸고, '이제 더는 책을 안 쓰는 걸까?' 하는 궁금증과 아쉬움이 한껏 쌓였을 무렵 저작권사로부터 두 눈을 의심케 하는 자료가 도착했다. 괴이한 표지에, 독자들을 내내 꾸짖고 몰아붙이는 내용에, '자기계발 픽션'이라는 장르인데 또 본질적으로는 픽션이 아니란다. 게다가 표지와 본문 모두 저자의 의도를 순화하지 말고 그대로 유지하라는 조건까지.

하지만 예상을 완전히 벗어났기에 도리어, '시즌 2' 또는 '버전 2'라고 이름 붙여 마땅한 《여사제 타프티》의 국내 출간을 서두를 수밖에 없었다. 국내 독자들의 반응이 어떨지가 너무나 궁금했기 때문이다. 그리고 뒤이어 《여사제 잇파트》까지 작업하면서, 극 중 마틸다가 예측불허의 행동을 통해 글램록들의 지도자로 올라서는 대목에서 무릎을 탁 치고야 말았다. 이 괴이한 컨셉 자체가, 기존의 트랜서핑 시리즈가 또 하나의 고정된 시나리오가 되어 자신을 옥죄려고 할 때 그것을 깨고 다시 주도권을 쥐려는 바딤 젤란드의 기막힌 전략 아닌가. 요컨대 자기만의 방식으로 트랜서핑 기법의 실례를 몸소 보여준 셈이다.

엄격한 스승의 입장에서 분명한 가르침을 내리는 《여사제 타프티》와 달리, 《여사제 잇파트》는 독자마다 다르게 이해하고 받아들일 수밖에 없는 작품이다. 저자도 이 책의 의도, 의미, 상징에 대한 별도의 언급을 전혀 하지 않고 있다. 그러니 아래의 글은 살짝 먼저 읽어본 독자로서 남기는 주관적인 감상평, 두서없는 빵 부스러기 몇 조각에 지나지 않는다. 안 읽으셔도 좋고, 읽고 무시하셔도 좋고, 혹시라도 도움이 된다면 그 또한 좋겠다는 마음이다.

이 책에는 두 가지 이야기가 흐른다. 하나는 마틸다와 잇파트의 이야기이다. 마틸다를 독자로 보고 잇파트를 저자로 보면, 이것은 우리가 바딤 젤란드를 만나 트랜서핑 기법을 배우는 이야기가 된다. 반면 마틸다를 저자로 보고 잇파트를 초월적 존재로 보아서, 바딤 젤란드가 잠시 기억을 잃은 초월적 존재를 만나 트랜서핑 기법을 배우게 된 사연을 우리에게 공개한 것이라고 받아들일 수도 있다. 바딤 젤란드는 트랜서핑 1권에서 이 기법을 자신이 창안한 게 아니라 모종의 꿈속 존재로부터 전수받았다고 이미 밝힌 바 있다.

다른 하나는 뚜껑원정대의 모험인데, 이것은 다양한 모습, 취향, 습관, 이력, 능력을 가진 트랜서퍼들이 서로 도우며 자각의 힘을 키워가는 이야기로 읽혔다. 현재진행형인 '우리의' 이야기 말이다. 그 맹랑한 캐릭터들 가운데 누가 나의 닮은꼴인지, 혹은 내 마음을 잡아끄는지를 살펴보면 읽는 재미가 더할 것이다.

그리고 이야기의 배경인 메타현실은, 어렵게 생각하면 끝이 없지만 일단은 '꿈속'이라고 이해해도 충분할 듯하다. 이 책에서 반복되는 질문인 '나는 누구지?'와 '너는 누구니?'를 잘 기억했다가 직접 꿈속에서 써먹어보면 분명하게 알 수 있다. 문득 '나는 누구지?' 라는 질문을 기억해낸다면 그 순간 생생한 자각몽이 시작될 것이고, 다른 존재들에게 '너는 누구니?'라는 질문을 던져보면 ― 회피하거나 딴소리를 해도 집요하게 캐물으라 ― 정말로 나 자신을 제외한 모든 것이 멈춰버리는 장면을 보게 될 것이다. 이외에도 저자가 책 속에 숨겨놓은 팁들이 무수히 많으리라 짐작된다.

마지막으로, 《여사제 타프티》와 《여사제 잇파트》에서 계속 강조되는 '땋은 머리'의 위치와 모습을 정확히 알려주는 자료가 있어 첨부한다. 바딤 젤란드가 유일하게 인정한 교육센터에서 게시한 그림이니 도움이 될 것이다. 여담이지만, 이 센터를 운영하고 있는 타티아나 사마리아^{Tatyana Samarina}라는 여자분이 바로 여사제로 분장한 배우, 즉 책 표지의 그분이다.

트랜서퍼들이여, 행운을 빈다!